특허와
지식 재산권

Patents & Intellectual Property Rights

Preface

　근대 자본주의가 시작되면서 새로운 형태의 재산 개념이 나타났다. 유사 이래로 유형의 재화인 부동산과 동산을 중심으로 하는 재화 이외에도 '지식재산'이라는 개념이 인정되기에 이르렀다. 기술산업을 비롯한 첨단산업이 발달하게 되고 인터넷 등 정보통신 수단의 발달로 기술의 전파 가능성이 확장되면서 우리 생활에서 차지하는 지식재산의 재산적 비중이 급격하게 높아지게 되었다. 서구 유럽의 각국은 산업혁명을 계기로 촉발된 유형의 재화를 둘러싼 무역전쟁을 통한 부의 축적이라는 방식이 20세기 중반 이후 무체 재화를 통한 막대한 부의 축적이 가능하다는 사실을 알게 되었고, 기술산업 분야를 비롯한 문화산업 분야를 육성하고 보호하기 위한 방안을 마련하고자 노력하였다.

　우리나라도 1945년 일제침략기에서 벗어나 독립한 후 80년대까지 많은 난관과 고충을 이겨내고, 선진국으로의 도약을 위한 산업발전의 기초 토대를 위한 투자와 노력으로 21세기 초입인 현재 세계무역 10대 선진국으로 자리매김하고 있다. 선진국에 뒤지지 않는 산업기술을 보유함으로써 '기술강국'이 되었을 뿐만 아니라 K-pop을 필두로 한 예술·문화 영역에서도 이른바 '문화강국'으로 인정받고 있다. 새로운 시대에 우리나라가 나아가야 할 방향은 자명하다. 새로운 영역의 산업기술을 개척하고 우리 고유의 문화를 더욱 발전시켜 나가야 한다. 그런 의미에서 특허, 디자인, 상표 등과 같은 전통적인 산업재산뿐만 아니라 생명공학, 인공지능, 영업비밀, 트레이드 드레스(Trade Dress), 지리적 표시 등의 새로운 형태의 산업재산의 개념에 대한 탐구와 이해가 필요하다. 또한 영화와 같은 문화·예술 영역에서 저작물의 활발한 창작활동을 통한 문화재원의 발굴도 등한히 하여서는 아니 된다.

지식재산은 완성된 개념이 아니라 아직도 발전도상에 있는 개념이라고 할 수 있다. 21세기가 끝나기 전에 또 어떤 새로운 형태의 지식재산이 창출될지는 누구도 예측할 수 없다고 할 수 있다. 그에 따라 지식재산에 관한 학습은 장차 사회에 나아가 경제활동의 주체가 될 학생의 입장에서는 반드시 거쳐야 할 필수과정이다.

　이 책은 이러한 현실을 인식하고, 초학자가 지식재산에 관한 기초지식을 학습할 수 있도록 만들어진 이른바 '지식재산의 소개서'라고 할 수 있다. 즉 지식재산의 기초적인 개념과 종류 및 특징을 비교적 자세하게 소개하였고, 지식재산이 만들어지는 법적 절차를 중심으로 한 지식재산의 획득과정을 초학자의 눈높이에서 서술하고자 노력하였다. 최근 정부에서도 특허법을 비롯한 지식재산의 중요성을 인식하고 법적인 절차의 개선과 보호의 강화를 위해 빈번한 개정작업을 수행하여 왔고, 이 책에서도 그에 대한 소개를 가능한 한 빠뜨리지 않으려 노력하였다.

　끝으로 인터넷의 발달과 네트워크 발전으로 넘쳐나는 정보의 홍수 시대에 활자화된 지면을 통한 지식의 습득이 점점 쇠퇴해 가고 있는 통탄할 상황에서 고전을 면치 못하고 있는 출판업계의 고충 속에서도 기꺼이 이 책을 발간하기로 결정해 준 한올출판사 임순재 사장님에게 감사의 말씀을 드리며 건승을 기원하고자 한다. 또한 편집과 표지도안에서 내용까지 꼼꼼히 챙겨주신 최혜숙 실장님을 비롯한 한올출판사 관계자분들에게도 심심한 감사의 말씀을 드리고자 한다.

2022년 6월
저자 일동

Contents

Part 1 총 론

Part 2 특허권·실용신안권

Part 3 저작권

Part 4 디자인권

Part 5 상표권

Part 6 지식재산권의 이전과담보권 설정

Part 7 지식재산권의 소멸과 침해

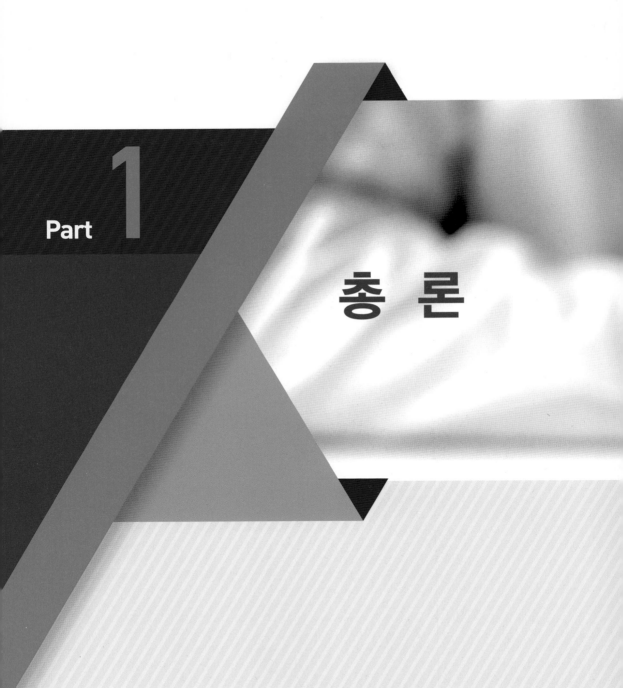

Part 1

총 론

Patents &
Intellectual Property Rights

제1강

지식재산권 소개

Ⅰ 지식재산권의 개념 정의

1 지식재산권의 용어 정리

지적소유권·공업소유권·정신적 소유권·산업재산권 등 그 명칭이 다양하게 사용되고 있는 이유는 그 권리를 바라보는 시각의 차이 때문이다. 즉 지식재산권의 성질에 따라 '소유권'·'재산권'이라는 용어가 사용되기도 하고, 지식재산권의 적용 분야에 따라 '공업'·'산업'이라는 용어가 사용되기도 한다.

최근에는 일반적으로 지식재산권(intellectual property right)[1]이라는 용어로 통일되어 가고 있는데 지식재산이란 "인간의 창조적 활동 또는 경험 등에 의하여 창출되거나 발견된 지식·정보·기술, 사상이나 감정의 표현, 영업이나 물건의 표시, 생물의 품종이나 유전자원(遺傳資源), 그 밖에 무형적인 것으로서 재산적 가치가 실현될 수 있는 것"로 이해되고 있고 지식재산권이란 "법령 또는 조약 등에 따라 인정되거나 보호되는 지식재산에 관한 권리"를 말한다.[2]

지식재산이라는 용어를 나누어 설명하면 "지식"이란 말은 「인간의 사고력에 기초한 지식이나 지혜 등 정신적 활동」을 의미하며, "재산"이란 말은 「경제적 가치가

---

1   우리나라에서 정신적 창작물에 대한 권리 전체를 가리키는 용어는 일제 강점기부터 지금까지 무체재산권, 지적소유권, 지적재산권, 지식재산권 순서로 계속 바뀌어 왔다. 2011년 5월 19일에 발효된 이른바 「지식재산기본법」은 '지식재산권'이란 용어를 사용하도록 정하고 있다. 따라서 이 책에서는 "지식재산" 및 "지식재산권"이라는 용어로 통일하여 사용하고자 한다.

2   지식재산기본법 제3조(정의) 제1호, 제3호.

있는 물건」을 뜻한다.

② 지식재산권의 보호대상

과거 재산이란 토지·건물과 같은 이동
이 용이하지 않은 부동산이나 이를 제외
한 보석·귀금속이나 가구 등과 같이 이
동이 용이한 동산과 같은 유체재산인 물
건을 의미하였다. 그러나 현재 첨단의 과
학·기술·산업 사회와 정보 사회 등으로

변화되면서, 재산이라는 개념은 기존의 유체재산의 형태는 물론이고 정신적 창작
물인 무형의 지식재산이라는 형태를 포함하게 되었다.

지식재산권의 보호대상, 즉 객체는 다양하지만 크게 두 영역으로 구분할 수 있
다. 산업활동·식별표지 등이 그 한 영역이고, 예술·학문·문학 등의 영역 등이 또
다른 영역이다. 이들 영역에서 사람의 정신적 창작활동의 결과 발생하는 모든 형
태의 지적 창작물이 지식재산권의 대상이 되는 것이다. 즉, 사람의 지적 활동은 정
신적 위안이나 쾌락 또는 행복 등을 추구하는 것으로 그 결과 한편으로는 우리의
실생활을 윤택하게 하는 물질적 발명이나 디자인·설계 등의 창작을 실현시킬 수
있는 기술의 형태로 나타나고 또 한편으로는 글이나 그림 또는 음악 등 저작물이
라는 형태의 창작물로 나타난다.

정리하면 지식재산에는 ① 새로운 발명·고안 등과 같이 물질문화의 발전에 기여
하는 "산업재산"과 ② 예술·문학·음악 등을 중심으로 한 정신문화의 발전에 기여
하는 "문화재산"이 포함된다. 위 ①은 다시 ⓐ 직접적으로 산업에 기여할 수 있는
새로운 발명·고안·디자인 등과 ⓑ 산업의 질서유지를 위한 식별표지에 의한 것으
로 등록상표·서비스마크·상호 등으로 나누어 볼 수 있다. 이러한 지식재산의 비약
적인 축적으로 오늘날 유형의 재화보다는 무형의 재화의 가치와 중요성이 증대됨
에 따라 지식재산의 중요성이 날로 증가하는 실정이다.

3 지식재산의 보호

1) 보호의 필요성

헌법, 지식재산기본법, 특허법이나 저작권법 등의 목적에서 정의하는 바와 같이 지식재산권을 보호하는 이유는 창작·기술개발을 장려하면서, 창작자와 기술개발 자를 보호하고 그 창작물 및 개발기술을 재산으로서 보장해 줌으로써 지식재산의 순기능을 확대시킬 수 있다는 점을 들 수 있다.

창작자나 기술개발자들은 많은 시간과 경비를 투자하지만 그 결과물은 손쉽게 복제될 수 있기 때문에 자신들의 이익을 쉽게 침해당한다. 따라서 창작자·발명 가·기술개발자의 창작의욕이나 발명의욕을 고취시키고, 나아가 지속적인 창작·기 술개발의 활동을 가능하게 할 수 있기 위해서는 지식재산권을 두텁게 보호해줄 필 요가 있다. 특히 지식재산이 보호됨으로써 ① 시장에서 독점배타적인 지식재산권 을 통하여 신용을 창출하거나 소비자와의 신뢰도 향상 및 기술판매를 통한 기술료 인 로열티 등 수입을 발생시킬 수 있고, ② 특허출원 등을 통해 발명이나 기술을 권리화함으로써 타인의 무단사용에 대하여 법적으로 대응할 수 있어 분쟁을 해결 할 수 있게 된다.

그 결과 우리 생활의 편리함과 실용성이 높아지고, 국가의 산업 및 문화의 발전 을 가져오게 된다. 나아가 국제경쟁력 증대를 위하여 유형의 상품에 못지않게 중 요성을 가지는 무형의 지식재산을 개발·확보할 수 있게 되는 것이다.

2) 지식재산제도

우리 헌법에는 「저작자·발명가·과학기술자와 예술가의 권리는 법률로써 보호 한다(헌§22②)」고 규정함으로써 지식재산권 제도의 근거를 마련하고 있다. 또한 이 러한 헌법적 가치를 구현하기 위해 개별법으로 지식재산에 관한 법률들을 두고 있 다. 예컨대 "지식재산기본법"(제2조 기본이념)에서는 '저작자, 발명가, 과학기술자 및 예술가 등 지식재산 창출자가 창의적이고 안정적으로 활동할 수 있도록 함으로써 우수한 지식재산의 창출을 촉진하고' 나아가 '지식재산이 존중되는 사회환경을 조 성하고 전문인력과 관련 산업을 육성함으로써 지식재산의 창출·보호 및 활용을 촉진하기 위한 기반을 마련할 것'을 국가에 요구하고 있다.

또한 지식재산권의 보호를 위하여 인간의 창작활동을 구분하여 물건이나 방법에 대한 발명은 "특허법"에서, 실용물품에 대해서는 "실용신안법"에서, 물품의 디자인에 대해서는 "디자인보호법"에서, 그리고 자타 상품의 식별을 위한 상표는 "상표법"에서 각각 지식재산의 보호를 위한 지식재산권 제도를 마련하고 있다.

이 외에도 저작물 보호를 위한 "저작권법", 식물품종에 관한 권리보호를 위한 "식물신품종 보호법", 컴퓨터 회로배치 이용권을 보호하기 위한 "반도체직접회로의 배치설계에 관한 법률" 등 다양한 법률이 제정되어 있다.

4 일반재산권과 차이

무체재산인 지식재산은 일반재산과 다음과 같은 차이가 있어서 특별히 지식재산권을 강화하여 무형의 재산을 보호하기 위한 제도적인 장치가 필요한 것이다.

1) 권리범위의 모호성

지식재산권은 무형의 창작물을 보호하는 것으로서, 유체물에 대한 권리와 달리 그 권리의 범위를 특정하기가 쉽지 않다.

2) 침해의 용이성

직접 물리적인 침해행위를 통한 유체물에 대한 침해와 달리 지식재산권에 대한 침해는 무형의 자산을 그대로 이용하는 것으로서 권리자가 실시하는 것을 배제하는 것이 아니기 때문에 그 침해가 용이하게 일어나게 된다.

3) 피해의 중대성

지식재산에 대한 침해는 단순한 재산적 손해를 입히는 것에 그치는 것이 아니라 무형적 자산이 지닌 가치가 한번 하락하게 되면 그 이후 실시행위 등을 통해 다시 그 가치를 회복시키기가 용이하지 않게 된다.

4) 침해사실 입증의 곤란성

무형의 자산으로서 그 권리범위가 모호하다는 것과 함께 제3자 침해행위를 발견하기도 어려울뿐더러 그것이 권리침해에 해당하는지를 입증하기도 대단히 어렵다.

Ⅱ 지식재산권의 종류

1 전통적 유형

지식재산권은 산업재산권과 저작권으로 나누어진다. 산업재산권은 물질문명의 발달에 기여하는 발명·고안·식별표식 등을 보호의 대상으로 하는 특허·실용신안·디자인 등에 관한 권리이며, 저작권은 정신문화의 창달에 기여하는 문학·예술 등을 보호의 대상으로 하는 권리이다.

이를 우리나라의 법제와 관련하여 구체적으로 나누어 보면 산업재산권은 특허

지식재산권 유형

산업 재산권	특허권	기술적 창작인 원천·핵심기술(대발명)
	실용신안권	실용적인 생활주변 개량기술(고안: 소발명)
	디자인권	시각적 미감을 느끼게 해주는 물품의 형상·모양
	상표권	타상품과 식별을 위한 기호·문자·도형 등
저작권	협의 저작권	학문·문학·예술 분야의 창작물
	저작인접권	실연가·음반제작자·방송사업자의 권리
신지식 재산권	첨단산업재산권	반도체집적회로배치설계·생명공학·식물신품종·인공지능·영업방법특허(비즈니스 모델) 등
	산업저작권	컴퓨터프로그램·데이터베이스·디지털콘텐츠 등
	정보재산권	영업비밀·멀티미디어 등
	상표/디자인 관련	캐릭터·트레이드 드레스(Trade Dress)·프렌차이징·퍼블리시티권(Publicity Right)·타이프 페이스(Type face)·지리적 표시·인터넷 도메인이름·새로운 상표(색채상표·입체상표·소리상표·냄새상표 등)

권·실용신안권·디자인권·상표권 등이 대표적이며, 저작권에는 저작재산권·저작인격권과 저작인접권 등이 있다.

1) 산업재산권

산업재산권인 특허권, 실용신안권, 디자인권, 상표권이 전통적 유형에 속한다. 산업재산권은 다시 발명·고안·디자인 등의 창작물에 대한 권리와 유통질서의 확립을 위한 영업을 식별하고자 하는 상표로 구별할 수 있다.

(1) 특허권

특허권(patent)은 "기술적 사상의 창작물인 발명을 일정기간 동안 독점적·배타적으로 소유 또는 이용할 수 있는 권리"이다(특§94). 즉 새로운 기술적 발명에 대하여 그 발명자가 일정한 기간 동안 그 발명의 독점적 실시권을 가지는 배타적 지배권을 말한다.

특허권은 유용한 기술적인 제품을 생산하기 위한 연구와 개발을 장려하기 위한 제도이며, 여러 산업재산권 가운데서 가장 중요한 권리이다.

특허의 세부적인 성격을 분류해 보면 발명에는 다시 어떤 물질이나 물건의 제조방법을 발명한 경우 인정되는 「제법특허」와 당해 물질이나 물건의 특정용도에 대한 발명인 경우 인정되는 「용도특허」[3], 발명의 결과 탄생한 물질에 대해 인정되는 「물질특허」[4] 그리고 효과를 증진시킬 수 있는 발명에 인정되는 「제형특허」[5] 등으로 나눌 수 있다.[6]

---

3 제법특허(process patent)는 어떤 물질의 제조방법 중 한 가지를 특허의 대상으로 하고, 용도특허(use patent) 역시 여러 용도 중 한 가지만을 특허의 대상으로 하기 때문에 만일 하나의 물질에 대하여 여러 가지 제조방법이나 용도가 있는 경우에는 각기 별도의 제법특허와 용도특허가 인정된다.

4 물질특허(product patent)의 경우에는 그 물질자체를 권리의 대상으로 하기 때문에 동일물질에 대하여는 그 제법이나 용도의 차이에 관계없이 하나의 물질특허가 인정될 뿐이다.

5 물질특허·제법특허·용도특허 등의 용어는 특허의 종류를 지칭하는 것이 아니고 특허의 출원 시 '청구의 범위란'의 소항목들로 '청구항'에 특허로 보호받고자 하는 내용의 특성을 지칭하는 말이다. 예컨대 의약품에 대한 새로운 물질을 발명하였다면 그 물질에 대해 「물질특허」가 인정된다. 그 의약품의 새로운 효능이 발견되었다면 「용도특허」가 인정될 것이고, 당해 의약품을 만드는 방법을 새롭게 개발했다면 「제법특허」가 인정될 것이다. 또한 그 의약품의 효과와 복용상 간편성을 개선하기 위해 새로운 제형(예컨대 액상, 캡슐, 주사 등)을 만들었다면 「제형특허」가 인정될 것이다.

6 제법특허 또는 용도특허만 인정되는 법제에서는 새로운 제법이나 용도를 발명하면 그에 대한 자유로운 활용이 보장되지만, 물질특허도 함께 인정하는 법제에서는 그 물질특허권자의 허락이 없으면 제법특허나 용도특허 등의 독자적인 사용 또는 실시가 불가능하

(2) 실용신안권

실용신안권(utility model : petty patent)은 "산업상 이용할 수 있는 물품의 형상·구조 또는 조합에 관한 고안으로서 자연법칙을 이용한 기술적 사상의 창작물에 대한 권리"이다(실§2·§4). 즉 새로운 기술적 고안에 대하여 그 고안자가 일정한 기간 동안 배타적·독립적으로 실시하는 권리이다.[7]

(3) 디자인권

디자인권(industrial design)은 물품(물품의 부분, 글자체 및 화상을 포함)의 형상·모양·색채 또는 이들을 결합한 것으로서 시각을 통하여 미감을 일으키는 「디자인」을 등록받은 자가 그 디자인을 독점·배타적으로 사용할 수 있는 권리이다(디§2·§5).

디자인은 정신적 창조물이지만 발명이나 실용신안과 같이 자연법칙을 이용한 기술적 창작이 아니고 "시각적 미감"을 느끼게 하여 상품의 가치를 높이는 작용을 한다.

(4) 상표권

상표권(trademark)은 일정한 사업자가 "자기의 상품을 「타사업자의 상품과 구별」하기 위하여 문자·도형·기호·색체 등을 결합하여 만든 상징을 독점·배타적으로 사용하는 권리"이다.

상표는 일정한 상품의 동일성을 표시하는 「식별표식」이라는 점에서 자연법칙을 이용한 기술적 창작인 특허의 대상과 다르다. 상표권은 일정한 상징을 특정한 상품에 사용할 것을 등록함으로써 그 상징의 배타적 사용권을 취득한다. 상표권은 상표권자의 상품을 다른 상품과 구별시켜서 상표권자의 상품의 품질·성능 등 우수성을 보장하는 작용을 하는 한편 일반 소비자들이 상품구별을 쉽게 할 수 있도록 도와줌으로써 이들을 보호하는 작용도 한다.

게 되어 실제로는 물질특허에 종속하게 된다고 할 것이다.

7 실용신안은 새로운 기술적 발명이라는 점에서 특허와 동일하나 그 발명의 고도성을 요구하지 않는다는 점에서 차이가 있다. 그리하여 실용신안을 「작은 발명」이라 하여 주로 상품의 형태·구조·결합에 관한 기술적 창작에 대한 것으로 「고안」이라고 일컫는다. 실용신안권의 대상인 고안은 특허권의 대상인 발명과 비교하여 실제적으로 뚜렷한 구별이 어렵다는 이유에서 실용신안권을 인정하지 말자는 견해도 상당하며, 현재 우리나라를 비롯하여 일본, 이탈리아 등 일부 국가에서만 실용신안권을 인정하고 있다.

2) 저작권

저작권(Copyright)은 학문·예술에 관한 정신적 창작물에 관한 권리로서 창작자의 인격에 뿌리를 두고 있다. 저작권의 대상은 사람의 모든 정신적 창작물로서 논문·도서·음반·그림·사진·악보·조각물 등이다. 저작권자는 자신의 창작물에  대한 출판·반포·복제·공연·방송·전시 등의 권한을 일정한 존속기간 동안 독점적·배타적으로 가지게 된다.

저작권은 산업재산권과는 달리 저작자가 자신의 저작물에 대하여 가지는 인격적 이익의 보호를 특징으로 하기 때문에 그 성질상 일신전속권인 "저작인격권"을 인정하고 있다. 뿐만 아니라 저작권은 여타의 지식재산권과 같이 재산적 가치를 보호하는 배타적 지배권으로서의 "저작재산권"을 인정하고 있다. 그리고 직접 저작권자은 아니지만 저작물의 실연자(實演者), 음반제작자, 방송사업자에 대하여는 저작자에 준하는 "저작인접권"을 인정하고 있다.

2 새로운 지식재산권

신지식재산은 경제·사회·문화가 변화하면서, 그리고 과학기술이 발전하면서 계속해서 등장하고 있기 때문에 이를 분류하기도 쉽지 않다. 산업저작권으로는 컴퓨터프로그램, 데이터베이스, 디지털콘텐츠가 포함되며, 첨단산업재산권으로는 반도체배치설계, 생명공학, 인공지능, 비즈니스모델 등이 있다. 정보재산권에는 영업비밀, 멀티미디어를 포함시키고 있으며, 상표권/디자인권에는 캐릭터, 트레이드드레스(Trade dress), 프랜차이징, 퍼블리시티권, 지리적 표시, 인터넷 도메인이름, 색채상표, 입체 상표, 소리 상표, 냄새상표 등과 같은 새로운 상표를 포함한다.[8] 이하에서

---

8 한편, 신지식재산의 법적 보호여부 및 보호방법을 기준으로, 특허법 등 산업재산권법으로 보호받는 경우, 저작권법으로 보호받는 경우, 특별법에 의해 보호받는 경우, 아직 법적으로 보호받지 못하고 있으나 보호여부가 논의 중인 경우 등으로 분류해 볼 수 있다.

는 신지식재산권의 종류에 대해서만 간단히 설명하고자 한다.

1) 산업저작권

(1) 컴퓨터프로그램

컴퓨터프로그램이란 '특정한 결과를 얻기 위하여 컴퓨터 등 정보처리능력을 가진 장치 내에서 직접 또는 간접으로 사용되는 일련의 지시·명령(저§2×ⅵ)'을 말한다. 종래 독립적인 컴퓨터프로그램보호법이 제정되어 있었으나, 2009년 그 내용이 저작권법에 흡수되어 동법 제5장의2(프로그램에 관한 특례)에서 규정하고 있다.

그러나 저작권법상 컴퓨터프로그램에 대한 보호는 여타의 저작물과 같이 "아이디어의 표현"을 보호하는 데 그치고 있어서 효과적인 보호에 한계가 있었다. 아이디어 그 자체에 대한 효과적인 보호를 위해 특허법상 컴퓨터 소프트웨어 보호가 이루어지고 있다. 즉 최근(2014년 7월) 특허청의 '컴퓨터 관련 발명심사기준'을 개정하여 "컴퓨터프로그램 청구항"이 도입되었다. 이에 의하면 '하드웨어와 결합돼 특정과제를 해결하기 위해 매체에 저장된 컴퓨터프로그램'인 경우[9] 특허가 인정되게 되었다.

(2) 데이터베이스

데이터베이스는 "소재를 체계적으로 배열 또는 구성한 편집물로서 개별적으로 그 소재에 접근하거나 그 소재를 검색할 수 있도록 한 것"을 말한다. 데이터베이스는 후술하는 편집저작물과 유사하나 차이점은 창작성의 유무에 있다. 편집저작물은 구성하는 소재의 배열과 구성에 "창작성"이 있어야 하지만 데이터베이스는 창작성이 없더라도 저작권법의 보호를 받는다. 창작성에 대한 인센티브를 부여하는 것이 아니라 제작에 인적·물적 자원을 투자한 제작자를 보호하는 데 취지가 있다.[10]

(3) 디지털 콘텐츠

디지털 콘텐츠는 "아날로그 형태로 된 저작물, 실연, 음반, 방송 등 문자, 음성,

---

9 '하드웨어와 결합돼 특정과제를 해결하기 위해 매체에 저장된 컴퓨터프로그램'이란 애플리케이션, 앱, 응용프로그램 등을 의미한다고 본다. 김경환, "컴퓨터프로그램 특허 개정내용정리", 디지털데일리, 2014. 7. 7., http://www.ddaily.co.kr/news/article.html?no=121227 참조.

10 저§2 ⅰ ⅸ.

음향, 이미지 또는 영상 등과 같은 콘텐츠를 디지털의 형식으로 제작·가공·변환한 것"을 의미한다. 디지털이란 개념은 자연의 정보를 0과 1의 숫자로 바꾸어 표현한 것이기 때문에 책, 음반, 영상물 등 사실상 모든 것을 디지털로 전환할 수 있다. 저작권법 측면에서 디지털로 만들어진 저작물·음반 등을 총칭하는 것이 디지털 콘텐츠라고 할 수 있다.

한편 디지털 콘텐츠와 저작물은 동일한 개념이 아니다. 디지털 콘텐츠가 디지털로 제작된 모든 것을 지칭하는 데 반해 저작권법이 보호하는 창작성 요건을 갖춘 것만이 저작물이기 때문이다.

2) 첨단산업재산권

(1) 반도체집적회로 배치설계

이는 "반도체칩(Chip)을 만들기 위하여 기판(PCB)상에 설치되는 부품들을 전기적으로 연결하기 위하여 설계되는 회로"를 의미한다.[11] 특히 집적회로는 전자공학에 혁명을 일으켰고 오늘날 거의 모든 전자장비에 사용된다. 현대사회에서 필수불가결한 컴퓨터, 휴대폰, 자동차, 항공기, 선박, 그리고 다른 모든 가전기기의 사용은 싼 가격의 집적회로 덕분에 가능하게 되었다. 그 표현방식은 설계도면처럼 평면적으로 표현되거나 컴퓨터 그래픽을 이용한 입체적 설계도 가능하다. 현재 '반도체 집적회로 배치설계에 관한 법률'에서 반도체 집적회로의 배치설계에 대한 보호가 이루어지며, 반도체 집적회로의 보호를 받고자 하는 자는 그 회로의 도면과 수수료를 특허청에 제출하여 설정등록하면 10년간 보호된다.

(2) 생명공학

생명공학(biotechnology, BT)은 "생물체가 가지는 유전·번식·성장·자기제어 및 물질대사 등의 기능과 정보를 이용해 인류에게 필요한 물질과 서비스를 가공·생산하는 기술"을 말한다.

유전자 치환이나 세포융합을 이용해 대량 배양한 효소를 사용하여 물질을 합성

11 　반도체집적회로의 배치설계에 관한 법률 제2조 제1호·제2호.

하는 바이오리액터(bioreactor) 등 생체기능 자체를 응용한 기술에 의하여 자연에는 극히 미량밖에 존재하지 않는 물질을 대량으로 생산하려는 것으로 이미 당뇨병의 특효약 인슐린, 제암제 인터페론 등이 상업화되었다. 의약품뿐만 아니라 화학식품·화학섬유 등의 업종에서도 연구개발이 활발히 진행 중이다. 앞으로는 품질개량, 식량생산(GMO 식품) 등 농업관계에도 응용될 것으로 기대된다. 생명공학 특허분야에 유전공학 관련 발명, 미생물 관련 발명, 식물·동물 관련 발명을 우리나라 특허청에서 발행한 생명공학 특허 심사기준에 포함시키고 있다.

(3) 식물신품종

식물신품종보호법에 의하면 「신품종」이란 "식물학에서 통용되는 최저분류 단위의 식물군으로서 일정한 품종보호 요건을 갖춘 것으로 유전적으로 나타나는 특성 중 한 가지 이상의 특성이 다른 식물군과 구별되고 변함없이 증식될 수 있는 것"을 말하며 이를 육성한 자나 이를 발견하여 개발한 자를 보호하고 있다.

식물 신품종에 대한 지식재산권을 둘러싼 각국의 분쟁이 심화되면서, 우리나라에서도 갈수록 수입종자에 대한 의존도가 높아지고 있다. 그 결과 우수한 형질을 가진 식물 신품종의 개발이 절실히 요구되고 있으며 이에 따른 신품종 보호필요성이 대두되고, 우수한 외국 신품종의 수입에 따른 로얄티 지급 등 식품 신품종의 개발뿐만 아니라 그 권리화에도 관심이 고조되고 있다.[12]

우리나라에서 식물 신품종을 보호받기 위한 방법으로는 산업자원부 산하 특허청에 특허출원하여 특허권을 획득하거나(특허법) 농림축산식품부 및 해양수산부 산하 국립종자관리소에 품종보호출원을 하여 품종보호권을 획득하는 방법(식물신품종보호법)이 있다.

(4) 인공지능

인공지능(Artificial Intelligence, AI)이란 "인간의 지능으로 할 수 있는 사고, 학습, 자기계발 등을 컴퓨터가 할 수 있도록 하는 방법을 연구하는 컴퓨터 공학 및 정보기술

---

12 특히 우리나라도 2002년 1월 7일자로 "식물의 신품종 보호에 관한 국제조약"에 50번째 가입국이 됨으로써 우리나라에서의 품종보호권을 획득하고자 하는 외국인의 관심이 급증하고 있다.

의 한 분야"로서, 컴퓨터가 인간의 지능적인 행동을 모방할 수 있도록 하는 것을
말한다. 대표적 예로 전문가 시스템, 기계번역, 패턴인식, 지능로봇 등이 적용되고
있다. 물건(장치)으로 청구한 인공지능 시스템이나 방법으로 청구한 인공지능 알고
리즘, 이 둘의 합일체에 의한 1군의 발명으로 특허출원이 가능하다.

(5) 영업방법 특허

영업방법(Business Method: Business Model, BM) 발명[13]은 "영업방법 등 사업 아이디어
를 컴퓨터, 인터넷 등의 정보통신기술을 이용하여 구현한 새로운 비즈니스 시스템
또는 방법"을 말하며, 영업방법(BM) 발명이 특허심사를 거쳐 등록되면 영업방법
(BM) 특허가 된다.

여기서 인터넷 관련 발명과 BM 특허는 구별되어야 하는바, 인터넷이 컴퓨터와
네트워크·통신망을 이용한 정보 교류 시스템이라고 정의되므로 인터넷 관련 발명
은 이들 기술과 관련된 발명이라고 할 수 있다. 그런데 인터넷 관련 발명은 시스템
분야와 응용분야로 크게 구별되며, 응용분야의 주류는 전자상거래 분야로서, 영업
방법(BM), 전자화폐, 결제, 금융 관련 발명 등이 이에 포함되므로, 영업방법특허는
인터넷 관련 발명에 포함되는 개념이라고 보아야 한다.[14]

3) 정보재산권

(1) 영업비밀

영업비밀(Trade Secret)이란 "기업이 시장에서 경쟁상의 우위를 확보하기 위하여
스스로 개발하고 비밀로서 보유한 기술정보(예를 들면, 생산 및 제조공정, 제조방법 등)와 경영
정보(예를 들면, 마케팅 전략, 고객 리스트, 기업의 기본계획 등)"를 말한다. 이러한 정보는 공연히
알려져 있지 아니하고 독립된 경제적 가치를 가지는 것으로 상당한 노력에 의하여
비밀로 유지된 기술상 및 경영상의 정보를 말한다.[15] 현행 「부정경쟁방지법」에서

---

13 BM이란 용어는 Business Method와 Business Model이 혼용되어서 사용되고 있다.

14 한편 BM기술에 대한 발명이 특허로 허용될지의 여부에 대해서는 자연법칙을 이용한 요건을 충족하는지의 여부와 관련하여
허용에 대한 논쟁이 계속되고 있다.

15 부§2ii(부정경쟁방지 및 영업비밀보호에 관한 법률; 부정경쟁방지법).

는 영업비밀 자체를 산업재산권과 같은 권리의 형태로서 보호하기보다는 타인의 노력과 성과에 편승하여 부당한 이익을 취득하려는 행위를 금지시킴으로써 특허권이나 저작권으로 보호받기가 어려운 기술적 정보[16]나 비밀로 간직하고 있는 관리비결 등 경영상 정보, 영업상의 아이디어 등도 법적으로 보호받을 수 있게 함으로써 특허제도와 저작권제도를 보완하는 기능을 한다.

(2) 멀티미디어

멀티미디어(Multimedia, 다매체)는 Multum과 Medium을 합친 말로서 "여러 형식의 정보 콘텐츠와 정보 처리(예컨대: 텍스트, 오디오, 그래픽, 애니메이션, 비디오, 상호 작용)를 사용하여 사용자에게 정보를 제공하고 즐거움을 주는 미디어"를 뜻한다.

4) 상표 / 디자인 등

(1) 캐릭터

케릭터란 "작품 속에서 등장하는 대상뿐만 아니라 마스코트와 같이 상징성을 가진 포괄적인 인물"의 의미를 가진다. 캐릭터 산업은 고부가 가치의 선진국형 산업으로 현재 우리나라도 경제규모가 커지면서 캐릭터, 만화, 애니메이션, 게임 등 콘텐츠산

Getty images

업의 시장규모가 급성장하는 등 선진국형 모델로 진입하고 있다.

(2) 트레이드 드레서

트레이드 드레스(Trade Dress)는 "상품의 형상·모양·크기·색채조합·소재·도형 등의 요소를 조합 내지 결합함으로써 실내장식이나 메뉴 및 서비스방식 등에 대하여 다른 상품과 구별하도록 하는 이미지"를 말한다. 1986년 미국의 법원에서 판례에

---

16   예컨대, 자연법칙과 기초과학상의 발견, 연산법과 수학공식, 화학제품의 미묘한 조합, 온도·성분에 관한 기술적 노우하우, 특허요건에 부합되지 않는 기술적 사상 등을 말한다.

서 처음 인정되었으며 1989년 개정된 미국 상표법에서 지식재산권의 하나로 보호받고 있다. 그 대표적인 예로는 독특한 형태의 색채를 갖춘 콜라병, 요구르트 용기의 모양 등이 있다. 우리나라에서는 지식재산으로 보호되는 것은 아니며 '부정경쟁방지 및 영업비밀보호에 관한 법률'과 '상표법'에 의해 보호되고 있다.[17]

(3) 타이프 페이스

타이프 페이스(Type Face, 서체)란 "시각적으로 디자인한 글자의 형상"을 의미하며 현행 저작권법에서는 타이프 페이스에 대한 규정을 두고 있지 않다.[18]

우리나라 법원에서는 타이프 페이스에 대하여 "문자 그 자체로부터 분리하여 별도의 감상의 대상이 될 정도의 독자적인 미술저작물로 보기 어렵기 때문에 저작권을 인정할 수 없으며"[19] "글꼴 자체와 같은 서체도안은 법에 의한 보호대상인 저작물에 해당하지 아니함이 명백하다"[20]고 판시한 바 있다. 그러나 폰트(글꼴)는 서체가 실체화되어 있는 프로그램 또는 파일로 서체 자체와는 구별되는 개념으로 "컴퓨터에서 사용되는 폰트파일은 컴퓨터프로그램의 일종으로서 저작권법의 보호를 받는다"[21]고 판시하였다.

---

17 미국법상 특허와 트레이드 드레스의 차이

	디자인특허	트레이드 드레스
개 념	제조물에 대한 새롭고 독창적인 또는 장식적인 디자인	다른 상품과 구별하게 해주는 그 상품의 전체적인 독특한 이미지를 나타내는 개념
보호법제	특허법	상표법, 각주의 부정경쟁방지법
보호요건	특허등록요건(신규성·진보성·유용성)	등록불필요
보호형태	민형사상 소송청구	민사상 판매금지 및 손해배상 청구
보호기간	14년	무기한

18 다만 산업디자인의 설정을 위한 '로카르노 협정'에서는 인정한 이래로 미국 특허청은 'Type Font'의 디자인 특허를 인정하고 있다. '산업디자인의 국제분류 설정을 위한 로카르노 협정'에서는 '18-303 TYPE AND TYPE FACE'의 'A0096 Alphabets(printing characters)'를 규정하며, 미국 특허상표청은 'Type Font'의 디자인 특허를 규정하고 있다.

19 서울고법 1994. 4. 6. 선고 93구25075 판결.

20 대법원 1996. 8. 23. 선고 94누5632 판결.

21 대법원 2001.6. 29 선고 99다23246 판결; 대법원 2001. 5. 15. 선고 98도732 판결 등.

한편 2004년 디자인보호법 개정으로 글자체를 디자인의 구성요소로 새로이 추가하여 글자체도 디자인등록의 대상이 포함되었다. 디자인보호법상 글자체란 기록이나 표시 또는 인쇄 등에 사용하기 위하여 공통적인 특징을 가진 형태로 만들어진 「한 벌의 글자꼴」(숫자, 문장부호 및 기호 등의 형태를 포함한다)을 말한다(디§2ⅱ).

(4) 프랜차이징

프랜차이징(franchising)이란 "상호, 특허품, 기술 등을 소유한 자(Franchiser)가 계약을 통해 이를 이용하고자 하는 자(Franchisee)에게 상호 및 상표의 사용권과 특정제품의 판매권, 기술 및 특정 지역에서의 독점적 영업권 등을 제공하고 그 대가로 가맹비, 보증금, 로열티 등을 받는 비즈니스 모델"을 말한다. 보통 프랜차이즈(franchise)라고 불리는데 이는 지역 독점 영업권을 의미한다.

(5) 퍼블리시티권

퍼블리시티권(right of publicity, 초상사용권 또는 인격표지권)은 "사람이 그가 가진 성명, 초상이나 기타의 동일성을 상업적으로 이용하고 통제할 수 있는 배타적 권리"이다. 상업적 이용의 요소를 핵심으로 하기 때문에 인격권과는 구별된다. 미국에서는 퍼블리시티권을 순수한 재산권으로 보는 견해가 우세하다.[22]

(6) 지리적 표시

지리적표시(Geographical Indication)란 "명성·품질 기타 특징이 본질적으로 특정지역의 지리적인 특성에 기인하는 경우 해당 농산물 또는 가공품 등의 산출·제조·가공이 이루어진 것을 표현하기 위하여 사용되는 지역, 지방 혹은 국가를 나타내는 명칭의 표지"를 의미한다.[23] 원산지 표시를 통하여 생산지의 신용을 축적하고 생산물의 품질을 보증하는 한편 그 생산물을 소비하는 일반 소비자들을 보호하는 기능도 한다.[24]

22　현재 우리나라 하급심 판례는 초상권과는 분별될 수 있는 개념으로 보는 입장이지만 퍼블리시티권과 초상권의 관계를 정면으로 다루는 대법원의 판례는 아직 없다.

23　예를 들어 프랑스 꼬냑 지역에서 생산되는 증류주인 「꼬냑(Cognac)」, 쿠바의 「하바나(Havana)」 시가, 프랑스의 「브르고뉴」 포도주, 「보르도」 포도주, 「샴빠뉴(Champagne, 샴페인)」, 멕시코의 「데낄라(Tequila)」 등이 이에 해당하는 대표적인 것이다.

24　이러한 일반 소비자를 보호하는 기능은 1993년 12월 '우루과이라운드 협상'에서 '위조상품 교역을 포함한 무역관련 측면의 지식재산권에 관한 협정(Agreement on Trade-Related Aspect of Intellectual Property Rights, including Trade in Counter-

한편 지리적 표시는 반드시 지리적 명칭(특정한 지역, 지방, 산, 하천 등의 명칭)이어야 하며, 지리적 명칭과 관련이 없는 브랜드는 상표로는 가능하나 지리적표시의 대상은 아니다.

(7) 인터넷 도메인 네임

"인터넷에 국제통신표준방식에 따라 인터넷 프로토콜 주소(Internet Protocol Address)를 식별하여 찾아갈 수 있도록 해주는 숫자·문자·부호 또는 이들의 조합으로 구성된 정보체계"이다. 한국인터넷진흥원에서는 '.kr'의 도메인주소를 관리하고 있으며, 등록된 도메인네임은 상표법·인터넷주소자원에 관한 법률[25]에서 보호하나 등록되지 않은 경우는 부정경쟁방지법에서 보호하고 있다.

(8) 새로운 상표

기존의 상표와 달리 새롭게 인정되는 색채상표, 입체상표, 소리상표, 냄새상표, 동작상표 등이 이에 해당한다. 상표는 원래 자타의 상품의 구별을 목적으로 하는 바, 예컨대 색채상표는 색채만으로 그 구별이 가능하다는 것을 의미하고, 소리상표는 소리만으로, 냄새상표는 냄새만으로, 동작상표는 일정한 동작에 의해 그것이 가능하다고 인정하는 상표의 사례라 할 수 있지만, 아직 논의의 여지가 많다.[26]

(9) 서비스 마크

서비스 마크(Service Mark)는 최근 제3차 산업부분인 보험·금융·방송·운수업 등의 서비스업이 발전함에 있어 이들의 보호필요성이 생겨나게 되어 "일정한 서비스(役務) 업자가 제공하는 서비스를 다른 서비스와 식별하기 위하여 사용하는 표식(표장)"이다. 서비스 마크는 상품에 대해서 사용하는 것이 아니고 서비스에 대해서 사용하는 표장이지만 현행 상표법에서는 상표의 일종으로 개념정의하고 있다(상§2i).[27]

---

feit Goods)'이 체결된 후 더욱 강화되었다.

25　약칭 '인터넷주소법' 법률 제17347호.

26　현행 상표법에서도 이미 소리상표나 입체상표 등을 인정하고 있지만, 아직 활성화되어 있지는 않다.

27　과거 상표법에서는 '상표'와 '서비스표(서비스 마크)'를 구분하여 개념정의하고 있었으나, 2016. 9. 개정으로 이를 통합하여 상표법 제2조 제1호에서 규정하고 있다.

지식재산권과 관련법

재산권	유체자산	건물·가구·보석 등	민법·상법 등 재산관련 법규

지식재산권 / 무체자산

저작권
- 저작재산권 → 복제권, 전송권, 공연권, 대여권, 방송권, 전시권, 제2차 저작물 등의 작성권
- 저작인격권 → 공표권, 성명표시권, 동일성유지권
- 저작인접권 → 실연, 방송, 레코드제작

→ 저작권법 (문화관광부)

산업재산권

창작물에 대한 권리
- 특허권 → 산업상 유용한 기술적 창작(발명) → 특허법 (특허청)
- 실용신안권 → 산업상 유용한 기술적 창작(발명) → 실용신안법 (특허청)
- 디자인권 → 공업상 유용한 미적 창작 → 디자인보호법 (특허청)
- 회로배치 이용권 → 반도체직접회로 배치설계에 관한 법률(특허청)
- 식물품종에 관한 권리 → 식물신품종보호법 (농림수산부)

영업의 식별
- 상표권 → 상표와 서비스 마크 등 → 상표법 (특허청)
- 상호권 → 상인의 명칭 → 상법(법무부)
- 주지표장(미등록상표포함), 원산지 표시, 영업비밀 등 → 부정경쟁방지법 (특허청)
- 물품·원산지 표시 → 대외무역법(산업통상자원부,무역위원회)
- 도메인 네임 → 상표법 부정경쟁방지법

산업저작권
- 컴퓨터 프로그램 → 저작권법 (문화체육관광부)

기타
- 타이프 페이스(Type Face) 글자체 → 저작권법 (문화체육관광부)
- 바이오테크놀로지(Biotechnology) 등
- 전자 상거래 관련 기술

©www.hanol.co.kr

제 2 강

지식재산권의 연혁

I 지식재산의 태동

　고대의 지식재산권에 대한 연혁은 도자기나 기와 등의 제작물에 제작자의 소유권을 표시하는 정도에서 상표권의 발상 흔적을 찾을 수 있을 뿐이다. 특별한 무형적·사상적 창조를 배타적인 권리로 보호하려는 제도는 찾아볼 수 없다.

　유럽 각국은 산업기술과 발전에 따라 지식재산권을 보호하기 위해 개별적으로 다른 제도를 운영하여 왔다. 18C 중엽 산업혁명 이후 산업재산권을 보호하고자 시도하였으며, 영국으로부터 1766년에 독립한 미국은 국왕의 전매조례(Statute of monopolies)에 대한 반발로 발명가의 발명을 보호하도록 하는 헌법의 내용을 규정하게 되었고, 이후 특허제도를 가장 효과적으로 운영하는 나라가 되었다. 또한 1883년 파리협약을 기점으로 지식재산은 전세계적으로 보호받는 제도로 발전하게 된다.

II 특허권의 연혁

1 중 세

　영국에서는 특권을 부여하는 국왕의 공개문서가 있었는데, 1331년의 국왕문서에서 특허의 어원인 'patent'가 처음으로 사용되었다. 국왕이 부여하는 특권은 신기술 도입이 본래의 목적이었으나 이 목적을 이탈하여 왕실의 수입을 증대시키기 위하여 또는 총신(寵臣)에게 은혜를 베풀기 위하여 특권이 남발되었고 생필품 가격의 등귀 등의 악영향이 나타나기도 하였다.

15세기 이탈리아 베네치아(Benezia)는 견직물 생산을 위한 기술과 설비 및 직물디자인의 고안과 신기술 개발을 위한 투자를 필요로 하였다. 1474년 3월 19일 베네치아 특허법(parte veneziana)을 제정하여, 새로운 기술이나 기계의 발명자 또는 내국에 도입한 자에 한하여 특허권을 인정하였고, 실요성이나 신규성의 요건을 특허요건으로 요구하였으며 특허권의 존속기간을 10년 그리고 일정기간 중에 그 발명을 실시해야 한다는 규정을 제정하였다. 이후 동 법은 유럽의 여러 나라에 영향을 미치며 150여 년간 운용되어 왔다. 1594년 갈릴레오의 '양수·관개용 기계' 특허는 동 법에 따라 권리가 인정된 예이다. 그러나 독점권 부여의 특권이 악용되고, 기존 물건에 대한 특허부여 등 문제가 되었다.

갈릴레오

영국은 1624년 전매조례(statute of mo-nopolies)를 선언하여 부당특허의 취소와 부당한 권리행사에 대한 구제를 포함하도록 하였다. 전매조례는 이후 200여 년간 운영되었으며(전매조례는 1852년 영국특허법으로 개정), 선발명주의와 독점적 권리부여기간을 14년간으로 명시하고 공익에 위배된 기술의 보호를 배제하는 등 현대 특허법에도 지대한 영향을 미쳤다. 영국의 전매조례는 이후 유럽 각국과 미국에 특허법을 제정하도록 하는 계기가 되었다. 1762년에 프랑스는 칙령으로 특허존속기간을 15년으로 제한하고 발명자는 1년 내에 발명을 실시하도록 하였다.

1790년에 미국은 특허법을 제정하면서 선발명주의를 정하였으며, 존속기간을 14년으로 하였고 자국민에게만 특허권을 부여하였다.[28]

프랑스는 1791년 특허법을 제정하면서 외국기술의 도입자도 진정한 발명가로

28　다만 2013년 3월 미국의 특허법은 선발명주의(First-to-invent system)의 문제점을 개선하기 위해 선원주의(First-inventor-to-file system)로 전환하였다.

취급하였지만 외국에서 동일특허가 취득되면 국내특허를 소멸시켰고, 무심사주의를 채택하였다(1968년에 심사주의로 전환).

독일은 1791년의 프랑스 법률을 적용하다가 1815년의 특허법에서 엄격한 심사제, 특허의 공고, 실시의무를 인정하고, 특허존속기간을 15년으로 규정하였다.

❷ 근대 이후

프랑스의 1844년 특허법은 무심사주의를 채택하고 있었으며, 약품에는 특허를 허용하지 아니하였고 추가 특허제도를 운영하였다. 그러나 1968년의 신특허법은 신규조사 의견통지서 제도를 채용하고 의약품에도 특허를 허용하였으며 강제실시제를 확충하였을 뿐만 아니라, 출원 후 18개월 내에는 공개하도록 하였다.

미국의 1836년 특허법은 심사주의를 채택하고 특허업무를 관장하는 특허국을 창설하였다. 그리고 1930년에는 식물특허제도를 두었고, 1952년의 특허법은 선발명주의를 시행하였다.

영국의 1852년 특허법은 명세서 제출에 관한 규정을 두고 출원공고 및 이의신청제도를 인정하였다.

독일에서는 1877년에 특허법을 제정하고 1891년에는 심사주의를 채택하였으며 별도의 특허국을 설치하였다. 1961년에는 세계 최초로 특허법원을 설치하였으며, 1968년의 법은 조기공개주의를 채택하고 심사청구제도와 화학물질특허를 인정하였다.

Ⅲ 실용신안권의 연혁

세계 최초의 실용신안법은 1843년의 독일의 디자인저작권법이다. 우리나라의 실용신안권 제도는 1877년 독일법의 영향을 받았다. 독일의 1891년의 "실용신안 보호에 관한 법률"은 무심사주의를 채택하고 노동용구의 형상·조립·구조에 관한 실용적 고안을 그 대상으로 하였으며 존속기간은 3년이었다.

Ⅳ 디자인권의 연혁

디자인권은 18세기초 프랑스의 리용(Lyon)지방의 면직물의 색채·무늬 등에서 시작되었다. 프랑스는 1793년 저작권법에 의하여 의장의 보호문제가 제기되어 리용지방의 면직물업자들이 「나폴레옹」에게 청원하여 1806년에서야 디자인을 보호하는 법률을 제정하게 되었다.

영국은 1787년에 의장법을 제정하여 아마포(亞麻布)·면직품 등의 의장을 2개월간 보호토록 하였다가 1794년에는 3년으로 연장하는 법의 개정을 하였다.

Ⅴ 상표권의 연혁

중세의 상표는 주로 생산자조합에서 조합의 생산표로서 시작되었다. 조합의 생산표에는 조합을 표시하기 위한 것과 조합 내에서 생산자 개인을 표시하기 위한 것이 있었다.

근대에는 상표권의 보호를 형법에 의하였다. 1803년의 프랑스법은 상표권의 침해를 사문서위조죄로 처벌하였고, 독일에서도 보통법에 의하여 우량상품과 혼동시키는 행위를 형벌로 다스렸다.

상표에 관한 일반법이 나타난 것은 1850년 이후인데, 프랑스는 1857년에, 영국은 1862년에, 미국은 1870년에, 독일은 1874년에 상표에 관한 일반법을 제정하였다. 그 후 1938년에 영국은 등록주의, 심사주의, 출원공개주의 제도를 도입하고, 1946년에 미국은 사용주의를 인정하였으며, 1964년에 프랑스는 등록주의를 채택하고, 1936년에 독일은 등록주의와 사용강제주의를 취하였다.

Ⅵ 저작권의 연혁

저작물에 대한 표절행위를 반사회적 행위로 보던 고대 그리스·로마시대부터 저작자에 대한 보호의 필요성이 인식되고 있었다고 한다. 15세기 출판 인쇄술의 혁명적 발명으로 문서의 대량복제가 가능해지면서 저작권이 구체적으로 인정되기 시작된 것으로 추정된다. 즉 1450년 구텐베르그의 활판 인쇄술의 발명으로부터 시작된 저작권을 보호하자는 움직임은 그 후 자유주의의 물결을 따라 각종 출판물이 간행되면서 무단복제가 사회적 문제로 대두되자 급기야 1684년 독일 황제칙령에 의하여 저작권의 개념이 인정되게 되었다.

그 후 1710년 영국에서 앤 여왕법을 최초로 성문법이 만들어졌는바, 이것이 현대적 의미의 최초 저작권법이라고 평가된다. 그러나 법 제정의 초기에는 저작권자를 보호하는 것이라기보다는 출판권자의 보호를 위한 것이었지만 프랑스 혁명 후 출판업자에 대한 특허제도는 퇴색하고, 저작물에 대한 저작자의 권리보호에 치중하게 되었다.

19세기에 이르러 다자간의 협정이 체결되면서 조약체약국에 일반적으로 적용될 국제규범이 마련되어 1886년 베른협약, 1952년 세계저작권협약(UCC) 등이 이루어져 오늘에 이르고 있다.

Ⅶ 우리나라의 경우

우리나라의 특허법은 독일의 영향을 많이 받았으며, 실용신안제도는 특히 독일의 1877년 법에 큰 영향을 받았다.

우리나라에서는 1908년 8월 12일 공포된 칙령 제196호인 대한제국특허령이 지식재산권에 관한 법적 시초이다. 동 칙령은 칙령 제197호인 의장령 및 칙령 198호인 상표령과 함께 고시되었다. 이는 대한제국의 칙령으로 발표되었지만, 일본에 의한 우리나라 식민지화의 일환으로 이루어진 것이다. 1908년 5월 19일 체결된

미·일 조약에 따라 일본이 미국의 산업재산권을 우리나라에서도 보호해주기 위해 일본의 산업재산권제도를 그대로 대한제국 칙령의 이름으로 공포하고 실시하였던 것에 불과하다.[29] 우리나라의 특허 제1호로는 정인호(鄭寅琥)의 「말총모자」가 등록되었다.

한국전통 갓

1910년 일제침략과 함께 일본의 지식재산권 제도가 시행되다가 독립과 함께 1946년 1월 22일 미군정 법령 제44호의 공표로 특허원이 창설되어, 산업재산권의 업무를 이관받아 운영하면서 동년 10월 5일 동령 제91호 특허법(발명특허, 실용특허, 미장美匠특허가 포함)[30]이 제정·공포되었고, 상표법은 대한민국 정부수립 후인 1949년에 제정·공포되었고, 저작권법은 1957년에 제정·공포되었다.

1960년대 군사혁명정부가 들어서서 구법령들을 정비하면서 1961년에 특허법·실용신안법·의장법(디자인법)이 분리·독립되어 개별법으로 제정·공포되었고 상표법은 1963년에 개정·공포되었다. 이후 산업재산권은 세계지식재산권기구(WIPO)에 가입하기 위해 1979년 3월 11일에, 파리조약에 가입하기 위해 1980년 5월 4일에, 특허협력조약(PCT)에 가입하기 위해 1984년 8월 10일에, 미생물기탁에 관한 부다페스트조약에 가입하기 위해 1987년 12월 24일에 대폭 개정하였다.

한편 저작권법은 한미통상협정(1986년 7월 21일 성립)에 의해 동년 12월 31일에 전면 개정되었으며, WTO/TRIPs협정(WTO의 부속협정인 무역관련지식재산권 협정)을 수용하기 위해 1993년 사이에 일부 개정되었고, WTO체제가 정식 출범함에 따라 회원국으로 의무이행과 베른협약에 가입하기 위해 1995년 12월 6일에 개정되었다.

그 후에도 지식재산권은 여러 차례의 개정과정을 거쳤고, 최근 한미 FTA가 2010년 12월 체결되면서 저작권을 비롯한 산업재산권의 대대적인 개정이 이루어지고 있다.

---

29 윤선희, 지적재산권법, 세창출판사, 2022(19정판), 25-28면.

30 당시 특허제도는 단일의 특허법 내에 발명과 실용신안 그리고 의장(디자인)특허가 함께 포함되어 있었다.

제3강 지식재산권의 법적 특색

Ⅰ 서설

　지식재산권은 무체재산(발명·실용신안·디자인·상표 등)에 관하여 타인의 경합적 이용을 배척하고 독점적으로 이용할 수 있는 재산권을 의미하는데 이 배타적·독점적 지배라는 성질은 소유권의 성질과 유사하지만 그 객체가 동산·부동산이 아닌 무형의 발명·고안·디자인·식별표지라는 점에서 소유권과 다르다.

　그런데 지식재산권의 성질은 배타적·독점적이지만, 그 객체가 무형이므로 사실상의 점유가 불가능하기 때문에, 여러 사람의 이용이 동시에 가능하여 권리를 침해당하기가 쉽고 그 침해행위를 발견하기가 어려운 점이 특징이다. 뿐만 아니라 지식재산권에는 「공공상 제약성」·「권리객체 범위의 불명확성」·「권리의 공유성」 등 일반적인 재산권에서는 찾아보기 어려운 법적성질을 가지고 있는 점이 특징이다.

Ⅱ 공공재화성

　지식재산권은 개인의 권리인 사권이기는 하지만, 언젠가 인류의 공용으로 돌아갈 공공재화의 성질을 갖고 있다. 지식재산권이 권리자에게 배타적·독점적으로 인정되는 것은 문화의 창달 및 산업의 발달에 이바지하고 산업질서 유지에 이바지할 정신적 창작물에 대한 노력의 대가를 인정한 것이기 때문이다.

지식재산권은 이와 같은 사명을 수행하기 위하여 여러 제약이 가해지고 있다. 지식재산권의 존속기간이 유한하고, 반드시 그 권리를 공시하여야 하며, 또 권리를 실시하거나 사용해야 할 의무가 부여되어 있으며 권리의 정당한 행사를 의무화할 뿐 아니라 상속인이 없는 경우에는 권리자체를 소멸시키는 등의 제약을 가하고 있다.

① 존속기간의 유한성

지식재산권은 지식재산의 창작자를 보호하기 위하여 일정한 기간 독점적·배타적으로 이용할 권리를 부여하고 있다. 즉 특허권은 출원일로부터 20년, 실용신안은 출원일로부터 10년, 디자인권은 출원일로부터 20년의 존속기간이 보장되는데 각각 등록이 이루어져야 효력이 발생한다. 그리고 상표권은 「설정등록일」로부터 10년간(단, 갱신등록이 가능하므로 갱신등록시 반영구적)을 존속기간으로 보장한다. 저작권은 「저작자가 생존하는 기간은 물론 그가 사망한 다음 해 1월 1일부터 70년간」을 존속기간으로 보장하고 있다.

이와 같은 각 지식재산권의 존속기간이 만료되면, 개개의 지식재산권들은 권리로서의 지위를 잃는다.

② 필수적 권리공시

지식재산권은 배타적·독점적 권리이므로 그 권리의 존재를 불특정 다수인에게 알리지 아니하면 제3자가 예측할 수 없는 피해를 입을 수 있다. 따라서 각 지식재산권법은 그 권리의 존재를 외부에 알리기 위하여 등록제도를 두어서 권리의 내용을 공시(公示)하도록 하고 있다.

이러한 등록제도는 재산권 중 등기라는 제도를 두어 권리관계를 제3자에게 알리는 부동산 물권과 유사한 기능을 한다고 볼 수 있다. 우리나라에서는 특허청이 지식재산권에 관한 등록제도를 관장하고 특허공보를 통하여 지식재산권의 내용을 일반에게 공시하는 일을 맡고 있다.

③ 실시 내지 사용의무 부여

지식재산권은 창작자 개인을 보호하는 권리일 뿐만 아니라 국가산업발전에도 이바지해야 하는 권리이므로 권리자의 재량에 일정한 제한을 두고 있다. 이른바 실시의무 내지 사용강제를 권리자에게 부여한 것이다. 즉, 부동산이나 동산과 같은 여타의 재산에 대한 권리자는 자신의 재산에 대한 권리행사여부를 자유로이 결정할 수 있지만, 지식재산권자는 자신의 권리를 실시하지 않을 자유를 제한받는다고 할 수 있다.

지식재산권법에서는 지식재산권의 발생일로부터 일정기간 내에 그 권리의 실시·사용의무를 권리자에게 부담시키고 있다. 예를 들면 특허발명의 경우 3년간 특허발명을 실시하지 아니하면, 제3자가 그 특허발명에 대하여 통상실시권을 허락해 줄 것을 특허청에 신청할 수 있다. 이 경우 특허청이 당해 발명을 실시하도록 제3자에게 허락해 줄 경우, 권리자의 입장에서 보면 자신의 뜻과 달리 강제로 자신의 권리가 실시되는 결과를 낳게 된다.

또한 상표권의 경우에는 지정상품의 영업폐지와 더불어 상표권이 소멸하며, 상표권자가 사망한 후 3년 내에 상속인이 상표권에 대한 이전등록을 하지 아니한 때에는 상표권 자체의 소멸을 인정하기도 한다.

이와 같은 제한을 둔 이유는 권리자가 실제로 그 권리를 활용하지 아니한 상태에서 독점권만 가지고 있다면, 그 권리를 실시할 경우 정당한 보수를 지급하고 혜택을 받아 이익을 볼 수 있는 일반 국민들의 기대에 반할 뿐만 아니라, 국가산업 발전에 이바지해야 한다는 지식재산권의 본래의 목적에도 부응하지 않기 때문이다.

④ 강한 신의칙 요구

지식재산권의 정당한 행사는 「권리의 실제적 실시」·「이용권 설정계약의 체결」·「권리의 양도」·「권리침해의 구제」 등을 통하여 이루어진다. 지식재산권은 국가산업발전에 이바지해야 하는 공공성을 가진 권리이므로, 어떠한 방법으로든지 활용되어야 하며 그 행사에 있어서도 여타의 다른 권리의 행사에서 보다 더욱 강한 신의성실의 원칙이 적용된다.

5 상속인 부존재 시 권리소멸

지식재산권도 재산권이므로 권리자의 사망에 의해 그 상속인에게 상속된다. 그런데 일반 재산 특히 부동산의 경우 상속인 없이 사망한 때에는 그 재산은 국고에 귀속됨에 반해 지식재산권은 상속인 부존재 시 국고에 귀속되지 아니하고 권리 자체가 소멸된다. 따라서 당해 지식재산은 권리의 대상으로서 성격이 사라지게 되어 누구나 활용할 수 있는 재산으로 변하고 권리 자체의 독점적·배타적 성격도 소멸된다.

Ⅲ 권리 보호대상의 무형성

특허권·실용신안권·디자인권·상표권 등은 엄격한 심사제도에 의하여 권리의 보호대상을 구체화하여 공표함으로써 권리가 발생하기 때문에, 일견 권리발생의 명확성이 제고되는 것처럼 보이기도 하지만 그 권리의 대상이 무형의 재화라는

Getty images

본래의 성질로 인하여 권리 객체 범위가 불명확할 가능성이 높다. 그로 인한 권리 분쟁의 대상이 될 소지가 잠재되어 있다.

이를 방지하고 해소하기 위해 지식재산권법은 출원서류에 「청구의 범위」를 명확히 기재할 것을 요구하고, 권리객체의 기술적 범위의 해석기준을 상세히 규정함으로써 명확성을 기하려 노력하고 있다. 특히 특허발명인 기술적 사상의 범위를 확정한다는 것은 전문적 지식과 경험을 가진 자가 아니면 쉽게 할 수 없는 일이다. 이러한 지식재산권의 특성 때문에 권리의 보호와 침해의 구제에도 많은 어려움이 발생하게 된다.

 공유 시 특이성

　지식재산권도 재산권이므로 하나의 권리를 두 사람 이상이 공유할 수 있다. 예를 들면 하나의 발명을 두 사람 이상이 함께 연구하고 권리를 공동연구자 모두의 이름으로 등록한 경우가 이에 해당한다. 공동소유로 등록된 지식재산권의 실시·사용 및 지분의 처분 등의 경우는 일반재산의 경우와 그 요건에서 차이가 있다.

구 분		일반 재산	지식 재산
실시/이용	이용 여부	공유자 동의 필요	공유자 동의 불필요
	이용 범위	자신 지분의 범위 내	권리 전체를 실시/이용
지분 처분(양도)/담보제공		공유자 동의 불필요	공유자 동의 필요

1 권리의 실시·사용 시 특이성

　산업재산권은 소유권 등의 일반 재산권과는 달리 권리객체에 대한 점유가 없으므로 그 권리를 이용하고자 할 때 공유자는 자신의 지분에만 국한되지 아니하고 권리객체 전체에 대한 전면적인 실시·사용이 불가피하다. 따라서 공유자는 특별한 약정이 없는 한 지식재산권을 이용하는 경우 다른 공유자의 별도의 동의를 구하지 않고 자신들의 권리 전체를 실시할 수 있도록 하고 있다. 권리객체가 무형이어서 지분에 따른 구분이 불가능하기 때문이다. 이점에서 일반재산의 공유자의 경우 자신의 지분의 비율로 다른 공유자의 동의를 얻어야 사용할 수 있는 것과 차이가 있다. 다만 저작권의 이용의 경우에는 저작권법에서 다른 공유자의 동의를 얻어 사용할 수 있도록 하고 있음에 유의하여야 한다.

2 지분의 처분 시 특이성

　한편 지식재산권(산업재산권과 저작권 모두)의 각 공유자는 자신의 지분을 제3자에게 양도하거나 그 지분을 목적으로 한 질권을 설정하는 경우 다른 공유자 모두의 동의를 얻어야 가능하다. 또한 그 지식재산권에 대하여 전용실시권을 설정하거나 통

상실시권을 허락하는 경우에도 다른 공유자 모두의 동의를 얻어야 가능하다. 이는 일반 재산의 공유자가 자신의 지분권을 양도·질권설정에 있어 다른 공유자의 동의가 필요 없는 점과는 차이가 있다.

❸ 심판 등에서 공유자 지위

공유인 지식재산권에 관한 심판은 공유자 모두에게 획일적으로 처리하는 것이 지식재산권의 공유의 속성상 경제적이고 합리적이다. 따라서 공유인 지식재산권자에 대하여 심판을 청구하고자 하는 자는 공유자 모두를 피청구인으로 하여야 한다. 또한 공유자가 지식재산권에 관하여 심판을 청구할 경우 공유자 모두가 청구인이 되어야 한다(예컨대 특§139①·②, 실§33 준용규정 등).

❹ 손해배상청구소송

지식재산권법에 규정되어 있는 사항을 제외하고 분쟁에 관하여 민법과 민사소송법이 적용되어야 한다. 지식재산권법에 규정되어 있지 않은 사항, 예컨대 특허발명의 무단실시에 대해서는 민법규정에 따라 공유자 각자가 보존행위로서 지식재산권의 침해금지청구권을 행사할 수 있으나, 손해배상청구소송은 민법상 권리·처분행위에 해당하므로 공유자 전원이 함께 소송을 청구해야 인정된다.

지식재산권의 국제적 보호

Ⅰ 국제적 보호의 의미

1 지식재산의 국제적 이용증가

지식재산권은 그 보호대상인 기술·예술·신용 등에 배타적 독점사용권을 부여하여 권리자를 보호하는 것으로 제3자의 무단사용이나 모방을 금지하고 있다. 그런데 오늘날의 세계가 하나의 공동시장으로 변화하게 되면서, 자국 내에서의 지식재산권 보호만으로는 그 목적을 달성할 수 없게 되었다. 특히 일부 국가에서 애써 개발한 새로운 기술이 다른 나라의 기술자들에 의해 쉽게 모방되어 실시되는 경우 기술개발자의 독점적·배타적 권리행사가 사실상 무의미하게 된다. 이에 자국과 자국민의 지식재산에 대한 권리보호를 위해 기술선진국들은 세계에 걸친 보호장치의 필요성을 강하게 인식하게 되었다.[31]

즉 오늘날 세계 각국은 과학기술의 급속한 진보로 교통·통신 등의 영역에서 놀라운 혁신을 이룩하였고, 국가 간의 신속하고 빈번한 거래로 세계가 하나의 공동시장 형태로 통합되기에 이르렀다. 이에 따라 지식재산이 국제교역에서의 큰 비중을 차지하게 되었고, 그 보호문제가 국제적 관심사로 대두되게 되었다.

현재 세계 각국은 자국민의 지식재산권을 보호하기 위한 제도를 가지고 있다. 그

---

31 그 결과 1883년 파리협약과 1886년 베른협약이 체결되었다. 지금도 이 두 협약은 지식재산권의 국제적 보호의 근간을 이루고 있다.

리고 각국은 자국민이 외국에서도 자국민의 지식재산권이 보호받도록 하기 위해 국제적 지식재산권 조약들을 체결하고 있다. 이들 조약에 의하여 지식재산권에 관한 국제적 업무를 관장하는 기구가 바로 「세계지식재산권기구(WIPO)」이다. WIPO는 국제연합의 산하기관으로서 제네바에 본부를 두고 있으며 조약국들의 협력을 통하여 지식재산권의 국제적 보호와 기술이전에 노력하고 있다. 또한 여러 가지 진통 끝에 1993년 12월 15일에 극적인 타결을 본 「우루과이라운드 협상」에 포함된 지식재산권에 대한 보호기준, 시행절차, 분쟁해결에 관한 여러 사항들은 지식재산권의 국제교역질서를 확립해 가는 데 중요한 기본원칙으로 작용할 것이다.

② 국제적 보호의 필요성

지식재산권의 보호법제는 나라마다 각기 다르다. 지식재산권법은 연혁적으로도 속지주의원칙이 지배하고 있어 「1국1권리주의(지식재산권 독립의 원칙)」는 동일 객체에 대하여 각국마다 성립한 지식재산권은 상호간에 아무런 관계없이 병존하고, 한 나라의 지식재산권의 발생유무·소멸사유·효력 등은 그 나라마다 독립적으로 보호된다는 것을 인정한다.[32]

그러나 근래에 문화의 교류와 경제거래가 국제화됨에 따라 지식재산권의 보호도 속지주의 원칙만을 고수할 수 없게 되고 있다. 오히려 첨단과학시대에 급속한 발달로 세계의 모든 국가가 하나의 시장으로 변하면서 특히 선진국의 입장에서는 자국의 발전된 기술을 자국 내에서만 보호받는다는 것은 지식재산에 대한 보호측면에서 실효성이 없게 되었다. 따라서 많은 시간·노력·자본을 들여 개발한 정신적 창작물을 타국에서 모방하여 이용하도록 방임할 수만은 없게 된 각국은 국제적 거래·교류에 속지주의의 원칙에 지속적인 수정을 가하고 있다.

---

32 파리협약은 §4의2에서 특허독립의 원칙을 명정하고 있다.

Ⅱ 지식재산에 관한 국제조약

1 산업재산에 관한 조약

1) 파리협약

1883년의 "공업소유권의 보호를 위한 파리협약(Paris Convention for the Protection of Industrial Property)"[33]은 산업재산권의 국제적 보호·규제에 관한 대표적인 조약이다. 동 조약의 기본원칙으로는 ① 특허 등의 출원이나 등록 등에 있어 동맹국의 국민을 내국인과 동등하게 대우한다는 「내외국인 평등의 원칙」, ② 한 나라에 출원한 후 일정기간(특허과 실용신안의 출원은 1년, 디자인과 상표의 출원은 6월) 내에 타 가맹국에 출원하는 경우 출원일자를 최초의 국가에 출원한 날로 소급시켜 주는 「우선권주장의 원칙」, ③ 제3국에서 보호를 받으려면 각국마다 출원하여 권리를 획득하여야 하고 각국에서 획득한 권리는 다른 나라에 영향을 미치지 않는다는 「특허독립의 원칙」 등이 인정되고 있다.

2) 특허협력조약

특허협력조약(PCT : Patent Cooperation Treaty)은 특허 또는 실용신안 등의 해외출원 절차를 통일·간소하게 하기 위하여 1966년 파리협약 집행위원회에서 미국 측의 제안으로 검토하기 시작하여 1978년 1월 24일 발효되었다.[34] 주된 내용은 자국특허청에 출원하되 보호를 받고자 하는 나라를 지정하여, 그 나라 국어로 된 번역문을 해당국 특허청에 송부하여 특허를 받으면 지정한 나라마다 특허권을 인정받을 수 있도록 한다는 것을 주된 내용으로 한다.

---

33 파리협약은 세계지적재산권기구(WIPO)의 주관 아래 1883년 3월 20일 프랑스 파리에서 서명된 최초의 지식재산권 협정 중의 하나이다. 우리나라에서는 1980년부터 발효되었다.

34 우리나라는 1984년에 가입하였다.

3) 부다페스트조약

특허절차상 미생물기탁의 국제적 승인에 관한 부다페스트조약[35]은 1977년 4월 28일 부다페스트 외교회의에서 체결되어 1980년 11월 26일에 그 효력이 발생하였다.[36] 동 조약의 주된 취지는 특허절차상 미생물기탁을 요구하는 국가는 이 조약에 가입하고 있는 체약국의 영토 내·외에 있는 국제기탁기관에 미생물을 기탁하여야 한다는 것이다.

4) 기 타

표장의 국제등록에 관한 마드리드협정에 대한 의정서는 1989년 6월 27일 마드리드에서 채택되었고, 우리나라는 2003년 4월 10일에 발효되었다. 표장등록을 실행하기 위한 상품 및 서비스의 국제분류에 관한 니스협정은 1957년 채택되었고, 우리나라는 1999년 1월 8일에 발효되었다. 국제특허분류에 관한 스트라스부르협정[37] 등이 있다.

2 저작권 국제협약

1) 베른협약

1886년 스위스의 베른에서 체결된 "문학 및 예술저작물 등 저작권의 보호를 위한 베른협약"(Berne Convention for the Protection of Literary and Artistic Works)은 저작권의 국제적 보호와 관련하여 현재까지도 여전히 인정되는 기본조약으로 중요한 의미를 가진다.

동 조약의 기본원칙으로는 ① 자국민에게 인정되고 있는 자국법상 권리와 협약에서 인정되는 권리를 다른 회원국의 국민에게도 동등하게 인정하여야 한다는

---

35 정식명칭은 "Budapest Treaty on the International Recognition of the Deposit of Microorganisms for the Purposes of Patent Procedure"이다.

36 우리나라는 1987년에 가입하여 1988년에 발효하였다.

37 일명 IPC 협정으로서 1971년 채택되었고, 우리나라는 1999년 10월 8일 가입하였다.

「내국민대우의 원칙」, ② 지식재산권의 보호대상, 권리의 종류 및 내용, 권리의 제한 및 예외, 보호기간 등에 관하여 최소한 이 협약에서 정한 수준까지는 각국법에 입법화하여 보호해야 한다는 「최소한 보호의 원칙」,[38] ③ 저작자에게 권리인정을 위한 절차나 권리행사에 관하여 일정한 형식이나 방식을 필요로 하지 않는 「무방식주의의 원칙」,[39] ④ 저작권의 보호범위와 저작자의 권리를 보호하기 위하여 주어지는 구제방법 등은 문제된 당해 국가의 법률의 지배를 받는다는 「속지주의원칙」(법정지법주의) 등이 있다. 또한 ⑤ 「소급보호의 원칙」에 따라 조약체결의 효력발생 당시에 본국에서 보호기간이 만료되어 저작권이 소멸된 상태가 아닌 한 모든 저작물에 적용되고, 그 보호기간은 저작자의 생존기간과 사망 후 50년을 보장기간으로 한다.

2) 세계저작권 협약

세계저작권협약(UCC: Universal Copyright Convention)은 배른협약과 대동소이하여 재산권도 복제권, 연주권, 방송권 등 재산적 이익보호를 확보하는 기본적 권리는 보호하지만, 저작인격권 보호규정이 없는 것이 특징이다. 협약의 권리보호기간은 저작자 생존 동안 및 사후 25년 이상이면 족한 것으로 규정하고 있다.

3) WIPO 신조약

WTO의 부속협정인 무역관련지식재산권 협약(TRIPs 협약 : Agreement on Trade-Related Aspects of Intellectual Property Rights) 이후 디지털기술과 인터넷으로 야기된 저작물의 창작과 이용환경의 변화에 대한 법적 대응방안을 모색하게 되었고, 그 결과 WIPO 저작권 조약(World Intellectual Property Organization Copyright Treaty; WCT)과 WIPO 실연음반조약(WIPO Performance and Phonograms Treaty; WPTT), WIPO 신조약(세계지식재산권기구의 저작권조약 및 실연·음반조약)을 체결하게 되었다.

---

38   보호되는 저작물에는 표현형식이나 방식에 관계없이 문학·학술 및 예술의 범위에 속하는 모든 저작물로 하였고, 모든 가맹국 국민에 대하여 자국민과 동등한 보호를 인정하였으며, 저작권 존속기간을 생존기간 및 사망 후 50년으로 하고 있다.

39   이를 자동보호원칙(automatic protection)이라고도 한다. 즉 저작권은 저작물의 등록·기탁 또는 이와 유사한 절차나 형식 없이 창작됨과 동시에 자동으로 보호된다는 원칙이다.

WIPO 신조약은 디지털 네트워크 환경에서 저작권 및 저작인접권의 보호를 위한 국제질서의 수립과 계약체결국 간의 저작권법의 제도정비 및 저작인접권의 보호수준의 저작권보호 수준화가 그 목적이다.

Ⅲ 국제기구

1 세계지식재산권기구

"세계지식재산권기구"(WIPO : World Intellectual Property Organigation)는 1970년에 발효된 기구로서 산업재산권과 저작권의 보호에 관한 중심적인 역할을 담당하는 국제기구인 동시에 국제연합의 전문기관이다. WIPO는 각국 간의 협력에 의하여 세계적 지식재산권 보호를 촉진하고, 지식재산권의 보호를 개선하고

이에 관한 각국의 국내법령을 정비시키는 조치를 권장하며, 파리동맹 및 이와 관련하여 설립된 특별동맹들에 관한 업무를 비롯한 베른동맹의 업무를 수행한다. 또한 WIPO는 지식재산권보호를 목적으로 하는 또 다른 국제협정의 체결을 장려하는 동시에 그 관리에 관한 회원국 간의 협력을 확보하는 일에 주력한다.

뿐만 아니라 WIPO는 지식재산권 분야에서 법률에 관한 기술지원 요청이 있는 경우 그 나라에 협력하고, 세계적 지식재산권 보호에 관련된 정보를 수집·보호함과 함께 지식재산권에 관한 연구성과를 공표한다. 또한 지식재산권의 국제적 보호를 용이하게 하기 위한 업무로써 등록업무를 수행하고 그 등록내용을 공표하는 업무 등을 수행한다.[40]

---

40 우리나라는 1979년 3월 1일에 회원국이 되었다.

② 국제연합교육과학문화기구

"국제연합교육과학문화기구"(UNESCO : United Nations Educational, Scientific and Cultural Organization)는 1946년의 UNESCO 헌장에 의하여 설립되고 그 본부는 파리에 두고 있다. UNESCO는 교육·과학·문화에 관한 국제협력을 촉진하고 세계평화와 안전에 공헌함을 목적으로 한다. 세계 각국은 두 차례에 세계대전의 결과로 정치적 협력이나 경제적 조치만으로  는 인류에 영속적인 평화구축이 불가능하다는 것을 깨닫고, 세계평화 유지와 우호관계의 유지는 인류의 지적·도덕적 상호이해를 바탕으로 서로에 대한 지식과 이해 없이는 불가능하며, 인류문화의 발전을 위해 사상의 자유로운 교환이 절실하다는 데서 UNESCO가 발족되었다.

UNESCO는 지식재산권과 관련하여 특히 저작권 관련분야에 활약하고 있다. 이것은 헌장에도 잘 나타나 있다. 즉 이 기구는 "세계의 유산인 도서, 예술작품, 역사·과학 기념물 등의 보호를 확보하고 관련국가에 대하여 필요한 국제조약체결을 권고하는 등의 방법에 의하여 지식을 유지·증진·보급하도록 역할을 부과하고 있다. 따라서 이 기구는 저작권프로그램에서 "저작권보호의 촉진과 보호대상 저작물에 대한 개발도상국의 용이한 접근"이라는 서로 상충되는 목적 간의 균형유지를 위하여 많이 노력하고 있다.

이 기구는 저작권 및 인접권의 보호와 관련하여 세계저작권협약 등의 보호원칙을 받아들이는가 하면, 전문인력의 양성, 새로운 보호기준 마련 등을 통하여 저작권 분야의 국제적 보호·협력에 이바지하고 있다.

③ 그 외의 기구

WIPO나 UNESCO 이외에도 지식재산권의 국제적 보호에 힘쓰고 있는 기구들이 무수히 많다. 이들 기구 중에는 국가가 회원으로 구성된 것도 있고, 개별국가에

국한된 기구들도 있다.

국제산업재산권보호협회(AIPPI),[41] 국제상품위조방지협회,[42] 국제지식재산권연맹(IIPA),[43] 아시아변호사협회(APAA), 태평양산업재산권협회(PIPA), 발명가협회세계연맹(IFIA) 등은 국가간 기구들이고, 미국변호사협회(ABA), 미국지식재산권협회(AIPLA), 일본변리사협회 등은 개별국가 내의 단체들이다.

---

41 국제산업재산권보호협회는 1897년에 설립된 기구로서 산업재산권의 국제적 보호를 목적으로 한다. 따라서 이 기구는 발명·상표·디자인·상호·부정경쟁방지 등의 국제적 보호에 필요한 이해를 증진시키고 산업재산권보호제도의 개선에 노력하고, 산업재산권 관련 법령 등의 연구·검토를 통하여 개선·조정을 위한 조치를 취하며, 산업재산권의 보호에 관한 국제조약의 발전 등을 위하여 노력한다.

42 국제상품위조방지협회는 1978년에 설립한 기구로서 특허·상표·저작권 등에 관련된 미국의 대기업들이 주축이 된 기구이다. 여기에는 유럽의 일부기업들이 참여하고 있다.

43 국제지식재산권연맹은 1984년에 설립된 것으로서 미국의 저작권 관련 산업들이 결성한 것이다. 미국출판협회 등 7개 무역관련 단체로 회원이 구성되어 있으며, 이 기구는 미국의 국제무역위원회 등에 대하여 우리나라의 저작권보호 미흡을 이유로 우선협상 대상국가의 지정압력을 가해온 단체이기도 하다.

제5강

지식재산권법의 지위

 Ⅰ 지식재산권법의 발달과 학습의 필요성

　　지식재산권법이란 사람의 정신적 창작물에 관한 권리의 발생·변경·소멸의 모든 사항을 규정한 일련의 법규를 총칭하는 말이다. 따라서 지식재산권법이라는 고유명사의 단행법이 있는 것도 아니고, 지식재산권에 관한 법률을 한꺼번에 지칭하는 말로써 정확하게는 "지식재산에 관한 일체의 법률"이라고 하는 것이 보다 정확한 표현이다.

　　이들 지재권법은 앞의 제도적 연혁에서 보았듯이 각 지식재산권에 따라 역사적 배경과 변천사항이 같지 아니하다. 대체적으로 선진국일수록 이들 지식재산에 관한 법률이 일찍부터 발전되어 왔다. 그리고 인류문명의 급속한 발전으로 교통·통신수단이 빠르게 발달됨에 따라 상품교역이 전 세계에 걸쳐 빈번하게 이루어지면서, 세계가 지구촌이라는 하나의 시장으로 통합되어 가고 있다. 따라서 국제 무역에서의 보호주의 정책은 그 의미가 퇴색될 수밖에 없고, 모든 상거래를 포함한 대부분의 생활영역에서 개방화·국제화·자유화가 급속히 추진되는 실정이다. 그럼에도 각국의 보호주의적 색채가 오히려 강화되고 있는 영역이 있는데 그것이 바로 지식재산권 영역이다.

　　이러한 추세가 유지될 경우 유형의 물질적 상품거래에 의한 부의 축적보다는 무형의 지식재산에 의한 세계시장 확보가 국가부강의 주된 요건이 될 것임에 틀림없다. 따라서 이제까지 형식적으로만 존재하였던 지식재산권에 관한 법률 등에 관한 관심과 연구 및 교육은 더욱 심도 있게 이루어져야 하고, 우리의 지식재산의 육

성·보호와 외국의 지식재산권의 침해예방 등에 관한 관심이 높아져야만 한다. 그러므로 앞으로 경제적 가치의 창출에 관심이 있는 사람이라면 전문분야에 관계없이 누구나 지식재산권법에 관한 지식을 습득해야 한다는 사실을 강조하지 않을 수 없다.

Ⅱ 지식재산권법과 다른 영역의 법률과의 관계

지식재산권법을 제외한 여타의 법 영역은 이미 몇 천 년의 오랜 역사를 가진 반면에 지식재산권법은 비교적 짧은 역사를 가지고 있을 뿐만 아니라, 법이나 조약이 시대적인 필요성에 따라 그때그때 제정되고 개정되어온 것이 사실이다. 그에 따라 기존의 전통적인 법의 분류나 법체계의 시각에서 보아 이질적인 부분이 없지 않다. 즉 지식재산권법은 기본적으로는 사법임에 틀림없으나 동시에 공법적 성질도 내포하고 있으며, 또한 실체법인 동시에 절차법적 요소를 많이 가지고 있는 특별법의 지위에 있다.

그리고 지식재산권법은 민사소송법과 비송사건절차법과도 밀접한 관련을 가지고 형법·형사소송법을 비롯하여 상법, 공장 및 광업재단저당법, 동산·채권 등의 담보에 관한 법률 등과도 특별한 관계를 가지고 있는 법이라는 데 유의하여야 한다. 이 강에서는 지식재산권법이 일반적인 다른 법들과는 어떤 관계가 있는지 살펴보고, 지식재산권법들 상호간에는 어떠한 관계가 있는지에 대하여는 강을 달리하여 알아본다.

1 헌법과의 관계

헌법은 국가의 기본법으로서 국내의 모든 법의 존재 근거가 되는 관계로서 특허법을 비롯한 지식재산권법의 제정도 헌법을 근거로 하는 것은 당연하다. 즉 헌법 제22조에서 선언하고 있는 "모든 국민은 학문과 예술의 자유를 가진다. 저작자·발명가·과학기술자와 예술가의 권리는 법률로써 보호한다"는 규정의 실천을 위해 특허법·실용신안법·디자인보호법·상표법·저작권법 등이 제정된 것이다. 뿐만 아니라 헌법 제9장의 경제에 관한 조항들(헌§119~§127)은 직접·간접으로 지식재산권을 보호토록 하고 있으며 특히 "국가는 과학기술의 혁신과 정보 및 인력의 개발을 통하여 국민경제의 발전에 노력하여야 한다"는 규정(헌§127①)은 지적창작에 관한 권리의 헌법적 기초를 이룬다. 또한 이 규정은 "과학기술의 발전과 국가표준제도"에 관한 근거를 마련하고 있다(헌§127②).

요컨대 개별 지식재산권법은 사람의 정신적 창작을 보호하려는 헌법정신을 구체적으로 실현하는 지위에 있는 법이라고 말할 수 있다.

② 행정법과의 관계

개별 지식재산권법들은 행정법의 일부에 속한다. 특히 특허청의 조직·권한 등에 관한 규정들은 「행정조직법」의 일부이며, 특허출원·심판·등록 등에 관한 규정들은 「행정작용법」 및 「행정소송법」의 일종이기도 하다.

이러한 성질 때문에 지식재산의 인정절차나 불복절차 등에 관한 사항이 지식재산권법에 규정되어 있지 않은 경우에는 일반 행정법의 규정과 원리가 보충적으로 적용된다.

③ 민법과의 관계

지식재산과 그에 대한 권리를 규율하는 지식재산권법은 사법적인 측면에서 보면 민법의 특별법이다. 지식재산권법이 지식재산권을 배타적인 절대권으로 구성한 것과 권리침해에 대한 금지청구권, 예방청구권, 손해배상청구권 등이 인정되는 것은 민법의 소유권 특히 물권법체계와 불법행위법체계를 따른 것이다.

민법의 보호대상은 기본적으로 유체물이고 지식재산권의 객체는 무체물(無體物)으로서 특수하기 때문에 민법규정을 직접 적용하기에 어려운 점도 없지 않다. 즉 권리보호 범위의 획정이나 침해시 손해액 산정 등에 어려움이 있다. 그리고 지식재산권이 무체물이라는 성질 때문에 점유라는 것이 불가능하므로 점유에 기초한

여러 가지 민법상의 법리가 지식재산권에 적용되지 아니한다.

그러나 지식재산의 권리형성과정에 관한 행정적 규정을 제외하고 권리형성 이후 권리변동 등에 관한 사항 등 재산권으로서의 성격을 갖는 법률관계에는 민법의 기본원리를 비롯한 총칙·물권·채권·친족·상속에 관한 규정이 대부분 그대로 지식재산권에 적용된다.

④ 민사소송법과의 관계

저작권의 발생에는 특별한 절차가 필요 없으므로 저작권에 관한 소송 대부분은 권리에 대한 침해에 관한 소송으로 대부분 민사소송법이 적용된다. 한편 산업재산권(특허권, 실용신안권, 디자인권, 상표권 등)은 특허청의 처분을 통해 인정되며, 그것과 관련된 분쟁은 심판과 그에 대한 소송을 통해 해결된다(행정법과 행정소송법). 즉 권리인정을 위한 절차나 그에 대한 이의 절차 등 행정행위에 관한 일부의 경우[44]를 제외하고 민사소송법의 규정이 준용된다. 예컨대 산업재산권에 대한 침해가 있는 경우 이는 개인의 재산권에 대한 침해로서 민사소송에 의해 해결되어야 하므로 민사소송법이 적용된다. 따라서 지식재산권법은 민사소송법의 특별법적인 성격을 갖는다.

⑤ 노동법과의 관계

종업원이 직무상 창작행위를 한 경우 권리의 귀속과 이익의 배분이 문제되는데 이것이 지식재산권법과 노동법이 연결되는 영역으로서 지식재산권법은 노동법의 특별법으로 이해하여야 한다. 현실적으로 창작활동을 한 종업원을 보호할 필요가 있는 한편 신기술 개발을 위해 투자한 기업의 이익도 아울러 배려해야 하는 문제이다.

직무상 발명에 대하여는 발명진흥법 제10조에서[45], 직무저작에 대하여는 저작권

---

44   예컨대 특§159(직권심리)의 경우 등이 이에 해당한다.

45   발§10(직무발명) ① 직무발명에 대하여 종업원 등이 특허, 실용신안등록, 디자인등록(이하 "특허등"이라 한다)을 받았거나 특허 등을 받을 수 있는 권리를 승계한 자가 특허 등을 받으면 사용자 등은 그 특허권, 실용신안권, 디자인권에 대하여 통상실시권(通常實施權)을 가진다.

법 제9조에서[46], 직무상 창작한 반도체배치설계에 대하여는 반도체직접회로의 배치설계에 관한 법률 제5조에서[47] 규정하고 있다.

6 공정거래법과의 관계

지식재산권법은 발명특허 등의 독점적 이용으로 발명가·창작자 등의 개인적 이익보호에도 큰 목적을 두고 있지만 더 크게는 국가산업의 발전과 공중의 이익을 도모하는데 목적을 두고 있기 때문에 각종 「경제법」의 규제와도 깊은 관련이 있다.

특히 「독점규제 및 공정거래에 관한 법률(공정거래법)」과 같은 경제법은 공정하고 자유로운 경제활동을 보장하기 위해 관련시장에서 국민경제 전체의 정당한 질서 형성에 저해되는 경제활동을 개인이나 기업이 행하는 것을 규제하는 수단으로 독과점을 억제하고 있기 때문에, 기본적으로 지식재산에 대한 독점배타적인 소유·이용을 전제로 하는 지식재산권법과는 서로 상충되는 것으로 외견상 보일 수 있다.

그러나 지식재산권법은 각종 경제법의 특별법이므로 지식재산권법에서 허용하는 독점은 경제법의 규제대상인 독과점에서 제외된다. 즉 공정거래법 제59조에서 "이 법의 규정은 저작권법, 특허법, 실용신안법, 디자인보호법 또는 상표법에 의한 권리행사라고 인정되는 행위에 대하여는 적용하지 아니한다"고 규정하고 있다. 그러나 정당한 권리행사인 경우에 한하여 인정되는 것으로 지식재산권의 권리남용적 행사까지 면책되는 것은 아니다. 예컨대 특허권자가 자신의 특허권을 실시하여 만든 제품의 다음 거래단계에서의 가격을 지정하는 행위는 특허권을 남용한 것으로 공정거래법상 위법한 것이 되어 금지된다.

---

46   저§9(업무상 저작물의 저작자); 법인 등의 명의로 공표되는 업무상저작물의 저작자는 계약 또는 근무규칙 등에 다른 정함이 없는 때에는 그 법인 등이 된다.

47   반도체직접회로의 배치설계에 관한 법률 §5(업무상 창작한 배치설계의 창작자) 국가·법인·단체 및 그 밖의 사용자(이하 "법인 등"이라 한다)의 업무에 종사하는 자가 업무상 창작한 배치설계는 계약이나 근무규칙 등에 달리 정한 것이 없으면 그 법인 등을 그 배치설계의 창작자로 한다.

7 조약과의 관계

파리협약이나 베른협약을 비롯한 지식재산에 관한 조약들은 국제적 교통·통신의 발달에 의한 국가 간의 기술협력과 상품교역의 증대에 따른 산업상 분쟁의 발생에 대처하기 위한 조약으로서 우리의 지식재산권법과 관계는 긴밀하다.

우리나라 헌법에는 "헌법에 의하여 체결·공표된 조약과 일반적으로 승인된 국제법규는 국내법과 같은 효력을 지닌다(헌§6①)"고 규정되어 있음을 볼 때, 우리나라가 당사국인 조약이나 국제관습법 등은 국내 법률과 같은 위치에 있고 또한 이러한 조약이 체결되거나 관습법이 확인된 경우 국내법으로 편입된다고 보아야 한다. 그러므로 우리나라가 당사국이 되어 체결된 조약은 국내 지식재산권법령과 대등한 지위에서 파악되어야 한다.

제6강

지식재산권법의 상호관계

Ⅰ 특허법과 실용신안법의 관계

1 서

지식재산권법 가운데서도 상호 긴밀한 관계가 있는 법은 특허법과 실용신안법이다. 특허와 실용신안의 대상이 자연법칙을 이용한 기술적 사상의 창작이기 때문이다.

디자인보호법은 형상의 색체·모양 등에 의한 미감(美感)을 대상으로 하기 때문에 기술적 사상을 대상으로 하는 특허와 실용신안과는 크게 차이가 있다. 상표법은 특정상품을 다른 상품과 구별하는 표지를 보호의 대상으로 하기 때문에 특허법·실용신안법·디자인법과도 다르다. 저작권법은 학문·예술 등의 창작을 보호대상으로 하고 특별한 심사·등록 절차도 요하지 않기 때문에 여타의 산업재산권법과 많은 점에서 다르다.

여기서는 지식재산권법에서도 가장 유사한 점이 많은 특허법과 실용신안법과의 차이에 관하여 살펴본다. 특허법과 실용신안법은 보호대상, 출원 및 심사절차, 권리의 존속기간, 등록요건 등에서 서로 차이가 있다.

2 보호대상

실용신안법의 보호대상은 후술하는 바와 같이 물품의 형상, 구조 또는 이들의 조합에 관한 고안이지만, 특허법은 산업상 이용가능한 발명을 보호대상으로 한다. 이러한 발명은 '물건'에 관한 발명과 '방법'에 관한 발명 등으로 나누어 볼 수 있다. 특허법은 이들 모두를 보호대상으로 하고 있지만, 실용신안법은 '물건'에 관한 발명(고안)만을 보호대상으로 하고 있다. 즉 발명은 자연법칙을 이용한 창조적인 사상이 본체이지만 고안은 일정한 사상을 표현한 공간적 형상을 본질로 하고 있다. 특허는 산업상 활용 가능한 모든 것이 보호대상이 되므로, 일정한 형태나 구조를 갖추지 못하는 설탕이나 밀가루 같은 형태의 분말도 특허의 보호대상이 될 수 있지만, 실용신안의 보호대상으로는 인정될 수 없다.

❸ 출원 및 심사절차

양자는 우선 출원 시 제출하는 출원서류 중에 ① 「도면의 필수유무」에서 차이가 있다. 특허의 경우에는 도면의 첨부를 필요한 경우에만 첨부하는 데 반하여 실용신안의 경우에는 언제나 도면을 첨부하여야 한다. ② 「비용」에서도 차이가 있다. 즉 특허출원료·심사청구료·등록료 등 특허를 받는 데 드는 비용은 실용신안의 경우에 비하여 비싼 편이다. 이러한 차이는 같은 기술적 사상을 대상으로 하는 특허와 실용신안이지만 특허가 훨씬 복잡하고 까다롭기 때문이다.[48]

❹ 권리의 존속기간과 연장

특허권의 존속기간은 출원일로부터 20년간인데 실용신안의 경우는 출원일로부터 10년이다. 그리고 특허권에는 존속기간의 연장이 허용된다. 즉 ① 특허발명을 실시하기 위하여 「다른 법령에 따른 허가나 등록을 해야 하는 경우」 그에 필요한 유효성·안전성 등의 시험으로 인하여 장기간이 소요되어야 한다면 특허권을 실시할 수 없었던 기간에 대하여 5년의 기간까지 그 특허권의 존속기간을 한 차례만

---

48 특허출원의 심사청구기간은 2016년 2월 특허법 개정 전에는 "출원일로부터 5년 이내"이었지만, 법 개정으로 3년 이내에 청구할 수 있게 되어 실용신안출원의 심사청구기간(3년)과 동일하게 되었다(특§59②, 실§12②).

연장할 수 있다(특§89①; 허가 등에 따른 특허기간연장). 또한 ② 특허출원에 대하여 특허출원일부터 4년과 출원심사 청구일부터 3년 중 늦은 날보다 더 늦게 특허설정등록이 이루어지는 경우 그 지연된 기간만큼 해당 특허권의 존속기간을 연장할 수 있다(특§92의2①; 등록지연에 따른 특허기간연장).

그러나 실용신안의 경우에 법이 제정될 당시에는 기간연장이 허용되지 않았으나, 2011년 개정으로 일부의 경우 기간연장이 허용되고 있다. 즉 위 특허의 ①과 같은 「허가에 의한 존속기간의 연장」은 부정되지만, 위 ②와 같은 등록지연에 따른 실용신안권의 존속기간의 연장(실§22의2)은 허용되고 있다.

5 등록 요건

1) 보호의 객체

특허법의 보호대상은 발명인데 실용신안법의 보호대상은 고안이다. 발명과 고안은 자연법칙을 이용한 기술적 사상의 창작은 산업상 이용가능성이 있고 신규성과 진보성이 있어야 하는데 발명에 있어서는 그 진보성이 선행기술에 비해 고도한 것이어야 하지만, 고안은 진보성에 있어서 고도성을 요하지 않는다.

2) 불허사유

특허법은 "① 공공의 질서 또는 선량한 풍속을 문란하게 하거나 공중의 위생을 해할 염려가 있는 발명"을 불특허사유로 규정하고 있지만, 실용신안은 그 이외에도 ①과 같은 이유 이외에도 "② 국기 또는 훈장과 동일하거나 유사한 고안"도 부등록사유로 규정하고 있다.

Getty images

Ⅱ 지식재산권의 중첩적 보호 문제

1 중첩보호의 의의

중첩보호란 동일대상에 대한 종류를 달리하는 권리를 동일인에게 중복적으로 부여하는 것을 말한다. 이는 보호대상이 중첩보호를 받을 수 있는 여지가 있거나 지식재산권법을 이루는 개별법에 보호범위에 한계가 있어 권리자로 하여금 각기 다른 지식재산권법에 의해 권리를 확보할 수 있도록 한 것이다.

지식재산권의 보호강화와 맞물려 개별법에서는 보호대상을 확대하고 있는데, 그 과정에서 중첩보호의 양상이 확대되고 있다. 예컨대 우리나라에서도 응용미술작품에 대하여 원칙적으로 디자인보호법에 의한 보호로 충분하지만 예외적으로 저작권법에 의해 보호되도록 인정함으로써 우리나라에서도 중첩보호를 인정하고 있다.[49]

2 중첩보호에 대한 입법례

외국의 예를 보면, 일본은 저작물로 보호되는 미술품이 순수미술만으로 인정되어 응용미술품은 저작권으로 보호될 여지가 없다(일본 저§2②). 프랑스는 디자인보호법과 상표법 및 저작권법에 의한 중첩보호를 당연시하며, 독일 역시 중첩보호를 인정하고 있다(독일 디§2①ⅳ). 미국은 하나의 창작물에 대하여 하나의 지식재산권을 선택하여 권리를 주장해야 한다는 '선택의 원칙'(Doctrine of Election)이 정립되었으나 최근 특허상표청과 저작권청이 창작물보호에 대한 규정을 개정하여 동 원리를 완화하면서 조건부로 중첩보호를 허락하였다. 영국의 경우 종합디자인법(CDPA : Copyright, Designs and Patents Act)에서 독자적인 보호제도를 운영하고 있다. 즉 산업디자인에 대해 미술저작권, 등록 디자인권, 미등록 디자인권 등으로 보호하고 있다.

---

49 대법원 1996.2.23 선고, 94도3266 판결.

❸ 중첩보호의 가능성

지식재산권법 가운데 산업재산권법과 저작권법은 그 취지와 보호 영역이 다르지만, 저작권법은 그 창작물에 투영된 저작자의 창의적 표현요소를 보호하며, 디자인보호법은 물품에 화체된 미적외관의 창의성을 보호하며, 상표법은 기호·문자·도형·입체적 형상 또는 이들을 결합한 것을 색채와 더불어 표장으로 사용하는 경우에 타인의 상품과 식별되는 것을 보호한다.

이들 개별 지식재산권법의 보호대상에 부합하는 대상물이 창작되어, 각각의 법률상 요건을 충족한다면 이를 중첩적으로 보호할 필요가 있다. 예컨대 「화상디자인」은 디자인보호법으로 보호되지만, 저작권법상 응용미술저작물 가운데 디자인을 포함한다는 규정이 신설(저§2xi의2)됨에 따라 저작권법으로도 보호받을 수 있다. 또한 화상디자인은 특허법에 의한 컴퓨터프로그램 발명에 해당하여 각각 보호대상으로 인정되고 있다. 또한 화상디자인은 상표로도 등록될 수도 있다. 즉, 구체적으로 화상디자인이 저작권으로도 보호되는 동시에 디자인권이나 상표권이 설정등록되면 중첩보호가 이루어지게 되는 것이다. 그 결과 상표권은 10년마다 갱신하여 영속사용이 가능하므로 저작권이 소멸할 때까지 중첩적으로 보호될 수 있다.

우리나라의 경우 독일과 같이 저작권법과 디자인보호법에 의한 중첩보호제도가 명문화되어 있다. 즉, 디자인을 응용미술저작물에 포함시키는 저작권법의 개정으로 산업디자인을 분리가능성(separability) 요건을 충족하는 조건으로 응용저작미술품으로 인정하여 중첩적으로 보호한다.

❹ 중첩적 보호의 한계로서 충돌문제

이러한 중첩적 보호로 인해 지식재산권의 권리주체는 충분한 보호를 받게 되지만, 한편으로는 그 지식재산을 이용하고자 하는 소비자들의 경우는 피로도가 점증할 수 있다. 즉 중첩적 보호로 인해 지식재산의 이중보호를 금지하는 '공존의 보호(Co-Existence of Protection)의 문제'가 발생할 수 있게 된다. 하나의 권리로 보호받는 경우 이용자들은 보호기간이 만료됨으로써 권리가 일반 공중에 개방되어 자신들

이 보다 손쉽게 이용할 수 있을 것이라는 기대를 가지게 되지만, 중첩적 보호로 인해 보호기간이 연장되는 결과가 발생할 경우 그 권리자의 권리가 연장되는 만큼 이용자들의 '자유로운 이용'이 후퇴되는 문제가 발생하게 된다.

예컨대 특허권이 인정되어 20년간의 보호기간이 만료되어 가는 시점에서 다시 디자인권을 출원하여 등록함으로써 다시 20년의 보호기간이 개시된다면 창작자들의 권리와 그 이용자의 권익이 서로 충돌되는 결과가 될 수 있다. 이점을 중시하여 지식재산권에 대한 보호의 무제한 확대만을 허용할 것이 아니라 일반 사용자들의 권익을 보호하는 차원에서 중첩적 보호에도 일정한 제한이 필요하다는 주장이 대두되고 있다(이익의 형량의 문제).

Ⅲ 부정경쟁방지법과 지식재산권법의 관계

1 부정경쟁방지법의 의의와 목적

부정경쟁방지법은 특허법이나 상표법 등에서 보호되지 아니하는 주지상표 등의 보호나 영업비밀의 보호에 커다란 역할을 하고 있다. 그런 의미에서 부정경쟁방지법은 지식재산권법에 속하는 법은 아니지만 간접적으로 지식재산권을 보호하는 기능을 하고 있다. 즉 부정경쟁방지법은 제1조에서 목적을 "국내에 널리 알려진 타인의 상표·상호 등을 부정하게 사용하는 등의 부정경쟁행위와 타인의 영업비밀을 침해하는 행위를 방지하여 건전한 거래질서를 유지하는 것"으로 정하고 있다. 이하에서는 부정경쟁방지법이 규정하고 있는 부정경쟁행위유형과 영업비밀에 대하여 간단히 살펴보고자 한다(부§2·§3).

2 부정경쟁행위의 내용

부정경쟁방지법에서는 2013년 이전에는 부정경쟁행위로 금지청구를 할 수 있는 행위유형이 한정적으로 열거되고 있었다(한정열거주의). 그러나 2013년 개정으로

「타인성과」의 모방에 한정되지만 보충적인 일반규정을 도입하였고, 2021년, 2022년 개정을 통하여 새로운 부정경쟁행위 유형이 추가되었다.

1) 상품표지 혼동초래행위

상품주체 혼동행위는 "국내에 널리 인식된 타인의 성명, 상호, 상표, 상품의 용기·포장, 그 밖에 타인의 상품임을 표시한 표지(標識)와 동일하거나 유사한 것을 사용하거나 이러한 것을 사용한 상품을 판매·반포(頒布) 또는 수입·수출하여 타인의 상품과 혼동하게 하는 행위"를 말한다.

여기서 보호되는 상표나 상호는 사회에 널리 알려져 있으면 충분하고(주지성周知性), 상표법이나 상법 등에 등록이나 등기되어 있을 필요는 없다. 사회에 널리 알려진 「상품표지」(예 : 상표), 「영업표지」(예 : 상호)이면 부정경쟁방지법의 보호를 받는다. 이미 등록·등기된 상표·상호·서비스표 등이 널리 인식되게 되면 상표법·상법 등과 부정경쟁방지법에 의해 중복적인 보호를 받게 된다.

2) 영업표지 혼동초래행위

영업주체 혼동행위는 "국내에 널리 인식된 타인의 성명, 상호, 표장(標章), 그 밖에 타인의 영업임을 표시하는 표지와 동일하거나 유사한 것을 사용하여 타인의 영업상의 시설 또는 활동과 혼동하게 하는 행위"를 말한다.

여기서 규정하는 성명, 상호, 표장은 영업표지의 예시에 불과하고, 기업표지나 영업표장 등 그것이 영업을 나타내는 표지인 것은 모두 이에 포함된다. 영업표지 중 상호가 중요하나 상법상 등록된 상호일 필요가 없다. 즉, 등록되지 않은 서비스마크, 프랜차이즈, 연쇄점 등도 널리 알려져(주지성의 획득) 영업표지화된 것이면 모두 포함된다.

3) 상품표지 및 영업표지 희석화행위

유명상표 손상행위는 위 1)과 2)의 혼동행위 외에 "비상업적 사용 등 정당한 사유 없이 국내에 널리 인식된 타인의 성명, 상호, 상표, 상품의 용기·포장, 그 밖에 타인의 상품 또는 영업임을 표시한 표지와 동일하거나 유사한 것을 사용하거나 이

러한 것을 사용한 상품을 판매·반포 또는 수입·수출하여 타인의 표지의 식별력이
나 명성을 손상하는 행위"를 말한다.

2001년 개정 전에는 앞의 1)과 2)와 같이 유명상표와 혼동을 일으키는 행위만
부정경쟁행위로 보았지만, 개정 후에는 그러한 혼동행위 외에 비상업적 사용 등
정당한 사유 없이 널리 알려진 유명상표의 「식별력」이나 「명성」을 손상시키는 행
위를 새로이 추가하여 규정하고 있다.

이러한 행위는 소비자에게 직접적인 손해를 가져오는 다른 부정경쟁행위와 다르
므로 고의가 있는 경우에만 손해배상과 신용회복의 책임을 묻도록 규정하고 있다.

4) 원산지 오인초래행위

이는 "상품이나 그 광고에 의하여 또는 공중이 알 수 있는 방법으로 거래상의 서
류 또는 통신에 거짓의 원산지의 표지를 하거나 이러한 표지를 한 상품을 판매·반
포 또는 수입·수출하여 원산지를 오인(誤認)하게 하는 행위"를 말한다.

원산지는 특정 생산품과 관련하여 널리 알려지고 인식되는 일정한 장소(코냑-술, 칭
따오-맥주 등), 지방(샴페인-술, 라인-술 등), 국가(스위스-시계, 한국-인삼 등)를 모두 포함하며 행정
구획명이라도 상관없지만 가상의 지명은 포함되지 않는다. 또한 원산지는 천연의 산
출물을 생산하는 지명만이 아니고, 가공·제조된 상품을 산출하는 지명도 포함된다.

5) 출처지 오인초래행위

이는 "상품이나 그 광고에 의하여 또는 공중이 알 수 있는 방법으로 거래상의 서
류 또는 통신에 그 상품이 생산·제조 또는 가공된 지역 외의 곳에서 생산 또는 가
공된 듯이 오인하게 하는 표지를 하거나 이러한 표지를 한 상품을 판매·반포 또는
수입·수출하는 행위"를 말한다.

여기서의 출처지는 생산지, 제조지, 가공지를 의미하며, 원산지보다 넓은 개념이
다. 이러한 출처지는 허위일 필요는 없고, 오인을 일으킬 정도면 충분하다.[50]

---

50 국산품에 '외제'라고 표시하거나 "Made in U.S.A."라고 표시하는 것은 물론 일본 후지산을 배경으로 넣어 마치 일본제품인 것
처럼 가공·암시적인 표지를 하는 것 등도 널리 적용된다. 또 "유럽식, 아메리칸 스타일, 유럽풍" 등 용어를 사용하는 경우에도 소비자

6) 품질 등 오인초래행위

이는 "타인의 상품을 사칭(詐稱)하거나 상품 또는 그 광고에 상품의 품질, 내용, 제조방법, 용도 또는 수량을 오인하게 하는 선전 또는 표지를 하거나 이러한 방법이나 표지로써 상품을 판매·반포 또는 수입·수출하는 행위"를 말한다.

이 행위는 수요자에 대한 부정수요 조종행위의 하나로서 허위사기광고가 전형적인 것으로, 정당한 노력 없이 자기의 불리한 조건을 감추고, 유리한 조건의 증대를 꾀함으로써 부당히 경업상의 유리한 지위를 획득하고자 하는 행위이다. 이는 경쟁자 개인의 이익을 해하는 행위라기보다는 경쟁자 전체에 대한 이미지 훼손을 통한 시장의 일반적인 거래질서를 파괴하는 행위로서 그 직접적 피해자는 일반소비자라 할 수 있다.

7) 외국권리자의 대리인 등의 배신행위

권한 없는 자의 상표출원과 등록을 방지하는 규정은 상표법에서 규정하고 있었지만 상표권자의 허락을 받지 않은 대리인 등의 상표사용행위를 금하는 규정이 없었던 우리나라에서 2001년 부정경쟁방지법 개정시 파리협약의 내용을 반영하여 "일정한 국가[51]에 등록된 상표권자의 (현재의) 대리인이나 대표자 또는 그 행위일 전 1년 이내에 대리인이나 대표자이었던 자가 정당한 이유 없이 상표권자의 등록상표와 동일 또는 유사한 상표를 그 상표의 지정상품과 동일한 또는 유사한 상품에 사용하거나 그 상표를 사용한 상품을 판매·반포 또는 수입·수출한 경우"를 부정경쟁행위의 유형에 추가하여 금지하고 있다.

8) 도메인이름 부당선점행위

이는 "정당한 권원이 없는 자가 일정한 목적, 즉 ① 상표 등 표지에 대하여 정당한 권원이 있는 자 또는 제3자에게 판매하거나 대여할 목적, ② 정당한 권원이 있

에게 오인가능성이 있는 한 여기에 해당한다.

51   부정경쟁방지법 및 영업비밀보호에 관한 법률 제2조 제1호 사목. "(1) 「공업소유권의 보호를 위한 파리협약」당사국, (2) 세계무역기구 회원국, (3) 「상표법 조약」의 체약국(締約國)"

는 자의 도메인이름의 등록 및 사용을 방해할 목적, ③ 그 밖에 상업적 이익을 얻을 목적으로 국내에 널리 인식된 타인의 성명, 상호, 상표, 그 밖의 표지와 동일하거나 유사한 도메인이름을 등록·보유·이전 또는 사용하는 행위"를 말한다.

이는 종래 타인의 주지의 저명상표 등을 도메인네임으로 미리 선점하여 부정한 이익을 꾀하려는 시도가 많았던바 이를 규제하기 위한 입법이다.

9) 상품형태 모방행위

이는 "타인이 제작한 상품의 형태를 모방한 상품을 양도·대여 또는 이를 위한 전시를 하거나 수입·수출하는 행위"를 말한다. 그러나 ① 상품의 시제품 제작 등 상품의 형태가 갖추어진 날부터 3년이 지난 상품의 형태를 모방한 상품을 양도·대여 또는 이를 위한 전시를 하거나 수입·수출하는 행위나 ② 타인이 제작한 상품과 동종의 상품(동종의 상품이 없는 경우에는 그 상품과 기능 및 효용이 동일하거나 유사한 상품을 말한다)이 통상적으로 가지는 형태를 모방한 상품을 양도·대여 또는 이를 위한 전시를 하거나 수입·수출하는 행위는 제외된다.

10) 거래상 아이디어 도용행위

"사업제안, 입찰, 공모 등 거래교섭 또는 거래과정에서 경제적 가치를 가지는 타인의 기술적 또는 영업상의 아이디어가 포함된 정보를 그 제공목적에 위반하여 자신 또는 제3자의 영업상 이익을 위하여 부정하게 사용하거나 타인에게 제공하여 사용하게 하는 행위"를 말한다.[52] 다만, 아이디어를 제공받은 자가 제공받을 당시 이미 그 아이디어를 알고 있었거나 그 아이디어가 동종 업계에서 널리 알려진 경우에는 그러하지 아니하다.

그동안 일부 기업이 경제적 가치를 가지는 아이디어를 거래상담, 입찰, 공모전 등을 통하여 취득하고 이를 아무런 보상 없이 사업화하여 막대한 경제적 이익을 얻으면서도 개발자는 오히려 폐업에 이르게 하는 등 기업의 영업활동에 심각한 폐

---

52   2018. 7. 18 개정으로 부정경쟁방지법 제2조 제1호 차목에서 신설.

해를 막기 위하여 추가된 조항이다.[53]

11) 데이터 부정사용행위

"데이터[54]를 부정하게 사용하는 행위로서 ① 접근권한이 없는 자가 절취·기망·부정접속 또는 그 밖의 부정한 수단으로 데이터를 취득하거나 그 취득한 데이터를 사용·공개하는 행위, ② 데이터 보유자와의 계약관계 등에 따라 데이터에 접근권한이 있는 자가 부정한 이익을 얻거나 데이터 보유자에게 손해를 입힐 목적으로 그 데이터를 사용·공개하거나 제3자에게 제공하는 행위, ③ 앞의 ① 또는 ②가 개입된 사실을 알고 데이터를 취득하거나 그 취득한 데이터를 사용·공개하는 행위, ④ 정당한 권한 없이 데이터의 보호를 위하여 적용한 기술적 보호조치를 회피·제거 또는 변경("무력화")하는 것을 주된 목적으로 하는 기술·서비스·장치 또는 그 장치의 부품을 제공·수입·수출·제조·양도·대여 또는 전송하거나 이를 양도·대여하기 위하여 전시하는 행위(다만, 기술적 보호조치의 연구·개발을 위하여 기술적 보호조치를 무력화하는 장치 또는 그 부품을 제조하는 경우에는 그러하지 아니하다) 등에 해당하는 행위"를 말한다.[55] 위 행위 중 ①에서 ③은 데이터를 부정하게 취득하거나 부정한 목적으로 이를 사용, 공개하는 등의 행위를, ④는 기술적 보호조치의 무력화를 규제하고 있다.

12) 유명인 식별표지에 대한 침해행위

"국내에 널리 인식되고 경제적 가치를 가지는 타인의 성명, 초상, 음성, 서명 등 그 타인을 식별할 수 있는 표지를 공정한 상거래 관행이나 경쟁질서에 반하는 방법으로 자신의 영업을 위하여 무단으로 사용함으로써 타인의 경제적 이익을 침해

---

53 2018. 4. 17.자 부정경쟁방지법 개정 이유문. 개발자가 아이디어 사용에 대한 명시적 계약을 체결하지 않았거나 특허 등 등록에 의한 보호를 위한 구체적 요건을 구비하지 못한 경우 상당한 피해를 입더라도 구제해 줄 명확한 규정이 없어 손해배상은 물론 사용금지를 요청하기도 어려운 실정이었는바, 이를 보호하기 위한 목적으로 규정된 조항이다.

54 부정경쟁방지법 및 영업비밀보호에 관한 법률 제2조 제1호 카목에 따라 「데이터 산업진흥 및 이용촉진에 관한 기본법」 제2조 제1호에 따른 데이터 중 업(業)으로서 특정인 또는 특정 다수에게 제공되는 것으로, 전자적 방법으로 상당량 축적·관리되고 있으며, 비밀로서 관리되고 있지 아니한 기술상 또는 영업상의 정보를 말한다.

55 데이터산업법 제12조. 「데이터 산업진흥 및 이용촉진에 관한 기본법」이 2022. 4. 20.부터 시행됨에 따라 해당 법령에서 정의되는 데이터를 보호하고 그 부정사용을 규제하기 위한 내용을 2022. 4. 20 개정으로 부정경쟁방지법 제2조 제1호 카목(신설)에 추가하였다.

하는 행위"를 말한다.[56]

인격권으로서의 초상권과 별개로, '국내에 널리 인식되고 경제적 가치'를 가지는 성명, 초상 등 식별표지, 이른바 퍼블리시티권에 대하여 그 침해행위를 부정경쟁 행위의 한 유형으로 규정한 것이다.[57]

13) 기타 타인의 성과물 모용행위

2013년 개정법에서 "그 밖에 타인의 상당한 투자나 노력으로 만들어진 성과 등을 공정한 상거래 관행이나 경쟁질서에 반하는 방법으로 자신의 영업을 위하여 무단으로 사용함으로써 타인의 경제적 이익을 침해하는 행위"를 부정경쟁행위로 추가하였다.[58]

종래 타인 성과물의 모용행위를 금지하는 법률에는 각종 지식재산권법이 있었고, 부정경쟁방지법에서도 규정은 있었지만 기본적으로 한정열거에 그쳤다. 2013년 개정으로 비록 성과모용행위에 한정되는 것이기는 하지만 포괄적인 일반규정을 추가함으로써 타인의 성과를 모용하는 행위를 효과적으로 금지할 수 있게 되었다.

③ 영업비밀과 그 보호

1) 의 의

과거 영업비밀의 보호는 민법의 불법행위규정이나 형법규정에 의해 보호되었다. 그러나 민사적 구제수단은 이미 발생한 손해배상의 청구는 가능하였지만 장차 영업비밀을 사용하지 못하도록 금지청구할 수 있는 방법이 없었기 때문에 충분한

---

56   2022. 4. 20 개정으로 부정경쟁방지법 제2조 제1호 타목(신설).

57   현행법에서는 퍼블리시티권의 근거법률이 없어, 퍼블리시티권이 인정되는지 여부 및 그 근거가 무엇인지 등에 대하여 많은 논란이 있었으며, 판례마다 퍼블리시티권 인정 여부 및 법적 근거에 대해 조금씩 다르게 판단하였다. 현행 부정경쟁방지법 제2조 제1호 카목으로 기존 부정경쟁행위 유형에는 해당하지 않으나 부정경쟁행위로 볼 필요가 있는 행위에 대한 보충적 일반조항이 도입되었고, 대법원에서는 2020. 3. 26.에 유명 아이돌 그룹인 BTS의 이름, 사진 등을 무단 사용하여 화보집을 제작, 판매하는 행위가 위 부정경쟁방지법 제2조 제1호 카목 위반에 해당한다고 판단한 사례도 있었다(대법원 2020. 3. 26 자 2019마6525 결정). 이에 동법 제2조 제1호 타목에서 퍼블리시티권을 명시적으로 규정하기에 이르렀다.

58   부정경쟁방지법 제2조 제1호 파목.

보호방법이 아니었다. 또한 형법상 영업비밀의 누설 등 침해행위 그 자체를 범죄행위로 처벌하는 규정이 없으므로 영업비밀을 침해하는 과정에서 발생하는 구체적인 행위 예컨대 주거침입, 절도, 횡령, 배임 등 간접적인 수단으로 영업비밀을 보호할 수 있었을 뿐이었다.

그러나 최근 기술혁신의 진전, 급격한 정보사회화 등과 함께 영업비밀의 중요성이 현저하게 증대되었고, 특히 증대되는 종업원의 직장이동으로 인하여 영업비밀 그 자체를 보호하지 않을 수 없게 되었다. 아울러 현대경제활동에서 영업비밀이라는 것이 단순한 재산으로 보호되어야 하는 객체에 머물지 않고 거시적으로 보아 경쟁질서의 유지를 위해 보호되어야 하는 공익적 보호객체로서의 성질로 질변하고 있다.

2) 영업비밀

영업비밀이란 "공공연히 알려져 있지 아니하고 독립된 경제적 가치를 가지는 것으로서, 비밀로 유지된 생산방법, 판매방법, 그 밖의 영업활동에 유용한 기술상 또는 경제상의 정보"를 말한다.

영업비밀은 무형의 경제적 가치를 가지고 있다는 점에서는 지식재산권과 유사하나, 지식재산권과 같은 심사·등록 등의 절차에 의해 공표되지 아니한다는 점에서 크게 다르다. 또 영업비밀은 권리로서 지식재산권법의 보호를 받지 못한다는 점에서는 지식재산권보다 못한 점도 있지만 존속기간 등의 제한이 없기 때문에 영구히 독점 사용할 수 있다는 장점이 있다. 이에 따라 일정한 물건의 생산방법 등을 특허나 고안으로 지식재산권을 취득하느냐 아니면 영업비밀로 하느냐는 본인의 선택에 의한다.

3) 영업비밀 침해행위

영업비밀의 침해행위란 "비밀리에 관리되고 있는 영업비밀을 부정한 방법으로 이를 취득, 공개 또는 사용하는 것"을 말한다. 현행 부정경쟁방지법에서 영업비밀을 침해하는 행위를 6가지 유형으로 나누고 있는바 다음과 같다.

❶ 절취(竊取), 기망(欺罔), 협박, 그 밖의 부정한 수단으로 영업비밀을 취득하는 행위("부정취득행위") 또는 그 취득한 영업비밀을 사용하거나 공개(비밀을 유지하면서 특

정인에게 알리는 것도 포함한다)하는 행위

❷ 영업비밀에 대하여 부정취득행위가 개입된 사실을 알면서 또는 중대한 과실로 알지 못하고 그 영업비밀을 취득하는 행위 또는 그 취득한 영업비밀을 사용하거나 공개하는 행위

❸ 영업비밀을 취득한 후에 그 영업비밀에 대하여 부정취득행위가 개입된 사실을 (나중에) 알게 되었거나 중대한 과실로 알지 못하고 그 영업비밀을 사용하거나 공개하는 행위

❹ 계약관계 등에 따라 영업비밀을 비밀로서 유지하여야 할 의무가 있는 자가 부정한 이익을 얻거나 그 영업비밀의 보유자에게 손해를 입힐 목적으로 그 영업비밀을 사용하거나 공개하는 행위

❺ 영업비밀이 ④에 따라 공개된 사실 또는 그러한 공개행위가 개입된 사실을 알면서 또는 중대한 과실로 알지 못하고 그 영업비밀을 취득하는 행위 또는 그 취득한 영업비밀을 사용하거나 공개하는 행위

❻ 영업비밀을 취득한 후에 그 영업비밀이 ④에 따라 공개된 사실 또는 그러한 공개행위가 개입된 사실을 (나중에) 알았거나 또는 중대한 과실로 알지 못하고 그 영업비밀을 사용하거나 공개하는 행위

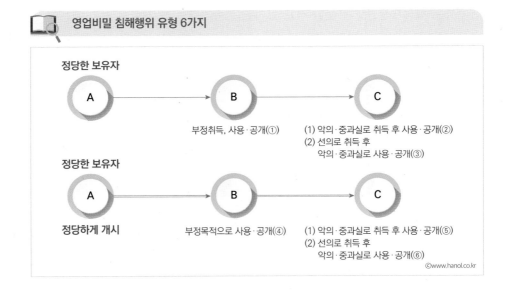

영업비밀 침해행위 유형 6가지

4 국기·국장 등의 무단사용행위

부정경쟁방지법 제3조는 "파리협약 당사국, 세계무역기구 회원국 또는 상표법 조약 체약국 등의 국기·국장(國章), 그 밖의 휘장이나 국제기구의 표지와 동일하거나 유사한 것은 상표로 사용할 수 없다"고 규정하고 있다. 이는 주권을 상징하는 국기·국장에 대한 국가의 관리권 침해를 방지하고 나아가 상품출처에 관한 소비자들의 오인을 우려하여 금지하는 규정이다.

5 지리적 표시의 사용금지 등

2011년 부정경쟁방지법 개정으로 제3조의2에서 「자유무역협정에 따라 보호하는 지리적 표시의 사용금지 등」 규정을 신설하고 있다.

1) 정당한 권원이 없는 자는 대한민국이 체결하여 발효된 자유무역협정에 따라 보호하는 지리적 표시에 대하여는 부정경쟁행위 중 "원산지 허위표시행위"와 "출처지 오인유도행위"[59] 이외에도 지리적 표시에 나타난 장소를 원산지로 하지 아니하는 상품[60]에 관하여 다음 각 호의 행위를 할 수 없다.[61]

   ❶ 진정한 원산지 표시 이외에 별도로 지리적 표시를 사용하는 행위
   ❷ 지리적 표시를 번역 또는 음역하여 사용하는 행위
   ❸ "종류", "유형", "양식" 또는 "모조품" 등의 표현을 수반하여 지리적 표시를 사용하는 행위

2) 정당한 권원이 없는 자는 다음 각 호의 행위를 할 수 없다.

   ❶ 위 1)에 해당하는 방식으로 지리적 표시를 사용한 상품을 양도·인도 또는 이를 위하여 전시하거나 수입·수출하는 행위

59　부§2i 라목 또는 마목에 해당하는 부정경쟁행위.

60　지리적 표시를 사용하는 상품과 동일하거나 동일하다고 인식되는 상품으로 한정한다.

61　그러나 다음 각 호의 요건을 모두 갖춘 자는 해당 상표를 사용하는 상품에 계속 사용할 수 있다.
1. 국내에서 지리적 표시의 보호개시일 이전부터 해당 상표를 사용하고 있을 것
2. 제1호에 따라 상표를 사용한 결과 해당 지리적 표시의 보호개시일에 국내 수요자 간에 그 상표가 특정인의 상품을 표시하는 것이라고 인식되어 있을 것

❷ 부정경쟁행위 중 "원산지 허위표시행위"와 "출처지 오인유도행위"[62]에 해당
하는 방식으로 지리적 표시를 사용한 상품을 인도하거나 이를 위하여 전시하
는 행위

❻ 부정경쟁행위 등의 금지 및 구제

부정경쟁방지법은 부정경쟁행위와 영업비밀 침해행위 그리고 지리적 사용금지
에 해당하는 행위위반에 대하여 공통적으로 민사적인 구제와 더불어 형사적인 처
벌을 인정하고 있다.

민사적인 구제방법으로 ① 침해행위를 하거나 침해행위를 하려고 하는 자에 대
에 대하여 법원에 그 행위의 금지 또는 예방을 청구할 수 있는 「금지 또는 예방청
구권」, ② 침해행위로 인하여 영업상의 이익을 침해하여 손해를 가한 자를 상대로
배상을 요구하는 「손해배상청구권, ③ 침해행위로 타인의 영업상의 신용을 실추시
킨 자에 대하여 손해배상과 함께 영업상 신용을 회복하는 데 필요한 조치를 명할
것을 법원에 청구하는 「신용회복청구권」 등이 있다. 또한 형사적인 처벌로서 징역
형과 벌금형을 부과할 수 있고, 또한 양자를 병과하는 것도 허용하고 있다.

한편 법원에 「부정경쟁행위」나 「지리적 표시 사용금지에 위반되는 행위」에 대한
금지 또는 예방청구를 하는 경우 함께 청구할 수 있는 것으로는 ① 침해행위를 조
성한 물건의 폐기, ② 침해행위에 제공된 설비의 제거, ③ 침해행위의 대상이 된 도
메인이름의 등록말소, ④ 기타 침해행위의 금지 또는 예방에 필요한 조치 등이 있
다. 또한 행정적 조치로서 특허청장, 시·도지사 또는 시장·군수·구청장은 침해행
위가 인정될 경우 그 위반행위를 한 자에게 30일 이내의 기간을 정하여 그 행위를
중지하거나 표지를 제거 또는 폐기할 것 등 그 시정에 필요한 권고를 할 수 있다.

---

62   부§2i 라목 또는 마목에 해당하는 부정경쟁행위.

특허와 지식재산권

Part 2

특허권·
실용신안권

Patents &
Intellectual Property Rights

제7강
특허권·실용신안권의 의미

Ⅰ 특허법

1 특허법의 의의

특허법은 발명이라는 무형의 정신적 창작물을 보호하고, 창작 활동을 장려하여, 발명자 자신의 개인적인 권익보호뿐만 아니라, 그를 통하여 기술발전에 기여토록 함으로써 결국에는 국가산업발전에 이바지하도록 하려는 궁극적 목적을 가지고 있다. 이와 같이 특허법은 특정한 목적을 달성하기 위하여 그에 필요한 특별한 내용과 성격을 지니고 있다.

따라서 특허법은 새로운 기술을 연구개발한 사람에게는 그 수고의 대가를 보상한다는 차원에서 일정기간 그 발명을 독점적·배타적으로 이용할 권리를 부여하여 발명자 개인의 권익을 보호하는 동시에, 그 권리의 존속기간이 경과하면 모든 일반인들이 그 발명의 신기술을 자유로이 이용할 수 있게 함으로써 결국은 국가산업 전체의 발전을 촉진하는 작용을 하는 것이다. 그리하여 특허법은 그 목적을 달성하기 위한 내용상의 특성과 성질상의 특색을 가지고 있다.

특허법은 엄격한 절차에 따라 공적기관인 특허청의 철저한 관리에 의할 뿐 아니라 정형화된 방식에 의하도록 상세하고 복잡한 내용으로 구성되어 있다. 즉 특허출원, 심사청구, 출원공개, 등록절차 등 특허권 발생순서에 따른 엄정한 절차에 의하여 권리가 발생하도록 규율하고 있으며, 가급적이면 발명에 수고한 출원인을 보호하는 입장에서 경미한 흠결이 있는 경우에는 충분한 시간을 주어 보정이 가능하도록 배려하고 있는 내용도 찾아 볼 수 있다. 또한 특허법은 특허의 성립·내용·소멸 등이 타국 특허에 영향을 받지 않는다는 원칙을 지키면서도 국제특허 등에서는 내외국인평등주의, 우선권주장제도 등을 두면서 특허제도의 국제화에 노력하고 있는 것을 내용으로 하고 있다.

② 법적 성격상 특색

특허법은 그 법적 성격이 사법이지만 또한 공법적인 성격도 가지며 특허법은 실체법인 동시에 절차법이기도 하다는 것은 전술하였다. 특기할 만한 사항으로, 특허법이 지식재산권에 관한 법률 중에서 기본적인 위치를 점하는 법으로서 실용신안법이나 디자인보호법, 상표법 등 여타의 지식재산권법에 기준이 되는 중요한 위치에 있다는 것이다.

1) 특허법의 기본원칙

우리나라의 특허법은 권리주의, 심사주의, 선원주의, 등록주의, 직권주의 등을 근간으로 하여 여타의 원칙들을 인정하고 있다.

(1) 선원주의

「선원주의」란 동일한 발명에 대하여 둘 이상의 출원이 있는 경우에는 먼저 출원한 자에게 특허권을 인정하는 것을 말한다. 이것은 선발명주의에 대응되는 것이다. 선원주의 및 선발명주의는 하나의 발명에는 하나의 특허권만을 인정하기 위한 원칙이다(이중등록방지기능).

선원주의는 개발된 발명을 신속히 출원하게 하여 발명의 공개를 촉진하여 중복연구나 이중출원을 방지하는 데 장점이 있으나, 실제로 발명은 먼저 하였으나 출원을 늦게 한 자에게는 특허권을 취득할 기회가 박탈된다는 점에서 보면 발명의 장려라는 특허제도의 본래 의도에는 부합되지 않는다.

반면에 「선발명주의」는 실제로 먼저 발명한 자에게 특허권을 인정하는 것으로서 발명의 장려라는 특허제도에 합당하지만, 먼저 발명은 했으나 출원을 늦게 한 경우에는 그 발명의 선·후를 결정하기 곤란한 점이 있다.

우리나라는 선원주의를 채택하여 먼저 출원한 자에게 특허권을 부여하고 있다. 즉 동일한 발명에 대하여 다른 날에 둘 이상의 특허출원이 있는 경우에는 먼저 특허출원한 자만이 그 발명에 대하여 특허를 받을 수 있도록 하고 있고, 특허출원된 발명과 실용신안등록출원된 고안이 동일한 경우도 그 특허출원과 실용신안등록출원이 다른 날에 출원된 것이면 먼저 출원한 것을 우선으로 하고 있다(특§36①·③전단). 그리고 선원주의의 단점을 보완하기 위하여 발명은 먼저 하였으나 출원이 늦은 자를 보호하기 위하여 특허권을 인정하지 못하는 대신 「선사용권」을 인정하는 장치를 두고 있다.

그리고 현행 특허법은 선원주의를 채택하여 「시각(時刻)주의」에 의하지 아니하고 있다. 즉 같은 날에 동일한 특허출원이 두 개 이상 있는 경우에는 그들 사이에 협의를 하도록 하여 그 중 하나의 출원에만 특허권을 인정한다. 또한 특허출원과 실용신안등록출원이 같은 날에 출원된 경우에도 협의를 통하여 권리자를 결정하도록 하고 있다(특§36②·③후단).[1]

(2) 직권주의

특허권의 발생절차를 누가 주도하느냐에 따라서 당사자주의와 직권주의가 있게 된다. 즉 특허권 발생절차의 주도권을 출원인이 가지느냐 아니면 국가기관이 가지느냐에 따라 출원인이 가지는 경우에는 「당사자주의」라 하고, 국가기관이 가지는 경우에는 「직권주의」라고 한다.

우리나라의 특허법은 출원절차의 개시와 그 종료에는 거의 당사자가 주도권을 가지고 있어 부분적으로는 당사자주의를 취하고 있기는 하지만, 특허권의 독점적 배타적 효력을 감안하여 심사절차와 심판절차에서 심사관이나 심판관은 심리에 필요한 자료수집 등은 당사자 등의 의사에 관계없이 절차를 진행할 수 있는 직권진행주의 등을 통하여 직권주의를 실현하고 있다.

(3) 심사주의

특허권을 부여하는 방법에는 심사주의와 무심사주의의 두 가지가 있다.

---

[1] 만일 같은 날 출원한 두 출원인 사이에 협의가 성립되지 아니하면 누구에게도 특허권이나 실용신안권을 인정하지 않는다. 실무상 이러한 경우 대부분 당사자 간의 합의로 일방 당사자가 권리자가 되거나 공동출원으로 합의를 이루는 경우가 대부분이다. 현행 특허법이 시각주의를 택하지 않는 이유는 많은 시간과 노력을 투입한 발명이나 고안이 우연히 몇 시간의 차이에 의해 일방은 권리자가 되고 일방은 무권리자가 되어버리는 불합리한 결과를 피하기 위한 것이라 판단된다.

「심사주의」는 특허출원이 있으면 당연히 실체심사를 하여 법정의 형식과 내용을 충족하는지를 판단하여 긍정적으로 평가되면 특허권을 인정하는 것이다. 이에 반해 「무심사주의」는 특허출원에 관하여 필요한 형식적 요건만을 심사하여 충족되면 특허권을 부여하고, 특허등록 후에 그 특허권의 유효·무효에 관하여 다툼이 있는 경우에만 법원이 심리하는 것이다.

물론 두 원칙은 나름대로의 장단점을 가지고 있다. 심사주의는 특허권의 부여에 있어 실체적인 심사를 거쳤기 때문에 특허권에 대한 신뢰도와 안정성이 높아 특허권의 유효·무효에 대한 다툼이 많지 않은 반면에 심사하기 위해서는 많은 시간과 인원 및 경비가 필요하게 되는 단점이 있다.

무심사주의는 권리를 인정하는 데는 신속하고 경제적이지만 권리의 발생이 중복될 염려가 있고, 일단 인정된 권리라도 안정성이 없다는 단점을 가진다.

현행법에서는 심사주의와 무심사주의의 장단점을 조화시켜 보다 나은 것으로 인정되는 「신심사주의」를 택하고 있다. 신심사주의는 특허출원된 모든 출원을 무조건 심사하는 것이 아니고 출원인 등의 실체심사의 요구가 있을 때만 실체심사를 하도록 함으로써 심사에 소요되는 인원과 비용의 낭비를 막을 수 있고, 특허권이 중도에

특허/실용신안 출원 후 심사 흐름도

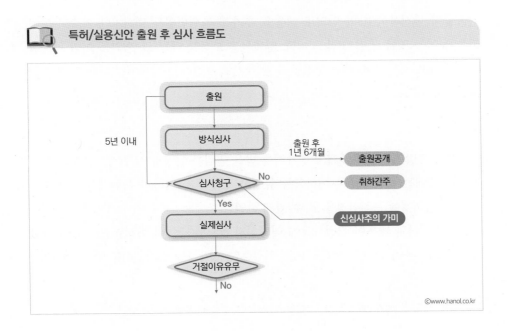

©www.hanol.co.kr

포기되는 출원까지 심사함으로써의 시간과 노력의 낭비를 사전에 제거할 수 있는 장점을 갖는다.

(4) 출원공개주의

현행 특허법은 신심사주의에 의하되 특허는 출원 후 1년 6개월이 경과하면 출원인의 의사와 심사절차의 진행현황과 관계없이 일반 공중에 그 특허출원의 내용을 공개한다. 출원공개제도는 중복기술투자를 막아 국내 산업을 보호하고 공개 자료를 통한 정보제공, 개량발명유도, 공정한 심사를 유도하고 보상금청구권 등을 확보함과 아울러 출원에 대한 심사의 지연을 방지하면서 국제협조에 필요한 제도로 인정되고 있다. 그리하여 전문가에 의한 실체심사와 더불어 일반 공중에 의한 심사를 받아 특허권 부여의 공정성과 정당성을 확보하는 절차로서, 특허출원의 공개제도를 통하여 일반인들에 의한 공개적인 심사의 기회를 부여하고 있다.

(5) 보정제한주의

이는 특허출원 시 제출한 명세서 내용을 기재한 범위 안에서 추후 보정할 기회를 주는데, 애초 명세서에 기재하지 않은 내용을 추가할 수 없다는 원칙을 말한다. 이를 '신규사항 추가금지'라고도 한다. 이미 출원한 내용을 시일이 한참 지난 후 다른 기술들이 발전함에 따라 임의로 내용을 추가해 출원범위를 넓히거나 기술적 완성도를 높이는 것을 막기 위한 것이다. 명세서를 보정할 때는 그 범위를 이미 기재된 사항 이내로 제한하며, 한번 보정한 후에 추가로 보정하는 경우에는 더욱 그 범위를 제한하고 있다.

(6) 권리주의

현행 특허법은 발명자에게 발명특허를 받을 권리를 인정하고, 법정요건과 절차를 거친 경우에는 특허권을 부여하도록 규정하고 있다. 그리하여 특허대상인 발명을 한 자는 특허청에 특허신청을 할 수 있게 하였다.

신청의 형식과 내용이 거절사유에 해당하지 않으면 당연히 특허를 인정하여 설정등록에 의거하여 하나의 재산권으로 인정한다. 이를 「권리주의」라고 한다.[2] 따라서

---

2   이와는 반대로 특허권의 존립 근거로서 「은혜주의」가 있다. 은혜주의는 특허발명을 한 자가 있다 하더라도 국가에 권리인정

우리가 인정하고 있는 권리주의는 발명자 보호에 적극적이고 발명의 장려에 효과적이라고 할 수 있다.

(7) 등록주의

「등록주의」란 권리발생의 요건으로서 공적장부인 등록원부에 권리의 내용을 기재하는 것을 말한다. 이것은 무등록주의에 대응되는 말이다.

특허권은 형체가 없는 대상을 권리 객체로 하기 때문에 그 권리의 존재를 명확히 하고, 또한 권리의 범위를 확실히 하기 위하여 권리자, 권리내용, 권리범위 등을 등록원부에 기재토록 하는 것이다. 뿐만 아니라 특허권은 독점적·배타적인 권리이기 때문에 그 권리를 명확히 함으로써 제3자의 불측의 손해를 방지할 수 있기도 하다. 우리나라는 특허청에 등록원부를 비치하여 특허권의 설정·변경·소멸 등을 등록하고 있다. 따라서 특허권의 변동이 있는 때에는 그 변동 내용을 등록원부에 등록하지 아니하면 효력이 발생하지 아니한다.

2) 여타의 원칙들

위에서 살펴본 원칙 외에도 다음과 같은 원칙이 있다.

❶ 「서면주의」란 특허출원서류를 비롯하여 특허청에 제출하는 모든 내용은 말로 진술할 수 없고 반드시 서면에 기재하여 제출하는 것을 말한다. 특허출원과 관련된 내용들은 복잡하고 전문적이기 때문에 명확성을 보장하여야 하기 때문이다.

❷ 「양식주의」란 특허청에 제출하는 서류는 법령이 정하는 통일된 양식에 의하여야 하는 것을 말한다. 특허청은 국가기관으로서 국민 누구에게나 명확하고 통일된 관계를 유지하기 위하여 제출서류의 양식을 법정하여 놓고 있다. 그렇게 하지 아니하면 절차의 진행이 어렵고 복잡하게 될 우려가 있다.

❸ 「국어주의」란 특허출원과 관련하여 특허청에 제출하는 모든 서류는 다른 나라의 문자가 아니라 우리나라의 국어로 기재하여야 한다는 것을 말한다. 이것

을 요구할 수 있는 권리를 인정하지 아니하고, 그 특허발명에 대하여 발명자에게 권리를 인정할 것이냐의 여부는 국가의 임의적인 수권행위에 의하여 은혜적으로 부여할 수 있다는 원칙을 말한다.

은 특허권의 인정여부가 국가마다의 독자적인 제도에 의하고 있을 뿐 아니라, 제출서류의 내용을 정확하게 파악하기 위함이기도 하다. 그러나 국제출원의 경우에는 영어, 불어, 일어 등의 몇 개 국어로 기재하도록 요구하기도 한다.

④ 「도달주의」란 특허관련 서류를 특허청에 제출하는 경우 그 서류가 특허청에 도착되어야 제출의 효력이 발생하는 것을 말한다. 이것은 발신주의에 상대되는 말이다. 발신주의는 의사통지가 상대방에게 도달한 때에 효력이 발생하는 것이 아니고, 의사통지를 발송한 때에 효력이 발생하는 것을 말한다. 우리의 특허법은 도달주의를 원칙으로 하고(특§28①) 예외적으로 국내출원의 경우에 등기우편으로 서류를 제출하는 때에는 발송한 때에 제출의 효력이 발생하는 것으로 하였다. 따라서 도달주의의 예외로 인정하는 발신주의에 의하면 발송 서류에 우체국 소인이 찍힌 날짜가 발신일이 될 것이다. 그러나 국내 등기우편이 아닌 국제항공우편은 발신주의의 예외가 인정되지 아니하고 도달주의에 의한다.

⑤ 「수수료주의」란 특허출원서류에는 법정 수수료를 납부한 증명서류를 첨부하여야 하는 것을 말한다.

⑥ 「신청주의」는 출원인이 출원신청을 하여야 하는 것을 말한다.

⑦ 「1건1통주의」는 모든 서류를 작성함에 있어 한 건마다 한 통씩의 서류를 작성하는 것을 말한다. 특히 상대방이 있는 관계서류는 그 상대방의 인원수만큼 부본을 작성하여 제출하여야 하는 것을 의미한다.

Ⅱ 실용신안법

1 실용신안법의 의의

실용신안법은 실용적인 고안을 보호·장려하고 그 이용을 도모함으로써 기술의 발전을 촉진하여 산업발전에 이바지함을 목적으로 한다(실§1). 여기서 실용신안법의 보호 대상인 고안은 자연법칙을 이용한 기술적 사상의 창작을 말한다.

대륙법계 국가들은 특허법 외에도 소발명(고안)에 대해서도 실용신안권이라는 보호장치를 두고 있는데, 이는 영미법계 국가들이 이를 인정하고 있지 않다는 점에서 차이가 있다. 현행 실용신안법은 우리의 산업구조의 특수성을 고려하여 혁신적인 발명 이외에도 소발명도 아울러 보호함으로써 산업발전에 이바지하고자 하는 취지에서 이 제도를 인정하고 있다.

② 실용신안법의 기본원칙

실용신안법상 인정되는 주요원칙은 특허법상의 주요 원칙이 대체로 적용된다고 할 수 있다. 고안을 창작한 자에게 실용신안을 받을 권리를 인정하고 법정요건과 절차를 거친 경우 실용신안권을 부여하는 「권리주의」, 실용신안권을 부여하는 방법으로 원칙적인 「심사주의」, 동일한 고안에 대해 둘 이상의 출원이 있는 경우 먼저 출원한 자에게 실용신안권을 인정하는 「선원주의」, 권리발생요건으로서 공적장부인 등록원부에 권리의 내용을 기재해야 한다는 「등록주의」, 실용신안권 발생절차상 「직권주의」를 택하고 있는 것 그리고 출원 시 제출한 명세서 내용을 기재한 범위 안에서 추후 보정할 수 있으나, 애초 명세서에 기재하지 않은 내용을 추가할 수는 없다는 「보정제한주의」 등은 특허권에서 설명한 내용이 그대로 실용신안권에도 적용된다.

또한 기타의 「서면주의」, 「양식주의」, 「국어주의」, 「도달주의」, 「수수료주의」 등도 특허에서와 동일하게 실용신안에도 그대로 인정된다.

③ 실용신안 인정의 의미

구실용신안법에서는 무심사주의를 채택하고 있었으나, 2006년 개정법에 의해 심사주의를 취하게 되어 실용신안의 인정을 위한 요건이나 절차에 있어 특허와 큰 차이는 없다.

이처럼 발명의 수준(큰 발명과 작은 발명)의 차이는 있지만 본질적으로 기술적 사상의 창작이라는 점에서는 동일하므로 실용신안제도를 군이 별도로 보호할 필요가 있는지, 또 그렇게 보호하는 것이 옳은 것인지에 관해 견해의 차이가 있어 왔고 이에 대해 특허법으로 통합하려는 주장이 없지 않다.[3]

---

3 특허제도가 도입될 당시 우리나라의 기술수준은 외국에 비해 비교적 낮은 편이었기에 외국인에게 특허가 독점될 우려가 있었고, 우리나라에서 특허제도만을 인정하고 실용신안을 부정할 경우 국민들의 기술개발의욕을 떨어뜨릴 수 있는 우려가 있었기에 비교적 낮은 수준의 발명(고안)이라도 보호할 필요가 있어 실용신안을 도입하였다. 독일, 프랑스, 일본 등의 선진국이 중소기업의 보

제8강 특허권자·실용신안권자

Ⅰ 산업재산권의 권리주체 규정

특허권·실용신안권·디자인권·상표권 등 산업재산권의 권리주체에 관한 개별법의 규정을 검토해보면 특허법이 비교적 자세하고 나머지 법들은 주체에 관한 명시적인 규정이 많지 않다.[4]

Ⅱ 특허권의 권리주체

1 서언

특허를 받을 수 있는 자(특허출원권자)는 실제로 출원발명을 한 자 또는 그 승계인이다. 특허법은 기본적으로 발명자 원칙을 채용하고 있기 때문에 실제로 발명한 자에게만 특허받을 수 있는 권리(특허출원권)를 부여하고 있다. 따라서 실제적으로 발명능력을 가지고 있는 자연인만이 발명의 주체가 될 수 있다. 그리고 또 실제적 발명자는 아니지만 그 발명자로부터 그 발명을 정당하게 승계한 자도 특허받을 권리를 갖

호육성 등 자국의 산업보호를 위해서 아직 이 제도를 폐지하지 못하고 있는 것과 같은 맥락에서 우리나라에서도 이 제도가 도입된 지(1909년 시행) 100년이 지났지만 여전히 유지되고 있는 것이다.

4   이하에서는 특허권의 권리주체에 관하여 자세히 알아보고 여타의 산업재산권의 권리주체에 관하여는 특허권의 권리주체와 다른 점들을 검토하는 형식으로 서술하고자 한다.

는다.

특허출원인은 특허가 등록된 경우 곧바로 특허권자가 되기 때문에, 특허출원인이 누구인지를 결정하는 것이 매우 중요하다. 이 강에서는 발명자와 출원인의 관계를 이해하고, 무권리자의 출원에 대한 법적 취급에 대하여 알아보도록 한다.

② 특허를 받을 수 있는 자

특허를 받을 수 있는 권리(특허출원권)는 발명에 대하여 특허를 출원하여 인정을 받아 특허권자가 될 수 있는 자격을 가진 자(특허출원권자)를 말한다. 우리 법에 의하면 특허출원권자는 발명을 한 사람 또는 그 승계인이다. 그러나 이는 특허사정을 받아 특허권을 이미 인정받은 자(특허권자)와는 다른 의미이다.

1) 발명자

(1) 의의

특허출원인이 될 수 있는 권리(특허출원권)는 발명자[5]에게 원시적으로 귀속한다. 발명자는 반드시 자연인이어야 하며, 법인은 발명자가 될 수 없다. 법인이 특허출원하는 경우는 자연인이 발명한 것을 양도받아서 출원하는 경우이다.

(2) 공동발명

2인 이상이 공동으로 발명한 때에는 특허를 받을 수 있는 권리는 공유가 되며(특§33②), 전원이 공동으로 특허출원을 하지 않으면 특허를 받을 수 없다(특§44). 즉 공유자의 일부에 의한 출원은 거절된다. 또한 발명자가 특허받을 수 있는 권리의 일부를 타인에게 양도한 경우에도 공유관계가 발생할 수 있다. 일반재산법상의 공유는 자신의 지분의 처분 시 타공유자의 동의가 불필요하나 특허법에서는 각 공유자 전원의 동의를 요한다(특§37③).[6]

---

5   특허를 받을 수 있는 자는 본래 발명자이다. 발명자는 특허를 받을 권리를 가짐과 동시에 그 이름이 특허에 발명자로서 명시될 권리를 가진다(파리협약 §4③).

6   또한 그 지분에 대해서만 강제집행하는 것도 허용되지 않는다. 그리고 심판청구에서 청구인·피청구인이 되는 경우 모두가 참여하여야 한다(고유필요적 공동심판).

(3) 직무발명의 경우

❶ 기본개념

　발명진흥법 제2조 제1호 및 제2호에서 "직무발명"이란 종업원, 법인의 임원 또는 공무원(종업원 등)이 그 직무에 관하여 발명한 것이 성질상 사용자·법인 또는 국가나 지방자치단체(사용자 등)의 업무 범위에 속하고 그 발명을 하게 된 행위가 종업원 등의 현재 또는 과거의 직무에 속하는 발명을 말하며 "발명[7]"이란 특허법·실용신안법 또는 디자인보호법에 따라 보호 대상이 되는 발명, 고안 및 창작을 모두 포함한다고 규정하고 있다. 또한 동법 제10조(직무발명) 제1항에서 "직무발명에 대하여 종업원 등이 특허, 실용신안등록, 디자인등록을 받았거나 특허 등을 받을 수 있는 권리를 승계한 자가 특허 등을 받으면 사용자 등은 그 특허권, 실용신안권, 디자인권에 대하여 통상실시권을 가진다"고 규정하고 있다.

❷ 사용자와 종업원의 개념

　사용자의 지위는 고용관계를 전제로 형성되는 개념이 아니라 종업원 등이 이룩한 발명에 대하여 형평의 관점에서 일정이익을 정당하게 가질 수 있는 자의 개념으로 자연인과 법인·국가·지방자치단체를 모두 포함하는 개념이다. 법인격 없는 사단 또는 재단도 이에 포함된다. 그리고 종업원이란 기업의 종업원, 이사, 공무원 등이 사용자와 고용관계에 있는 모든 자로서 상근·비상근, 일용직 여부를 구별하지 않는다.

❸ 종업원 발명의 의미

　종업원 발명은 개인발명과 직무발명으로 나뉘며, 개인발명은 자유발명과 업무발명으로 다시 구별된다. ⓐ "자유발명"은 종업원 등의 발명이 사용자의 "업무" 범위에 속하지 않으면서도 종업원의 "직무" 범위에 속하지 않는 발명으로 그 권리는 종업원이 자유로이 처분할 수 있다. ⓑ "업무발명"은 사용자의 "업무"에 속하는 발명이지만 종업원 등의 "직무"에 속하지 않는 발명을 말한다. 이 또한 종업원 등이 자유로이 처분할 수 있다. ⓒ "직무발명"은 종업원 등이 "직무"에 관하여 발명한 것으로 사용자나 법인 또는 국가·지방자치단체의 "업무" 범위에 속하고, 발명동기도 종업원의

7　직무발명이라는 용어가 사용되지만, 특허, 실용신안, 디자인의 경우 모두를 지칭하는 것으로 발명진흥법의 내용으로 보아 "직무창작"이라는 용어를 사용하는 것이 적절하다고 판단된다.

현재 또는 과거의 직무에 관련된 발명을 말한다.[8] 산업재산권과 발명진흥법에 의해 규율되는 것이 이 직무발명이다.

❹ 직무발명에 관한 권리귀속

㉠ 사용자 등의 통상실시권

직무발명에 대하여 종업원 등이 특허를 받거나 특허를 받을 수 있는 권리를 승계한 사람이 특허를 받았을 경우 사용자 등은 그 특허권에 대하여 통상실시권을 가진다(발§10①). 즉 사용자는 종업원 등의 직무발명에 대하여 법정의 무상의 통상실시권을 가진다. 이 무상의 통상실시권은 법률로 보장되므로 아무런 제한을 받지 않고 당해 실시권이 소멸할 때까지 유효한 권리이다.[9]

㉡ 발명완성 통지와 승계여부 통지

종업원 등이 직무발명을 완성한 경우 지체 없이 그 사실을 사용자 등에게 문서로 알려야 한다. 2명 이상의 종업원 등이 공동으로 직무발명을 완성한 경우에는 공동으로 알려야 한다(발§12). 발명완성 통지를 받은 사용자 등(국가나 지방자치단체는 제외한다)은 통지받은 날로부터 4개월 이내(발시§7)에 그 발명에 대한 권리의 승계 여부를 종업원 등에게 문서로 알려야 한다(발§13). 다만, 미리 사용자 등에게 특허 등을 받을 수 있는 권리나 특허권 등을 승계시키거나 사용자 등을 위하여 전용실시권을 설정하도록 하는 계약이나 근무규정이 없는 경우에는 사용자 등이 종업원 등의 의사와 다르게 그 발명에 대한 권리의 승계를 주장할 수 없다(발§13①단서).

위 기간 내에 사용자 등이 그 발명에 대한 권리의 승계의사를 알린 때에는 그때부터 그 발명에 대한 권리는 사용자 등에게 승계된 것으로 본다. 또한 승계하지 않겠다고 알린 경우 종업원이 발명에 대한 권리를 가지나, 사용자도 무상의 통상실시권

---

8   여기서 업무관련성은 사용자 등을 기준으로 하며, 직무관련성은 종업원 등을 기준으로 한다. 예컨대, 삼성반도체 기업의 인사과 직원이 항암치료제를 발명한 경우 종업원의 업무범위에도 속하지 않고 직무범위에도 속하지 않아, 그 발명은 자유발명으로 종업원의 권리로 인정된다. 삼성반도체 기업의 연구직원이 인사관리에 관한 발명을 한 경우, 종업원이 반도체 연구직원이니 사업자의 업무이지만 자신의 직무범위에 속하지 않아, 그 발명은 업무발명으로 종업원의 권리로 인정된다. 삼성반도체 기업의 반도체 연구직원이 반도체관련 발명을 한 경우, 사업자의 업무범위에도 속하고 종업원 등의 직무범위에도 속하기 때문에 직무발명이 된다.

9   그러나 사용자 등이 「중소기업기본법」 제2조의 중소기업이 아닌 경우에는 종업원 등과의 협의를 거쳐 미리 ㉠ 종업원 등의 직무발명에 대하여 사용자 등에게 특허 등을 받을 수 있는 권리나 특허권 등을 승계시키는 「계약 또는 근무규정」이나, ㉡ 종업원 등의 직무발명에 대하여 사용자 등을 위하여 전용실시권을 설정하도록 하는 「계약 또는 근무규정」을 체결 또는 작성하지 아니한 경우에는 통상실시권이 부여되지 아니한다(발§10①).

을 갖는다.[10]

　㉓ 공무원의 직무발명

　공무원의 직무발명에 대한 권리는 국가나 지방자치단체가 승계하며, 국가나 지방자치단체가 승계한 공무원의 직무발명에 대한 특허권 등은 국유나 공유로 한다(직§10②).[11]

　㉔ 직무발명 외의 종업원 등의 발명

　종업원 등의 "자유발명 또는 업무발명" 등 "직무발명 「외의」 발명"에 대하여 「미리」 사용자 등에게 특허 등을 받을 수 있는 권리나 특허권 등을 승계시키거나 사용자 등을 위하여 전용실시권을 설정하도록 하는 계약이나 근무규정의 조항은 무효로 한다(발§10③).

⑤ 직무발명의 성립요건

　직무발명이 성립되려면 ⓐ 종업원 등이 자신의 직무에 관하여 발명하였을 것, ⓑ 종업원 등의 발명은 사용자 등의 업무범위에 속할 것, ⓒ 종업원 등의 발명은 현재 또는 과거의 직무에 속할 것, ⓓ 종업원 등은 직무발명의 완성사실을 통지할 것, ⓔ 사용자 등은 완성사실의 통지를 받은 날로부터 4개월 이내에 승계여부를 통지할 것 등의 요건을 충족시켜야 한다.

⑥ 직무발명의 보상금

　직무발명에 대한 사용자 등의 통상실시권의 무상이용이 보장되나, 권리 자체의 승계나, 전용실시권의 설정의 경우에는 종업원 등에게 정당한 보상을 지급하여야 한다(발§15①). 정당한 보상금은 직무발명으로 사용자 등이 받는 이익과 그 발명의 완성에 종업원 등이 공헌한 정도 등을 참작하여 결정하여야 한다.

⑦ 공무원의 직무발명

　공무원의 직무발명에 대하여 국가 또는 지방자치단체가 이를 승계한 경우에도 정

10　그렇지만 알리지 아니한 경우에는 사용자 등은 그 발명에 대한 권리의 승계를 포기한 것으로 간주되며 이 경우 사용자 등은 그 발명을 한 종업원 등의 동의를 다시 받지 아니하고는 통상실시권을 가질 수 없다(발§13③).

11　다만, 고등교육법 제3조에 따른 국·공립학교 교직원의 직무발명에 대한 권리는 기술의 이전 및 사업화 촉진에 관한 법률 제11조 제1항 후단에 따른 전담조직이 승계하며, 전담조직이 승계한 국·공립학교 교직원의 직무발명에 대한 특허권 등은 그 전담조직의 소유로 한다(직§10②단서).

당한 보상금을 지급하여야 한다. 「공무원 직무발명의 처분·관리 및 보상 등에 관한 규정」에서 공무원직무발명의 보상수준을 적절한 보상이 가능하도록 제도화하고 있다.[12]

2) 승계인

(1) 의의

특허출원권의 승계인이란 당사자 간의 약정이나 상속, 기타 일반 승계를 통해 특허출원권을 이전받은 자를 말한다. 이는 이미 특허를 「받은」 특허권자의 승계인과 구별된다. 한편 그 승계인은 발명자와는 달리 자연인뿐만 아니라 법인도 될 수 있다.

(2) 특허출원 전의 승계

특허출원권의 승계인은 특허출원을 하지 않으면, 제3자에게 대항할 수 없다(특§38①). 동일한 자로부터 동일한 특허출원권을 승계한 자가 둘 이상인 경우 그 승계한 권리에 대하여 같은 날에 둘 이상의 특허출원이 있으면 그 승계인 간에 협의하여 정한 자에게만 승계의 효력이 발생한다. 또한 동일한 자로부터 동일한 발명 및 고안에 대한 특허출원권 및 실용신안등록을 받을 수 있는 권리를 승계한 자가 둘 이상인 경우 그 승계한 권리에 대하여 같은 날에 특허출원 및 실용신안등록출원이 있으면 특허출원인 및 실용신안등록출원인 간에 협의하여 정한 자에게만 승계의 효력이 발생한다.

(3) 특허출원 후의 승계

특허출원 후에는 특허를 받을 수 있는 권리(특허출원권)의 승계는 상속, 그 밖의 일반승계의 경우를 제외하고는 특허출원인 변경신고(특허권자의 변경신고가 아니다)를 하여야만 그 효력이 발생한다(특§38④). 한편 특허출원권의 상속, 그 밖의 일반승계가 있는 경우에는 승계인은 지체 없이 그 취지를 특허청장에게 신고하여야 한다. 동일한 자로부터 동일한 특허출원권을 승계한 자가 둘 이상인 경우 그 승계한 권리에 대하여 같

12　예컨대 특허청장은 국유특허권 또는 특허출원 중인 직무발명에 대하여 특허를 받을 수 있는 권리를 「유상으로」 처분한 경우에는 그 처분수입금의 100분의 50을, 「무상으로」 처분한 경우에는 이를 유상으로 처분할 경우의 처분수입금에 상당하는 금액의 100분의 50에 해당하는 금액을 처분보상금으로 발명자에게 지급하여야 한다(발§17).

은 날에 둘 이상의 특허출원인 변경신고가 있으면 신고한 자 사이에 협의하여 정한 자에게만 신고의 효력이 발생한다.

③ 무권리자 출원에 대한 취급

1) 무권리자 출원의 의의

무권리자(無權利者) 출원이라 함은 발명자·고안자 자신도 아니면서 특허·실용신안을 받을 수 있는 권리의 승계인도 아닌 자가 신청한 출원을 말한다. 또한 이에는 형식상으로는 승계인이지만 발명자·고안자로부터 정당하게 승계를 받지 않은 자의 출원도 포함한다. 예컨대, 발명자·고안자를 기만 또는 강압해서 승계하거나, 발명자·고안자가 한 발명·고안을 모방하거나 도용한 경우가 이에 해당한다.

2) 법적취급

무권리자의 출원에 대하여는 특허를 부여하지 않으며, 선원주의를 판단함에 있어서는 처음부터 출원하지 않은 것으로 간주한다.

즉 특허출원 또는 실용신안등록출원이 ⓐ 포기되거나, 무효로 판정되거나 또는 취하된 경우, ⓑ 거절결정을 받거나 거절한다는 취지의 심결이 확정된 경우에는 그 특허출원 또는 실용신안등록출원의 선원주의를 판단할 때에는 처음부터 없었던 것으로 본다(특§36④). 또한 발명자 또는 고안자가 아닌 자로서 특허를 받을 수 있는 권리 또는 실용신안등록을 받을 수 있는 권리의 승계인이 아닌 자가 한 특허출원 또는 실용신안등록출원은 선원주의를 판단할 때에는 처음부터 없었던 것으로 본다(특§36⑤).

3) 정당권리자의 보호

(1) 출원일 소급

❶ 무권리자의 「특허출원」이 부정된 경우

발명자도 아니면서 특허출원권의 승계인도 아닌 "무권리자"가 한 특허출원이 발명자 혹은 진정한 승계인이 아니라는 이유로 특허거절에 해당하여 특허를 받지 못하게 된 경우에는 그 무권리자의 특허출원 후에 한 정당한 권리자의 특허출원은 무권리자가 특허출원한 때에 특허출원한 것으로 본다. 다만, 정당한 권리자가 보호받기 위해서는 무권리자가 특허를 받지 못하게 된 날부터 30일이 지나기 전에 정당한 권리자가 특허출원을 하여야 한다(특§34).

② 무권리자가 받은 「특허」가 무효로 된 경우

특허를 받을 수 있는 권리를 가지지 아니한 사유로(이미 특허결정이 이루어진 발명에 대해) 특허무효심결이 확정된 경우에는 그 무권리자의 특허출원 후에 한 정당한 권리자의 특허출원은 무효로 된 그 특허의 출원 시에 특허출원한 것으로 본다. 다만, 정당한 권리자가 보호받기 위해서는 무권리자의 특허에 대한 무효심결이 확정된 날부터 30일이 지나기 전에 정당한 권리자가 특허출원을 하여야 한다(특§35).

(2) 신규성 의제(신규성 상실의 예외)

특허를 받을 수 있는 권리를 가진 자, 즉 정당권리자 자신의 의사에 반하여 발명이 국내·외에 공지되었거나 공연히 실시되거나 국내·외에서 반포된 간행물에 게재되었거나 전기통신회선을 통하여 공중이 이용할 수 있게 된 경우 그날부터 12개월 이내에 진정권리자가 특허출원을 하면 그 특허출원된 발명에 대하여 신규성을 잃지 않은 것으로 본다(특§29①·§30①).

④ 특허권을 받을 수 없는 자

1) 외국인

우리나라의 국민과 자국민을 동등하게 대우하지 않는 나라의 국민, 산업재산권 관련 국제조약인 파리조약에 가입하지 않는 나라의 국민은 우리나라에서 산업재산권을 인정받을 수 없다. 그리고 우리나라 국민과 동등한 대우를 하는 국가의 국민이더라도 국내에 체류하지 않거나 국내에 주소나 영업소를 갖지 않는 외국인은 우리나라에서 산업재산권을 향유할 수 없다. 다만 대리인으로서 국내에 주소 또는 영업소가 있는 "특허관리인"을 통하여 특허출원 등 산업재산권의 권리를 향유할 수 있다(특

§5).

2) 특허청직원 및 특허심판원 직원

특허청 직원 및 특허심판원 직원은 상속이나 유증(遺贈)의 경우를 제외하고는 「재직 중」 특허를 받을 수 없다(특§33①단서). 이는 재직 중 출원에 의하여 심사의 공정성을 해할 우려를 사전에 차단하고, 재직 중 특허와 관련된 사항을 악용할 기회를 제거하기 위한 것이다.

3) 제한능력자

사법상 제한능력자는 발명·고안의 능력과는 무관하여 발명자나 고안자가 될 수는 있지만, 출원서류작성 등에 관하여는 행위능력이 부정되므로 법정대리인이나 임의대리인의 동의를 얻어서 출원심사절차를 수행하여야 한다.

5 권리주체의 출원수행능력

산업재산권의 주체가 되기 위해서는 권리능력이 인정되는 자이어야 한다. 권리능력이 있는 자라도 출원절차를 수행해서 산업재산권의 주체가 되기 위해서는 행위능력이 있어야 한다. 행위능력이 없거나 부족할 때에는 그를 대신할 대리권이 있는 자에게 도움을 받아야 한다.

1) 권리능력

권리·의무의 주체가 될 수 있는 자격을 권리능력[13]이라 하고, 원칙적으로 권리능력은 자연인과 법인에게 인정된다. 그리하여 「자연인」은 생존하는 동안 권리와 의무의 주체가 된다(민§3). 「법인」은 특별한 규정이 없는 한 일정한 설립절차를 거쳐서 주된 사무소의 소재지에서 설립등기를 함으로써 권리능력을 취득한다(민§33).

내국인인 경우 민법의 일반원리에 따라 자연인 또는 법인에게 권리능력이 인정되므로 대한민국 국민인 자연인과 법인은 원칙적으로 산업재산권의 권리주체가 된다.

---

13   권리능력은 사람에 대하여만 인정되며 법인격이라고도 한다. 권리능력에 관한 규정은 강행규정이다.

한편 단체이지만 법인으로 인정되지 않더라도 대표자나 관리인이 정해져 있는 경우 권리주체성이 인정된다.[14]

외국인의 경우에는 외국인의 국가와 우리나라 사이에 「상호호혜의 원칙(상호주의)」에 의해 개별적으로 권리능력이 인정된다. 즉 그 외국인이 속하는 국가에서 대한민국의 국민에게 자국민과 동일한 조건으로 특허권의 향유를 인정하여야 한다.[15] 권리능력이 없는 자의 출원에 대하여 특허청은 직권으로 심리하여 그 절차를 무효로 하거나 심판청구의 각하심결 하도록 하고 있다(특§16·§142).

2) 행위능력

행위능력 혹은 행위수행능력은 권리주체로서 절차상의 행위를 하거나 받을 수 있는 능력을 말한다. 법인은 모두 행위능력, 즉 절차수행능력이 있는 것으로 인정되지만 자연인에게는 행위능력 제한제도가 인정되고 있고, 비법인 단체 그리고 제외자(외국인 포함)의 경우에도 특칙을 두고 있다.

(1) 자연인의 경우

행위능력이 제한되어 있는 자를 제한능력자라고 한다. 사람은 출생하면 누구나 평등하게 권리능력을 가지고 정상적인 성년은 모두 행위능력도 가진다. 그러나 미성년자(만19세가 되지 아니한 자)·피한정후견인·피성년후견인 등은 제한능력자로서 법정대리인의 도움 없이는 특허 등에 관한 절차를 밟을 수 없으며 제한능력자가 단독으로 그러한 행위를 한 경우에 이를 취소할 수 있도록 하고 있다. 이처럼 제한능력제도를 두는 이유는, 사물의 판단능력이 불완전한 자가 산업재산에 관한 법률행위를 함에 있어서 불리한 경우가 많으므로 그들을 보호하려는 것이다.

---

14   특허법 제4조(법인이 아닌 사단 등) 법인이 아닌 사단 또는 재단으로서 대표자나 관리인이 정하여져 있는 경우에는 그 사단 또는 재단의 이름으로 출원심사의 청구인, 특허취소신청인, 심판의 청구인·피청구인 또는 재심의 청구인·피청구인이 될 수 있다.

15   특허법 제25조 (외국인의 권리능력) 재외자 중 외국인은 다음 각 호의 어느 하나에 해당하는 경우를 제외하고는 특허권 또는 특허에 관한 권리를 누릴 수 없다.
1. 그 외국인이 속하는 국가에서 대한민국 국민에 대하여 그 국가의 국민과 같은 조건으로 특허권 또는 특허에 관한 권리를 인정하는 경우
2. 대한민국이 그 외국인에 대하여 특허권 또는 특허에 관한 권리를 인정하는 경우에는 그 외국인이 속하는 국가에서 대한민국 국민에 대하여 그 국가의 국민과 같은 조건으로 특허권 또는 특허에 관한 권리를 인정하는 경우
3. 조약 또는 이에 준하는 것에 따라 특허권 또는 특허에 관한 권리가 인정되는 경우

(2) 비법인 사단 또는 재단

완전한 법인인 경우에는 아무런 제한 없이 산업재산권에 관한 모든 절차를 수행할 행위능력을 갖는다. 다만 법인이 아닌 사단 또는 재단으로서(법인의 외관은 가지고 있지만, 설립등기 등 완전한 법절차에 의해 법인으로 완성되지 못한 단체를 의미) 대표자나 관리인이 정하여져 있는 경우에 한하여 단체의 이름으로 출원심사 등의 절차의 청구인·피청구인이 될 수 있다.[16]

(3) 재외자

재외자는 「국내에 주소 또는 영업소가 없는 자」로서, ① 대한민국 국민이거나 ② 상호주의에 의해 국내에서 권리능력이 인정되는 외국인[17]을 모두 포함하는 개념이다. 재외자가 자연인인 경우는 그 자연인 자신이, 법인인 경우에는 그 대표자가 국내에 체류하는 경우를 제외하고는 국내에 주소 또는 영업소가 있는 자로서 대리인인 특허관리인을 선임해야만 특허에 관한 절차를 수행할 수 있다(특§5①·②).

3) 다수당사자의 대표

2인 이상이 특허에 관한 절차를 밟을 때에는 그 당사자 전체에 중요한 영향을 미치는 일정한 사항[18]을 제외하고는 각자가 모두를 대표한다(각자대표의 원칙). 다만, 대표자를 선정하여 특허청장 또는 특허심판원장에게 신고하면 그 대표자만이 모두를 대표할 수 있다. 이 경우의 대표자선정의 신고는 서면으로 하여야 한다.

---

16 판례는 "특허법에서는 특허출원의 주체가 될 수 있는 자나 당사자능력에 관한 규정을 따로 두고 있지 아니하므로, 특허권과 특허법의 성질에 비추어 민법과 민사소송법에 따라 권리능력과 당사자능력이 있는 자라야 특허출원인이나 그 심판·소송의 당사자가 될 수 있다고 할 것인바, 경북대학교는 국립대학으로서 민사법상의 권리능력이나 당사자능력이 없음이 명백하므로 특허출원인이나 항고심판청구인, 상고인이 될 수 없다"고 하였다(대판 1997. 9. 26 선고 96후825 판결).

17 외국인 중 상호주의가 적용되어 국내에서 권리능력이 부정되는 자는 국내 주소나 영업소를 가지고 있더라도 권리 주체가 되지 못한다. 그러나 권리능력이 인정되는 외국인은 자신이 국내에 체류하는 경우를 제외하고는 국내에 주소 또는 영업소가 있는 자를 특허관리인으로 대리인을 선임해야만 특허에 관한 절차를 수행할 수 있는 점은 내국인 제외자와 동일하다.

18 특§11에서 ① 특허출원의 변경·포기·취하, ② 특허권 존속기간의 연장등록출원의 취하, ③ 신청의 취하, ④ 청구의 취하, ⑤ 특허출원 등을 기초로 한 우선권 주장 또는 그 취하, ⑥ 특허거절결정 등에 따른 심판청구 등을 규정하고 있다.

4) 특허권의 대리인

(1) 대리인의 유형

특허권에 관한 대리인에는 제한능력자의 행위능력을 「보완」하기 위한 법정대리인과 대리받는 자(본인)의 능력을 「확장」하기 위한 임의대리인이 있고, 임의대리인에는 앞서 설명한 "특허관리인"과 그 밖의 "통상대리인"으로 나누어진다.[19]

(2) 개별대리의 원칙

특허에 관한 절차를 밟는 자의 대리인이 2인 이상이더라도 특허청장 또는 특허심판원장에 대하여 각각의 대리인이 본인을 대리한다(각자대리의 원칙).

(3) 대리권의 범위제한

국내에 주소 또는 영업소를 가진 자로부터 특허에 관한 절차를 밟을 것을 위임받은 대리인의 권한은 사법상 대리인으로서 가지는 일반적인 권한을 규정한 민법 또는 민사소송법에 따라 인정되지만[20] 특히 본인의 산업재산권에 중요한 영향을 미칠 것으로 인정되는 일정한 경우[21]에는 특별히 권한을 위임받아야만 수행할 수 있도록 하고 있다. 특허관리인의 경우에도 또한 같다.

(4) 대리권의 증명

특허관리인을 포함하여 특허에 관한 절차를 밟는 자의 대리인의 대리권은 서면으로써 증명하여야 한다(특§7).

(5) 대리권 소멸의 제한

특허에 관한 절차를 밟는 자의 위임을 받은 대리인의 대리권은 사법상 대리권의

19 　특허법 개정(2019. 1. 8.)으로 특허청의 특허심판에서 당사자의 신청에 따라 「국선대리인」을 선임하여 줄 수 있게 되었다(특§139조의2). 실용신안법 제33조(특허법 준용규정)에서도 이를 인정하고 있다.

20 　특허법 제12조(「민사소송법」의 준용) 대리인에 관하여는 이 법에 특별한 규정이 있는 경우를 제외하고는 「민사소송법」 제1편 제2장 제4절을 준용한다.

21 　특§6에서 ① 특허출원의 변경·포기·취하, ② 특허권의 포기, ③ 특허권 존속기간의 연장등록출원의 취하, ④ 신청의 취하, ⑤ 청구의 취하, ⑥ 특허출원 등을 기초로 한 우선권 주장 또는 그 취하, ⑦ 특허거절결정 등에 따른 심판청구, ⑧ 복대리인의 선임 등을 규정하고 있다.

일반적인 소멸사유에 의해, 그리고 본인과 대리인 사이의 특약으로 정한 소멸사유에 의해 소멸하지만, 특허법은 대리를 받는 본인의 보호를 위하여 중요한 시기나 상황이 발생한 경우[22]에는 소멸하지 않는 것으로 정하고 있다.

(6) 국제출원과 그 대리·대표에 관한 특칙

특허청장에게 국제출원을 할 수 있는 자는 ① 대한민국 국민이거나 ② 국내에 주소 또는 영업소를 가진 외국인이거나, ③ 앞의 ①과 ②가 아닌 자로서 ①과 ②의 자를 대표자로 하여 국제출원을 하는 자 혹은 ④ 산업통상자원부령으로 정하는 요건에 해당하는 자 중 어느 하나에 해당하는 자이다(특§192).

국제출원절차를 대리인에 의해 밟으려는 자는 제한능력자 등의 행위능력의 보완을 위한 법정대리인을 제외하고 「변리사」를 대리인으로 하여야 한다. 그리고 2인 이상이 공동으로 국제출원을 하는 경우에 그 절차는 출원인의 대표자가 밟을 수 있다. 이 경우 출원인이 대표자를 정하지 아니한 경우에는 산업통상자원부령으로 정하는 방법에 따라 대표자를 정할 수 있다(특§197).

6 권리주체의 의무

1) 의의

특허법은 특허권자에게 업으로 특허발명을 독점적으로 실시할 권리를 부여하지만, 일정한 소극적 의무도 부과하고 있다. 특허법에서는 ① 특허발명의 실시, ② 특허료의 납부, ③ 특허실시보고를 기본적인 이행사항으로 규정하고 있다. 특허료를 납부기간 내에 납부하지 않으면 무효처분이 된다. 그리고 특허발명을 실시하지 않는 경우 강제실시권이 청구되는 등 일정한 불이익이 있지만, 특허실시보고는 강제력이 없는 권고사항이다.

---

22   특§8에서 ① 본인의 사망이나 행위능력의 상실, ② 본인인 법인의 합병에 의한 소멸, ③ 본인인 수탁자(受託者)의 신탁임무 종료, ④ 법정대리인의 사망이나 행위능력의 상실, ⑤ 법정대리인의 대리권 소멸이나 변경 등을 규정하고 있다.

2) 특허권의 실시

특허권자가 정당한 이유 없이 특허발명을 실시하지 아니하거나 불성실하게 실시하는 경우 특허청장의 재정에 의해 제3자에게 통상실시권을 부여하는 재정실시 등 강제실시가 가능하므로 그러한 의미에서 특허권의 실시가 간접적으로 강제된다고 할 수 있다.

3) 특허료의 납부

특허권자는 특허권의 발생이나 특허권의 유지를 위하여 특허료를 납부하여야 한다. 특허료를 법정기간 내에 납부하지 아니하면 특허결정을 받았더라도 특허권이 발생하지 아니하며, 또한 설정등록된 특허권이더라도 그 권리가 소멸한다.

4) 특허실시의 보고

특허청장은 특허권자·전용실시권자 또는 통상실시권자에게 특허발명의 실시 여부 및 그 규모 등에 관하여 보고하게 할 수 있다(특§125). 이는 국내 특허의 이용실태를 파악하여 정책수립 및 수행에 참고하기 위하여 그 실시보고를 요구할 수 있는 근거 규정이다.

5) 특허표시

특허표시제도는 특허권자의 권리를 제품에 공시함으로써 특허침해를 예방하는 효과가 있고 다른 상품과 식별력을 가질 수 있기 때문에 공중의 보호에도 기여하는 목적이 있다. 특허권자·전용실시권자 또는 통상실시권자는 자신이 생산하는 물건에 특허표시를 할 수 있고, 물건에 특허표시를 할 수 없는 경우 그 물건의 용기나 포장에 표시할 수 있다(특§223).

Ⅲ 실용신안권의 권리주체

1 서언

실용신안권의 권리주체에 관하여는 특허권의 권리주체에서 설명한 내용이 모두 준용되고 있다.[23] 따라서 앞에서 설명한 특허권의 권리주체에 관한 설명은 모두 실용신안권의 권리주체에 대해서도 그대로 동일하게 적용되는 것으로 해석하면 된다. 여기서는 간단하게 파악해 본다.

2 준용 내용

실용신안을 받을 수 있는 자는 실제로 고안해낸 자 또는 그 승계인이다. 고안자는 반드시 자연인이어야 하지만, 실용신안의 출원자는 고안자인 자연인으로부터 승계받은 법인도 가능하다. 2인 이상이 공동으로 고안한 때에는 실용신안을 받을 수 있는 권리는 공유가 되며, 전원이 공동으로 실용신안출원을 하지 않으면 권리를 인정받을 수 없다. 직무고안도 발명진흥법 제2조에서 규정한 바와 같이 인정된다.

실용신안을 받을 수 있는 권리의 승계인도 특허에서와 동일하게 인정된다. 즉 특허출원 전의 승계나 특허출원 후의 승계 모두 그대로 실용신안에도 적용된다. 또한 특허의 무권리자의 출원에 대한 취급도 실용신안에 그대로 적용된다. 특히 신규성 상실의 예외도 그대로 인정된다.

또한 실용신안권을 받을 수 없는 자로서 외국인에 대한 상호주의, 특허청직원 및 특허심판원 직원 그리고 제한능력자 등에 관하여도 모두 적용된다.

---

23 준용규정을 열거해보면 다음과 같다. 즉 실§3에서 특§3(미성년자 등의 행위능력), 특§4(법인이 아닌 사단 등), 특§5(재외자의 특허관리인), 특§6(대리권의 범위), 특§7(대리권의 증명), 특§7조의2(행위능력 등의 흠에 대한 추인), 특§8(대리권의 불소멸), 특§9(개별대리), 특§10(대리인의 선임 또는 개임 명령 등), 특§11(복수당사자의 대표), 특§12(민사소송법의 준용), 특§25(외국인의 권리능력) 등의 규정을 준용하고 있다. 또한 실§11에서 실용신안등록요건 및 실용신안등록출원에 관하여는 특§30(공지 등이 되지 아니한 발명으로 보는 경우), 특§33(특허를 받을 수 있는 자), 특§34(무권리자의 특허출원과 정당한 권리자의 보호) 특§35(무권리자의 특허와 정당한 권리자의 보호), 특§37(특허를 받을 수 있는 권리의 이전 등), 특§38(특허를 받을 수 있는 권리의 승계), 특§44(공동출원) 등의 규정을 준용하고 있다.

그리고 권리주체의 출원수행능력에 관한 권리능력, 행위능력(자연인, 행위수행능력, 비법인 사단 또는 재단, 재외자), 다수당사자의 대표, 대리권의 원칙과 증명, 대리권의 소멸에 대한 제한 등도 특허권에서의 설명이 모두 실용신안에도 동일하게 이해된다.

제9강 **특허권·실용신안권의 보호대상**

Ⅰ 특허권의 보호대상

1 권리의 보호대상과 서술형식

권리의 보호대상, 즉 객체란 권리의 대상이 되는 이익을 말하며, 이는 권리의 종류에 따라 다르다. 예컨대 물권은 물건, 채권은 채무자의 행위(급부·급여), 인격권은 권리주체의 자신 또는 권리주체 자신의 인격적 이익이 그 객체이다. 지식재산권의 경우, 발명(특허권)이나 고안(실용신안권), 디자인(디자인권) 그리고 저작물(저작권) 등의 정신적 산물들이 지식재산권의 권리객체가 된다. 지식재산권법의 목적이 곧 발명, 고안, 디자인, 상표 등 지식재산권의 객체를 인정하고 보호하는 것이므로 결국 지식재산권의 객체는 지식재산권법의 보호대상이라고 할 수 있다.

2 발명의 개념

특허법은 발명을 보호·장려하고 그 이용을 도모하여 기술의 발전을 촉진함으로써 국가산업발전에 이바지함을 목적으로 하기 때문에 발명의 개념을 정립하는 것은 매우 중요한 일이다. 그런데 발명을 어떻게 정립하느냐는 국가산업정책과 그 기술수준에 의하여 정하여지며, 또한 그 정립된 발명의 개념도 고정불변의 것은 아니다. 나라에 따라 또는 산업정책과 기술수준의 변화에 따라 달라질 수 있기 때문이다.

독일의 베를린대학의 특허법 학자인 요제프 콜러(Josef Kohler) 교수는 "발명이란 자연력을 이용하여 자연을 극복하고 일정한 효과를 유도해 내서 인간에게 도움이 되는 것을 만들어내는 사상의 창작적 표현"이라고 설명하고 있다. 그러나 당시에는 주로 기계나 화학 등의 기술분야에 초점을 두고 있었지만, 컴퓨터나 생명공학이라는 개념이 존재하지 않았기 때문에 현대사회에 직면한 특허법의 상황과는 차이가 있다고 보아야 한다.[24]

우리 특허권의 보호대상인 발명이라 함은 "자연법칙을 이용한 기술적 사상의 창작으로서 고도(高度)한 것"을 말한다(특§2i). 따라서 발명의 정의에서 중요한 요소라고 할 수 있는 것은 ① 자연법칙을 이용한 것이어야 하고, ② 기술적 사상의 창작이어야 하며, ③ 고도한 것이어야 한다.

발명의 개념은 다른 특허요건(산업상 이용가능성, 신규성, 진보성 등)을 판단하기 앞서서 판단하는 특허요건이다. 발명으로 인정되지 않는 경우 실무상 특허법 제29조 제1항 본문에 따라 거절된다.[25]

📖 특허의 요건

1. 발명의 요건	(1) 자연법칙을 이용한 것일 것 (2) 기술적 사상의 창작일 것 (3) 창작의 정도가 고도한 것일 것
2. 산업상 이용가능성	
3. 신규성	
4. 진보성	

---

24   콜러 교수는 독일 베를린대학의 교수로 특허제도에 관련된 법제에 지대하게 공헌한 학자이다. 우리 특허법이나 일본의 특허법은 그의 견해를 거의 그대로 채용하여 발명에 대한 정의 자체를 법 조항으로 명시하고 있는데 이에 문제가 없는 것이 아니다. 즉 발명은 자연법칙의 이용이므로 자연법칙 등의 「발견」은 발명이 아니다(You can not patent a principle). 그러나 발명은 기초적 연구에 의한 과학상 새로운 법칙이나 원리에 기한 것이므로 최근 학문상 발견에 대한 특수한 권리를 승인하려는 움직임이 있다. 이른바 「과학적 소유권」 혹은 학자의 권리의 문제가 논의되고 있지만, 이 문제에 대해서는 다음 기회에 논하고자 한다.

25   대법원 2008.12.24. 선고 2007후265 판결.

1) 자연법칙을 이용한 것

(1) 자연법칙의 의미

여기에서 "자연법칙"이란 「자연계에서 경험을 통하여 발견되는 물리적·화학적·생물학적인 법칙성을 갖고 있는 원리나 원칙」을 말한다. 즉, ① 뉴턴의 만유인력의 법칙, 가속도의 법칙과 같은 것은 「자연과학상 명명된 법칙」은 물론이고 ② 물이 높은 곳에서 낮은 곳으로 흐르는 것과 같이 일정한 원인이 있으면 반드시 일정한 결과가 발생하는 「경험칙」도 포함한다.

(2) 자연법칙을 이용한 것

발명은 자연법칙을 "이용"한 것이어야 하므로 자연법칙 「그 자체」는 발명의 대상이 될 수 없다.[26] 따라서 물이 높은 곳에서 낮은 곳으로 흐르는 경험칙 그 자체는 발명이 될 수 없지만 이를 이용하여 물레방아를 만드는 것이나 수력발전기를 만드는 것 등은 발명이 될 수 있다.[27]

따라서 자연법칙을 이용한 것이 아닌 것을 발명으로 인정할 수 없다. 따라서 ① 인간이 인위적으로 만들어낸 약속에 관한 법칙(예컨대, 암호작성방법, 금융보험제도, 과세제도, 게임법칙 등), ② 단순한 학문상의 법칙(예컨대, 한국어문법, 수요공급의 법칙, 수학법칙 등), ③ 심리적인 법칙(예컨대 최면술), ④ 추상적 아이디어(예컨대, 영업계획 등) 등은 발명이 될 수 없다.

(3) 자연법칙에 위배되는 것

자연법칙은 일정한 원인이 있다면 일정한 결과가 반드시 발생한다. 그러나 자연법칙의 이러한 인과법칙에 완전히 위배되는 내용(예컨대 물이 높은 곳으로 흐른다, 사과는 하늘로 날아간다 등)이 포함되어서는 아니 된다. 또한 발명을 실시함으로써 동일한 결과가 반복적으로 나타나야 하는데 이에 위반되는 경우에도 특허의 대상이 될 수 없다. 현

---

26 자연계에서 경험칙상 인정되는 일정한 법칙, 예컨대 뉴턴의 만유인력법칙, 피타고라스 정리, 아인슈타인의 법칙 $E=MC^2$ 등과 같은 「자연법칙 그 자체」를 특허대상으로 하지 않는데, 그 이유는 ① 자연원리는 기본원리에 해당하므로 적용범위가 지나치게 넓으며 ② 이미 인간이 생활하는 환경에 존재하여 오랫동안 이용되어 왔기 때문에 이미 알려진 것에 독점권을 줄 수 없다는 점이다.

27 인간의 정신적 활동인 각종 계산 법칙, 예컨대 작도법, 암호작성법, 경제학상의 법칙, 심리법칙, 인간의 판단, 예컨대 조세의 방법, 상품의 판매방식, 기억방식, 회계방식, 광고방법, 레크레이션 방법 등은 발명이 될 수 없다.

행 특허법상 청구범위 중 일부라도 자연법칙에 위배되는 것이 있는 경우에는 특허 대상인 발명이 될 수 없다.

2) 기술적 사상의 창작

(1) 기술적 사상

발명이란 기술에 관한 사상이다. 「기술」이란 언어적 의미에서는 "과학 이론을 실제로 적용하여 자연의 사물을 인간생활에 유용하도록 가공하는 수단"으로 이해할 수 있지만, 산업재산권과 관련하여서 "산업상 목적달성이나 문제해결을 위해 합리적으로 형성된 구체적 수단"으로 이해할 수 있다. 또한 기술은 실현가능성이 있고, 반복가능성이 있을 것을 필요로 한다. 그리고 기술은 통상의 지식을 가진 사람이라면 누구나 행할 수 있고 동일한 결과를 얻을 수 있는 것이어야 한다. 즉 특별한 재능을 가진 사람만이 행할 수 있는 것이라면 기술이라고 할 수 없다.

「기술적 사상」은 추상적인 관념으로서 일정한 목적을 달성하기 위하여 기술적 문제를 해결하려는 객관적인 사상이다. 즉 기술적 사상인 「발명」은 무형의 관념이므로 실제로 형체가 있는 제품인 「발명품」과는 다른 것이다(즉 발명품에 존재하는 무형의 아이디어이다).

(2) 창 작

그리고 발명은 기술적 사상의 「창작」이어야 한다. 창작은 인간의 정신적 활동에 의하여 새로 만들어 내는 것을 말한다. 따라서 발명이 창작이 되기 위해서는 ① 종전의 것과는 다른 「새로운 것」이어야 하고, ② 그것은 인간의 창작 활동에 의하여 없던 것을 「만들어 낸 것」이어야 할 뿐 아니라 ③ 그것이 당해 기술분야에 종사하는 '보통의 전문가'가 볼 때 「자명한 것이 아니어야」 한다(창작의 3요소).

3) 고도성

발명의 고도성은 그 발명이 속하는 기술분야의 통상의 지식을 가진 자(평균적 전문가)가 볼 때에 자명하지 아니한 것으로서 "창작의 수준이 높은 것"을 말한다. 이 고도성은 발명의 정의에 있어서 중요한 의미를 가지는 것은 아니고, 다만 실용신법의

보호대상인 고안과 구별하기 위한 개념에 불과하다.[28]

고도성 여부는 당시의 기술수준에 의하여 전문가의 판단에 의하여 결정되겠지만 실제적 그 유무의 판단에 어려움이 많은 것이 사실이다.[29]

❸ 발명의 종류

발명의 종류는 발명을 어떠한 관점에서 보느냐에 따라 몇 가지로 나누어 볼 수 있다. 발명의 종류를 어떻게 구별하고 어떤 법적 효과를 부여하는지는 각국의 법규정마다 차이가 있고, 학설상으로도 여러 가지 견해가 나뉘고 있다. 여기서는 일반적인 분류방식과 법적효과를 알아보기로 한다.

1) 물건의 발명과 방법의 발명

발명의 종류를 물건의 발명과 방법의 발명으로 구분하는 것은 가장 일반적인 분류방법이다. 발명이 어느 발명에 속하는가에 따라, 특허권자가 누릴 수 있는 독점적 권리의 범위가 매우 상이하므로 특허된 발명이 어느 영역에 속하는가는 중요한 법적의의를 가진다.[30]

즉 현행 특허법은 제2조에서 물건의 발명, 방법의 발명, 물건을 생산하는 방법의 발명의 3가지 종류로 나누어 규정하고 있고, 어떤 종류의 발명인지에 따라 독점할 수 있는 「행위의 종류와 범위」를 달리 규정하고 있다.[31]

28　고도성 판단에서 이러한 견해를 주관설이라고 한다. 이와는 달리 고도성은 발명의 성립요건이고, 진보성은 발명의 특허요건이지만, 양자는 판단하는 시점을 달리하는 데 불과하다고 해석하는 객관설과는 차이가 있다.

29　발명에 고도성을 요구하는 것은 실용신안의 고안과 구별하기 위한 것으로 기술적 사상의 창작 중 비교적 기술의 정도가 높은 것을 발명으로 하고, 그렇지 못한 것을 고안으로 본다는 취지라고 설명한다. 그런데 고도성 자체의 판단이 실제로 어려운 점을 감안하면 고도성을 가지고 발명이냐 고안이냐를 구별하기란 실무상 어려운 문제이다.

30　송영식/이상정/김병일, 지적재산법, 세창출판사, 2015년, 46-7면 참조. 물건의 발명이냐, 방법의 발명이냐를 구분하는 기준과 그 법적 효과에 관하여는 나라마다 조금씩 차이가 있고, 학자마다 견해가 달라 앞으로 탐구되고 정리되어야 하는 영역이다. 실무상 그 구별은 발명의 명칭이나 특허청구범위의 표현에 따라 결정되는 것이 아니라 발명의 "실체"에 따라서 정해진다.

31　발명의 종류에 따라 ① 보호의 태양을 달리하고 있다(특§127; 침해로 보는 행위의 차이). 그리고 ② 물건을 발명하는 방법의 발명에 관하여는 그 생산방법의 사용만이 아니라 그 생산방법으로 사용하여 만든 물건에까지 보호하며(특§2ⅲ다목), ③ 생산방법의 추정규정(특§129)이 적용된다.

(1) 물건의 발명

물건의 발명이란 제품이나 물질과 같은 「유체물」에 관한 발명으로, 방법의 발명에 대비되는 개념이다. 예컨대 기계, 장치, 화학물질, 미생물, 식품, 유전자, 동식물 등과 같은 유체물의 발명을 의미한다.[32]

(2) 방법의 발명

우리 특허법은 방법의 발명을 다시 단순한 방법의 발명과 물건을 생산하는 방법의 발명으로 구분하고 있다.

❶ 단순한 방법의 발명

방법의 발명이란 물건의 생산을 수반하지 않는 「통상의 방법발명」을 발명의 대상으로 한다. 예컨대 자동차 엔진 연비향상방법, 영상신호의 전송방법, 불안정적인 화학물질의 저장방법, 화학물질을 이용한 살충방법 등에 관한 발명이 이에 속한다.[33]

❷ 물건을 생산하는 방법의 발명

이 발명은 단순한 방법의 발명 이외에 「물건을 생산하는 방법의 발명」을 말한다. 예컨대 화학물질의 효율적인 생산방법, 미생물을 배양하기 위한 항생물질의 제법 등이 이에 속한다.[34]

2) 기본(개척)발명, 개량발명 및 이용발명

이 구별방법은 발명의 진보성과 개량·이용의 정도에 따른 구분이다. "기본발명"은 당해 기술분야에서 다른 발명을 이용하지 아니한 「개척발명」을 말하며, 당해 분야의 문제의 해결을 위한 첫 단계의 발명인 경우가 많아 일반적으로 특허보호의 범위가 넓다. 기본발명의 특허권자는 이를 이용한 개량발명 등에 대해서 기본발명자로서 통상실시권을 가지는 등 특혜가 많이 인정된다.

---

32   물건의 발명의 실시행위는 그 물건을 「생산·사용·양도·대여 또는 수입하거나 그 물건의 양도 또는 대여의 청약(양도 또는 대여를 위한 전시를 포함)을 하는 행위」이다(특§2ⅲ 가목).

33   방법의 발명의 실시행위는 그 「방법을 사용하는 행위 또는 그 방법의 사용을 청약하는 행위」로 정의될 수 있다(특§2ⅲ 나목).

34   물건을 생산하는 방법의 발명에 대하여 특허를 취득하면 특허권자는 그 방법에 의하여 생산한 물건을 사용·양도·대여 또는 수입하거나 그 물건의 양도 또는 대여의 청약을 하는 행위를 독점할 수 있다(특§2ⅲ 다목).

　　"개량발명"은 기본발명(개척발명)인 선행발명의 「기술적 부족분을 보충」하는 발명으로 특허발명의 대부분이 이에 속한다. 개량발명의 특허가 인정되기 위해서는 개량의 정도나 기술의 진보된 정도 등이 고려된다. 이러한 후속발명의 경우 특허권을 취득하더라도 선행특허권자의 동의를 얻거나 통상실시권 허여심판을 받아야만(이러한 의미에서 이용발명과 함께 「종속발명」이라고도 한다) 자신의 발명을 실시할 수 있다(특§98).

　　한편 "이용발명"이란 기본발명의 구성 전체를 변경하지 않고 「그대로 이용」하거나 다른 구성을 추가하여 완성하는 형태의 발명이다. 대법원은 물건의 발명보다 방법의 발명의 경우에 이용발명의 요건을 더 강하게 요구하고 있다.[35] 이용발명도 종속발명으로서의 성질을 가지므로 특허법 제98조가 적용되는 종속발명의 성질을 가지는 것은 개량발명에서와 동일하다.

3) 결합발명과 비결합발명

　　"결합발명"은 기술적 문제를 해결하기 위해 여러 개의 장치나 수단 혹은 방법 등과 같은 기술사상이 유기적으로 결합되어 기술의 상승효과[36]가 나타나고(진보성) 신규성이 인정되어야 하는 발명이다. 이에 반해 단순히 여러 장치나 수단 혹은 방법 등 기술적 구성요소가 단순히 모여(집합)있을 뿐 기술적 상승효과가 없는 발명을 "비결합발명"이라고 한다.[37]

　　예컨대 "지우개를 연필에 붙인 필기구"의 발명에 대한 미국 특허청 항고심판소의 심결에서 비결합발명의 대표적인 예를 볼 수 있다.[38]

35　　대법원 1991. 11. 26. 선고 90후1499 판결.

36　　결합되는 구성요소가 그 결합과 결과물이 단순한 부분의 합보다 수율(收率: 투입수에 대한 완성된 양질품의 비율)이 높은 것을 의미한다.

37　　대법원 1989. 11. 24. 선고 88후769 판결. 대법원은 공지·공용의 기존기술을 종합한 경우에도 선행기술을 결합하는데 각별한 곤란성이 없거나 이로 인한 작용효과가 공지된 선행기술로부터 예측되는 효과 이상의 상승효과가 있다고 볼 수 없는 경우에 발명의 진보성은 인정되지 않는다고 판시하고 있다.

38　　미국 발명가 하이만(Heiman)이 출원한 것에 대해 특허청 심사국은 "상업적 성공"은 인정되고 연필과 지우개가 서로 결합되어 있어 편리한 것이기는 하지만, "양자 모두 각각의 기능을 하고 있을 뿐 다른 연필이나 다른 지우개와 그 기능에서 차이가 없고, 연필과 지우개가 결합되면서 공동의 기능도 갖지 못하기 때문"에 이 특허는 단순한 집합(aggregation)이라는 이유로 무효라고 심결하였다(Reckindorfer v. Faber, 92 USPQ347, 1875).

4) 기타의 개념

(1) 물질의 발명

물질발명은 좁은 의미로 화학적인 방법에 의해 제조될 수 있는 새로운 물질에 대한 발명을 의미한다. 이는 일반적인 유형물의 대상으로 하는 물건의 발명에 포함되는 개념으로 화학물질·의약·음식물 등을 말한다. 우리나라는 미국과의 통상관계에서 1986년 특허개정 시 이를 특허대상으로 인정하게 되었다.

(2) 식물특허

식물특허는 반복하여 생식할 수 있는 변종식물을 보호대상으로 하여 인정되는 특허로서 새로운 변종의 식물을 번식시키는 사람에게 부여된다.

한편 우리나라에서는 국제식물신품종보호에 관한 조약(UPOV)에 2002년 1월 7일 가입하였고, 식물신품종은 종자산업기술법에 의하여 별도로 품종보호를 받을 수 있다(동법 §12).

(3) 생명공학발명(미생물발명)

생화학·분자생물학 등의 발전으로 유전공학이라는 신기술이 발전함에 따라 선진국에서는 미생물을 특허대상으로 인정하였고, 우리나라도 미생물 자체의 특허성을 인정하고 있다. 미생물관련 발명은 미생물 자체의 발명과 미생물을 이용한 발명을 통칭하는 개념이다.[39]

(4) 컴퓨터 관련 발명

컴퓨터의 하드웨어는 전자회로 발명에 속하므로 일반발명과 차이가 없지만, 소프트웨어는 자연법칙을 이용한 발명이 아니므로 저작권법에서 보호하고 있다.[40] 그렇

---

39   미생물관련 발명이 특허를 받기 위해서는 미생물을 기탁·분양하는 특별한 절차를 밟아야 한다. "미생물 기탁제도"는 특허를 출원할 때에는 명세서에 타인이 반복·재현할 수 있도록 기재하여야 하나 미생물은 구조가 복잡하고 살아있는 것이어서 미생물에 관한 발명을 특허출원하는 경우 특허 명세서에 타인이 반복·재현할 수 있도록 기재하는 것이 곤란하기 때문에 출원된 미생물을 공인된 기관에 기탁하고 공개 후에는 제3자가 분양받을 수 있도록 함으로써 명세서 기재사항을 보완하기 위한 제도를 말한다(특시 § 2·§3 등).

40   소프트웨어는 기존의 「컴퓨터프로그램보호법」이 폐지됨에 따라 2009년 4월 개정으로 저작권법에서 보호하고 있다.

지만 컴퓨터가 외부의 장치와 결합되어 새로운 아이디어를 실현하는 경우에는 특허법에서 컴퓨터 관련 발명으로 보호하고 있다. 특허청에서 제정한 "컴퓨터 관련 발명 심사지침서"에서는 「컴퓨터 관련 발명으로 인정되는 경우」는 "소프트웨어에 의한 정보처리가 하드웨어를 이용하여 구체적으로 실현되고 있는 경우 해당 소프트웨어와 협동해 동작하는 정보처리장치"인 경우이다.[41]

④ 특허의 적극적 요건

특허의 주관적 요건인 특허출원자의 권리능력, 행위능력, 정당권리자, 직무발명, 공동발명 등에 대하여는 전술하였다. 특허의 객관적 요건에는 다시 적극적 요건과 소극적 요건으로 나누어 볼 수 있다. 소극적 요건에 관하여는 항을 바꾸어 설명하기로 하고 여기서는 적극적 요건을 먼저 알아본다. 적극적 요건으로는 ① 우선 특허의 객체(발명), 즉 보호대상이 될 수 있는 것이어야 하고, ② 산업상 「이용가능성」이 있을 것(특§29① 본문), ③ 「신규성」이 있을 것(특§29①), ④ 「진보성」이 있을 것(특§29②) 등이 요구된다.

1) 산업상 이용가능성

(1) 개념

산업상 이용가능성(industrial applicability)은 해당 발명이 산업[42]에 이용할 수 있어서 유용하다는 성질을 말한다. 즉 산업기술상 동일한 결과를 반복하여 실시할 수 있는 가능성을 의미한다. 따라서 학술적·실험적으로만 이용가능한 발명은 산업성이 없는

---

41   한편 컴퓨터 관련 발명과 연관된 「전자상거래」는 재화나 용역의 거래에 있어서 그 일부 또는 전부가 인터넷으로 처리되는 새로운 거래형태를 말한다. 현대에는 인터넷이 사업수단으로 등장하면서 컴퓨터, 인터넷, 통신기술 등 정보시스템이 비즈니스와 연결된 형태의 전자상거래관련 특허출원이 증가하고 있다. 그 대표적인 유형이 인터넷 서점, 인터넷 쇼핑몰(G마켓, 옥션, 11번가 등) 등이다. 특허청은 전자상거래와 관련한 특허심사지침서로 활용할 수 있는 「전자상거래관련 발명의 심사지침」이 마련하여 2000년 8월부터 실무에 적용하고 있다.

42   여기에서 "산업"이라 함은 공업, 광업, 농업, 임업, 어업, 수산업, 목축업 등의 제조업만을 가리킨다는 견해와 그 이외에 생산을 동반하지 않는 운수업, 교통업 등도 산업에 포함시키는 견해가 있다. 그 밖에 금융업, 보험업, 세탁업 등의 서비스업은 비즈니스모델 특허의 등장으로 인하여 산업의 일종으로 보는 견해가 늘고 있으나, 의료업은 산업에 포함시키지 않는 것이 통설이다. 그렇지만 의료기구를 생산하는 산업에서의 발명은 의료업에서의 발명과 구별하여야 하며 후자는 산업상 이용가능성이라는 특허요건을 결여하지만, 전자는 충족한다고 본다.

📖 발명의 분류

내용상 분류	물건/방법	물건발명	기술적 사상이 일정한 물(물건 또는 물질 등)에 구체화된 경우 • 제품적인 물건(기계, 기구, 장치, 시설 등) • 재료적인 물질(화학물질, 조성물 등) • 용도발명(물질의 특성과 성질 이용)
		방법발명	기술적 사상이 일정한 방법으로 구체화된 경우(시간적 요소가 발명의 필수구성요건인 발명) • 단순방법(측정방법, 포장방법, 살충방법, 분석방법, 제어방법, 통신방법) • 물건(물질)을 생산하는 방법
	기본/개량 /이용	기본발명	해당 기술분야의 문제를 해결한 발명(개척발명) (보호범위가 넓게 안정될 수 있음)
		개량·이용 발명	선행 발명을 기초로 기술적으로 단순히 이용하거나 보완하는 발명
	결합/비결합	결합 발명	여러 가지 수단·방법 등의 기술적 사상이 결합하여 성립된 발명
		비결합 발명	결합 관계없이 성립된 발명
주체상 분류	직무/자유	직무발명	사용자와 종업원의 협력으로 성립된 발명
		자유발명	종업원이 사용자와는 관계없이 독자적으로 한 발명
	단독/공동	단독발명	발명의 완성자(발명자)가 1인인 경우
		공동발명	2인 이상이 공동으로 발명을 완성한 경우
기타	동·식물 발명		기술 사상이 동물 또는 식물과 관련하여 표현된 발명
	미생물 발명		미생물 발명 또는 미생물과 관련된 발명
	컴퓨터 관련 발명		컴퓨터 프로그램 관련 발명과 전자상거래 방법, 컴퓨터 주변기기 및 시스템

📖 특허의 적극적 요건

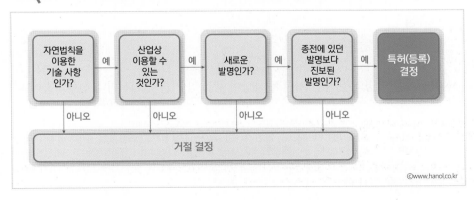

발명이라 특허법 제62조의 거절이유에 해당한다. 또한 여기에서 "이용" 가능성이라 함은 특허발명의 실시를 하여 산업발전에 기여할 가능성을 의미한다.

(2) 의료행위 관련

인간 또는 동물의 치료를 위한 진단방법, 치료 및 수술방법(의료행위)은 산업상 이용 가능성이 없는 것으로 해석된다(TRIPs §27③a).[43] 그러나 치료방법 등 의료행위는 특허의 대상이 될 수 없지만 치료기계나 의약품의 발명과 같이 물건의 발명에 있어서는 그 자체가 산업상 이용가능성이 있으므로 특허대상이 될 수 있다.[44]

(3) 현실적 실현가능성 없는 발명

이론적으로는 가능하나 그 실시가 현실적으로 불가능한 것이 명백한 경우에는 발명이 인정되지 않는다. 예컨대, 지구 자외선 증가를 막기 위해 지구표면 전체를 자외선차단 필름으로 감싸는 방법은 현실적으로 실현이 불가능한 것이다.

(4) 아이디어의 표현

아이디어의 표현 그 자체에 불과한 것은 특허대상이 될 수 없지만 이것을 이용하는 발명은 특허법의 보호대상이 된다. 예컨대 아인슈타인의 상대성 이론을 출판한다면 저작권의 보호대상이 될 뿐이고, 그 이론은 자연법칙 자체이므로 특허의 대상이 될 수 없다. 한편 컴퓨터프로그램 그 자체는 저작권법의 보호대상이고, 컴퓨터프로그램이 하드웨어와 결합하여 특정한 기술적인 문제를 해결한다면 컴퓨터 관련 발명이 될 수 있다.

2) 신규성

(1) 의의

신규성이란 발명의 내용인 기술적 사상이 종래의 기술적 지식이나 선행기술에 비

---

43 "의료업"이란 인간의 질병을 진단·치료·예방하는 등 진료행위를 제공하는 업을 말하고 이러한 의료업은 '산업'에 해당하지 않는다고 하면서 발명의 대상에서 제외시켜야 한다. 이는 인도적 견지에서 널리 일반에 개방하는 것이 바람직하다고 봄이 타당하다.

44 약품의 안전성이 확인되지 않은 신약을 그 신약에 대한 효능과 안전에 대한 의약시험 결과가 제출되지 못하면 일단 산업상 이용가능성이 없는 것으로 간주된다.

추어 알려져 있지 않는 새로운 것임을 의미한다. 실제로 무엇을 신규성 있는 발명으로 보는가에 대해서는 국가와 시대에 따라 그 내용이 달라진다.

(2) 신규성 상실

우리 특허법은 발명이 ① 특허출원 전에 국내 또는 국외에서 공연히 알려진 것(공지公知), ② 특허출원 전에 국내 또는 국외에서 공연히 실시된 것(공용公用), ③ 특허출원 전에 국내 또는 국외에서 반포된 간행물에 게재되었거나 전기통신회선을 통하여 공중(公衆)이 이용가능하게 된 발명(간행물게재 등)일 경우 신규성이 상실된다(특§29①).

"공지의 발명"이란 그 내용이 현실적으로 알려질 것을 요하고, 알려질 가능성 있는 상태로는 신규성이 상실되지 않는다. 또한 그 내용이 기술적으로 이해될 수 있을 정도로 알려져야 하므로, 내부에 특징이 있는 기계의 발명품을 단순히 외형만 보여준 경우에는 알려진 경우에 해당하지 않는다.

"공용의 발명"은 실제로 사용되어 사회의 공유물이 되어 있는 것을 말하며, 구체적으로 특허법 제2조의 행위가 공연히 이루어져 불특정 다수인이 그 발명의 내용을 알 수 있는 상태가 된 것을 말한다.

"반포된 간행물"이란 인쇄물, 복사물, 수기(手記)물을 포함하며, 인쇄물은 ① 공개성(공개를 목적으로 할 것. 즉 비밀출판물은 간행물이 아니다), ② 정보성(일반에 정보로서 유통되어야 하는 성질을 가질 것), ③ 반포성(불특정인에게 반포되는 성질을 가질 것)을 요한다.

"전기통신회선"이란 데이터베이스 및 인터넷상에 공개된 기술정보를 말한다.

그리고 신규성의 "시간적 판단기준"은 특허출원시를 기준으로 한다. 그리고 "장소적 기준"에 관하여는 세계주의를 채택하고 있어 예컨대 당해 특허가 출원되기 전에 외국에서 이미 공지된 경우에는 국내에서도 신규성을 상실한다.

(3) 신규성상실의 예외

특허법은 특허를 받을 수 있는 권리를 가진 자의 발명이 ① 특허를 받을 수 있는 권리를 가진 자 스스로에 의하여 그 발명의 신규성이 상실된 경우, ② 특허를 받을 수 있는 권리를 가진 자의 의사에 반하여 그 발명이 신규성이 상실되게 된 경우에는 그 날부터 12월 이내에 특허출원을 하면 그 출원된 발명이 공개되었다는 사실만으로는 신규성을 상실하지 않는 것으로 보는 예외를 인정한다(특§30).

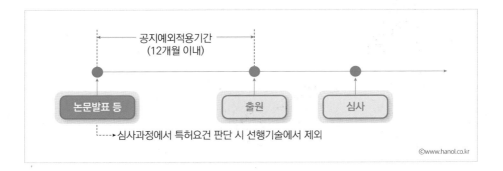

(4) 확대된 선출원의 지위

특허출원을 한 발명이 그 출원일 전에 공개된 다른 특허와 동일한 경우에는 신규성위반으로 거절된다. 그런데, 특허출원은 원칙적으로 출원일부터 1년 6개월이 지나야 공개가 된다. 따라서 아직 공개되지 않은 특허출원은 신규성이나 진보성의 판단자료로 활용되지 못해 후출원이 접수될 가능성이 높다.

이처럼 아직 공개는 되지 않았지만 선출원(A출원) 접수된 특허와 동일한 발명이 후출원(B출원) 접수된 경우에 그 후출원(B출원)을 거절결정하도록 하는 규정(특§29③)이 "확대된 선출원주의"이다. 즉 확대된 선출원주의는 선출원된 발명이 그 이후의 어떤 시점에 「공개」가 되면 그 사이에 출원된 동일한 후출원은 거절하도록 하는 규정이다(특§29③ii).[45]

이때, 후출원(B출원)이 거절되기 위해서는 선출원(A출원)이 공개가 되고 난 뒤이어야 한다. 만약 선출원(A출원)이 공개가 되지 않고 특허출원의 취하로 인하여 절차가 소멸하면 후출원(B출원)은 특허등록을 받을 수 있게 된다. 확대된 선출원제도가 동일한 발명의 중복등록을 방지하기 위한 것이기 때문에 이 경우에 후출원을 등록시켜 주더라도 아무런 문제가 발생하지 않는다. 물론, 이때 후출원은 다른 거절이유가 없는 경우에 등록이 되는 것이다. 후출원이 무권리자출원 등 다른 거절이유가 있으면 특허등록을 받을 수 없음은 당연하다.[46]

---

45   예를 들어, A라는 출원이 2014년 1월 1일자로 출원된 후에 B라는 발명이 2014년 3월 1일자로 출원되고, 다시 A 출원이 2015년 6월 1일에 공개되고 나서, A와 B의 발명내용이 동일한 것으로 판명되었다면(좀더 정확하게 말하면 B의 특허출원 중 청구범위에 기재된 내용이 A에 기재된 발명의 도면, 설명에 포함되거나 같다면) B 출원은 거절되는 것이다.

46   확대된 선출원주의에는 예외가 있다. 당해 특허출원(후출원)의 「발명자」와 타출원(선출원)의 「발명자」가 동일하거나 후출원

3) 진보성

(1) 의 의

　신규의 발명이더라도 그 발명이 속하는 기술분야에서 통상의 지식을 가진 자(평균적 전문가로서 실무상 '당업자'라고 한다)가 용이하게 발명할 수 있는 것일 때에는 특허가 인정되지 아니한다(특§29②). 발명의 진보성에는 비용이성(非容易性)이 인정되어야 한다. 그러므로 ① 공지의 기술수준에서 쉽게 생각할 수 있는 기술(공지기술), ② 그러한 공지기술로부터 노력 없이 쉽게 이끌어 낼 수 있는 기술(잠재적 기술), ③ 선행기술에 비추어 자명한 기술 등은 특허를 부여할 수 없다. 예컨대 발명이 해당 기술분야의 평균적 전문가의 입장에서 보아서 단순한 결합이나 소재의 변경 또는 설계의 단순한 변경 정도이어서는 진보성이 인정되지 않는다.

(2) 진보성의 판단요소

❶ 선행기술

　발명이 진보성을 가지느냐의 여부는 그 발명이 속하는 기술분야(전문분야)의 공지기술에 비해 진보성이 인정되어야 한다. 즉 진보성 판단의 기준이 되는 선행기술은 특허출원 전의 기술수준임은 특허법 제29조 제2항에 비추어 법문상 분명하다. 즉 발명이 출원되면 기존에 인정되는 하나 이상의 비교대상발명 등을 특정하고 이와 비교해서 판단하여 진보성을 판단하게 된다. 또한 이미 공개된 공지기술이나 잠재적 기술 인접분야에의 지식과 그 전용가능성, 일반적인 기초이론 등도 진보성 판단의 기초자료가 된다.

❷ 평균적 전문가

　발명의 진보성은 그 발명이 속하는 기술분야에서 통상의 지식을 가진 자의 전문

의 출원 시 양 출원의 특허 「출원인」이 동일한 경우에는 확대된 선출원주의가 적용되지 않는다. 위 예에서 A 발명의 발명자와 B 발명의 발명자가 동일인인 경우에는 확대된 선출원주의가 적용되지 않기 때문에 B 발명도 특허출원접수가 가능하다. 다만 이때 주의할 점은 발명자가 동일한 경우에 확대된 선출원주의가 적용되지 않는다는 의미이지 무조건 특허등록이 가능하다는 의미는 아니다. A 발명과 B 발명의 발명자가 동일하더라도 특허청구범위까지 동일한 경우에는 같은 발명에 대하여 중복하여 특허를 청구는 것이 되므로, 이 경우에는 B 발명은 선출원주의에 의하여 거절되게 된다. A, B 발명의 발명자만 동일하면 되고 출원인까지 동일해야 하는 것은 아니다. 즉, 갑이라는 발명자가 A와 B 발명을 완성하여 A는 자신이 출원하고 B는 타인에게 양도하여 타인명의로 출원한 경우에도 B는 확대된 선출원주의가 적용되지 않으므로, 다른 거절이유가 없는 한 등록을 받을 수 있게 된다.

지식에 의하여 판단된다. 즉 당해 분야의 특별한 전문가나 특별한 지식과 능력을 가진 대학교수 등의 평균수준 이상의 자들의 지식을 기준으로 하여서는 아니된다. 또한 특별히 교육수준이 낮은 사람의 지식도 역시 기준이 될 수 없다.[47]

❸ 신규성과 진보성의 관계

발명이 기존의 공지기술이나 선행기술 등에 비추어 새로운 것이냐에 관한 신규성의 문제와 그 발명이 공지기술로부터 용이하게 만들어낼 수 있느냐에 관한 진보성의 문제는 구분되어야 할 관념이지만 실제 그 한계영역은 매우 불분명한 것이 사실이다.

양자의 차이점은 ⓐ 선행기술의 범위에 있어서 신규성은 제한이 없으나, 진보성은 해당 기술분야로 한정된다는 점, ⓑ 판단의 주체와 기준에 있어서 신규성에 관하여는 언급이 없으나, 진보성에서는 해당 기술분야의 통상의 기술자이어야 한다는 점, 그리고 실무상 ⓒ 비교대상발명의 수에 있어서 신규성 판단에서는 1개로 제한되지만, 진보성의 경우에는 하나 이상을 선정하여 조합하는 점 등이 있다.[48]

❹ 사후고찰의 불허

진보성 판단의 심사시기는 출원 후 5개월 내지 1년 이상 지난 후이므로 그 동안 관련기술이 발달할 수 있다는 점에서 진보성 판단 시 사후적인 고찰로 자의적인 판단을 하기 쉽다. 즉 특허 출원시를 기준으로 판단하여야 한다.[49]

(3) 진보성의 판단기준

발명의 목적, 구성 및 효과를 발명의 3요소라고 한다. 발명의 진보성의 판단은 출원의 특허청구 범위에 기재된 발명을 공지발명, 공지기술 등과 비교하여 발명의 「목적의 특이성」, 「구성의 곤란성」, 「효과의 현저성」 등의 점에서 구체적으로 판단한다.

진보성 판단에 관한 특허청의 「심사지침서」에 따르면 ⓐ 출원된 발명의 구성의 곤

47　　그러나 누가 통상의 전문가이며 무엇을 그러한 전문가의 전문지식으로 하는지 결정하기가 극히 어려운 문제임에 틀림없다. 현재 이론상으로는 규범적·추상적·이성적 존재로서 객관적 제3자의 판단이 기준이 되어야 하지만, 실무상으로는 심사관 또는 심판관 자신의 전문지식 또는 관련분야의 전문가의 조언에 기한 개인적인 판단에 맡겨져 있는 실정이다.

48　　한편 신규성과 진보성의 관계에서 어느 것을 먼저 판단하여야 하느냐 하는 문제에 관해 우리 판례는 신규성을 우선하여 살필 것을 판시하고 있다(대법원 1992. 6. 2. 선고 91마540 판결).

49　　대법원 2011. 3. 24. 선고 2010후2537 판결. 진보성 판단의 대상이 될 발명의 명세서에 개시되어 있는 기술을 알고 있음을 전제로 하여 사후적으로 통상의 기술자가 그 발명을 쉽게 발명할 수 있는지 여부를 판단하여서는 아니 된다.

란성이 있는 것이 명백하다면 목적과 효과에 특별한 것이 없더라도 진보성이 있는 것으로 보고, ⓑ 발명의 목적이 특이하거나 효과가 현저하다면 통상의 기술자라도 그 구성의 결합이 용이할 수 없는 것으로 보아 진보성이 있는 것으로 보며, ⓒ 발명의 목적이 특이하지도 않고 작용효과가 현저하지도 않다면 설사 그 구성에 차이가 있더라도 그 구성의 결합이 용이한 것으로 보아 진보성이 없는 것으로 본다고 한다.

⑤ 특허의 소극적 요건(불특허 사유)

1) 공서양속에 어긋나는 발명

특허출원발명이 공공의 질서 또는 선량한 풍속을 문란하게 하는 경우에는 특허의 적극적 요건을 갖추었다 하더라도 특허법 제32조(특허를 받을 수 없는 발명)에 해당하는 특허는 거절이유(특§62)가 될 뿐만 아니라 특허결정이 난 후에도 무효사유(특§133①)가 된다.

"공공의 질서"는 국가사회의 이익을 의미하고, "선량한 풍속"을 일반적·도덕적 관념을 말한다. 그리고 출원 자체가 공서양속에 반하는 것은 물론 출원발명의 공개 또는 사용이 공서양속에 반하는 경우에도 적용된다. 이런 의미에서 최근 줄기세포 추출과정에서 인간배아를 파괴하는 것이 공서양속의 위반인지 논란이 되고 있다.

2) 공중위생을 해칠 우려가 있는 발명

아편흡입기와 같이 공중의 위생을 해할 염려가 있는 경우에는 특허의 적극적 요건을 갖추었다 하더라도 특허를 받을 수 없도록 하였다(특§32). 출원된 발명이 제조방법인 경우 그 방법 자체가 공중위생을 해할 염려가 있는 경우뿐만 아니라 그 결과 나타난 생성물이 공중의 위생을 해할 우려가 있는지에 대해서도 판단해야 한다.[50]

---

50 판례는 대두 단백질 분말과 맥분말에 철분분말(총중량의 30~50%) 등의 자성분말을 혼합하여 불로 원소성 건강식품을 제조하는 방법에 관한 출원발명에 대해 공중의 위생을 해할 염려가 있어 특허를 받을 수 없다고 하였다. 대판 1991. 11. 8. 선고 91후110 판결.

3) 국방상 필요한 발명 등

국방상 필요한 발명에 대하여는 외국에의 출원을 금지하거나 그 발명을 비밀로 취급하도록 명할 수 있고, 정부가 특허를 인정하지 아니할 수 있다(특허등록 전의 제한조치. 특§41). 전시, 사변 또는 이에 준하는 비상시에 국방상 필요한 경우에는 특허권을 수용할 수 있고, 이 경우에 정부는 특허권자, 전용실시권자 또는 통상실시권자에 대하여 정당한 보상금을 지급해야 한다(특허등록 후의 제한조치. 특§106).

국방상 필요한 발명에 대하여 특정인에게 독점권을 부여하여 지나치게 사익만을 추구하는데도 이를 규제할 방법이 없거나, 국방상 필요하여 비밀로 분류되어야 할 발명이 아무런 제약 없이 공개되어 노출되는 경우 국가안보에 지대한 영향을 줄 수 있게 된다. 따라서 그러한 경우에 정부는 외국에의 특허출원을 금지할 수 있으므로 정부의 허가를 얻은 때에 한하여 외국에서 특허출원을 할 수 있도록 하였다.

Ⅱ 실용신안권의 보호대상

1 의 의

실용신안법의 보호대상은 산업상 이용할 수 있는 물품의 형상·구조 또는 조합에 관한 고안이다(실§4①). 실용신안법상 고안과 특허법상 특허는 모두 산업상 이용가능하고 신규성이 있어야 하고 진보성이 있어야 함에는 동일하고 다만 그 기술적 정도에 차이가 있음 전술하였다.[51]

2 고안의 개념

실용신안의 보호대상으로서 고안은 산업상 활용가능한 물품의 형상·구조·조합에 대한 고안이므로 물품과 관련이 없는 것은 고안이 될 수 없다. 이에 따라 물건에도

---

51   실용신안은 이미 나와 있는 물건을 개량하여 실용가치를 높인다는 점에서 개량발명과 유사하다는 논의도 있다.

일정한 형상이나 구조를 갖추지 못한 설탕이나 밀가루 같은 분말은 실용신안의 대상이 되지 않는다.[52]

한편 고안도 산업재산권의 객체이므로 자연법칙을 이용한 것이고, 기술적 사상의 창작이어야 함은 특허에서와 동일하다.

1) 물품의 개념

실용신안법상 물품은 일정한 형태를 가진 물건이어야 한다. 우리나라는 물품을 넓게 해석하여 고안이 표현될 수 있는 형태성을 갖는 물건이라면 실용신안의 등록대상이 된다. 즉 부동산(경기장의 형상, 입체적 교차로 등), 복잡한 기계류, 물품의 일부분(스푼의 손잡이, 병뚜껑, 지팡이 손잡이 등) 등도 물품의 구성부분으로 대상이 된다.

2) 물품의 형상

형상이란 선과 면으로 연결되어 입체로 표현되는 외부에서 관찰이 가능한 형태로서 물품과 연결되어 있는 것이다. 예컨대 연필의 육각형, 공구의 날 등을 말한다. 이는 물품의 공간을 차지하는 형태로 나타난다.

3) 물품의 구조

물품의 구조란 물품이 공간적·입체적으로 물건의 외관만이 아니고 평면도와 입면도에 의하여 표현되어 있는 것을 말한다. 다만 화학구조와 같은 것은 물품과 연계되어 있지 않아서 제한된다.

4) 물품의 조합

물품의 조합이란 단독의 물품을 조합하여 사용가치를 살리는 것을 말한다. 즉 조합은 공간적으로 분리·독립된 구조 또는 형상을 가지고 있는 2 이상의 물품들이 기능적으로 서로 관련하여 사용가치를 증대시키는 기능을 한다. 예컨대 볼트와 너트, 바둑판과 바둑알 등이 조합의 예라고 할 수 있다.

---

52   윤선희, 19정판 지적재산권법, 세창출판사, 182쪽.

3 실용신안의 종류

앞서 설명한 바와 같이 고안은 물품의 형상·구조·조합 등의 고안으로 나누어 볼 수 있다. 즉 ① "형상의 실용신안"은 물건의 외면적 형태나 윤곽을 의미하여 입체적인 고안(예컨대 유선형 등)이나 평면적인 고안(예컨대 직물지 등)을 불문한다. ② "구조의 실용신안"은 물품의 구체적인 구조에 관한 고안으로서 외부적 구조나 내부적 구성을 포함한다. ③ "조합의 실용신안"은 별개의 독립된 둘 이상의 물품이 결합하여 하나의 물품을 구성하는 고안을 말한다(예컨대 맥가이버 칼 등). 한편 이에 더하여 ④ "결합의 실용신안"은 물건의 형상·구조 등이 결합하여 하나의 물품으로 형성되는 것에 대한 고안을 말한다(예컨대 전화기와 수화기 등).

4 고안의 적극적 요건

실용신안을 등록하기 위한 적극적 요건으로 ① 산업상 이용가능성, ② 신규성, ③ 진보성은 모두 필요함은 특허에서와 같고, 발명의 적극적 요건에서 설명한 내용과 규정이 고안의 요건에도 그대로 준용되어 적용된다. 따라서 특허법에서의 「신규성 상실」이나 「신규성 상실의 예외」, 그리고 「확대된 선출원의 지위」 등도 실용신안에도 적용된다. 다만 고안의 진보성은 종래의 고안보다 진보되고 개량된 것이면 충분하고 특허에서 요구하는 수준의 것이 아니라도 무방하다.

5 고안의 소극적 요건

실용신안의 등록요건에 해당되더라도 부동록 사유에 해당되면 고안등록을 받을 수 없다(실§6).

1) 공공의 질서 등에 어긋나는 고안

공공의 질서 또는 선량한 풍속에 어긋나거나 공중의 위생을 해칠 우려가 있는 고안은 권리로 인정받을 수 없음은 특허에서 설명한 바와 같다.

2) 국방상 필요한 고안

국방상 필요한 고안은 실용신안에 직접 규정하고 있지 않지만, 실용신안법 제11조가 특허법 제41조를 준용하고 있어서 특허에 대한 설명이 그대로 실용신안에도 적용되어 권리등록에 제한이 있다.

3) 국기나 훈장과 동일하거나 유사한 고안

국기나 훈장과 동일하거나 유사한 고안은 등록을 불허하는 사유에 해당한다. 이를 개인에게 권리로서 독점하도록 허용하는 것은 국가의 존엄성을 해하는 것으로 공익에 반하므로 불허된다. 한편 권리의 부등록사유 중 나머지는 발명의 경우와 동일하나, 이 요건은 발명의 경우에 존재하지 않는 사유이다.

제10강

특허권·실용신안권의 출원절차

Ⅰ 서설

지식재산권 중 저작물의 창작과 동시에 권리로서 인정되는 저작권을 제외하고, 산업재산권은 일반적인 재산에 대한 권리와 달리 특별한 출원절차를 밟아 승인을 받아야만 권리로서 인정된다. 즉 출원절차는 특허청이라는 행정기관을 상대로 하기 때문에, 출원절차수행을 위한 능력을 갖춘 자에 의하여 엄격한 법적절차에 따라야 한다.

산업재산권 중 특허권과 실용신안권은 그 출원절차나 방식 등이 유사하다.[53] 즉 선출원주의, 도면주의, 보정 및 보정각하, 조약우선권주장, 국내우선권주장, 심사청구, 출원공개, 심판청구, 출원분할, 출원분리 출원변경, 청구범위다항제, 재심 및 상고제도 등에서는 차이가 없다. 따라서 이 장에서는 특허권의 성립절차를 중심으로 설명하지만 이는 실용신안권에도 그대로 유효하게 적용된다는 점을 상기하고자 한다.

📖🔍 **산업재산권의 기본적인 권리발생 절차**

출원 → 방식심사 → 출원공개 → 출원 심사청구 → 실체심사 → 권리설정 등록/등록 거절

©www.hanol.co.kr

---

53 특히 실용신안법에서는 §3, §11, §20, §28, §30, §30의3, §33-§35, §37, §38, §41, §43, §44, §46, §47, §51, §52, §52조의2 및 §54-§56 등에서 특허법을 준용하는 규정을 두고 있다. 따라서 이 강에서는 "특허"나 "특허권", "특허법"의 용어는 "고안"이나 "실용신안권", "실용신안법"이라는 용어를 함께 설명하고 있다.

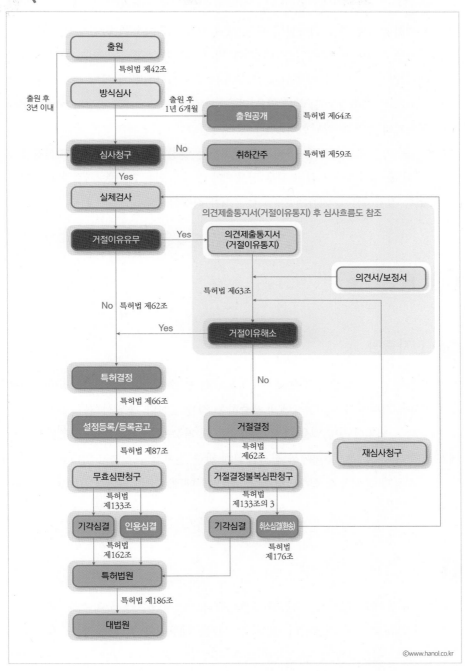

산업재산권의 권리발생과정을 보면 우선 출원인이 출원서와 명세서를 특허청에 제출하면서 그 절차가 개시된다(출원). 특허청은 접수된 출원서류에 대한 형식적인 오류나 결함이 있는지를 심사한다(방식심사). 출원서류에 아무런 하자가 없다고 판단되면 일정한 기간에 당해 출원을 공개하게 된다(출원공개). 한편 출원인이 자신의 출원에 대해 실질적인 심사를 해줄 것을 요구하는 출원심사청구에 의해 실체심사가 개시된다(심사청구). 특허청은 당해 출원을 권리(특허권 또는 실용신안권)로 인정하는데 거절사유가 있는지의 여부를 판단한다(실체심사). 심사결과에 따라 특허청은 거절결정 또는 인용결정을 확정시킨다. 인용된 권리에 대해서는 일정한 절차에 의해 권리설정등록을 하게 되고, 거절결정이 있는 경우 당사자의 이의가 있는 때에는 거절결정을 번복할 수 있는 절차(재심사나 불복심판 혹은 특허소송 등)가 진행되게 된다.

Ⅱ 출원

1 전자출원

특허권(이하 이 강에서는 "실용신안권"에도 그대로 적용된다)의 출원이란 출원서에 명세서·도면 및 요약서를 첨부하여 특허청장에게 제출하는 것을 말한다. 출원서류는 서면으로 직접 제출해도 되지만 인터넷을 통한 전자출원도 가능하다. 특허법 제28조의3 내지 제28조의5(실§3 : 특허법의 준용)에서 전자출원에 관한 절차를 규정하고 있다(전자출원의 인정). 출원서류가 특허청에 접수되면 당해 출원에 대해 출원일자와 출원번호가 부여된다.

2 특허출원의 기본원칙

특허출원에 관한 제원칙은 전술한 바와 같다. 즉, 서면주의, 국어주의, 양식주의, 수수료납부주의 등이 적용된다. 특히 수수료를 납부해야 할 대상과 그 요금액은 「특허료 등의 징수규칙」에 규정되어 있다. 여기서는 전술하지 않은 1특허출원주의에 대하여 설명하고자 한다.

1) 1발명1출원주의의 의의

1발명 1출원의 원칙이라 함은 하나의 출원에는 하나의 발명만을 기재하여 출원해야 한다는 원칙을 말한다(특§45①, 실§9①). 그러나 예외적으로 하나의 총괄적 발명개념의 형성에 관련성이 있는(상호 기술적으로 관련성이 있는) 1군(群)의 발명인 경우에도 1출원으로 할 수 있도록 규정하고 있다(특§45① 단서, 실§9②). 이는 출원인의 편익은 물론 심사에 있어서도 기술문헌조사를 용이하게 하는 등 심사의 신속·적정화도 기할 수 있고, 기술을 이용하고자 하는 일반인에게 관련기술을 동시에 공개함으로서 이용에 편리하다.

2) 1발명의 범위

(1) 1발명

1발명이라 함은 자연법칙을 이용한 기술적 사상의 창작으로서 그 목적·효과 등에 있어 일체성이 있는 최소단위의 발명으로서 "발명의 단일성"을 말하여, ⓐ 동일한 카테고리 내에서, ⓑ 동일한 자연법칙을 이용하고, ⓒ 동일한 기술적 사상을 바탕으로 하여, ⓓ 동등한 효과를 나타내는 경우 1발명으로 인정된다.

(2) 1군의 발명

1특허출원의 범위(발명의 단일성)란 하나의 출원서에 여러 가지 청구항(이에 관한 설명은 후설한다)을 기재할 수 있는 발명의 범위를 말한다. 여기서 발명의 단일성은 명확한 1발명뿐만 아니라 "하나의 총괄적 발명개념"을 갖는 1군의 발명을 포함한다.

1군의 발명인지 여부는 각 청구항에 기재된 발명들 사이에 하나 이상 동일하거나 상응하는(서로 통하는) 특별한 기술적인 특징들이 관련된 기술관계가 있는지 유무에 달려 있다. 즉 발명의 단일성 요건은 각 청구항에 기재된 발명들이 ⓐ 기술적 상호관련성이 있으면서, ⓑ 청구된 발명들이 동일한 기술적 특징을 갖거나 상응하는 기술적 특징들을 포함하고 있어야 한다. 즉 두 개의 발명 간에 동일하거나 상응하는 "특별한 기술적인 특징"을 포함하는 기술적 상호관련성이 존재한다면 그들은 하나

의 총괄적 발명개념에 속한다고 보아야 한다.[54]

3) 1발명1특허출원 위반의 법적효과

1군의 발명으로 발명의 단일성이 인정되면 청구항이 여러 개이더라도 1특허출원이 가능하게 된다. 그 결과 출원된 발명의 여러 개의 청구항 중에서 일부가 다른 청구항과 단일성이 인정되지 않는 청구항이 있는 경우 특허법 제45조 위반으로 거절이유를 통지받게 된다.

그러나 1발명 1특허출원의 원칙에 위반한 경우 발명의 실체적 요건구비와 관련된 문제가 아니라 2이상의 출원으로 해야 할 것을 하나의 출원으로 한 출원절차상의 문제이므로 특허법 제62조의 거절이유에 해당되지만 이의신청이유(특§69) 또는 특허무효이유(특§133①)에 해당하지는 않는다. 즉 이 경우에는 출원인이 신청에 의한 출원분할 등의 방법에 의해 구제받을 수 있게 된다.

3 출원서류

1) 특허출원서

특허출원서의 기재사항은 특허법 제42조 제1항에 규정되어 있다.[55] 특허출원시 첨부서류에는 명세서, 도면, 요약서 및 기타의 첨부서류(대리인이 있는 경우 위임장, 우선권주장서류 등)가 그것이다.

2) 명세서

(1) 명세서의 의미

특허권의 객체인 무형의 기술적 사상을 구체적으로 확인할 수 있도록 해주는 것

---

54 예컨대 청구항1이 "램프용 필라멘트 A", 청구항2가 "필라멘트 A가 있는 램프 B, 청구항3이 "필라멘트 A가 있는 램프 B와 회전테 C로 구성된 서치라이트"인 경우 모든 청구항에 공통되는 "특별한 기술적 특징"은 '필라멘트 A」이므로 발명의 단일성이 인정되어 1발명이 인정되고 1특허출원이 가능하게 된다.

55 ㉮ 특허출원인의 성명, 주소(법인은 명칭, 영업소 및 대표자 성명), ㉯ 대리인의 성명, 주소나 영업소, ㉰ 제출연월일, ㉱ 발명의 명칭, ㉲ 발명자의 성명, 주소, ㉳ 우선권을 주장하는 경우 우선권주장 관련사항 등이 그것이다.

이 명세서(specification)이며, 이는 특허권의
객체를 확정해 주고 발명기술을 일반공중
에게 공개하는 기능을 한다. 명세서에 반
드시 기재해야 하는 내용은 ⓐ 발명의 명
칭, ⓑ 도면의 간단한 설명, ⓒ 발명의 상
세한 설명, ⓓ 특허청구범위 등이다.

(2) 명세서의 역할

이 명세서는 발명의 내용을 공중에게 공개하는 「기술문서」이면서 동시에 독점·배
타적인 기술적 범위를 나타내는 「권리서면」의 역할을 한다. 특허심사의 대상은 명세
서의 청구항에 기재된 발명에 한하므로 명세서는 특허보호대상을 특정하는 기능을
한다. 즉 명세서는 특허청·특허심판원·특허법원 및 민사법원에서 특허권의 유효·무
효 여부 또는 권리침해여부에 대한 판단의 대상이 된다.

(3) 명세서 기재내용

❶ 발명의 명칭

발명의 명칭은 당해 발명의 분류·정리·검색 등을 용이하게 하기 위하여 기재하는
것이므로 너무 막연하거나, 장황한 기재를 피하고 발명의 내용을 간단·명료하게 표
시하여야 한다. 예컨대 「원심탈수기의 탈수통의 진동방지장치」라고 할 것을 단순히
「원심탈수기」라고 한다거나 또는 「탈수통이 진동하지 않고 기동이 원활히 일어나게
한 원심탈수기」라고 하는 것은 부적절하다.

❷ 도면의 간단한 설명

특허의 경우 명세서 작성 시 도면을 첨부한 경우에만 기재하며 첨부한 도면의 각
부분을 제1도는 평면도, 제2도는 입면도, 제3도는 단면도 등과 같이 기재하고 도면
의 주요한 부분을 나타내는 부호의 설명을 기재하여야 한다. 다만 실용신안법에 고
안을 출원하는 경우에는 「반드시」 도면을 첨부하여야 한다(실§8②).

❸ 발명의 상세한 설명

명세서에 기재되는 "발명의 상세한 설명"은 그 발명이 속하는 기술분야에서 통상

의 지식을 가진 자(통상의 전문가)가 그 발명을 쉽게 실시할 수 있도록 지식경제부령이 정하는 기재방법에 따라 명확하고 상세하게 기재하여야 한다(특§42③).[56]

❹ 청구범위

㉮ 의 의

청구범위는 "보호받으려는 사항"을 말하며 이를 '청구항(Claims)'이라고 하고 청구범위에는 하나 이상의 청구항이 있어야 한다. 청구범위는 출원자에게는 특허권이 보호받는 범위를 확정해 주는 기능을 하고(특§97), 일반공중에게는 자유롭게 이용할 수 있는 기술이 무엇인지 명확히 하여 법적안정성의 전제가 되므로, 특허청구범위를 특허발명의 보호범위로 본다.

발명의 설명은 상세하고 구체적으로 작성해야 하지만 청구항은 간단하고 명료하게 표현해야 한다(특§42④). 청구범위는 특허의 신규성과 진보성의 판단기준이 되며 특허침해분쟁에서도 그 침해여부가 청구범위에 의해 결정된다. 그리고 청구항은 발명의 설명과 일관성이 있어야 하고, 명세서에 의해 뒷받침되어야 한다. 세계 주요 국가들에서는 하나의 명세서에 다수의 청구항을 기재하는 다항제(多項制)를 인정하고 있다.

㉯ 청구범위의 해석

청구범위 해석은 특허권의 범위를 좌우하는 중요한 의미를 가진다. 특허청구범위 해석에 있어 명세서에 기재된 발명의 상세한 설명도 참고해 청구항을 융통성 있게 해석하여야 한다. 대법원도 발명의 상세한 설명과 도면을 일체로 하여 참고해야 할 것이고, 특허청구범위의 기재에만 구애될 수는 없다고 판시하고 있다.[57]

특허청구범위에 기재된 청구항의 일부가 발명의 상세한 설명에서는 언급되지 않거나 불충분하게 설명되어 있는 경우에는 명세서 기재요건 위배로 거절결정 또는 무효심판사유가 될 수 있다. 명세서상 발명의 상세한 설명에는 기재되어 있으나 특허청구범위에 반영되지 않은 사항은 "발명의 상세한 설명"의 해설적 기능에도 불구하고 특허권 보호범위에 포함되지 못한다고 해석된다.

56　발명에 관한 설명은 출원한 발명에 대한 자세한 내용을 기재하여야 하는바, 다음사항에 따라 설명하여야 한다. 즉 ㉮ 기술분야, ㉯ 해결하고자 하는 과제, ㉰ 과제의 해결수단, ㉱ 작용, ㉲ 실시 사례, ㉳ 발명의 효과 등이 그것이다.

57　대법원 1973. 7. 10. 선고 72후42 판결.

ⓓ 다항제의 기능

다항제란 청구범위가 둘 이상의 청구항으로 기재하는 방법으로 단항제보다 보호범위가 넓어진다. 1특허출원으로 할 수 있는 범위는 1군(群)의 발명인 경우에는 다항제를 채택하여 청구범위를 하나 이상의 청구항으로 기재할 수 있다.[58]

ⓔ 청구범위제출 유예제도

청구범위를 출원과 동시에 기재하도록 강제하지 않고, 일정기간 유예해 주는 제도이다. 특허법 제42조 제5항에 따라 출원인은 청구범위를 기재하지 아니한 명세서를 특허출원서에 첨부할 수 있다.[59] 다만 출원인이 청구범위를 보정하여 제출하여야 하는 기한은 ⓐ 출원공개일 전까지(1년 6개월), ⓑ 제3자에 의한 출원심사청구가 있다는 취지의 통지를 받은 날부터 3개월이 되는 날까지 청구범위의 보정을 제출하지 않으면[60] 그 특허출원은 취하한 것으로 간주한다.

3) 도 면

출원인은 발명을 설명하는 데 필요한 경우에는 도면을 출원서에 첨부하여야 한다(특§42②). 도면이 포함된 경우에는 도면에 청구항의 내용이 모두 표현될 수 있도록 하여야 한다. 도면은 명세서의 보조자료로서 활용되는 것이므로 필요한 경우에만 첨부하면  되고 도면의 내용은 설계도면과 같이 상세할 필요는 없다. 결정구조·금속조직 또는

---

58 예컨대 방법의 발명일 경우 방법에 관한 하나의 청구항만을 청구할 수도 있지만, 다면적 보호를 위해서 물건과 장치도 청구하는 것이 가능하다. 즉 신발 제조방법에 관하여만 청구항을 신청한 경우 제3자가 그 제조방법을 실시하기 위해 「기계장치를 판매」한 경우에는 직접침해가 인정되지 않고 그 「기계를 작동」시켜 신발을 제조하는 행위만 직접침해가 된다. 이 경우 기계장치를 청구항에 함께 포함시켜 기재하여 기계장치의 제조판매 행위로 인한 침해도 예방할 수 있게 된다.

59 이는 2007년 1월 개정에서 인정된 제도이다.

60 참고로 미생물발명의 경우에는 통상의 지식을 가진 자가 당해 미생물을 입수할 수 없는 한 명세서의 기재만으로 당해 미생물발명을 실시할 수 없다. 따라서 특허법시행령은 미생물발명에 대한 특허출원을 하고자 하는 자로 하여금 그 미생물을 일정한 기관에 기탁하도록 하고 그 발명을 적법하게 실시하고자 하는 자에게 미생물 시료를 분양하도록 하고 있다(특허법시행령 제2조 내지 제4조).

입자의 구조와 같이 제도법에 따라 표현하기가 극히 곤란한 경우에는 이들을 표현한 사진을 제출할 수 있다.

4) 요약서

요약서는 출원발명의 내용을 공중이 용이하게 이용할 수 있도록 기재한 서류로서, 기술정보로서 활용하기 위하여 특허출원서에 필수적으로 첨부되는 서류이다. 요약서는 기술정보로서 활용될 수 있지만, 특허발명의 보호범위를 정하는 데 사용할 수 없다(특§43). 특허출원 시 요약서가 제출되지 않았다면 특허청장은 그 제출에 대한 보정을 명하고, 이를 이행하지 않으면 당해 출원절차를 무효로 할 수 있다.

5) 기타의 첨부서류

① 공동출원인 중 대표자를 선정한 경우 대표권을 증명하는 서류, ② 신규성 의제를 주장하는 경우 그 입증서류, ③ 대리인이 있는 경우 대리권을 증명하는 서류, ④ 특허관리인이 출원 또는 청구절차를 밟는 경우 특허관리임을 증명하는 서류, ⑤ 모인출원[61]의 정당권리자가 출원하는 경우 그 입증서류, ⑥ 우선권을 주장하는 경우 제1국 정부가 증명하는 우선권 서류 등 관련 절차에서 필요로 하는 개별 첨부서류들도 함께 제출하여야 한다.

Ⅲ 방식심사

1 방식심사의 의의

출원방식심사란 산업재산권 법령에서 규정하고 있는 출원인·대리인의 절차능력, 제출된 서류의 기재방식 및 첨부서류, 수수료 납부사항 등 절차의 흠결 유무를 점

61　"모인출원"이란 정당한 발명자 또는 고안자가 아닌 자 또는 그 승계인이 아닌 자가 한 특허출원 또는 실용신안등록출원을 의미하며 "무권리자에 의한 출원"이라고도 한다.

검하는 것을 말한다.[62]

❷ 담당부서

출원 관련 서류에 대한 방식심사는 출원과에서 특허청장 명의로 이를 수행한다. 다만, 방식 위반 사항이 실체심사와 밀접한 관련이 있어 방식심사 담당부서에서 처리하기에 부적절하다고 판단되는 경우 또는 출원과에서 절차상 흠결에 대한 방식심사를 누락한 경우 실체심사관이 방식심사를 수행한다.

❸ 출원방식심사에 따른 조치

방식심사의 결과 절차로서의 형태는 갖추었으나 절차의 본질적인 요건을 갖추지 못하여 그 법적 효과를 인정할 수 없는 하자로 보정으로서도 치유할 수 없는 사항은 반려처분을 하며, 반려사항에 해당되지는 아니하지만 절차상 하자가 있는 경우에는 기간을 정하여 보정을 명한다.

1) 제출서류의 반려

출원에 관한 서류 등을 방식심사한 결과 법령에서 정한 본질적인 요건을 갖추지 못하여 그 법적 효과를 인정할 수 없는 하자가 있고, 보정으로서도 그 하자를 치유할 수 없는 사항에 대하여는 출원인 또는 제출인에게 그 이유를 명시하여 반려할 수 있다(행정절차법 §17⑤·⑥ 등).

2) 절차의 보정명령

(1) 보정명령의 의의

특허청장은 출원서류를 방식심사한 결과 절차상의 하자가 있는 경우에는 서류의

---

62   출원서류의 방식심사에 대한 법적 근거는 ① 절차의 보정(특§46, 실§11, 디§17, 상§13), ② 절차의 보완(디§38, 상§제9의 2), ③ 제출서류의 반려(특시§11, 실시§17①, 디시§24, 상시§24), ④ 증명서류의 제출(특시§8, 실시§17①, 디시§13, 상시§13) 등에서 찾을 수 있다.

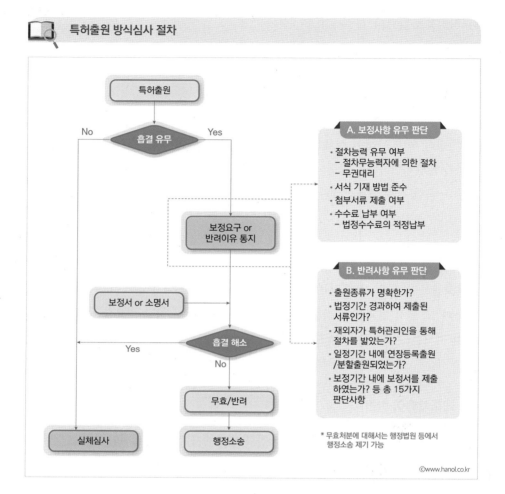

특허출원 방식심사 절차

A. 보정사항 유무 판단
- 절차능력 유무 여부
  - 절차무능력자에 의한 절차
  - 무권대리
- 서식 기재 방법 준수
- 첨부서류 제출 여부
- 수수료 납부 여부
  - 법정수수료의 적정납부

B. 반려사항 유무 판단
- 출원종류가 명확한가?
- 법정기간 경과하여 제출된 서류인가?
- 재외자가 특허관리인을 통해 절차를 밟았는가?
- 일정기간 내에 연장등록출원/분할출원되었는가?
- 보정기간 내에 보정서를 제출하였는가? 등 총 15가지 판단사항

* 무효처분에 대해서는 행정법원 등에서 행정소송 제기 가능

©www.hanol.co.kr

제출인에게 하자를 치유할 수 있도록 기간을 정하여 절차의 보정을 명할 수 있다 (특§46).[63]

(2) 보정명령의 내용

절차의 보정요구 시에는 근거규정 및 보정할 사항을 명시하고 보정기간을 정하여 통지한다. 출원서류의 보정할 사항은 특허법 제46조 및 관계법령에서 정한 절차상

---

63 이와 유사한 것으로 디자인보호법이나 상표법상「절차의 보완명령」이라는 것이 있다((디§38, 상§9조의2). 이는 후설한다.

의 요건에 위반되어 절차상의 요건에 맞게 보정되어야 할 사항[64]을 구체적으로 기재한다.

(3) 보정의 효과

지정된 기간 내에 보정서를 제출하여 절차상의 하자를 치유한 경우에는 최초 출원서류를 제출한 날로 소급하여 출원서류가 제출된 것으로 본다.

3) 서류제출명령

산업재산권에 관한 절차를 밟는 자에 대한 구체적인 확인이 필요하다고 인정되는 때에는 예컨대, 국적증명서, 인감증명서, 서명에 대한 공증서, 각종 행정정보관련 서류 등을 제출하도록 할 수 있다.

4) 절차의 무효

보정명령을 받은 자가 지정된 기간 이내에 보정서를 제출하지 아니하거나 제출된 보정서가 절차의 하자를 치유하지 못한 경우에는 특허청장 명의로 특허 등에 관한 절차를 무효로 할 수 있다(특§16①). 무효처분 시에는 그 이유를 명시하여 서류의 제출인에게 통지하여야 하며, 통지서에는 행정심판 및 행정소송의 제기가 가능하다는 안내문을 부기한다.

5) 무효처분의 취소

특허청장은 출원·청구 및 기타의 절차가 무효로 된 경우에도 그 기간을 지키지 못한 것이 보정명령을 받은 자가 책임질 수 없는 사유에 의한 것으로 인정될 때에는 그 사유가 소멸한 날부터 2개월(단, 상표는 14일) 이내에 보정명령을 받은 자의 청구에 의하여 그 무효처분을 취소할 수 있다. 다만, 지정된 기간의 만료일로부터 1년이 경과한 때에는 그러하지 아니하다(특§16②).

---

64   특허법 제46조에서 규정하는 보정명령의 대상 또는 사유로는 다음과 같다. 즉 ① 절차를 수행할 「능력」에 관한 사항 : 미성년자 등의 행위능력, 대리권의 범위, ② 법령에서 정한 「방식」의 적합여부, ③ 「수수료」의 납부여부에 관한 사항 등.

4 방식심사 관련제도

1) 보정제도

(1) 의 의

보정이란 특허출원의 내용이나 형식에 하자가 있는 경우에 일정한 범위 내에서 그에 대한 정정·보완을 인정하고 적법하게 보정한 경우 그 효력을 출원 시까지 소급하여 인정하는 제도이다. 보정은 그 내용에 따라 ⓐ 절차보정과 ⓑ 특허출원의 보정으로 구분된다. 방식심사과정에서 행하는 보정[65]을 「절차보정」이라고 하고, 특허출원서의 명세서 등의 기재내용에 흠결이 있는 경우 출원의 동일성이 유지되는 범위 내에서 이를 치유하는 절차를 「특허출원의 보정」이라고 한다.

특허청장이 기간을 정하여 보정명령을 한 경우 지정된 기간 내에 보정하여야 하고, 그 기간 이내에 보정하지 않거나 기간을 경과하여 보정한 경우 특허청장은 그 출원에 관한 절차를 무효로 처분할 수 있다(특§16). 한편 출원 시 보정할 수 없는 대상은 보정을 명하지 않고, 서류를 불수리처분하도록 하고 있다.

(2) 취 지

선출원주의하에서는 먼저 출원해야 선출원의 지위가 확보되기 때문에 대부분의 출원인은 출원을 서두르게 된다. 출원 시에 명세서를 완벽하게 작성하여 제출하는 것이 바람직하지만 예기치 못한 하자가 발생할 수 있다. 또한 출원인이 명세서나 도면을 완벽하게 작성하였다 할지라도 심사과정에서 미비한 점이 발견되는 경우도 있으므로, 발명자의 보호와 제3자에게 불이익을 주지 않는 범위에서 특허출원 후의 보정을 인정하고 있다.

(3) 보정의 시기

특허출원인은 특허결정의 등본을 송달하기 전까지 특허출원서에 첨부한 명세서

---

65   방식심사 중 보정사유는 ① 절차능력에 관한 사항으로 미성년자 등의 행위능력, 대리권의 범위에 관하여, ② 법령에서 정한 방식의 적합여부에 관하여, ③ 수수료의 납부여부에 관한 사항이 그것이다.

📖 출원보정 절차

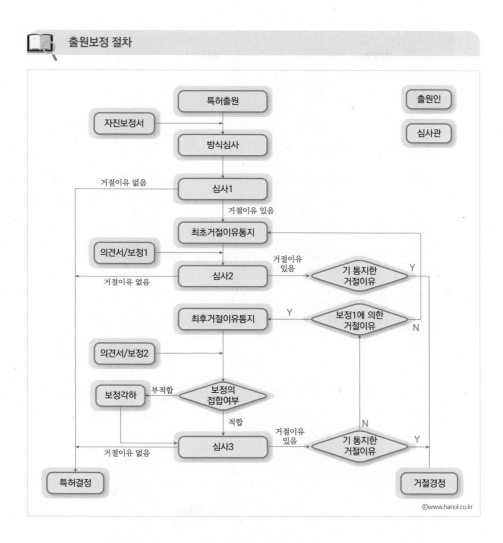

ⓒwww.hanol.co.kr

또는 도면을 보정할 수 있다(특§47①본문). 다만 예외가 있다.[66]

66　그 예외로는 거절이유통지를 받은 후(특§47①단서)에는 ⓐ 거절이유통지(거절이유통지에 대한 보정에 따라 발생한 거절이유에 대한 거절이유통지는 제외)를 최초로 받거나 제2호의 거절이유통지가 아닌 거절이유통지를 받은 때에는(특§47①ⅰ) 「해당 거절이유통지에 따른 의견서 제출기간 내」에 보정할 수 있고, ⓑ 거절이유통지에 대한 보정에 따라 발생한 거절이유에 대하여 (출원인이 보정하였지만 다시) 거절이유통지(최후의 거절통지)를 받은 때에는(특§47①ⅱ) 「해당 거절이유통지에 따른 의견서 제출기간 내」에 보정할 수 있으며(즉, ⓐ와 같은 기간 내에), ⓒ 재심사의 청구(특§67의2①)에 따른 재심사를 청구하는 때에는 「그 재심사를 청구할 때」가 보정할 수 있다(이 경우에는 당해 보정 시에만 보정할 수 있다).

보정의 경우	보정가능 시기
원칙: 특허결정의 등본을 송달하기 전	언제나 자유로 보정 가능(47①)

(4) 보정의 범위

명세서 또는 도면의 보정은 특허출원서에 최초로 첨부된 명세서 또는 도면에 기재된 사항의 범위 안에서 보정할 수 있다(특§47②). 보정범위를 벗어나서 보정한 경우에는 거절이유 및 무효사유가 된다.[67]

(5) 보정제한제도

선출원주의하에서 출원인이 보정을 언제든지 자유롭게 할 수 있게 한다면, 특허행정의 절차를 지연시키거나 흐름을 왜곡시키므로 결국 출원처리를 지연시키는 결과를 초래하게 된다. 또한 공중이 받는 불이익도 있으므로 출원인이 받는 이익을 비교하여 균형 있게 제도를 운용하기 위해 보정에 대한 내용과 시기를 제한할 필요가 있다.

따라서 신규사항 추가금지와 같은 내용의 제한을 두고 제도를 운용하게 되면 심사처리에 소요되는 시간을 단축하고, 선출원주의 원칙에 충실할 수 있게 된다.[68]

(6) 보정각하

심사관은 최초거절이유 및 최후거절이유에 대한 보정이 신규사항 관련 보정이나 특허청구범위를 감축하는 보정의 규정을 위반하거나 그 보정에 따라 새로운 거절이

보정의 경우	보정가능 시기
ⓐ 최초의 거절결정통지를 받은 경우	지정된 기간 내에 보정가능(47①ⅰ)
ⓑ 최후의 거절결정통지를 받은 경우	지정된 기간 내에 보정가능(47①ⅱ)
ⓒ 재심사를 청구하는 경우	재심사 청구시(47①ⅲ)

67 최초거절이유 통지 후의 특허청구범위에 대한 보정(특§47③)은 ⓐ 특허청구범위를 감축하는 경우(특§47③ⅰ), ⓑ 잘못된 기재를 정정하는 경우(특§47③ⅱ), ⓒ 분명하지 아니한 기재를 명확하게 하는 경우(특§47③ⅲ), ⓓ 최초 명세서 또는 도면의 범위를 벗어난 보정에 대하여 그 보정된 특허청구범위로 되돌아가거나 되돌아가면서 특허청구범위를 제1호부터 제3호까지의 규정에 따라 보정하는 경우(특§47③ⅳ)에만 할 수 있다. 또한 재심사의 청구 시에도 최후거절이유통지의 경우와 같이 보정이 제한된다. 이는 신규사항을 추가하는 보정을 거절이유로 하고, 최후거절이유 통지제도를 도입함에 따라 최후거절이유 통지 후 청구범위의 보정을 제한하지 않으면 심사관이 처리할 수 없는 문제가 발생될 수 있기 때문에 이를 방지하기 위한 것이다.

68 보정제한사항

보정의 경우	보정가능 시기
원칙: 특허결정의 등본을 송달하기 전 ⓐ 최초의 거절결정통지를 받은 경우	최초로 첨부된 명세서 또는 도면에 기재된 사항의 범위 안에서(특§47②)
ⓑ 최후의 거절결정통지를 받은 경우 ⓒ 재심사를 청구하는 경우	제47조 제2항 + 제47조 제3항(㉮ 특허청구범위를 감축하는 경우, ㉯ 잘못된 기재를 정정하는 경우, ㉰ 분명하지 아니한 기재를 명확하게 하는 경우, ㉱ 최초 명세서 또는 도면의 범위를 벗어난 보정에 대하여 그 보정된 특허청구범위로 되돌아가거나 되돌아가면서 특허청구범위를 ㉮~㉱까지의 규정에 따라 보정하는 경우)

유가 발생한 것으로 인정되면 결정으로 그 보정을 각하하여야 한다(특§51①). 다만 특허법 제67조의 2에 따른 재심사의 청구가 있는 경우 그 청구 전에 한 보정의 경우에는 보정각하를 할 수 없다.

2) 분할출원

(1) 개 념

출원인이 발명의 단일성을 간과해서 둘 이상의 발명을 하나의 특허출원으로 한 경우 일정한 기간 내에 원출원의 일부를 새로운 특허출원으로 분할할 수 있다. 둘 이상의 발명이 "청구범위"에 기재된 경우뿐만 아니라 발명의 "명세서" 또는 "도면"에 기재되어 출원된 경우가 있다. 즉 1 출원에 2 이상의 발명을 포함시켜 출원한 경우 이를 둘 이상의 출원으로 나누어 분할한 특허출원을 분할출원이라 한다.

(2) 분할출원의 대상

분할출원의 대상은 원출원서의 최초에 첨부된 명세서 또는 도면에 기재된 2 이상의 발명이다. 분할출원을 하는 자는 분할출원서에 그 취지 및 분할의 기초가 된 특허출원의 표시를 하여야 한다(특§52③). 분할출원을 할 수 있는 경우는 ① 단일성 요건에 위반된 경우 ② (청구범위에는 없지만) "명세서" 또는 "도면"에만 기재되어 있는 발명을 별개의 출원으로 하는 경우 등이다. 단일성 요건에 위반된 경우 청구범위에 기재되어 있는 발명을 분할하는 것이기 때문에 분할출원과 동시에 원출원은 보정해야 한다.[69]

(3) 법적 효과

분할출원이 있는 경우 그 출원은 최초의 특허를 출원한 때부터 분할출원한 것으로 본다(특§52②). 따라서 분할출원에 대한 신규성·진보성 및 선출원성의 요건은 원출원 시를 기준해서 판단해야 한다. 또한 분할출원에 대한 출원공개의 시기, 심사청구

---

[69] 원출원 발명과 분할출원 발명이 동일한지 여부의 판단기준에 관한 사례로는 대판 2004.3.12. 선고 2002후2778 판결 참조. 분할출원된 특허발명은 분할출원의 기초가 된 명세서에 기재된 발명과 동일할 것을 요한다. 이 판결은 분할출원의 요건으로서 발명의 동일성 판단에 대하여 구체적인 판단을 한 것으로서 그 판단기준과 그에 따른 동일성 여부의 판단에 대한 구체적인 적용을 보여주는 사례인 점에서 그 의의를 찾을 수 있다.

기간, 특허권존속기간의 기산점 등의 판단기준도 원출원 시를 기준으로 판단해야
한다.

3) 분리출원

(1) 개 념

분리출원이란 특허거절결정을 받은 자는 특허거절결정 등에 대한 심판청구가 기
각된 경우 그 심결의 등본을 송달받은 날부터 30일 이내에 그 특허출원의 출원서에
최초로 첨부된 명세서 또는 도면에 기재된 사항의 범위에서 그 특허출원의 일부를
새로운 특허출원으로 분리하는 것을 말한다(특§52의2).[70]

(2) 분리출원의 대상

분리출원으로 인하여 작성하는 새로운 특허출원은 ① 그 심판청구의 대상이 되
는 특허거절결정에서 거절되지 아니한 청구항, ② 거절된 청구항에서 그 특허거절결
정의 기초가 된 선택적 기재사항을 삭제한 청구항, ③ 위 ①과 ②에 따른 청구항의
청구범위를 감축하거나 잘못 기재된 사항을 정정 또는 분명하지 아니하게 기재된
사항을 명확하게 적은 청구항, ④ 위 ①~③까지 중 어느 하나의 청구항에서 그 특허
출원의 출원서에 최초로 첨부된 명세서 또는 도면에 기재된 사항의 범위를 벗어난
부분을 삭제한 청구항만을 대상으로 한다.

(3) 분리출원의 효과

분리출원에 관하여는 분할출원에 관한 제52조 제2항부터 제5항(분할출원의 대상 등)
까지의 규정이 준용된다(특§52의2②). 또한 분리출원은 새로운 분리출원, 분할출원 또
는 「실용신안법」 제10조[71]에 따른 변경출원의 기초가 될 수 없다(특§52의2④).

70 　특허법 2021. 10. 19. 개정 시 신설된 조항이다.

71 　실용신안법 제10조(변경출원) ① 특허출원인은 그 특허출원의 출원서에 최초로 첨부된 명세서 또는 도면에 기재된 사항의
범위에서 그 특허출원을 실용신안등록출원으로 변경할 수 있다.

4) 변경출원

(1) 의 의

변경출원이란 최초 출원의 동일성을 유지하면서 출원형식만 변경하는 출원을 말한다. 변경출원이 일정한 요건을 갖추면, 실용신안등록출원과 특허출원 상호간에 출원형식을 변경할 수 있다. 그러나 언제든지 내용을 제한 없이 변경하도록 허용한다면 권리내용과 권리존속기간에 변동이 생기고 이로 인해 선의의 제3자가 피해를 볼 수 있기 때문에 변경출원의 시기와 범위를 제한하고 있다.

(2) 변경출원의 시기

실용신안등록출원인은 변경출원의 기초가 되는 출원이 적법하고 유효하게 특허청에 계속 중인 한 그 실용신안등록출원의 출원서에 최초로 첨부된 명세서 또는 도면에 기재된 사항의 범위 안에서 그 실용신안등록출원을 특허출원으로 변경할 수 있다. 다만 ① 그 실용신안등록출원에 관하여 최초의 거절결정등본을 송달받은 날부터 3개월이 경과한 때 또는 ② 외국어실용신안등록출원인 경우로서 변경하여 출원할 때 같은 항에 따른 국어번역문이 제출되지 아니한 때에는 특허출원으로 변경할 수 없다(특§53①). 그리고 공동출원이면 출원인 전원이 변경출원하여야 한다.

특허출원을 실용신안등록출원으로 변경출원하는 경우에도 같다(실§10①).

(3) 변경출원의 범위

원등록출원(실용신안등록출원이든 특허등록출원이든)의 출원서에 "최초로" 첨부된 명세서 또는 도면에 기재된 사항의 범위 내에서 변경출원할 수 있다. 따라서 최초의 명세서 또는 도면에 기재되지 않았던 사항이 추가되거나 변경되는 경우에는 적법한 변경출원으로 인정될 수 없고, 출원일의 소급도 인정되지 못한다.

(4) 변경출원의 요건

변경출원이 허용되기 위해서는 ① 원출원이 특허청에 계류 중이어야 한다. 변경시 원출원이 취하·무효·포기 등의 이유로 소멸된 경우에는 이를 근거로 한 변경출원을 할 수 없다. ② 변경출원인이 동일하여야 한다. 원출원인과 변경출원인은 동일인이거나 적법한 승계인이어야 한다. ③ 변경출원할 수 있는 기간 내이어야 한다. 실용

신안등록출원에 대한 거절결정등본을 송달받은 날로부터 30일 이내에 특허출원으로 변경출원할 수 있고, 반대로 특허출원에 대한 거절결정등본을 송달받은 날로부터 30일 이내에 실용신안등록출원으로 변경출원할 수 있다. ④ 동일성이 유지되어야 한다. 출원인은 원출원의 출원서에 최초로 첨부된 명세서 또는 도면에 기재된 사항의 범위 안에서 그 원등록출원을 변경출원할 수 있기 때문이다.

(5) 법적효과

변경출원이 있는 경우에 원등록출원을 한 때에 그 변경출원은 출원한 것으로 본다(특§53②). 변경출원이 있는 경우에는 원출원은 취하된 것으로 본다(특§53④). 예컨대 특허등록을 실용신안등록출원으로 변경출원한 경우, 그 출원일을 특허등록출원일로 소급하여 인정하고, 원출원인 특허출원은 취하된 것으로 간주한다.

5) 우선권제도

우선권이란 일정한 요건을 충족한 경우 후출원의 출원을 선출원의 출원일로 소급시킬 것을 주장할 수 있는 권리를 말한다. 여기에는 국가를 달리하는 출원 사이에서 주장할 수 있는 것이 「조약우선권」이고, 국내의 출원 사이에서 주장할 수 있는 것이 「국내우선권」이다. 조약우선권은 파리협약과 관련하여 국제적인 발명보호 수단인 반면에 국내우선권은 국내출원인의 발명보호 수단이라는 점에서 차이가 있다.

(1) 조약우선권
❶ 의 의

파리협약에 의하여 대한민국 국민에게 특허출원에 대한 우선권을 인정하는 당사국 국민이 그 당사국 또는 다른 당사국에 특허출원(선출원)을 한 후 동일발명을 우리나라에 특허출원(후출원)하여 우선권을 주장하는 경우 특허법 제29조와 제36조의 규정에 따라 그 당사국에 특허출원한 날(이를 "우선일"이라고 한다)에 동일발명을 대한민국에 특허출원한 날로 본다(특§54①).

❷ 우선권주장의 요건

조약우선권을 주장하기 위한 제1국에서의 요건은 ① 출원인이 파리협약 당사국의 국민일 것, ② 당사국 또는 파리협약 당사국에 출원하였을 것, ③ 그 출원은 정규의 출원일 것 등이다. 제2국에서의 요건은 ① 출원한 자가 제1국에 특허출원한 자와 동일인이거나 그의 상속인 또는 그의 승계인일 것(출원인의 동일성) ② 제2국에 특허출원한 발명은 제1국 당사국에 특허출원한 발명과 동일할 것(발명의 동일성) 등이다.

③ 출원시기의 제한

우선권을 주장하고자 하는 자는 제1국에 특허출원을 한 날(우선일)로부터 「1년 이내(우선기간)」에 다른 파리협약 당사국(제2국)에 출원하여야 제2국에서 자신의 우선권을 보장받는다. 만약 둘 이상의 우선권주장을 하는 경우에는 가장 먼저 출원한 날(최선일)[72]로부터 기산한다.

④ 우선권주장의 효과

우선권주장의 경우 출원일 자체가 소급되는 것이 아니다. 즉 우선권이 인정되는 경우 특허법 제29조(특허요건) 및 제36조(선출원)의 규정을 적용함에 있어서만 제1국에 출원한 날을 대한민국에 출원한 날로 간주하고 심사한다. 즉 특허의 신규성, 진보성, 선출원 등의 특허요건 판단에서는 제1국의 출원일를 기준으로 하지만, 심사청구 기간 또는 특허권의 존속기간의 기산 등은 후출원일을 기준으로 한다는 의미이다.

(2) 국내우선권

① 의 의

우리나라에 특허출원 또는 실용신안등록출원(선출원)을 한 자 또는 그 승계인이 선출원을 기초로 하여 선출원일로부터 일정기간 동안 우리나라에 개량발명이나 관련발명을 후출원할 때 가지게 되는 우선권을 말한다(특§55·§56). 국내우선권제도

---

72 예컨대 A국에서 처음 특허를 출원하고, B국과 C국에서도 순차적으로 출원한 경우 출원인은 최초의 출원국인 A국에 출원한 날(우선일)에 B국과 C국에서도 출원한 것으로 간주된다.

는 국내의 선출원에 근거하여 개량발명한 후출원을 출원하면서 우선권을 주장하는 경우 선출원의 출원일에 출원한 것으로 인정해줌으로써, 기술개발을 적극적으로 보호해주는 기능을 한다.

특허를 받으려는 자는 자신이 특허나 실용신안등록을 받을 수 있는 권리를 가진 특허출원 또는 실용신안등록출원으로 먼저 한 출원(선출원)의 출원서에 최초로 첨부된 명세서 또는 도면에 기재된 발명을 기초로 그 특허출원한 발명에 관하여 우선권을 주장할 수 있다(특§55①본문). 그러나 일정한 경우 우선권을 주장할 수 없는 경우도 있다(특§55① i ~iv).[73]

❷ 우선권주장의 요건

㉮ 선출원의 요건

선출원이 특허청에 계류 중이어야 한다. 후출원 시 선출원이 이미 포기·무효 또는 취하 또는 특허여부의 결정이 확정된 경우, 실용신안등록 여부의 결정이 확정된 경우 또는 거절한다는 취지의 심결이 확정된 경우에는 선출원을 기초로 우선권을 주장할 수 없다. 또한 우선권주장의 기초가 되는 선출원이 분할출원이거나 변경출원이 아니어야 한다.[74] 한편 선출원은 특허출원이든 실용신안등록출원이든 무관하게 인정된다.

㉯ 후출원의 요건

국내우선권을 주장하기 위해서는 선출원과 후출원은 주체의 동일성과 객체의 동일성이 인정되어야 한다. 즉 후출원인은 후출원 시점에서 선출원인과 동일인이거나 선출원의 적법한 승계인이어야 한다(주체의 동일성). 또한 선출원과 후출원의 발명이 동일해야 한다(객체의 동일성). 그러나 우선권의 기초가 되는 것이 선출원 이후 보정에 의하여 추가된 발명일 경우에는 이를 근거로 하는 우선권주장은 허용되지 않는다.

❸ 우선권주장의 시기

선출원을 기초로 국내우선권을 주장할 수 있는 기간은 「선출원일로부터 1년 이

73　국내우선권을 주장할 수 없는 경우는 ㉮ 특허출원이 선출원의 출원일로부터 1년이 지난 후에 출원된 경우, ㉯ 선출원이 분할출원이나 변경출원인 경우, ㉰ 그 특허출원을 할 때에 선출원이 포기·무효 또는 취하된 경우, ㉱ 그 특허출원을 할 때에 선출원이 특허 여부의 결정, 실용신안등록 여부의 결정 또는 거절한다는 취지의 심결이 확정된 경우 등이다.

74　분할출원이나 변경출원을 기초로 하여 우선권주장을 하는 경우 우선권주장의 적법성뿐만 아니라 분할출원과 변경출원의 적법성까지 심사해야 하므로 절차가 복잡해지는 등의 곤란과 어려움이 있기 때문이다.

내」이다. 또한 둘 이상의 선출원을 기초로 하여 국내우선권을 주장하는 경우에는 우선권주장의 형태가 복합우선에 해당하므로 둘 이상의 선출원 중 최선의 출원일로부터 1년 이내에 주장하여야 한다.[75]

6) PCT 국제출원

(1) 의 의

특허법 제10장에서는 특허협력조약(PCT: Patent Cooperation Treaty)에 의한 국제특허출원에 관하여 규정하고 있는데, 그 제1절은 국제출원의 국제단계의 절차에 관한 것으로 PCT를 이용하여 외국에서 권리를 취득할 경우 적용되는 절차를 규정하고 있고, 제2절은 국제출원의 국내단계에서 우리나라를 지정한 국제출원에 대하여 국내법의 적용에 대해 규정하고 있다.

(2) PCT 장점

PCT는 출원인이 접수관청에 하나의 국제출원서류를 제출하면서 다수의 체약국을 지정하면, 지정된 모든 체약국에 국제출원서류를 제출한 날에 직접 출원된 것과 동일한 것으로 인정된다.

(3) 접수관청

PCT 국제출원에 필요한 서류를 접수하는 특허청(접수관청) 중 우리나라 특허청을 접수관청으로 하여 출원하는 출원인은 「국제조사기관」으로 한국·오스티리아·호주·일본 특허청 중 하나를 선택할 수 있다. 또한 「국제예비심사기관」으로는 한국·오스트리아·일본 특허청 중 하나를 선택할 수 있다.

(4) 국제출원서류

국제출원을 하고자 하는 자는 국어·영어 또는 일본어로 국제출원의 서류를 작성하여야 한다. 다만 국어로 작성하는 경우에는 국제공개를 위하여 우선일로부터 1년

---

75 또한 후출원이 우선권으로 소급하여 인정된 경우에는 우선권 주장의 기초가 된 선출원은 그 출원일부터 1년 3개월이 지난 때에 취하된 것으로 본다. 다만, 예외가 있다(특§56①).

4월 이내에 국제출원의 영어 번역문을 특허청장에게 제출하여야 한다. 첨부서류는 수수료 계산서·대리인의 경우 위임장·기타 필요한 증명서류 등이 있다.

Ⅳ 출원공개

1 서 설

출원인이 자신의 발명을 출원하면 특허청은 앞에서 설명한 방식심사를 통해 그 형식적 요건의 충족을 심사한다. 그리고 특허청장은 ① 특허출원에 대하여 특허출원일로부터 1년 6개월이 지난 후 또는 ② 출원인이 신청한 경우 그 출원을 특허공보에 게재하여 공개하여야 한다(특§64①). 출원공개제도는 발명을 공개함으로써 일반인에게 출원내용을 알려서 중복연구 또는 중복투자를 방지하고, 일반인들로 하여금 특허정보를 제공할 수 있게 함으로써 정확한 심사가 이루어지도록 해주는 제도이다.

2 출원공개 시기

1) 출원일로부터 1년 6개월이 지난 후 공개

일반적으로 출원공개는 원칙적으로 특허출원일로부터 1년 6개월이 지난 후에 행해진다. 한편 그 기간의 기산일은 우선권 주장여부에 따라 달라진다. 즉 조약에 의한 우선권주장을 수반하는 경우에는 제1국 출원일로부터, 국내우선권주장을 수반하는 경우에는 선출원일로부터, 조약에 의한 우선권 또는 국내우선권주장을 둘 이상 수반한 출원의 경우에는 그 우선권 주장의 기초가 된 출원 중 최선일로부터 1년 6개월이 지난 후에 공개한다.

2) 분할출원 등의 경우

출원일의 소급효를 인정하는 분할출원, 분리출원과 변경출원의 경우에는 실제의 분할출원일, 분리출원일 또는 변경출원일이 아니라, 그 기초가 되는 원출원일을 기준으로 하여야 하므로 원출원일로부터 1년 6개월이 지난 후 출원공개한다. 즉 원출원일로부터 1년 6개월이 지나기 전에 이루어진 분할출원 또는 변경출원의 경우에는 원출원일로부터 1년 6개월이 지난 후에 공개하고, 원출원일로부터 1년 6개월이 지난 후에 이루어진 분할출원 또는 변경출원의 경우에는 즉시 신속하게 출원공개한다.

3) 특허출원의 조기공개

특허출원일로부터 1년 6개월 이전이라도 출원인의 「신청」이 있는 경우 특허청장은 특허출원에 관하여 특허공보에 게재하여 출원공개를 하여야 한다. 조기공개제도의 취지는 출원인의 편의를 위한 것이다.

③ 출원공개의 효과

1) 출원발명의 실시자에 대한 경고권

출원인은 출원공개가 있은 후 그 출원발명을 업으로 실시한 자에게 침해를 예방하기 위하여 출원발명임을 서면으로 제시하면서 경고할 수 있다(특§65①).

2) 보상금청구권

보상금청구권이란 출원공개된 후 제3자가 경고를 받거나 공개된 발명임을 알고 그 발명을 업으로 실시한 경우, 제3자가 경고를 받거나 출원공개된 발명임을 안 때로부터 특허권을 설정등록 시까지 출원인은 그 발명의 실시에 대하여 통상 받을 수 있는 금액에 상당하는 보상금의 지급을 청구할 수 있는 권리이다(특§65②). 다만 이 보상청구권은 그 특허출원된 발명에 대한 특허권이 설정등록된 후에만 행사할 수 있다(특§65③). 제3자가 실시한 결과 출원인이 입은 손해를 보상하기 위해 인정되는 특수한 성격의 권리이다.

3) 제3자의 특허출원에 대한 정보제공유도

정보제공제도는 특허받을 수 없는 발명이 특허로 인정되는 것을 방지하기 위해

일반인 또는 이해관계인들의 심사를 거치도록 하는 것으로서 그 불허사유를 알고 있는 자로 하여금 정보를 특허청에 제공할 기회를 부여함으로써 심사에 정확성을 기하기 위한 제도이다(특§63의2). 이 제도로 심사관이 선행기술의 검색에 소요되는 노력과 시간을 절약할 수 있어 출원심사에 내실을 기할 수 있게 된다.

Ⓥ 심사청구

❶ 실체심사청구

1) 의의

현행 특허법은 신심사주의를 채택하고 있다. 즉 특허출원이 있으면 형식적 요건에 대한 방식심사를 거쳐 출원공개를 하게 된다. 출원공개가 있은 후 자동적으로 실체심사를 실시하는 것이 아니고 출원인의 심사청구가 있어야 실체심사를 개시하도록 하는 방식을 택하고 있다. 이는 특허청으로 하여금 실체심사에 소요되는 과도한 비용과 인력의 낭비를 방지하는 기능을 하고 있다. 이에 따라 특허청의 특허심사관은 특허출원의 심사청구가 있을 경우에 한하여 그 청구순서에 따라 심사한다. 출원인은 주로 특허권을 획득하기 위해 출원제출하지만, 일부의 경우에는 권리확보보다 방어적인 목적에서 출원하는 경우도 있다. 또한 특허출원 후 변심으로 실체심사를 스스로 포기하는 출원인의 경우 비용을 절감하도록 해주는 기능도 한다.

2) 실체심사청구의 요건

(1) 청구인 적격

특허출원에 대한 심사청구는 출원인은 물론 제3자도, 출원공개 전이라도 출원발명을 알고 있는 한 심사청구할 수 있다(특§59②). 공동출원의 경우 공유자 각자가 다른 공유자의 동의 없이도 심사청구할 수 있다. 다만 대표자를 정하여 특허청에 신고

한 경우에는 그 대표자가 청구하여야 한다(특§11①).

(2) 청구기간

특허출원의 경우 심사청구는 출원일로부터 3년 이내에 누구든지 할 수 있다(특§59②, 실§12②). 여기서 출원일은 「실제의 출원인」을 의미하므로 조약우선권 주장을 수반하는 출원에서는 실제로 제2국에서 출원한 날을 기준으로 하며, 국내우선권 주장을 수반하는 출원에서는 후출원일을 기준으로 한다. 이는 출원인이 출원발명에 대한 사업성 판단과 특허권 또는 실용신안권의 인용결정의 가능성 여부에 대한 판단을 할 수 있는 충분한 기간을 부여하려는 목적이다.

또한 제34조 및 제35조(무권리자의 특허와 정당한 권리자의 보호)에 따른 정당한 권리자의 특허출원, 분할출원, 분리출원 또는 변경출원에 관하여는 위 3년의 기간이 지난 후에도 정당한 권리자가 특허출원을 한 날, 분할출원을 한 날, 분리출원을 한 날 또는 변경출원을 한 날부터 각각 30일 이내에 출원심사의 청구를 할 수 있다(특§59③, 실§12③).

(3) 청구범위기재가 유예된 경우

2007년 특허법 개정으로 출원 시 '청구범위'의 기재를 유예하는 제도가 도입되었는데, 이 경우 후에 청구범위가 기재된 명세서가 첨부된 때에 한하여 출원심사의 청구를 할 수 있도록 하고 있다(특§59②).

(4) 청구의 효과

❶ 심사순위

특허출원의 실체심사는 심사청구가 있는 출원을 대상으로 하고 있는 경우 특허출원에 대한 심사는 그 청구순위에 의한다. 다만 심사청구된 특허출원을 분할한 후 그 분할출원에 대해 심사청구한 경우 또는 심사청구된 실용신안등록출원을 변경출원하여 심사청구한 경우의 심사순위는 원출원의 심사청구순위에 따라 심사한다.

❷ 심사청구의 취하금지

심사청구를 한 후에는 이를 취하하지 못한다(특§59④). 이는 절차적 낭비를 막고 법적 안정성을 유지하기 위해 허용하지 않는 것이다.

❸ 심사청구가 없는 경우

특허출원에 대하여 실체심사청구를 할 수 있는 기간 내에 심사청구를 하지 아니하면 그 특허출원은 취하된 것으로 간주된다. 즉 ㉮ 특허출원일로부터 3년 이내에 심사청구하지 않거나 또는 ㉯ 원출원일로부터 3년이 경과한 후 행한 분할출원 또는 분리출원, 변경출원에 대하여 그 분할·분리·변경 출원일로부터 30일 이내에 심사청구하지 않으면 그 출원을 취하한 것으로 본다(특§59⑤).

❹ 정당한 권리자의 심사청구기간

무권리자의 출원 후 정당한 권리자가 출원할 경우 정당한 권리자의 출원일은 무권리자의 출원일로 소급하기 때문에, 만약 무권리자가 출원 후 심사청구 없이 3년이 지난 이후에 정당한 권리자가 출원한다면 정당한 권리자의 출원일을 무권리자의 출원일로 소급하여 3년이 경과된 것으로 인정되어 심사청구가 불가능해지는 문제가 발생한다.

이러한 문제의 해결방안으로 법 개정으로 정당한 권리자의 특허출원인 경우에는 무권리자의 출원일로부터 3년이 경과되었더라도 그 정당한 권리자가 특허출원한 날부터 30일 이내에 출원심사청구를 할 수 있다(특§59③). 이는 정당한 권리자 등의 출원인을 보호하기 위한 특례규정을 마련하여 위와 같은 불합리한 문제를 개선한 점에 의의가 있다.

❷ 우선심사제도

1) 의의

특허출원에 대한 심사는 심사청구의 순서에 따라 하는 것이 원칙이지만, 특별한 사유가 있는 경우 예외를 인정하여 우선적으로 처리할 수 있는 특례를 인정하고 있다.

2) 우선심사대상

(1) 출원공개 후 침해된 경우

출원공개 후 설정등록이 되기 전에 특허출원인이 아닌 제3자가 업(業)으로서 특허출원된 발명을 실시하고 있다고 인정되는 경우에 우선심사를 청구할 수 있다(특§61i). 출원공개 효과로서 보상금청구권이 인정되나, 출원공개 후 특허권 설정 시까지 심사 기간 동안 타인의 모방에 대한 대처가 곤란하고, 심사기간이 장기화되면 진정한 권리자의 실시가 그만큼 어려워지는 것이 사실이다.

(2) 긴급처리가 필요한 경우

긴급하게 처리할 필요가 있다고 인정되는 것으로서 대통령령으로 정하는 특허출원에 대하여도 우선심사를 허용하고 있다(특§61ii).[76]

(3) 재난의 예방·대응·복구 등에 필요한 경우

재난의 예방·대응·복구 등에 필요하다고 대통령령으로 정하는 특허출원에 대하여 우선심사가 인정된다(특§61iii).[77]

3) 우선심사절차

우선심사신청은 출원공개 후 제3자에 의해 업으로 실시되고 있는 출원은 물론 긴급처리가 필요한 경우에도 출원인 및 그 발명을 실시하고 있는 제3자도 신청할 수 있다.[78]

특허청의 심사관은 우선심사신청서를 특허청장으로부터 이송받은 날로부터 15일 이내에 우선심사 여부를 결정하여야 한다.

4) 우선심사결정의 효과

우선심사 결정이 행해지면 당해 특허출원에 대한 실체심사는 심사청구순위와 관

---

76   우선심사 대상 출원으로는 특시§9①(우선심사의 대상)에서 '방위산업분야의 특허출원', '녹색기술관련 특허출원', '인공지능 또는 사물인터넷 등 4차 산업혁명과 관련된 기술을 활용한 특허출원' 등을 나열하고 있다.

77   이는 2022. 12. 특허법 개정으로 추가된 조항(특§61iii)으로 이에 관하여는 특시§9②(우선심사의 대상)에서 '감염병의 예방 및 관리에 관한 법률에 따른 의료·방역물품과 직접 관련된 특허출원', '재난 및 안전관리기본법에 따라 인정을 받은 재난안전제품과 직접 관련된 특허출원', '재난으로 인한 긴급한 상황에 대응하기 위해 특허청장이 우선심사 신청 기간을 정해 공고한 대상에 해당하는 특허출원' 등을 정하고 있다.

78   다만 실무상 긴급처리가 요구되는 경우 중 '국가 또는 지방자치단체의 직무에 관한 출원'은 국가 또는 지방자치단체만이 가능하다고 한다.

계없이 우선심사 결정통지서를 신청인에게 발송일로부터 2월 이내에 심사에 착수해야 한다.

VI 실체심사

1 의의

특허청 심사관이 출원발명에 대한 특허요건을 비롯하여 특허법 제62조의 거절이유에 해당하는지 여부를 판단하는 심사를 실체심사라고 한다(신심사주의).

2 심사관에 의한 심사

특허청 심사관은 특허출원에 대해 실질적인 권한을 특허청장으로부터 위임받아서 독립적으로 업무를 수행한다. 심사관은 출원심사에 대한 심사의 주체로서 자기 책임하에서 업무를 처리하므로 특허청장의 업무수행의 대리자나 보조자로 볼 수 없다.

3 심사관의 직권보정제도

특허법 제66조의2에서는 심사관의 직권보정을 인정하고 있다. 즉 심사관은 특허심사에 관한 결정 중 특허출원서에 첨부된 명세서, 도면 또는 요약서에 적힌 사항이 「명백히」 잘못된 경우에는 직권으로 보정(직권보정)할 수 있다.[79]

---

79   특§66의2. 이 경우 직권보정은 제47조제2항(특허출원의 보정)에 따른 범위에서 하여야 한다. 심사관이 직권보정을 하려면 특허결정의 등본 송달과 함께 그 직권보정사항을 특허출원인에게 알려야 한다. 출원인이 심사관의 직권보정사항의 전부 또는 일부를 받아들일 수 없으면 그에 대한 의견서(반대의견서)를 특허청장에게 제출하여야 하고 출원인이 그 의견서를 제출한 경우 해당 직권보정은 처음부터 없었던 것으로 본다. 다만 이 경우 그 특허결정도 함께 취소된 것으로 본다. 또한 직권보정이 제47조제2항에 따른 범위를 벗어나거나 명백히 잘못되지 아니한 사항을 직권보정한 경우 그 직권보정은 처음부터 없었던 것으로 본다(신설 2021. 8. 17.).

4 특허결정

심사관은 특허출원에 대하여 특허법 제62조의 거절이유에 해당되는지의 여부를 심사하고, 특허결정 또는 특허거절결정을 확정시킨다. 심사관은 특허출원에 대하여 거절이유를 발견할 수 없으면 특허결정을 하여야 한다(특§66).

5 거절결정

심사관의 심사결과 특허법 제62조의 거절이유에 해당되는 경우[80]에는 거절결정을 하여야 한다.

1) 거절이유통지

심사관은 특허거절결정을 하고자 할 경우 출원인에게 거절이유를 통지하고 기간을 정하여 의견서를 제출할 수 있는 기회를 주어야 한다. 다만 각하결정을 하는 경우에는 그러하지 아니하다. 거절결정 전에 거절이유를 출원인에게 통지하는 것은 출원인에게 항변의 기회를 줌으로써 출원심사의 객관성과 공정성을 도모하기 위함이다.

2) 의견서·보정서 제출

출원인은 심사관이 한 특허거절결정의 원인이 되는 거절이유를 해소하기 위해 의견서와 보정서를 제출할 수 있다. 이는 특허거절결정에 대한 출원인의 이의제기의 성격을 가진다고 할 수 있다.

80　특허법 제62조에서 열거하고 있는 거절이유는 다음과 같다(실용신안법 제13조에서도 대동소이한 내용으로 규정되어 있다). ① 제25조(외국인의 권리능력)·제29조(특허요건)·제32조(공공의 질서 또는 선량한 풍속, 공중의 위행을 해칠 우려가 있는 발명)·제36조제1항부터 제3항까지(선출원) 또는 제44조(공동출원)에 따라 특허를 받을 수 없는 경우, ② 제33조제1항 본문(특허를 받을 수 있는 자)에 따른 특허를 받을 수 있는 권리를 가지지 아니하거나 같은 항 단서(특허청 직원 및 특허심판원 직원)에 따라 특허를 받을 수 없는 경우, ③ 조약을 위반한 경우, ④ 제42조제3항·제4항·제8항(특허출원 요건) 또는 제45조(하나의 특허출원의 범위)에 따른 요건을 갖추지 아니한 경우, ⑤ 제47조제2항(특허출원의 보정 범위제한)에 따른 범위를 벗어난 보정인 경우, ⑥ 제52조제1항(분할출원의 범위)에 따른 범위를 벗어난 분할출원 또는 제52조의2제1항(분리출원의 범위)에 따른 범위를 벗어나는 분리출원인 경우, ⑦ 제53조제1항(변경출원의 범위)에 따른 범위를 벗어난 변경출원인 경우.

3) 특허거절확정

심사관의 거절결정이유의 통지에도 불구하고 출원인이 기간 내에 그 거절이유를 해소시키지 못한 경우에는 당해 특허출원을 거절하는 심사관의 최종처분이다(특§63②).

6 재심사청구제도

출원인은 특허출원에 관하여 거절결정등본을 송달받은 날 등으로부터 3개월 이내에 재심사를 청구할 수 있다(특§67의2). 거절결정등본을 송달받은 출원인은 불복심판(특§132의3)을 청구할 수도 있고 재심사를 청구할 수도 있다. 출원인은 자신의 선택으로서 재심사를 통하여 당해 특허출원에 대한 거절결정에 대한 구제를 받을 수 있는 기회를 한번 더 가지게 된다. 재심사의 결과 다시 특허거절결정이 된 경우나 불복심판을 청구한 경우는 재심사를 청구할 수 없다.[81]

VII 권리설정등록

1 특허료

1) 특허료 납부

특허권의 설정등록을 받으려는 자 또는 특허권자는 특허료를 납부하여야 한다. 특허료·납부방법·납부기간 그 밖에 필요한 사항은 「특허료 등의 징수규칙」에서 정하고 있다. 이에 의하면 특허권의 설정등록을 받으려는 사람(최초의 특허등록자)은 설정등록을 받으려는 날(설정등록일)부터 3년분은 일시에 납부하여야 하고, 이미 특허등록권자로 등록된 자는 제4년도분부터 1년분씩 납부하여야 한다(특§79①).

81 　정리하면, 최초 거절결정이 난 경우 출원인은 곧바로 불복심판을 청구할 수도 있지만, 재심사를 청구할 수도 있다. 재심사를 청구한 결과 다시 거절결정이 난 경우에는 다시 재심사를 청구할 수 없고 불복심판절차를 밟는 수밖에 없다.

2) 특허료의 추가납부

특허권의 설정등록을 받고자 하는 자가 납부기간 내에 납부하지 아니한 때에는 그 납부기간이 경과한 후에도 6개월 이내에 특허료를 추가납부할 수 있다. 특허권의 설정등록을 받고자 하는 자가 추가납부기간 내에 특허료를 납부하지 아니한 때에는 그 특허출원은 포기한 것으로 본다(특§81).[82]

② 특허등록

1) 의의

특허권은 설정등록에 의하여 발생한다(특허의 공시). 특허청장은 특허청에 특허원부를 비치하고 특허권의 설정·이전·소멸 등에 관한 변경 사항을 특허원부에 기재하여야 한다.

2) 특허원부

특허권 또는 그에 대한 권리관계 등 법령이 정하는 소정의 등록사항을 기재한 공적장부로서, 특허청장이 특허청에 비치하여 관리하는 문서를 말한다. 등록원부는 부동산에 대한 등기부등본과 같이 무채재산의 권리관계나 변동사항을 기록한 공적장부이다.

3) 법적효과

특허권 및 전용실시권의 등록효력은 설정등록에 의하여 발생하므로 특허등록원부에 소정의 사항을 등록하지 아니하면 그 효력이 발생하지 아니한다(성립요건). 설정등록 후 특허권의 효력이 발생되려면 그 전제로서 특허결정 또는 특허가 유효하다는 심결이 있어야 하고, 특허등록료가 납부되어야 한다.

---

82   또한 특허료의 추가납부 또는 보전에 의한 특허출원과 특허권의 회복 등(특§81의3)에 관한 규정이 2021년 개정으로 추가되었다.

③ 등록증의 발급

특허청장은 특허권의 설정등록을 한 경우에는 특허권자에게 특허증을 발급하여야 한다(특§86①). 특허청장은 특허증이 특허원부나 그 밖의 서류와 맞지 아니하면 신청에 따라 또는 직권으로 특허증을 회수하여 정정발급하거나 새로운 특허증을 발급하여야 한다.[83]

④ 등록공고

1) 의의

특허청장은 특허권이 설정등록된 때에는 그 특허에 관하여 특허공보에 게재하여 등록공고를 하여야 한다. 등록공고라 함은 등록된 특허를 소정의 절차에 따라 공중에게 공표하는 특허의 공시제도를 말한다. 특허공보는 등록공고용 특허공보와 공개용 특허공보로 구분된다. 공중열람에 제공하는 수단은 특허정보검색서비스(www.kipris.or.kr)을 통하여 인터넷으로 정보를 공개하고 있다.

2) 효과

특허청장은 등록공고가 있는 날부터 3개월간 출원서류 및 그 부속물건을 공중의 열람에 제공하여야 한다(특§87⑤). 공고기간 후에도 출원서류 등의 열람이 가능하며 공고기간 중의 열람처럼 이 경우에도 수수료를 납부하여야 한다.

---

83   그리고 특허청장은 ① 특허발명의 명세서 또는 도면의 정정을 인정한다는 취지의 결정 또는 심결이 확정된 경우나 ② 등록지연에 따른 특허권의 존속기간의 연장(특§99의2②)에 따라 특허권이 이전등록된 경우에는 결정, 심결 또는 이전등록에 따른 새로운 특허증을 발급하여야 한다.

특허권·실용신안권의 행사와 한계

Ⅰ 서설

특허와 실용신안은 권리의 보호대상이나 권리의 존속기간 등에서 약간의 차이가 있지만, 실용신안법이 특허법을 준용함으로서[84] 권리행사와 그 제한에 있어서 대동소이하다고 할 수 있다. 이에 이 강에서는 특허법을 중심으로 서술하면서 그 차이는 해당부분에서 특별히 상기시키고자 한다.

Ⅱ 특허권·실용신안권의 특성

앞서 검토한 바 있는 "특허·실용신안"의 성격과 달리 "특허권·실용신안권"의 성격은 다음과 같이 설명할 수 있다.

1 대세권

특허권·실용신안권은 발명(작은 발명, 즉 고안)을 독점적·배타적으로 실시할 수 있는 물권적 권리이다. 즉 권리자는 발명을 독점적으로 실시할 수 있고 타인의 무단실시

---

84   권리의 행사와 제한에 관하여 규정된 특허법 규정을 실용신안법 §28에서 준용하고 있다.

를 금지하여 배타권을 행사할 수 있다. 이 점에서 권리자는 특정인에 대해서만 자신의 권리를 주장할 수 있는 상대권(대인권)이 아니라, 누구에게나 주장할 수 있는 절대권인 대세권의 성격을 갖는다.

② 추상성

특허권·실용신안권은 무형의 재산인 발명을 보호대상으로 하고 있기 때문에 권리의 범위가 매우 관념적이고 추상적이다. 이는 부동산처럼 등기부등본에 기재된 재산의 현황이 쉽게 파악되는 일반재산에 대한 구체적인 권리와 달리 특허등록부·실용신안등록부에 기재된 내용의 해석을 전문지식을 활용해서 이해되는 추상적인 권리라는 의미이다.

③ 유한성

특허권·실용신안권은 일정기간 내에서만 독점권이 인정되는 재산권이므로 그 객체가 존재하는 한 영속적으로 존속되는 일반재산에 대한 소유권과는 차이가 있다. 이러한 권리의 시간적 유한성을 두는 이유는 권리자에게는 발명을 보호하는 기능을 하지만, 제3자에게는 그 발명을 이용할 수 있는 정당한 기회를 제공하고 나아가 국가의 공익적 측면 등으로 모두 고려하여야 하기 때문이다.

④ 제한성

일반 재산권을 행사하는 경우에도 공공의 이익을 이유로 일정한 제한을 두고 있지만, 특히 지식재산권의 경우에는 산업정책상 또는 공익상의 이유로 일반 재산권에 비해 그 권리행사가 더 강하게 제한된다. 이는 권리의 효력이 미치지 않는 범위나 법정실시권, 강제실시권 등에서 나타나고 있다.

5 객체의 무체재산성

물권법상 객체인 물건에는 유체물 이외에도 전기·기타 관리가능한 에너지 등과 같은 무체물도 법률상 물건으로 인정하고 있다. 그러나 무체재산권은 무체적인 이익에 대한 배타적 지배권을 총칭하는 권리를 의미한다. 특허권·실용신안권은 지적 창작물을 독점적으로 이용하는 것을 내용으로 하여 재산적 가치(무체물)를 지배하는 권리의 성질을 가진다.

Ⅲ 특허권·실용신안권의 효력

1 효력발생의 의의

특허권·실용신안권의 효력으로는 크게 권리자가 업으로 발명을 독점적으로 실시·이용할 수 있는 권리를 가진다는 적극적 효력(특§94·실§23)과 타인이 부당하게 발명을 실시하는 것을 금지시킬 수 있는 권리를 가진다는 소극적 효력[85]으로 나누어 설명할 수 있다. 또한 특허권·실용신안권은 존속기간 중에만, 국내에서만 그리고 명세서에 기재된 내용의 범위 내에서만 효력이 있다. 차례로 설명하면 다음과 같다.

2 적극적 효력

1) 실시의 의미

실시에는 1) 물건발명의 실시, 2) 방법발명의 실시, 그리고 3) 물건을 생산하는 방법발명의 실시로 나누어지며 권리자는 이들에 대한 권리를 가지는 것이 특허권·실용신안권의 적극적 효력의 내용이다. 다만 특허법은 이들 모두를 보호대상으로 하

---

85 이에 관하여는 지식재산권의 침해 및 구제에 관한 장에서 설명한다.

지만, 실용신안법은 그중 물품에 대한 발명(고안)만을 보호대상으로 하는 차이가 있다.

(1) 물건발명의 실시

물건발명의 실시는 물건을 생산·사용·양도·대여 또는 수입하거나 그 물건의 양도 또는 대여의 청약(양도 또는 대여를 위한 전시를 포함)을 하는 행위를 말한다.

「생산」은 발명을 유형화하여 발명의 결과물을 만들어 내는 행위를 말한다. 예컨대 발명을 이용하여 일정한 물건을 만드는 행위를 말한다. 「사용」은 발명의 기술적 효과를 실현하는 행위를 말한다. 예컨대 제조기계의 발명에 있어 그 기계를 이용하여 물건을 만드는 행위를 말한다. 「양도」는 특허·실용신안을 이용하여 생산된 발명품의 소유권을 타인에게 유·무상으로 이전하는 행위를 말한다. 「대여」는 특허·실용신안을 이용하여 생산된 발명품을 유·무상으로 빌려주는 행위를 말한다. 「물건의 양도 또는 대여의 청약」은 특허·실용신안 제품을 유·무상으로 판매 또는 대여하기 위하여 권리자가 행하는 일체의 행위를 말한다. 예컨대 특허·실용신안을 이용하여 생산된 제품을 판매 또는 대여하기 위해 카탈로그나 팜플렛을 개제하여 배포하는 행위 등을 말한다. 「전시」는 발명을 양도·대여할 목적으로 불특정다수인이 인식가능한 상태로 두는 것을 말하나 단순 전시는 이에 해당하지 않는다.

(2) 방법발명의 실시

그 방법을 사용하는 행위 또는 그 방법의 사용을 청약하는 행위를 말한다. 즉 기계나 장치 등의 사용방법과 측정방법에 따라 사용하는 행위를 말한다. 특허발명을 이용하고자 하는 사람은 특허권자의 허락을 받아야 한다.[86]

(3) 물건을 생산하는 방법발명의 실시

방법발명 외에 그 방법에 의하여 생산된 물건을 사용·양도·대여 또는 수입하거나 그 물건의 양도 또는 대여의 청약을 하는 행위를 말한다. 예컨대 보리차의 제조방법

---

[86] 수출은 속지주의 원칙상 국내에서의 양도·대여 개념에는 포함되지 아니하므로 특허권의 효력은 미치지 않는다고 한다. 「수출」을 실시에 포함하여 해석하는 문제에 관하여는 논란의 여지가 있다. 이 경우 수출은 국내에서의 생산·양도·판매·수입을 수반하기 때문에 수출에 이르게 되는 과정에서 실시행위가 개입된다고 보아야 한다는 판례가 있다. 서울고등법원 2005. 1. 12. 선고 2003나 38858 판결 참조.

을 새로이 발명한 경우 그 방법을 이용하여 제조한 보리차를 사용·양도·대여 등을 하는 행위를 말한다.

2) 업으로서의 실시

특허권자·실용신안권자는 「업으로서 그 특허발명을 실시할 권리를 독점」한다. 업으로서의 실시는 단순히 영업을 목적으로 하는 경우에 한하는 것이 아니라 넓은 의미에서 경제활동의 하나로 실시하는 것을 의미한다. 단 개인이나 가정 내에서의 실시는 경제질서를 해하지 않는다는 이유에서 제외된다.

3) 효력이 미치는 범위

(1) 객체의 범위

특허권·실용신안권의 보호대상은 명세서에 적혀 있는 발명이다. 즉 권리의 보호범위는 명세서에 의하여 정해지므로 명세서에 적혀 있지 아니한 발명은 원칙적으로 효력이 미치는 범위에서 제외된다(특§97).[87]

(2) 지역적 범위

특허권·실용신안권의 효력이 미치는 지역적 범위는 파리협약의 「속지주의의 원칙」이 적용되므로 당해 권리는 그 권리를 부여한 국가 내에서만 효력을 미친다. 동일할 발명을 다른 나라에서도 보호받기 위해서는 그 나라의 법률이 정하는 바에 따라 특허·실용신안을 취득하여야 하고(1국1특허의 원칙·1국1실용신안의 원칙), 그 권리의 발생·소멸도 각 나라의 법률에 따르며, 특허권·실용신안권은 각 국가 사이에 서로 독립하여 병존한다(특허권독립의 원칙·실용신안권독립의 원칙).[88] 파리협약에 의해 외국인은 내국인과 평등하게 취급한다는 「내국민대우의 원칙」과 「우선권제도」는 속지주의 원칙을 전제로 하고 있다.

---

87   특§97. "특허발명의 보호범위는 특허청구범위에서 기재된 사항에 의하여 정하여진다." 실§28에서 특§97를 준용하고 있다.

88   파리협약 §4②에서 "동맹국의 국민에 의하여 여러 동맹국에 출원된 특허는 동일한 발명에 대하여 동맹국 또는 비동맹국 여부에 관계없이 타국에서 획득한 특허와 독립적이다"라고 하여 「특허독립의 원칙」을 명문으로 인정하고 있다.

(3) 시간적 범위

특허권·실용신안권은 한시적인 권리로서 권리존속기간 내에서만 유효하다. 다만 존속기간 이내더라도 일정한 사유가 발생하면 권리가 소멸할 수 있고, 일정한 경우 그 존속기간이 연장될 수 있다.

❸ 특허권·실용신안권 효력의 예외

이상의 특허권·실용신안권의 효력범위 내라도 여러 가지 이유에 의하여 특허권의 독점적·배타적 효력이 제한되는 경우가 있다. ① 특허권 효력이 미치지 아니하는 범위(특§96. 공공의 이용을 위한 제한), ② 타인의 지식재산권과 이용·저촉관계로 인한 제한, ③ 법정실시에 의한 제한, ④ 강제실시에 의한 제한 등이 그에 해당한다. 그런데 위 ① 특허권 효력이 미치지 아니하는 범위는 특허권·실용신안권의 권리 자체의 효력에 대한 예외를 의미하고, 나머지의 경우에는 권리의 통상실시권과 관련된 것이다.[89]

1) 특허권의 효력이 미치지 아니하는 범위

특허권의 효력이 미치지 아니하는 범위의 경우는 산업정책적 견지 및 공익상의 이유에서 특허권의 효력을 인정하지 않는 경우를 말한다.

(1) 연구 또는 시험을 하기 위한 특허발명의 실시

연구 또는 시험(약사법에 따른 의약품의 품목허가·품목신고 및 농약관리법에 따른 농약의 등록을 위한 연구 또는 시험을 포함)을 하기 위한 발명의 실시는 영리를 목적으로 하지 않아 특허권자의 경제적 이익을 해하지 않을 뿐만 아니라, 나아가 연구·시험을 통하여 기술과 학문의 발전을 꾀할 수 있으므로 이러한 행위를 업으로 하더라도 특허권자가 이를 금지시킬 수 없다(특§96①ⅰ, 실§24ⅰ). 예컨대 의약품 제조승인 신청에 대한 결정을 위한 시험인 경우가 이에 해당한다.[90]

---

89 따라서 여기서는 위 ①「특허권 효력이 미치지 아니하는 범위」와 ② 타인의 지식재산권과 이용·저촉관계로 인한 제한에 관하여 먼저 검토하고 나머지 ③과 ④는 중복을 피하기 위해 권리의 통상실시권에 관한 설명의 항목에서 따로 설명하고자 한다.

90 日本東京地法 199. 8. 29, 民事29部 判決 1996年(ワ)10134号.

(2) 국내 단순통과에 불과한 교통수단

단순히 「국내를 통과하는 데 불과한 선박·항공기·차량 또는 이에 사용되는 기계·기구·장치 기타의 물건」에 대하여는 특허권·실용신안권의 효력이 미치지 아니한다(특§96①ii, 실§24ii).

이는 국제교통의 원활화를 위해 제정된 규정으로 예컨대 국내를 단순히 통과하는 차량에 국내 특허권자의 권리를 침해하는 장치가 설치된 경우를 말할 수 있는데, 이는 단순히 국내통과라는 목적에 한정된 것으로 특허권자의 국내 권리에 손해를 가하는 것이 없기 때문에 인정된 규정이다.[91]

(3) 권리출원 시부터 이미 국내에 있는 물건

특허등록·실용신안등록출원 시 이미 국내에 존재하는 물건, 즉 선사용권자가 생산한 제품이나 설비를 말한다(특§96①iii, 실§24iii). 선출원주의에 따라 먼저 권리출원한 자가 특허·실용신안을 받을 수 있지만, 출원 당시 이미 존재하고 있는 물건에까지 특허권을 적용하는 것은 사회통념상 불합리하다. 왜냐하면 이들 물건에까지 권리의 효력을 미친다고 하는 것은 소급효를 인정하여 법적 안정성을 해할 우려가 있고, 한편 이들 물건에 권리의 효력을 미치지 아니하더라도 권리자에게 경제적 불이익이 있지 않기 때문이다.

(4) 의약품 조제행위

둘 이상의 의약을 혼합함으로써 제조되는 「의약」의 발명 또는 둘 이상의 의약을 혼합하여 의약을 제조하는 「방법」의 발명은 약사법에 의한 조제행위 및 그 조제에 의한 의약에는 미치지 아니한다(특§96②, 실용신안법에는 규정이 없다). 이는 의사의 처방전에 의하여 약사들이 의약을 자유로이 조제할 수 있도록 함으로써 국민의 건강관리를 공익적 차원에서 기여할 수 있도록 하기 위함이다.

---

91 파리협약 §5의3의 규정과 같은 취지의 규정이 있다. 특허법은 동맹국 이외 국가의 선박 등도 대상으로 하고 있는 점에서 국내법이 파리협약보다 적용범위가 더 넓다고 볼 수 있다.

2) 타인의 지식재산권과 이용·저촉관계로 인한 제한

자신의 지식재산권의 이용·실시가 타인의 지식재산권과 이용·저촉관계에 있는 경우 그 효력이 제한된다. 즉 지식재산권 상호간에는 상대방의 지식재산권의 존재에 의하여 본인의 지식재산권의 이용이 제한을 받는다. 예컨대 후출원의 특허권자는 자신의 발명이 그 출원일 이전에 출원등록된 타인의 특허권·실용신안권·디자인권을 이용하는 것이거나 이에 저촉되는 경우에는 그 권리자의 동의를 얻어야 한다(특§98). 또한 등록상표를 사용하는 경우에는 그 사용 상태에 따라 그 상표등록출원일 이전에 출원된 타인의 특허권·실용신안권·디자인권·저작권과 저촉되는 경우에는 지정상품 중 저촉되는 지정상품에 대한 상표의 사용은 그 특허권자·실용신안권자·디자인권자 또는 저작권자의 동의를 얻지 않고서는 등록상표를 사용할 수 없다(상§53). 이와 같이 선등록권자의 동의를 얻지 못하는 경우 이들로부터 통상실시권의 허여에 관한 심판(심판에 의한 강제실시권)을 청구할 수도 있다(특§139 등).[92]

 특허권·실용신안권의 공유

특허권·실용신안권의 공유란 하나의 권리를 2인 이상의 자가 공동으로 소유하는 소유형태를 말한다. 발명이라는 무형물에 대한 특허권·실용신안권의 공유는 유형물(부동산 등)에 대한 공유와는 달리 그 객체의 지배방법에 있어 많은 특징이 있음에 유의할 필요가 있다. 따라서 민법상의 공유관계에 그대로 적용될 수는 없는바 특허법·실용신안법에는 무체재산권에 적합한 특별규정을 몇 가지 따로 두고 있다. 즉 공유자 상호간의 약정이 없는 경우 특허권·실용신안권의 지분의 「양도」와 「지분에 대한 질권설정」 그리고 권리의 「전용실시권·통상실시권 부여」는 다른 공유자의 「동의」를 얻어야 하지만, 당해 권리의 「실시」는 공유자 상호간의 약정이 없는 경우 다른 공유자의 동의를 받지 않고 실시할 수 있다.

---

92 이에 관하여는 후에 설명한다. 이것은 지식재산권자 모두를 보호하기 위한 조치로서 당연한 제한이라고 생각한다. 만약 그렇게 제한하지 않는다면 하나의 지식재산권을 가진 자는 타인의 지식재산권을 무단으로 침해하는 것을 허용하게 되기 때문이다.

Ⅴ 특허권·실용신안권의 존속기간

1 의의

특허권·실용신안권의 존속기간이란 특허권을 적법하게 행사할 수 있는 법정기간을 말한다. 기술의 속성상 특허권은 영구적일 수는 없으며 일정기간만 재산권으로서 보호할 필요가 있고, 그 이후에는 공중에게 개방하는 것이 특허제도의 취지에 부합된다.

2 존속기간의 내용

1) 20년·10년의 원칙

특허권은 특허권의 설정등록한 날부터 특허출원일(시작점) 후 20년이 되는 날(종료점)까지로 한다(특§88①). 그리고 정당한 권리자의 특허출원이 특허등록된 경우 특허권의 존속기간은 무권리자의 특허출원일의 다음 날부터 기산한다(특§88②).

실용신안권은 실용신안의 설정등록한 날부터 실용신안등록출원일(시작점) 후 10년이 되는 날(종료점)까지로 한다(실§22①). 그리고 정당한 권리자의 실용신안등록출원이 실용신안등록된 경우 실용신안권의 존속기간은 무권리자의 실용신안등록출원일의 다음 날부터 기산한다(실§22②).

한편 출원인은 특허·실용신안출원 후 권리를 인정받을 때까지의 기간 동안은 완전한 권리행사를 하지 못하지만, 권리가 설정등록된 후에는 완전한 권리를 행사할 수 있다.

2) 존속기간의 연장

(1) 의의

특허권·실용신안권은 원칙적으로 그 존속기간 내에서만 권리로 인정되는 것이 원칙이지만, 예외적으로 일정한 경우 그 존속기간이 연장되는 경우가 있다. 즉 존속기

간의 연장이란 권리자가 일정한 요건을 갖추면 발명의 보호기간을 적법하게 연장하는 것을 말한다. 이에는 ⓐ 그 허가 또는 등록에 따른 존속기간의 연장과 ⓑ 등록지연에 따른 존속기간의 연장이 있다.

(2) 허가·등록에 의한 존속기간의 연장

특허발명을 실시하기 위하여 다른 법령에 따라 허가를 받거나 등록 등을 하여야 하고, 그 허가 또는 등록 등을 위하여 필요한 유효성·안전성 등의 시험으로 인하여 장기간이 소요되는 일정한 발명인 경우(실용신안법상 고안에서는 인정되지 않는다)에는 그 실시할 수 없었던 기간에 대하여 5년의 기간까지 그 특허권의 존속기간을 한 차례만 연장할 수 있다(특§89①).[93]

다만 위의 2년 이상의 "실시할 수 없었던 기간"에는 허가 등을 받은 자에게 책임 있는 사유로 소요된 기간은 포함하지 아니한다(특§89②).

(3) 등록지연에 따른 특허권 존속기간의 연장

한미 FTA를 이행하기 위하여 2012년 개정법에서 등록지연에 따른 존속기간 연장제도로서 특허법과 실용신안법에 모두 도입하였다. 이 제도의 도입으로 특허출원·실용신안출원에 대한 심사처리기간지연 등 출원인의 책임이 아닌 사유로 출원일부터 4년

과 출원심사 청구일부터 3년 중 늦은 날보다 지연되어 특허권·실용신안권이 설정등록된 경우 그 지연된 기간만큼 특허권·실용신안권의 존속기간을 연장할 수 있다(특§92의2, 실§22의2).

---

93 존속기간의 연장을 위한 요건으로는 우선 ⓐ 신청대상인 발명이 「의약품발명」 또는 「농약이나 농약원제의 발명」 등에 관한 것이어야 하고(특허법 시행령 제7조 : 허가 등에 따른 특허권의 존속기간의 연장등록출원 대상 발명에서 규정하고 있다), ⓑ 그 특허발명을 실시하기 위해 다른 법령의 규정에 의하여 허가 또는 등록을 받아야 되고, ⓒ 그 허가 또는 등록 등을 위한 유효성·안전성 등의 시험 때문에 특허발명을 실시할 수 없었던 기간이 2년 이상 소요되어야 하며, ⓓ 그 존속기간의 연장등록을 받고자 하는 특허권자는 법정기간 내에 연장등록출원을 하여 연장의 허가를 받아야 한다.

Ⅵ 실시권과 권리의 제한

1 의의

1) 실시권의 의미

특허권자·실용신안권자는 자신의 발명을 업으로 실시할 권리를 가진다(특§94, 실§23). 실시권은 권리자가 자신의 발명을 실시할 수 있는 권능을 부여하는 것으로, 권리자와 실시하고자 하는 자 사이의 약정에 의해 발생하는 것이 원칙이다. 실시권의 설정을 통해 권리자는 실시료를 받아 경제적 이익을 얻게 되고, 실시권을 설정받은 자는 그 발명을 실시함으로써 합법적으로 이윤을 창출하게 된다.

2) 실시권의 종류

발명을 실시할 수 있는 권리는 그 권리의 독점·배타성의 여부에 따라 발명을 독점배타적으로 실시할 수 있는 「전용실시권(exclusive license)」과 그러한 독점배타성이 배제된 단순히 발명을 실시할 수 있는 「통상실시권(non-exclusive license)」으로 구분된다. 즉 전용실시권은 권리자 자신도 그 권리를 실시할 수 없는 것이고 통상실시권은 권리자 자신도 그 권리를 실시할 수 있는 것으로 하고 있다.

3) 권리행사 제한의 의미

일반적으로 실시권의 발생원인은 당사자의 약정에 의한 「계약실시권」을 원칙으로 한다. 그러나 국가의 필요에 의한 경우나 발명과 관련된 당사자들의 이용이나 저촉관계 등으로 인하여 권리자의 실시여부에 관한 자유를 제한하는 경우가 「강제실시권」과 「법정실시권」이다.[94] 강제실시권과 법정실시권은 특허권자·실용신안권자 가진 실시의 자유와 실시의 제3자에 대한 허용의 자유를 제한하는 것이므로 그 범위는

---

94 이 경우는 특허권자·실용신안권자의 허락과 무관하게 실시권이 인정되므로 강학상 "산업재산권 행사의 제한"이라고도 하지만, 창작물 이용에 대한 "예외적인 허용"으로 이해하는 것이 보다 정확한 용어라고 볼 수 있다.

최소한에 그쳐야 하므로 통상실시권에 한정하여 인정되고, 전용실시권에 관하여서는 허용되지 않는다.

실시권				
		전용실시권 - 계약(허락에 의한 전용실시권; 특§100, 실§28에서 준용)		
	통상실시권	허락에 의한 통상실시권(특§102, 실§28에서 준용)		
		법정실시권	선사용에 의한 통상실시권(특§103, 실§28에서 준용)	
			특허권의 이전청구에 따른 이전등록 전의 실시에 의한 통상실시권(특§103의2, 실§28조에서 준용. 2016.2.29 신설)	
			무효심판청구등록 전의 실시에 의한 통상실시권(특§104, 실§26)	
			직무발명에 대한 사용자의 통상실시권(발§10①)	
			디자인권 존속기간 만료 후의 통상실시권(특§105, 실§27)	
			재심에 의해 회복된 특허권에 대한 선의 실시자의 통상실시권(특§182, 실§33에서 준용)	
			재심에 의하여 통상실시권을 상실한 원권리자의 통상실시권(특§183, 실§33에서 준용)	
			질권 경락 후의 원특허권자의 통상실시권(특§122, 실§28에서 준용)	
			특허료 추가납부에 의한 효력제한기간 중 선의의 실시자의 통상실시권(특§81의⑤, 실§20에서 준용)	
		강제실시권	재정	특허청장의 재정에 의한 강제실시(특§107①, 실§28에서 준용) 1. 천재지변 등 불가항력 또는 3년 이상 정당한 이유 없이 국내 불실시 경우 2. 국내수요에 충족시키지 못하는 규모로 3년 이상 실시 경우 3. 공공의 이익을 위해 필요한 경우 4. 불공정거래행위로 판정된 사항을 시정하기 위한 경우 5. 의약품수출을 위한 경우
			심판	자기의 특허발명 실시를 위한 경우(특§138, 실§32)
			국가	국가비상사태 등의 경우 정부에 의한 특허발명의 실시(특§106의2, 실§28에서 준용)

2 전용실시권

1) 의의

권리자와 실시권자 사이에 전용실시권의 설정계약을 체결하고 특허청에 등록함으로써 효력이 발생되는 실시권으로서 전용실시권자는 설정계약의 범위 내에서 발명을 독점배타적으로 실시할 수 있다(특§100, 실§28에서 준용). 전용실시권이 설정된 범위 내에는 특허권자·실용신안권자도 전용실시권자의 허락 없이 발명을 실시할 수 없기 때문에 전용실시권의 성격은 준물권이다. 따라서 전용실시권자는 설정행위로 정한 범위 내에서 특허권자·실용신안권자와 동등한 권리를 갖는다(절대권의 성격).

2) 효력발생요건

전용실시권은 특허청에 등록함으로써 효력이 발생한다. 일반적인 경우 권리자와 전용실시권자 간의 「계약」에 의하는 것이 보통이지만 「유언」에 의해서 설정될 수도 있다.

3) 권리의 범위

특허권자·실용신안권자가 전용실시권자에게 업으로서 독점적으로 실시할 권리를 허락하는 것이지만, 이 경우 시간적·지역적·내용적 범위를 정하여 허락하는 것이 일반적이다.[95] 전면적인 전용실시권을 허락한 경우 권리자에게는 ① 권리자의 명의유지, ② 권리침해에 대한 소권(訴權), ③ 전용실시권의 이전에 대한 동의권, ④ 통상실시권 및 질권 설정에 대한 동의권만 남는다.

4) 권리의 이전

전용실시권의 자유양도는 원칙적으로 금지되지만, ① 실시하는 사업과 함께 양도하는 경우, ② 특허권자·실용신안권자의 동의를 얻은 경우, ③ 상속 기타 일반승계의 경우에 한해서 이전할 수 있다. 단 ①과 ②는 등록해야 효력이 발생하고, ③의 경우는 지체 없이 특허청장에게 신고하여야 한다.

5) 재실시권

실시권자가 특허권자·실용신안권자로부터 실시허락을 받은 발명을 제3자에게 다시 실시허락하는 것을 재실시라고 한다. 이 경우 특허권자·실용신안권자의 동의가 원칙적으로 필요하다.

---

95   예컨대 특허권·실용신안권의 존속기간 내에서 일정한 기간 또는 국내의 특정지역 등으로 제한할 수 있다.

③ 통상실시권

1) 의의

통상실시권이란 타인의 특허발명을 일정조건하에서 업으로 실시할 수 있는 권리를 말한다(특§102, 실§28에서 준용). 통상실시권은 전용실시권과는 달리 그 통상실시권을 설정한 후에도 특허권자 자신도 실시할 뿐만 아니라 제3자에게도 동일한 통상실시권을 둘 이상 허락할 수 있어서 상대적 권리이다.

2) 종류와 범위

통상실시권은 ① 특허권자(전용실시권자 포함)의 허락에 의하여 발생되는 「계약실시권」, ② 특허법이 정하는 조건에 해당되는 자가 갖게 되는 「법정실시권」, 그리고 ③ 특수한 목적에 의하여 국가의 강제권의 발동에 의한 행정청의 처분에 의하여 인정되는 「강제실시권」이 있다. 일반적으로 계약실시권은 허락에 의하여 발생되며, 법정실시권은 법정사유에 의하여 성립되고, 강제실시권은 다시 재정실시, 심판에 의한 실시, 국가에 의한 실시 등의 원인에 의하여 허용된다.

(1) 계약실시권

계약실시권은 당사자의 실시계약에 의해 이루어진다. 즉 계약에 의한 통상실시권이란 특허권자·실용신안권자 혹은 전용실시권자와 발명을 실시하고자 하는 자의 계약에 의하여 발생하는 통상의 실시권이다. 다만 이 전용실시권자가 통상실시권을 허락하는 것을 「재실시권」이라 하고 한편 계약실시권은 특허권자의 허락에 의하여 발생하는 실시권으로 전용실시권처럼 한 사람에게만 허락할 수도 있고(독점적 통상실시권), 다수인에게 허락할 수도 있다(비독점적 통상실시권). 이는 계약자유의 원칙상 당사자 간의 약정에 따라 인정되는 것으로 실시권의 범위나 실시기간 등은 모두 당사자의 약정에서 정한 내용에 따라 효력을 가진다.

(2) 강제실시권

지식재산권은 개인의 재산권이므로 그 사용·수익·처분할 권리는 권리자 본인에게 있다. 따라서 지식재산권자 자신이 직접 실시할지 제3자에게 그 실시권을 부여할지에 대한 결정은 권리자의 자유에 따른다. 그러나 일정한 사유가 있는 경우 권리자의 의사와 무관하게 제3자에게 그 실시를 허락하는 경우가 있다.[96] 이를 강제실시권이라고 하는데 이에는 ⓐ 특허청장의 재정(裁定)에 의하여 이루어지는 재정실시(재정에 의한 강제실시; 특§107①ⅲ, 실§28에서 준용)와 ⓑ 정부에 의한 국가비상사태 등의 경우 발명의 실시(순수한 강제실시; 특§106의2, 실§28에서 준용) 그리고 ⓒ 자신의 권리실시가 타인의 허락이 필요함에도 불구하고(특§98) 그 타인이 정당한 이유 없이 동의하지 않는 경우 허여심판에 의해 실시하는 경우(심판에 의한 강제실시; 특§138, 실§32)가 있다.

❶ 재정에 의한 강제실시

발명이나 고안을 실시하려는 자는 지식재산권자 또는 전용실시권자와 합리적인 조건으로 통상실시권 허락에 관한 협의를 하였으나 합의가 이루어지지 아니하는 경우 또는 협의를 할 수 없는 경우, 특허청장에게 통상실시권 설정에 관한 재정(裁定)을 청구할 수 있다(재정실시권). 이에는 5가지가 규정되어 있다. 즉 ㉠ 정당한 이유 없는 3년 이상 불실시, ㉡ 3년 이상 수요부족 실시, ㉢ 공공의 이익, ㉣ 불공정거래행위의 시정의 필요, ㉤ 의약품 수출을 위한 실시가 그것이다.

한편 재정에 의해 강제실시되는 경우 특허권자·실용신안권자, 전용실시권자 및 통상실시권자에 대한 정당한 대가가 지급되어야 한다.

❷ 순수한 강제실시

정부는 발명이나 고안이 국가 비상사태, 극도의 긴급상황 또는 공공의 이익을 위하여 비상업적으로 실시할 필요가 있다고 인정하는 경우 그 발명이나 고안을 실시하거나 정부 외의 자에게 실시하게 할 수 있다.

❸ 심판에 의한 강제실시

자신의 지식재산권의 이용·실시가 타인의 지식재산권과 이용·저촉관계에 있는 상황에서 그 타인에게서 권리사용의 허락을 받지 못한 경우 특허청에 심판을 청구하여 강제실시권을 획득할 수 있다.

---

96   이익희, 특허발명의 강제실시제도, 지식과 권리, 특허청, 2005. 1., 195면 이하 참조.

(3) 법정실시권

법정실시권은 특허권자의 의사와 무관하게 제3자의 지위에 관한 공평의 원칙과 국가의 산업정책적 측면에서 공익상 필요에 따라 특허권자·실용신안권자 혹은 전용실시권자의 의사와 관계 없이, 심지어 이들의 권리자의 의사에 반하여도 「법령의 규정」에 따라 당연히 실시할 수 있는 통상실시권을 말한다. 이를 계약실시권에 대비하여 「법정실시권」이라고 설명하고 있다.

❶ 선사용에 의한 통상실시권

지식재산에 대한 출원 당시 선의로 국내에서 그 출원내용의 사업을 이미 행하고 있거나 그 사업을 준비하고 있는 자는 그 실시 또는 준비하고 있는 사업의 목적의 범위 내에서 통상실시권을 갖는다. 예컨대 특허권자의 발명과 같은 내용을 당해 발명의 특허출원 전에 선의로 이미 실시하고 있는 자는 (후에 권리를 획득하게 되는) 특허권자의 허락 없이도 통상실시권을 갖는 경우가 이에 해당한다.[97] 이러한 선사용권의 법정요건이 충족되면 선사용권자는 권리등록 없이도 지식재산권자·전용실시권을 취득한 자에게 대항할 수 있다.

❷ 직무발명에 대한 사용자의 통상실시권

특허권의 권리주체에서 설명한 바와 같이 직무발명에 대하여 종업원 등이 특허등록, 실용신안등록, 디자인등록을 받았거나 특허 등을 받을 수 있는 권리를 승계한 자가 특허 등을 받으면 사용자 등은 그 특허권, 실용신안권, 디자인권에 대하여 통상실시권을 가진다(발§10①). 이 경우 종업원은 정당한 보상을 받을 권리를 가진다(발§15①).

❸ 무효심판 청구등록 전 실시에 의한 통상실시권

출원된 특허나 실용신안에 무효원인이 있음에도 권리가 잘못 부여되었지만 후에 심판에 의해 무효로 결정된 경우, 그 무효원인을 모르고 무효심판청구의 등록 전에 그 발명·고안에 관한 사업을 실시하거나 그 사업을 준비하고 있는 자는 그 범위 내에서 통상실시권을 갖는다.[98] 이 경우 진정 특허권자나 전용실시권자에게 상당한 대

---

97   특§103 등. 이 경우 특이하게도 다른 법정실시권의 경우와 달리 권리자나 전용실시권자에게 대가를 지급해야 한다는 규정이 존재하지 않는다.

98   예컨대 이중특허의 경우 후 특허권자가 나중에 특허무효심판에 의해 자신의 권리가 무효로 될 사정을 모르고(선의로) 자신

가는 지급하여야 한다.

④ 디자인권의 존속기간 만료 후의 통상실시권

특허권과 디자인권이 저촉되는 경우 디자인등록출원이 특허출원보다 먼저이거나 동일한 때 등록된 경우 디자인권 존속기간 중에는 물론 존속기간 만료 후에도 자신의 디자인권의 범위 내에서 그 특허권에 대하여 통상실사권을 갖는다. 다만 이 경우 상당한 대가는 지급하여야 한다.

⑤ 질권행사로 인한 특허권의 이전에 따른 통상실시권

질권설정된 특허권이 경매 등으로 이전되더라도 질권설정 이전에 특허권자가 특허발명을 실시하고 있는 경우 그 특허권자는 통상실시권을 갖는다. 단 이 경우 전 특허권자는 현 특허권자(경매 등으로 권리이전 받은 자)에게 상당한 대가를 지급하여야 한다.

⑥ 재심에 의해 회복한 특허권에 대한 선사용자의 통상실시권

심결이 확정된 후 재심청구 등록 전에 국내에서 선의로 그 발명의 실시사업을 하고 있는 자 또는 그 사업을 준비하고 있는 자는 그 사업목적의 범위에서 그 특허권에 관하여 통상실시권을 가진다(특§182).[99] 실시자의 상당한 대가지급에 관한 규정이 없는 점이 특징이다.

⑦ 재심에 의하여 통상실시권을 상실한 원권리자의 통상실시권

특허법 제138조(강제실시권의 발생)에 의하여 통상실시권 허여심결이 확정된 후 재심에 의하여 통상실시권이 소멸된 경우, 재심청구 등록 전에 선의로 국내에서 그 발명의 사업을 실시하고 있는 자 또는 준비하고 있는 자는 원(原)통상실시권의 사업목적 및 발명의 범위에서 그 특허권 또는 재심확정 전에 존재하는 전용실시권에 대하여 통상실시권을 가진다. 이 경우 통상실시권자는 상당한 대가를 지급하여야 한다.

⑧ 등록료 추가납부에 의한 효력제한기간 중 선의의 실시자에 대한 통상실시권

특허료 불납으로 소멸된 특허권이 추가납부에 의하여 회복된 경우, 특허료 납부기간이 경과한 때로 소급하여 특허권이 존속하게 되는데 특허권이 소멸된 후 회복되

의 발명에 관한 사업을 실시하거나 준비한 경우 그 범위 내에서 진정특허권자나 전용실시권자의 허락이나 권리등록 없이도 통상실시권을 가지는 경우가 이에 해당한다.

99   당해 규정에서는 이 실시권의 경우 상당한 대가의 지급에 관한 규정이 존재하지 않는다.

는 사이에 당해 발명을 실시한 선의의 실시자에게 통상실시권을 부여한다. 이 경우 상당한 대가를 지급하여야 한다.

❾ **특허권의 이전청구에 따른 이전등록 전의 실시에 의한 통상실시권**

특허를 받을 수 있는 자가 진정한 권리자로서 이전등록을 받는 경우 그 이전등록이 있기 전에 그 발명이 권리로 인정받을 수 있는 것이 아님을 알지 못하고(선의로) 국내에서 해당 발명의 실시사업을 하거나 이를 준비하고 있는 경우 그 실시하거나 준비를 하고 있는 발명 및 사업목적의 범위에서 그 특허권에 대하여 통상실시권을 가진다.[100] 다만 통상실시권을 가진 자는 이전등록된 특허권자에게 상당한 대가를 지급하여야 한다.

---

100 이 규정은 특§103의2에서 규정하고 있고 실§28에서 준용하고 있다. 동 규정은 2016. 2. 29 특허법 및 실용신안법 개정시 신설되었다.

특허와 지식재산권

Part **3**

저작권

Patents &
Intellectual Property Rights

제12강

저작권의 의미

Ⅰ 의의

1 저작권법의 목적

저작권법은 "저작자의 권리와 이에 인접하는 권리를 보호하고 저작물의 공정한 이용을 도모함으로써 문화 및 관련 산업의 향상발전에 이바지함을 목적으로 한다(제§1)." 그리고 그 수단으로, 저작자의 권리 및 이에 인접하는 권리의 보호와 저작물의 공정한 이용의 도모라는 두 가지를 규정하고 있다. 저작권의 보호와 저작물의 이용은 저작권법 목적 실현에 필요한 두 가지 수단이면서도 상호긴장과 충돌가능성이 있다. 따라서 창작의 인센티브로 주어지는 저작권은 창작의 유인에 충분한 정도이면서 동시에 창작을 유인하는 데 필요한 한도 내로 제한될 필요가 있다.

1) 저작자의 권리보호

저작권제도를 인정하는 것은 저작자 개인의 경제적 이익을 추구하면서도 동시에 공중의 복지를 추구하는 절충적 방법이다. 저작권은 저작자나 그 보호의 이익을 받는 자에게 경제적 가치를 인정하는 수단이 된다.

2) 저작자의 소유권보호

저작권은 그 객체가 정신적 창작물인 무체물이지만 누구에게나 권리를 주장할 수 있는 배타적 독점권이다. 저작권법은 저작자에게 재산권으로서의 소유권을 두텁게 보호해 주고자 하는 것이다.

3) 저작물의 공정한 이용 보장

저작권법은 국민의 공유재산으로서 일반 공중이 저작권료를 지급하는 등 일정한 조건이 충족될 경우 저작물을 적법절차에 따라 자유롭게 이용할 수 있도록 보장하고 있다.

4) 문화발전에 기여

저작권은 학문과 예술의 영역에서 인간의 지적·정신적 사상이나 감정을 표현한 창작물을 보호함으로서 사회 정신문화 발전을 목적으로 한다. 즉 저작물에 대한 법적보호를 부여함으로써 우수한 저작물을 문화유산으로 남겨 궁극적으로 국가의 문화발전에 이바지하도록 한다.

5) 인류공영에 이바지

지식재산은 산업재산과 문화재산을 포함하여 모두 권리인정의 장단의 차이가 있음에도 불구하고 언젠가는 권리인정기간이 경과함에 따라 권리성이 소멸되고, 우리 국민을 넘어 인류 누구나 자유로이 사용할 수 있는 재산으로 질변한다. 그런 측면에서 저작권법에 명시적으로 규정되어 있지는 않지만, 저작권법의 목적에는 "인류의 공동번영에의 이바지"가 반드시 포함될 수밖에 없고 이것이 세계 각국에서 지식재산의 축적이 권장되는 궁극적인 목적임에 틀림없다.

② 정보기술과 저작권법

저작권법은 정보기술의 발전과 더불어 탄생하고 변화되어 왔다. 활자인쇄술[1]의

---

1   우리나라는 세계 최초의 금속활자 발명국으로, 1234년경 상정고문예문을 금속활자로 인쇄했고(다만 현재 전해지고 있지는 않다), 이는 독일 구텐베르크보다 200년 이상 앞섰다(남윤성, '금속활자 발명국 코리아'와 세계기록유산 직지(直指)의 인류문화사적 의미, 한국멀티미디어학회지, 제16권 제2호, 2012년 6월). 고려 공민왕 때인 1372년에 고승 백운화상이 저술한 '(백운화상초록불조)직지심체요절'이 1377년의 청주 흥덕사에서 인쇄되었다. 직지심체요절은 2001년 9월에 유네스코 세계기록유산으로 등록되

등장과 보급으로 인해 서적의 출판 및 복제에 소요되는 시간과 비용이 대폭 감소되었고, 이는 서적(또는 보다 정확히 말하자면 서적을 통해서 전달되는 지식과 정보)의 대중화와 르네상스의 완성, 그리고 계몽주의의 등장과 산업혁명을 차례로 견인하였다. 이러한 변화를 수용하는 법적 틀로서 저작권법이 탄생하였다. 서적에 포함된 작품의 창작 및 생산에 소요되는 비용은 많은 데 비해, 서적이라는 유체물을 추가적으로 생산하는 데 소요되는 한계비용(marginal cost)은 활자인쇄술의 활용에 의해 대폭 감소되어 복제의 유혹이 생겼으며, 복제의 유혹을 차단할 수 있는 배타적 권리로서 "복제의 권리(co-py-right)"가 창안되었다. 복제의 권리를 주된 내용으로 해 탄생된 저작권법은 그 후 사진, 음반, 영화, Radio, TV, 녹음기, VTR, 컴퓨터, 인터넷 등 정보기술이 등장함에 따라 그 보호대상과 권리의 종류를 확대하고 있다.

3 저작권법이 문화산업에 미치는 영향

정보기술 또는 저작권법이 가장 큰 영향을 미치는 산업은 문화산업이다. 헌법 제22조는 학문과 예술의 자유 및 저작자와 예술가의 권리를 보호하고 있고, 그러한 헌법정신에 따라 시장에서의 자유로운 경쟁을 전제로 창작의 인센티브를 제공함으로써 문화산업의 발전을 도모하기 위해 제정된 법률이 저작권법이다.

저작권법은 문화산업 내 자원의 효율적 배분을 통해 문화산업이 발전하도록 유도하는 법제도이다. 저작권법제도는 경제학적 측면에서는 창작을 유도하는 경제적 인센티브가 되어 인적자원의 효율적 배분을 가능케 하는 기능을 한다.[2] 그러나 때로는 경제적 인센티브가 지나치게 많은 창작활동을 유도하고 관련 부분에 비효율적으로 과다한 투자가 이루어지게 할 수도 있다. 또 저작권 취득 후에도 저작권의 권리 범위가 지나치게 넓거나 지나치게 오랜 기간 동안 배타적 지위를 누림으로써 문화산업의 발전을 오히려 저해할 위험도 있다. 따라서 저작권은 일정한 존속기간을 가지고, 그 기간이 만료되면 소멸하게 되어 있는 것도 저작권이라는 인센티브를 효율적 수준으로 제한하기 위한 것이다. 저작권 보호는, 타인의 무단복제를 방지해 저작

어 있고, 그 한 본은 프랑스 국립도서관에 보관되어 있다.

2   Richard A. Posner, Economic Analysis of Law(Little, Brown and Company, Boston and Toronto, 1977), p.54.

권 관련 상품의 시장가격을 그 한계비용보다 높은 가격으로 결정되도록 허용하여 야기되는 경제적 손실과 지적 노력 및 투자를 한 자에 대한 충분한 경제적 인센티브를 주어 발명과 창작을 장려하여 얻어지는 경제적 이익을 비교해, 경제적 이익이 경제적 손실보다 많도록 하기 위한 법제도이다. 화산업 발전에 가장 효율적 기여를 했는지를 분석하여 그 답을 찾을 수 있을 것이다.

Ⅱ 여타 지식재산권법과의 차이

대표적인 것이 권리인정을 위한 등록절차의 차이이다. 즉 산업재산권은 모두 등록절차를 엄격하게 규정하고 있지만, 저작권의 경우는 무등록주의를 원칙으로 하여 제3자에 대한 대항요건으로서 등록절차 규정이 존재한다. 특허권·실용신안권은 산업상 이용가능한 정신적 창작물인 반면에 문화·예술·학술 영역에서의 정신적 창작물을 보호하기 위한 저작권과 차이가 있다. 이외에도 디자인권이나, 상표권과는 다음과 같은 차이가 있다.

1 저작권과 디자인권

저작권이나 디자인권은 모두 인간의 정신적 활동의 결과 얻어진 지적 창작물이라는 점에서는 동일하지만 다음과 같은 몇 가지 점에서 차이가 있다.

1) 권리성질의 차이

디자인권은 물품에 나타난 디자인의 창작 자체를 대상으로 하여 동일한 내용의 창작에 대해서는 하나의 권리만이 존재하지만 저작권은 사람의 사상이나 감정의 표현형태에 대해 인정되는 독창성을 대상으로 하여 복수의 권리가 인정(저작재산권, 저작인격권, 저작인접권 등)될 수 있는 점에서 차이가 있다. 또한 지식재산권 중 저작권만이 일신전속인 성질을 띠는 저작인격권이 인정된다는 점에서도 차이가 있다.

2) 권리객체의 차이

디자인권의 권리객체는 물품에 관한 디자인이나, 저작권의 권리객체는 저작물이다. 구체적으로 보면 ① 디자인은 물품과 일체가 되어 불가분의 관계에 있지만 저작물은 그러한 제한이 없으며, ② 디자인은 시각을 통하여 인식되는 것에 한정되지만 저작물은 그러한 제한과 관계없이 시각과 청각, 촉각 등을 통하여 인식되는 것도 포함하고, ③ 디자인은 대량생산이 가능할 것이라는 요건을 필요로 하나 저작물은 대량생산성을 요하지 않는다는 점 등이 있다.

3) 권리발생의 차이

디자인은 국가기관에 등록된 것에 한하여 권리가 발생하지만(심사주의·등록주의), 저작권은 출원·심사제도가 없어 창작이라는 사실(반드시 완성될 필요도 없다)이 있으면 곧 권리가 발생한다(무심사주의·무등록주의). 다만 저작권의 입증을 위한 등록절차가 마련되어 있지만, 이는 권리 자체의 성립요건이 아니라 제3자에 대한 대항요건으로 인정될 뿐이다.

4) 권리효력의 차이

디자인권의 독점·배타성은 디자인 자체의 창작에만 인정되므로 동일하거나 유사한 내용의 창작에는 오로지 하나의 디자인권만 존재한다(절대적인 권리성). 그러나 저작권의 독점·배타성은 창작 자체를 대상으로 하는 것이 아니라 사상이나 감정의 외부적 표현형태의 독창성을 대상으로 한다. 즉 저작권의 침해는 독창성의 도용(盜用)을 문제시하므로, 별개로 독립하여 창작된 창작물이면 동일·유사한 결과를 창출한 저작물이더라도 권리침해로 보지 않는다(상대적인 권리성).

5) 존속기간의 차이

디자인권의 존속기간은 출원일로부터 20년이지만, 저작권은 저작자의 생존시와 사망 후 그다음 해 1월 1일부터 70년까지 권리가 존속한다.

6) 권리소멸상 차이

디자인권은 권리를 존속시키기 위한 노력으로 소정의 등록료를 지속적으로 납부할 의무가 존재하고 이를 납부하지 않을 경우 권리가 소멸하지만, 저작권은 저작권의 취득요건으로서 등록이 필요 없기 때문에 등록료의 납부의무가 없다. 다만 저작권의 대항력을 인정받기 위해 등록하는 경우 일정액을 납부하여야 한다.

2 저작권과 상표권

1) 권리객체의 차이

상표권은 상품에 표시한 상표를 사용함으로써 얻어진 영업상의 신용을 보호하는 권리이지만 저작권은 문학, 학술 또는 예술의 창작물을 보호한다는 점에서 차이가 있다.

2) 존속기간의 차이

상표권은 권리취득 후 10년간 독점·배타적으로 상표권자만이 사용할 수 있는 권리이지만, 저작권은 저작권자의 생존기간과 사망 후 70년이다.

3) 보호대상의 차이

저작권은 문학, 학술 또는 예술 등의 창작된 저작물이 외부로 표현된 것을 보호대상으로 하고 있지만, 상표권은 이러한 요건이 없어도 가능하다.

제13강

저작권자

Ⅰ 저작자

1 저작자의 개념

저작자는 문학·학술·예술의 범위에 속하는 창작물인 저작물을 창작한 자를 말한다. 저작자는 저작권의 원시적 귀속주체이며 저작권 등의 존속기간 산정의 기준점이 된다. 저작권법은 저작자에게 저작물의 작성과 동시에 저작인격권과 저작재산권을 부여한다. 저작자로 보호받기 위해서는 저작물의 작성(미완성 저작물 포함)에 창작적으로 기여하여야 한다.

1) 저작자

저작자로 보호받기 위해서는 저작물의 작성(미완성 저작물 포함)에 창작적으로 기여한 자이다. 물론 성질상 자연인이 저작자가 되는 것이 일반적이나 법인 등의 단체도 단체명의로 저작물을 작성한 경우 그 단체도 저작자가 될 수 있다.

2) 저작권자

저작자는 저작재산권의 귀속주체인 저작재산권자와 차이가 있다. 저작물이 처음 작성된 때에는 저작자와 저작재산권자가 동일하나, 저작재산권을 양도·상속된 경우 저작자와 저작재산권자가 서로 분리될 수 있다.

3) 보조자

보조자(조수)는 저작자의 지휘·감독하에서 그의 보좌역으로 작업에 종사한 자는 창작활동에 도움을 준 자로서 자신의 사상이나 감정을 표현한 것이 아니고 단지 저작자의 손발이 되어 작업할 뿐 스스로의 창의에 기해 제작한 자가 아니므로 저작자가 아니다.

4) 감수자

감수자는 원 저작물의 내용의 잘못을 단순히 지적하거나 조언하는 정도에 불과할 때에는 저작자가 될 수 없지만, 그가 검토한 내용이 상당부분 원 저작물을 보완하게 되고 가필된 경우 공동저작자가 될 가능성이 있다.

5) 주문자

창작적 기여의 정도에 따라 주문자는 공동저작자가 되기도 하고, 심지어 주문자의 요구에 따라 제작자가 기계적인 작업만 한 경우에는 주문자만이 단독 저작자가 될 수도 있다.

2 저작자 및 저작권자의 추정

저작자 및 저작권자와 관련하여 저작자의 입증이 곤란한 경우가 있어 입증의 편의를 위해 추정규정을 두고 있다.

1) 저작자 등의 추정

저작권은 저작물을 창작한 때부터 발생하며 어떠한 절차나 형식을 요구하지 않는다. 즉 다음 중 어느 하나에 해당하는 자는 저작자로 추정된다(저§8). 즉 ① 저작물의 원본이나 그 복제물에 저작자로서의 실명 또는 이명(예명·아호·약칭 등을 말한다)으로서 널리 알려진 것이 일반적인 방법으로 표시된 자, ② 저작물을 공연 또는 공중송신하는 경우에 저작자로서의 실명 또는 저작자의 널리 알려진 이명으로서 표시된 자에 관한 규정이 그것이다.

그러나 위의 하나에 해당하는 저작자의 표시가 없는 저작물의 경우에는 발행자·공연자 또는 공표자로 표시된 자가 저작권을 가지는 것으로 추정한다.

2) 추정의 효과

추정에 대한 반대의 증명(본증·반증)이 없는 한 그 저작물의 저작자 내지 저작권자로 취급된다. 이 추정은 본인에게 이익이 되거나 불이익이 되는 것을 구별하지 않고 추정의 효과가 미친다. 또한 추정의 효과는 소급효가 있어 창작 시부터 저작자인 것으로 추정된다. 다만 반대의 증명이 있어서 추정이 깨어지면 소급하여 창작 시부터 저작자가 아닌 것으로 된다.

3) 강행규정성

저작물을 창작한 자가 아닌 제3자를 저작자로 한다는 합의가 있는 경우에도 결국은 창작자를 저작자로 한다는 저작권법의 기본원칙(저§2ii)에 따라 해결해야 할 것이다.[3]

❸ 특별한 경우의 저작자

1) 외국인

외국인의 저작물은 대한민국이 가입 또는 체결한 조약에 따라 보호된다. 또한 대한민국 내에 상시 거주하는 외국인(무국적자 및 대한민국 내에 주된 사무소가 있는 외국법인을 포함한다)의 저작물과 맨 처음 대한민국 내에서 공표된 외국인의 저작물(외국에서 공표된 날로부터 30일 이내에 대한민국 내에서 공표된 저작물을 포함한다)은 이 법에 따라 보호된다(저§3).

한편 대한민국 저작권법에 따라 보호되는 외국인의 저작물이라도 그 외국에서 대한민국 국민의 저작물을 보호하지 아니하는 경우에는 그에 상응하게 조약 및 이 법에 따른 보호를 제한할 수 있다. 동 저작권법에 따라 보호되는 외국인의 저작물

---

3 판례도 '롯티사건'에서 저작인격권의 일신전속성을 규정한 저작권법 제14조 제1항은 강행규정이라고 하여 당사자 사이의 합의에 의해서 변경할 수 없는 것이라고 하였다.

이라도 그 외국에서 보호기간이 만료된 경우에는 이 법에 따른 보호기간을 인정하지 아니한다.

2) 단체 자체

법인, 단체 그 밖의 사용자(이하 법인)의 기획하에 법인 등의 업무에 종사하는 자가 업무상 작성하는 저작물(단체저작물, 업무상 저작물)로서 법인 등의 명의로 공표된 저작물의 저작자는 계약, 근무수칙 등에 다른 정함이 없을 때에는 그 법인 등으로 한다(저§9).

3) 공동저작자

2인 이상이 공동으로 창작한 저작물로 각자가 이바지한 부분을 분리하여 이용할 수 없는 저작물(공동저작물)을 말한다. 분리하여 이용할 수 없다는 점에서 독립한 수개의 저작물이 결합되어 분리 이용이 가능한 결합 저작물과 구별된다. 따라서 저작물의 작성에 2인 이상이 관여한 경우에는 저작과정에서 질적 측면과 양적 측면을 종합적으로 평가하여 저작자인지 보조자인지를 결정한다(저§15).

4) 영상제작자

음의 수반여부를 불문하고, 연속적인 영상이 수록된 창작물(영상저작물)로서 그 영상을 기계, 전자 장치에 의해 재생하여 볼 수 있게 하거나 보고 들을 수 있는 것이며, 주로 2차 저작물인 동시에 공동저작물이 된다.

영상제작자와 영상저작물의 제작에 협력할 것을 약정한 자가 그 영상저작물에 대하여 저작권을 취득한 경우 특약이 없는 한 그 영상저작물의 이용을 위하여 필요한 권리는 영상제작자가 양도받은 것으로 추정한다(저§100①).

5) 선출된 대표자

2인 이상이 공동으로 합창·합주·연극 등을 실연한 경우 실연자의 권리는 공동으로 실연하는 자가 선출하는 대표자가 이를 행사한다. 다만 대표자의 선출이 없는 경우 지휘자나 연출자 등이 이를 행사한다(저§77①). 이 규정에 따라 실연자의 권리를

행사하는 경우에 독창 또는 독주가 함께 실연된 때에는 독창자 또는 독주자의 동의를 얻어야 한다(저§77②).

6) 기타의 경우

(1) 월북저작자

월북작가나 재북한 작가의 저작물은 대한민국에서 당연히 보호된다(헌§3). 따라서 북한지역의 거주의 저작물은 우리 저작권법에 의하여 보호되고 저작권자가 사망하면 상속인에게 지분이 상속된다.

(2) 데이터베이스저작자

데이터베이스제작자란 데이터베이스의 제작 또는 그 소재의 갱신·검증 또는 보충에 인적·물적으로 상당한 투자를 한 자를 말한다(저§2 제20호). 그리고 데이터베이스를 제작·갱신 등을 하였다고 모두 보호받는 것은 아니고 인적 또는 물적으로 "상당한 투자"를 할 것을 요한다.

저작권법으로 보호받을 수 있는 자는 ① 대한민국 국민과 ② 데이터베이스의 보호와 관련하여 대한민국이 가입 또는 체결한 조약에 따라 보호되는 외국인에 해당하는 자이어야 한다(저§91①).

데이터베이스제작자의 권리는 데이터베이스의 제작을 완료한 때부터 발생하며, 그다음 해부터 기산하여 5년간 존속한다(저§95①). 데이터베이스의 갱신 등을 위하여 인적 또는 물적으로 상당한 투자가 이루어진 부분에 대한 데이터베이스제작자의 권리는 그 갱신 등을 한 때부터 발생하며, 그다음 해부터 기산하여 5년간 존속한다(저§95②).

(3) 대작저작자

타인을 위하여 저작물을 대작(대필)한 자를 대작저작자라 한다. 대작의 경우 저작자 및 저작권자는 실제 저작한 자가 아니라 저작의 명의인이다.[4] 그러한 대작저작자

---

4 예컨대 정주영 씨의 자서전을 대필한 무명의 작가가 대작저작자에 해당하고 정주영 씨는 저작명의인으로서 저작자 및 저작권자에 해당한다.

가 원저작자임을 증명하면 저작물 창작시로 소급하여 자신이 저작자로서의 지위를 되찾을 수도 있다.

Ⅱ 저작권자

1 저작재산권자

저작권법에서 저작재산권으로 복제권, 공연권, 공중송신권, 전시권, 배포권, 대여권, 2차적 저작물의 작성권 등을 인정하고 있고 이를 향유할 수 있는 주체를 저작재산권자라 한다. 저작재산권자는 자연인을 원칙으로 하지만, 단체 자체가 될 수도 있다(단체저작물의 경우).

2 저작인격권자

저작자는 저작재산권과 저작인격권을 가진다. 저작재산권은 저작물에 대한 권리가 양도·상속 등에 의하여 저작자와 분리될 수 있지만, 「공표권」, 「성명표시권」, 「동일성유지권」 등과 같은 저작인격권은 양도될 수 없는 일신전속적 성질을 가지므로 저작자는 항상 저작인격권을 가진다. 즉 저작자와 저작인격권자는 항상 일치한다.

저작자와 저작권의 종류

저작권	저작재산권		복제권, 공연권, 공중송신권, 전시권, 배포권, 대여권, 2차적저작물 작성권
	저작인격권		공표권, 성명표시권, 동일성유지권, 저작물 수정증감권, 명예권, 사망후 인격권
저작인접권	실연자	재산권	복제권, 배포권, 대여권, 공연권, 방송권, 전송권, 각종 보상청구권
		인격권	성명표시권, 동일성유지권
	음반제작자		복제권, 배포권, 대여권, 전송권, 각종 보상청구권
	방송사업자		복제권, 동시중계방송권, 공연권

(Ⅲ) 저작인접권자

　좁은 의미로는 실연자의 권리, 음반제작자의 권리, 그리고 방송사업자의 권리를 뜻하지만, 넓은 의미로는 저작권과 유사하지만 통상의 저작권보다 제한된 내용과 단축된 존속기간의 권리를 뜻한다. 저작인접권은 저작물 등의 예능적 또는 기술적 이용, 표현에 대한 경제적 보상으로서의 성격이 강하다. 다만, 실연자의 경우에는 저작인접권 중 공표권을 제외한 나머지 인격권이 인정된다. 또한 저작인접권은 복제권과 배포권 및 방송권 등으로 그 내용이 저작권보다 한정되어 있다.

제14강

저작권의 보호대상

Ⅰ 서설

저작권의 역할은 기존의 서적이나 음악을 중심으로 한 단순한 문화산업에서 발전하여 최근 디지털환경까지 그 영역이 확대되면서 고부가가치 산업으로 변함에 따라 국부의 큰 원동력이 되고 있다.[5]

그러나 이런 긍정적인 인식에 반하여 부정적인 시각을 가진 견해도 없지 않다. 이것은 문화예술이라는 것이 공유성과 공개성 등을 전제로 하여야 하는데 저작권은 독점성·배타성을 가지는 권리이기 때문에 양자가 서로 배치된다고 볼 수 있기 때문이다. 특히 그 경제적 기능과 관련하여 저작권은 특정인에게 독점적 지위를 인정하고 자원의 배분을 왜곡시켜 경제적 효율성을 떨어뜨린다고 보아 저작권제도에 대한 부정적인 입장이 강하게 대두되고 있다.[6]

그러나 헌법의 정신이나 저작권법의 목적이 저작권만의 보호에 있지 않고 아울러 저작물의 공정한 이용을 도모함으로써 문화의 향상발전에 이바지함에 있는 점에서 저작권제도에 대한 부정적인 견해의 설득력은 떨어진다. 이는 저작권법이 창의적인

---

5 "허리우드 영화 한 편이 자동차 150만 대를 수출하는 것보다 낫다"는 말은 이를 여실히 보여주는 현상이라고 할 수 있다. 2009년 아바타 영화 한 편이 전세계에서 벌어들인 수익이 27억 여 달러라는 결과를 놓고 볼 때 저작권 영역이 얼마나 고부가가치 산업인지를 알 수 있다.

6 이와 같은 움직임을 카피레프트(copyleft) 운동이라고 한다. 저작권이라는 의미의 카피라이트(copyright)와 반대되는 개념으로 카피레프트는 저작권의 공유를 허용하여 저작물에 대한 권리를 인류 모두가 공유할 수 있도록 하자는 생각이다. 이러한 움직임은 1984년 미국의 리처드 스톨먼(Richard Stallman)이 소프트웨어의 상업화에 반대하여 프로그램을 자유로이 사용하도록 허용하자는 운동이 시발점이었다. 현실적으로 카피레프트 운동이 큰 환영을 받는 것은 아니지만, 경제적 계층 간의 격차로 인한 사회적 문제로 발전할 수 있다는 점에서 저작권의 적정한 운용에 관심을 가져야 한다는 주장이 설득력을 얻고 있는 실정이다.

지식재산의 창출을 유도하는 인센티브의 적정성을 추구함으로써 인적·물적 자원의 효율적 배분을 추구하는 것이 가능하기 때문이다.

문제는 창작자에게 어느 정도로 적절한 수준의 인센티브를 보장해주느냐 하는 점에 있다. 저작권자에 대한 과소한 보호는 창작활동에 대한 의욕을 저하시킬 우려가 있고, 문화산업을 위축시킬 위험이 있는 반면에 과도한 보호는 저작물의 최종 소비자인 사회 전체의 비효율성을 초래할 위험이 있게 된다. 결국 저작권자의 사익과 사회 전체의 공익을 조화롭게 운용해 나가는 것이 저작권법의 최대·최후의 과제인 것이다.

Ⅱ 저작물의 개념

1 서 설

저작권법은 보호대상인 저작물을 "문학·학술 또는 예술의 범위에 속하는 창작물"이라고 정의한 것을 2006년 개정하여 "인간의 사상이나 감정을 표현한 창작물"로 변경하였다(저§2i).[7]

인간의 정신적·지적 창작물인 저작물은 유형의 매체물에 고정되어 유통되는데(예컨대 서적, 음반, 필름, 화폭 등) 일반인들은 이 유형물을 저작물로 혼동하는 경향이 있다. 그러나 이는 정신적 창작물을 육안으로 보고 만져서 지각할 수 있도록 하기 위해 고정적인 매체에 구현한 것에 불과한 것이지 저작물은 아니다. 여타의 무체재산권의 보호대상이 발명, 고안, 디자인 그 자체인 것처럼 저작권법의 객체, 즉 보호대상은 추상적·관념적 존재로서의 "저작물"인 것이다.

---

7   대법원 1979. 12. 28. 선고 79도1482판결 등. 판례에서는 저작물을 "학문과 예술에 관하여 사람의 정신적 노력에 의하여 얻어진 사상 또는 감정의 창작적 표현물"이라고 정의하고 있다.

② 저작물개념의 요건

"저작"이란 인간의 노력의 결과물로서 언어·문자·그림 등을 이용하여 구체화·도형화·형상화하여 새로운 것을 창작하는 것을 의미한다. 종래의 저작은 문학·예술 또는 학술의 범위에 속하는 저작물을 대상으로 하였지만, 최근 "인간의 사상 또는 감정을 표현한 창작물"

로 개정한바 그 이유는 정보통신기술의 발달로 그 대상물을 컴퓨터프로그램 등 새로운 저작물까지 저작권법의 보호범위를 확대하기 위해서이다. 저작물의 성립요건은 다음과 같다.

1) 인간의 사상이나 감정

(1) 사상이나 감정

저작권법상 「사상」은 저작자의 생각이나 사고작용의 결과로 얻어지는 체계적 의식내용이고 「감정」은 인간이 느끼는 심정으로 희노애락(喜怒哀樂)의 심적 현상이다. 또한 인간의 사상이나 감정은 인간의 정신적 측면의 철학적·심리적 개념의 심오성이나 고도성을 요구하는 것은 아니고, 단순한 생각이나 기분 정도의 넓은 의미로 해석하여야 한다.

따라서 자연계의 현상이나 일정한 사회적 사실 그 자체는 인간의 사상이나 감정을 표현한 것이 아니므로 저작물의 범위에서 제외된다(예컨대 컴퓨터가 그린 기상도, 열차시간표, 레스토랑의 메뉴 등). 또한 동일한 의미에서 계약서식이나 장부서식 등도 마찬가지로 저작물성이 부정된다. 그러나 이미 작성된 계약서안, 소송일지 등은 작성자의 사상이나 감정이 포함되어 있는 경우가 많으므로 저작권법의 보호를 받을 수 있게 된다.

(2) 인간의 사상이나 감정

저작권법상 보호되는 사상이나 감정은 「인간」의 것이어야 한다. 즉 저작권법은 인간의 창작의욕을 고취하고자 하는 것으로 인간의 정신적 노력과 무관한 작품은 그

보호대상으로 하지 않는다. 따라서 침팬지나 코끼리가 그린 그림 등은 저작권의 보호대상이 아니다.

2) 창작성

창작성은 저작물의 성립요건 중 가장 핵심적인 요소로서 침해소송에서 창작성 유무의 입증이 승패를 좌우한다고 할 수 있으며, 법원도 창작성이 구비되지 않은 경우 구체적인 권리침해의 판단 없이 바로 법적 보호대상에서 제외시키고 있다.

저작권법에서 요구하는 창작성은 ① 기존의 다른 저작물을 모방하지 않은 저작자 자신의 것이어야 하고, ② 진부하지 않을 정도의 나름의 개성을 갖추어야 함을 의미한다. 그렇지만 저작권법에서 요구하는 창작성이란 창작자의 개성이 저작물에 어떠한 형태로든 구현되어 있기만 하면 그것으로 충분하므로 그 창작성의 정도는 최소한의 정도에 그치는 수준이어도 무방하다.[8] 기본적으로 남의 것을 모방하지 않고 스스로 저작하였다는 데서 창작성의 의미를 찾을 수 있다.

그리고 창작성은 사상·감정 「그 자체」에 독창성이 있는 것은 물론이고 사상·감정의 「표현의 형식이나 방식」에 독창성이 있는 경우에도 인정된다.[9]

저작물의 창작성 인정에 있어서 작품의 문학성이나 예술성이 심오하거나 뛰어날 것을 요구하는 것은 아니며 도덕성이나 윤리성과도 무관하다.[10]

---

8   대법원 2009. 6. 25. 선고 2008도11985 판결; 대법원 1995. 11. 14 선고 94도2238 판결. 판례에 의하면 「창작성이란 저작물에 그 저작자 나름대로의 정신적 노력의 소산으로서 특성이 부여되어 있고 다른 저작자의 기존의 작품과 구별할 수 있을 정도이면 충분하다」고 판시하고 있다.

9   창작성의 의미에 대한 영미법계는 전통적으로 「노동이론」에 입각하여 저작자가 저작물을 만들기 위해 상당한 자본과 노동을 투입했다면 낮은 창작성에도 불구하고 저작권을 인정할 수 있다고 하였다. 하지만 최근 일련의 판례를 통하여 창작성 인정에 땀과 노력, 비용만으로 부족하고 「최소한의 창작성(at least some minimal degree of creativity)」을 요구하는 것으로 변경되었다. 한편 대륙법계나 우리나라 판례의 입장은 문화발전을 유인할 수준의 창작성이 있어야 저작권의 보호를 받을 수 있다는 「유인이론」을 바탕으로 하여 저작물의 창작에 많은 비용과 노력을 들였더라도 그것만으로 부족하고 작품에 저작자만의 특징이나 성격이 표현되어 있을 것을 요구하고 있다.

10   대법원 1990. 10.23. 선고 90다카8845 판결. 일본 사진전문주간지에 우리나라 사진작가의 누드사진이 실렸다고 보도하면서 그 기사내용과 함께 그 잡지에 게재된 사진 중 일부를 인용하고 나아가 그 잡지의 편집저의가 독자의 호기심을 자극하여 잡지의 상업성을 충족시키고자 한국작가의 사진예술을 악용하였다는 내용의 비평, 논평을 가한 잡지기사는 그 인용내용이 위 일본잡지가 상업성의 충족을 위하여 사진저작자의 사진예술을 악용하였다는 비평을 게제한 사건에 대해 우리 법원이 "저작권법의 보호대상인 저작물이라 함은 사상 또는 감정을 창작적으로 표현한 것으로서 문학, 학술 또는 예술의 범위에 속하는 것이면 되고 윤리성 여하는 문제되지 아니하므로 설사 그 내용 중에 부도덕하거나 위법한 부분이 포함되어 있다 하더라도 저작권법상 저작물로 보호된다"고 판시한 바 있다.

3) 표현된 것

인간의 사상이나 감정이 머릿속에서 구성된 방법이나 형태가 외부에 표현되어야
한다. 즉 저작물은 인간의 사상이나 감정이 외부로 표현된 것으로 저작권법이 보호
하는 것은 그 사상이나 감정 자체가 아니라 외부에 나타난 표현인 것이다. 형태나 방
법은 제한이 없고 언어, 소리, 영상, 그림, 기호 등을 의미한다. 나아가 즉흥연설이나
강연 또는 즉흥연주 등은 권리분쟁 시 입증의 곤란은 있을 수 있지만 자신의 사상이
나 감정을 창의적으로 표현하는 것이므로 저작물이 성립하는 데 아무 문제 없다.[11]

4) 고정성의 불필요

저작물을 외부에 표현하는 수단으로 유형물에 고정하는 형태를 취하겠지만(저작물
의 고정성), 이는 우리 저작권법상 보호되기 위한 전제조건에 해당하는 저작물의 성립
요건이 아니다.[12] 그러나 표현되기 이전 단계에 속하는 사상이나 감정, 즉 아이디어
그 자체는 저작물로 보호되지 못하며, 창작행위의 소재에 불과한 사상도 표현된 것
이 아니면 역시 대상이 되지 못한다.[13]

Ⅲ 저작물의 유형

저작권법 제4조에서 저작물을 표현방식에 따라 9가지 유형으로 분류하여 예시하
고 있다. 그러나 이 유형은 제한적 열거가 아니고 단지 예시적인 기능을 할 뿐이므
로 이에 속하지 않는다고 하더라도 저작물성이 갖추어지면 저작물로 인정될 수 있
다. 여기서는 동법 제4조를 중심으로 살펴본다.

---

11 다만 타인의 작품을 구술함에 불과한 경우에는 저작물로 보호될 수 없고 단지 저작인접권에 의한 보호 가능성이 있을 뿐이다.

12 미국의 저작권법에서는 유형적인 표현매체로서 고정되는 것(fixed in any tangible medium of expression)을 저작물의
성립요건으로 하고 있는 점과 차이가 있다.

13 대법원 1999. 10. 22. 선고 98도112 판결.

① 어문저작물

어문저작물은 소설·시·논문·강연·연설·각본 그 밖의 저작물이다. 그러나 단순한 표어, 슬로건(slogan), 캐치프레이즈(catchphrase), 제호(題號 : 소설이나 영화 등의 제목) 등에 대해서는 저작물성이 인정되기 어렵다.[14]

② 음악저작물

음악저작물은 음에 의해 표현된 저작물이다. 음의 표현방식은 악기에 의한 것이든, 육성에 의한 것이든 그 여하를 불문하기 때문에 음악저작물에는 교향곡, 오페라, 재즈, 샹송, 민요 등등 여러 가지가 포함된다. 그중 악곡과 함께 가사도 수반하는 경우에는 음악저작물과 어문저작물의 양쪽에 해당한다. 다만 악보는 음악저작물의 고정수단일뿐이므로 악보 자체가 음악저작물이 될 수 없다. 이는 어문저작물이 원고용지나 서적 등에 고정되어 있을 필요가 없는 것과 같은 이치이다. 따라서 악보를 수반하지 않는 즉흥연주 등도 음악저작물이 해당한다.[15]

③ 연극저작물

연극저작물은 연극 및 무용·무언극 등을 포함한다. 연극은 각본에 의해 무대에서 배우가 관객에게 보이는 종합표현예술이다. 여기서 연극의 경우 각본 등은 어문저작물에 속하며, 무대장치(미술저작물로 보호), 배경음악(음악저작물로 보호), 연출자·배우·무용수의 연기(저작인접물로서의 '실연'에 해당) 등 다양한 요소로 구성되어 있지만, 여타의 저작물 등으로 보호하는 것을 제외하고 별도로 연극저작물로서 인정받을 만한 것이 존재하는지에 대해서는 논쟁의 여지가 있다.[16]

---

14 '또복이', '슈퍼맨', '뽀빠이', '애마부인', '추락하는 것은 날개가 있다', '행복은 성적순이 아니잖아요' 등이 이에 해당한다. 따라서 빵에 '또복이'라는 만화제명을 사용한 것은 저작권침해가 아니다.

15 다만 저작물침해로 인한 분쟁에서 입증에 어려움이 있을 것은 별론으로 할 수밖에 없다.

16 저작권법이 연극과 무용을 함께 연극저작물로 규정하는 이상 무용에 있어서 안무가의 "동작의 틀"을 저작물로 인정하여 보호하는 것처럼, 연극의 경우 "연기의 틀"이 저작물로 인정될 수 있다고 보아야 할 것이라고 한다(김정완/김원준, 지식재산권법, 전남대출

4 미술저작물

미술저작물은 형상이나 모양 또는 색채에 의해 미적으로 표현되는 저작물로서 이에는 회화·서예·조각·공예·응용미술저작물 등이 명시되어 있지만, 그 외에도 무대장치, 만화, 삽화 등도 포함된다고 보아야 한다. 우리 저작권법은 「응용미술저작물」도 보호범위에 포함하고 있기 때문에 산업재산권을 구성하는 디자인보호법의 디자인으로도 보호되어 중복적인 보호가 이루어지고 있다. 다만 응용미술저작물이 저작권법상 보호받기 위해서는 ① 그것이 물품에 동일한 형상으로 복제될 수 있어야 하고, ② 그 이용된 물품과 구분되어 독자성을 인정할 수 있어야 한다.

5 건축저작물

이는 건축가의 사상 또는 감정이 토지상의 공작물에 표현되어 있는 저작물로서 건축물·건축을 위한 모형 및 설계도서 등이 이에 해당한다. 건축물 외에 설계도면을 도형저작물과 건축저작물 양쪽에 속할 수 있는 것으로 규정하고 있는 점은 미국 저작권법과 동일하다. 그리고 건축저작물은 본질적으로 조형미술의 특성을 가지고 있다는 점에서 미술저작물과 유사하지만, 실용적인 성질도 지니고 있어 우리나라 저작권법은 미술저작물과 별도의 유형으로 취급하고 있다. 이들을 보호하는 것은 건축물에 표현되는 심미적 외관이 쉽게 다른 건축물에 모방되어서 창작자의 노력에 대한 보상은 물론 건축물로서의 가치가 하락하는 것을 막기 위함이다.

다만 모든 건축물이 저작물로 보호되는 것은 아니고 건축저작물에 있어서 저작권의 보호를 받기 위해서는 건축물에 표현된 것이 전체적인 외관에 창작성을 인정할 만한 경우에만 저작물로서 인정된다고 할 것이다.[17]

판부, 2013년, 339면 이하 참조). 한편 스스로의 오락이나 여흥을 위한 댄스나 스포츠 경기 등은 연극저작물이 아니다. 따라서 사교댄스의 스텝이나 피겨스케이트, 체조의 마루운동 등은 저작물성이 부정된다.

17   서울고법 2001. 8. 14. 선고 2000나38178 판결(일명 비행기레스토랑 사건).

6 사진저작물

사진 및 이와 유사한 제작방법으로 작성된 것으로 인간의 사상이나 감정을 일정한 영상의 형태로 표현한 저작물을 말한다. 디지털기술의 발달로 사진의 범위와 영상물을 쉽게 구분하기 어려워졌다. 그러나 사진저작물은 특정한 영상을 대상으로 하는 점에서 연속적인 영상을 대상으로 하는 영상저작물과 구별된다.

사진의 경우 사진기라는 기계를 통해 피사체를 충실하게 재현하는 데 불과한 경우(예컨대, 증명사진, 홍보용 제품사진 등)에는 단순한 복제에 해당하여 저작물성이 부정되지만, 피사체의 선택, 구도설정, 광량의 조절, 앵글조정, 셔터기술, 원판수정 및 색체배합 등에 촬영자의 사상이나 감정이 창작적으로 표현된 경우에는 저작물로 인정될 수 있다.[18]

7 영상저작물

영상저작물은 연속적인 영상(음의 수반여부와 상관없다)이 수록된 창작물로서 그 영상을 기계 또는 전자장치에 의하여 재상하여 볼 수 있거나 보고 들을 수 있는 것을 말한다. 영화·드라마·동영상·비디오게임 등이 이에 해당한다.

다만 영상의 정지된 한 장면을 별도로 이용하는 것은 사진저작물로 취급한다. 영상저작물도 사진저작물의 경우와 같이 카메라 앵글과 구도의 선택, 필름편집 등에 지적인 노력이 가해져서 사상이나 감정을 독창적으로 표현한 것이어야 저작물성이 인정된다고 할 것이다.

영상저작물은 영화나 다큐멘터리, 뉴스 등에서 볼 수 있는 것처럼 이해관계인이 다수 존재하여 그 영상의 제작과 이용에 복잡한 법률관계가 발생할 수 있어 현행 저작권법에는 제5장에서 영상저작물에 관한 특례규정을 두고 있다.

---

18   이와 관련하여 사진저작물에서 중요한 것은 "허락 없이 유명 연예인이나 프로 스포츠 선수들의 초상이나 성명을 사용하여 선전하거나 이를 상품 등에 부착하여 판매하는 경우 Publicity Right를 침해한다"는 것이 우리 판례의 입장이다(서울고법 2002. 4. 16 선고 2000나42061판결).

8 도형저작물

이는 도면 등의 작성에 있어서 인간의 사상이나 감정이 표현된 저작물을 말한다. 지도·도표·설계도·약도·시력표 등과 같은 평면적 도형과 지구의·인체모형 등과 같은 입체적 도형이 모두 도형저작물이다.

「지도」의 경우 지형이나 도로와 같은 사실 있는 그대로를 정해진 표현방법에 따라 표현하는 경우가 대부분이고 그 표현방식도 미리 정한 특정기호를 사용하는 등 창의적인 개성의 표현방식이 상당히 제한되어 있어 저작물 인정범위가 상당히 좁다. 따라서 지도의 저작물성은 소재의 선택, 배열 및 표현방법(편집저장물의 유형)에 있어서의 창작성 여부에 달려있다. 또한 기계 등의 「설계도」도 지도의 경우와 같이 선택의 자유가 좁을 수밖에 없다. 건축설계도는 전술한 바와 같이 도형저작물과 건축저작물의 양쪽에서 보호대상이 된다.

9 컴퓨터프로그램저작물

컴퓨터 프로그램 저작물은 특정한 결과를 얻기 위하여 컴퓨터 등 정보처리능력을 가진 장치 내에서 직접 또는 간접적으로 사용되는 일련의 지시·명령으로 표현된 창작물을 말한다.

컴퓨터프로그램은 이론상 특허법 등에 의한 보호가 1차적으로 고려되어야 함에도 불구하고 저작권법에 의한 보호방식을 택하고 있는데 이는 세계적인 추세로서 그 주된 이유는 미국이 베른협약체계를 이용하여 신속하고 간편하게 컴퓨터프로그램에 대한 국제적 보호망을 구축하고자 한 데서 출발되었다.

컴퓨터프로그램은 사람이 읽을 수 있는 원시코드(source code)와 기계만이 읽을 수 있는 목적코드(object code)형태로 이루어지는데, 어떤 형태이든 불문하고 창작성이 인정되면 모두 저작권의 대상이 된다.[19] 다만 프로그램저작물은 어문저작물의 하나

---

19   원시프로그램, 즉 소스프로그램은 COBOL이나 PORT-RAN 등의 고급언어로 된 프로그램으로서 변환프로그램 등에 의하여 동적프로그램, 즉 오브젝트 프로그램으로 변환될 수 있는 것을 말한다.
한편 목적프로그램은 사람에게 사상이나 감정을 전달하기 위한 것이 아니라 순전히 컴퓨터를 작동시키기 위한 실용적인 것이므로 종래 학자에 따라서는 그 저작물성을 부인하였다. 그러나 이러한 목적프로그램이 보호되지 않는다면 프로그램보호의 목적은 그 의

에 해당한다.

10 데이터베이스

데이터베이스는 저작권법 제4조에서 예시한 유형의 저작물은 아니지만, 그에 대한 저작물성을 인정할 필요가 있기에 저작권법 제2조 제16호에서 그 개념을 정의하면서 특히 동법 제4장 데이터베이스 제작자의 보호 규정을 두어 두텁게 보호하고 있다.

데이터베이스는 소재를 체계적으로 배열·구성한 편집물로서 그 소재를 개별적으로 접근·검색할 수 있도록 한 것이다. 제작자는 창작성 유무를 가리지 않고 데이터베이스를 제작하거나 그 갱신·검증 또는 보충을 위하여 투자한 경우 제작완료시 부터 5년간 데이터베이스의 복제·배포·방송 및 전송권을 가진다. 이는 지식정보사회에서 디지털 콘텐츠 등에 대한 수요가 증가함에 따라 제작자를 보호하기 위한 규정이다(예컨대, 대학도서관의 학위논문검색, 전문서적검색정보 등).

Ⅳ **특수한 저작물**

앞에서 설명한 저작권법에서는 제2조에서 열거한 표현방식에 의한 저작물의 유형 외에도 일정한 개념을 가진 저작물에 대하여 규정하고 있다. 2차적 저작물, 공동저작물, 편집저작물, 영상저작물, 단체저작물 등이 그것이다. 차례로 살펴본다.

1 2차적 저작물

원 저작물을 번역·편곡·변형·각색·영상제작 그 밖의 방법으로 작성한 창작물을

의를 상실하게 될 것이다. 이런 의미에서 「저작권법」을 개정하여 "컴퓨터 내에서 직접 또는 간접으로 사용되는 일련의 지시로서 이를 창작적으로 표현한 것(저§2ⅰⅵ)"으로서 보호대상에 포함된다는 점을 명백히 하고 있다.

말한다. 2차적 저작물은 원 저작물과 별도로 독자적인 저작물로 보호되며 원 저작자의 권리에 영향을 미치지 아니한다(저§5).

외국소설을 번역한다든지, 클래식음악을 경음악화한다든지, 소설을 각본화한다거나, 또는 이를 영화화하는 것을 말한다. 따라서 2차적 저작물로 보호받기 위해서는 원저작물과는 별도로 새로운 창작성이 가해져야 하므로, 기존저작물에 다소 수정·증감하는 데 불과한 것은 기존저작물의 복제물에 불과하지 2차적 저작물이 아니다. 즉, 2차적 저작물로 보호받기 위해서는 ① 원저작물을 기초로 하지만 원저작물과 「실질적 유사성」이 인정되면서도, ② 원 저작물에 대하여 사회통념상 새로운 저작물이 될 수 있을 정도의 수정·증감을 가하여 「새로운 창작성이 부가」되어야 한다.[20]

한편 2차적 저작물의 작성은 원작자의 2차적 저작물 작성권(저§22)의 범위에 속하기 때문에 원저작자의 허락을 필요로 한다. 또한 2차적 저작물의 보호는 그 원저작물의 저작자의 권리에 영향을 미치지 않으므로 제3자가 2차적 저작물을 이용하려면 2차적 저작물의 저작권자는 물론 원저작권자의 허락도 얻어야 한다(쌍방의 허락의 필요).

2 공동저작물

1) 공동저작물의 개념

공동저작물이란 2인 이상이 공동으로 창작한 저작물로 각자가 이바지한 부분을 분리하여 이용할 수 없는 저작물을 말한다. 즉 수인의 저작자의 공동창작행위에 의하여 만들어진 1개의 저작물로서 각자의 기여분을 분리하여 이용한다면 그 저작물의 사회적 가치가 손상되는 것을 일컬어 공동저작물이라 한다. 공동저작물은 분리 이용할 수 없다는 점에서 독립한 수 개의 저작물이 결합되어 분리 이용이 가능한 결합저작물과 구별된다.

---

20 2차적 저작물을 토대로 다시 번역, 편곡 등으로 작성된 새로운 저작물 역시 2차적 저작물이 된다(3차적 저작물은 없다). 예컨대, 소설을 원저작물로 하여 각본화한다면 이는 2차적저작물이 되고, 이를 다시 영화화한다면 이 또한 2차적 저작물이 된다.

따라서 법상 취급은 저작자가 수인이기 때문에 저작권의 행사에 있어 저작자마다 뜻을 달리할 수 있으므로 단독저작물의 경우와는 다른 문제가 발생한다. 법은 이러한 문제를 해결하기 위해 다음과 같은 특칙을 두고 있다.

2) 공동저작물의 성립요건

(1) 2인 이상의 참여

2인 이상이 단일저작물의 창작에 관여할 것이 요구된다. 그러나 영상저작물의 경우, 1인이 연출·각본·음악·촬영 모두를 수행한 때에는 공동저작물이 아니다. 여기서 수는 창작관여자, 즉 저작자만을 의미하므로 단순보조자 등은 제외된다.

(2) 공동관계의 필요

저작물에 공동창작이라는 관계가 객관적으로 존재하여야 한다. 그리고 저작물을 작성할 당시 객관적으로 당사자 간에 공동창작의 의사가 있어야 한다. 그러나 저작자들 사이에 공동저작물을 창작한다는 구체적이고 명시적인 합의가 있을 것을 요하는 것은 아니며, 묵시적 동의나 순차적인 동의로도 공동관계가 성립된다.

(3) 창작물의 분리불가능

수인이 작성한 저작물의 외형상 단일의 형태라 해도 각자가 이바지한 부분을 분리하여 각각 개별적으로 이용할 수 있는 것이라면 결합저작물이 된다.

3) 법적 취급

(1) 저작인격권의 행사

공동저작물에 대한 저작인격권은 전원의 합의에 의하지 않고서는 행사하지 못한다. 이 경우 각 저작자는 신의에 반하여 합의의 성립을 방해하지 못한다. 한편 그들 중에 대표자를 선정하여 권리행사하는 것이 인정된다.

저작인격권에 대한 대표자의 대표권행사를 허용하는 것은 공동저작자의 합의의 번잡함을 피하기 위해 인격권의 일신전속성을 일부 완화하여 선의의 제3자를 보호함으로써 거래안전을 도모하기 위함이다.

(2) 저작재산권의 행사

공동저작물에 대한 저작재산권의 행사도 전원의 합의에 의하지 않고서는 저작재산권을 행사하지 못한다.[21] 또한 재산권자 전원의 동의가 없으면 그 지분의 양도나 질권의 설정이 불가능하다. 다만 이 경우에도 각 저작자는 신의칙에 반하여 합의의 성립을 방해하지 못하고 동의를 거부하지 못한다.

공동저작물의 재산권행사에도 선정된 대표자에 의해 행사할 수 있다. 공동저작물의 지분은 이용에 관한 특약이 없으면 그 저작물의 창작에 이바지한 정도에 따라 각자에게 분배된다. 각자의 이바지한 부분이 분명하지 않으면 균등한 것으로 추정된다. 공동저작자는 자신의 지분을 포기할 수 있는데, 이러한 포기가 있거나 상속인 없이 사망한 경우에 그 지분은 다른 공동저작물의 재산권자에게 그 지분의 비율에 따라 분배된다. 그러나 공동저작물의 최후의 권리자가 자신의 권리를 포기하거나 상속인이 없이 사망한 경우에는 저작권이 소멸한다.

❸ 편집저작물

1) 편집저작물의 의의

(1) 개념

편집저작물은 편집물로서 그 소재의 선택·배열 또는 구성에 창작성이 있는 것을 말한다(저§2 제18호). 여기서 편집물이란 저작물이나 부호·문자·음·영상 그 밖의 형태의 자료의 집합물을 말하며, 데이터베이스를 포함한다(저§2 제17호). 예컨대, 운전면허 시험집, 백과사전, 회화집, 사전, 캘린더, 문학전집, 판례집, 신문, 잡지, 영어단어집, 전화번호부 등을 말한다.

편집저작물의 인정근거는 편집물의 소재가 되는 자료의 개별적 보호와 무관하게 편집물 전체를 하나의 지적 창작물로서 독립된 보호대상으로 인정함으로써 편집자

---

21   공유의 대상이 되고 있는 산업재산권의 공유자 중 일부가 자신의 권리를 행사하여 실시하고자 하는 경우에는 여타의 공유자의 동의를 필요로 하지 않지만, 저작권에서는 다른 공유자의 동의를 필요로 하는 점에서 차이가 있다.

의 편집행위의 창작적 가치를 보호하고 그 인센티브를 높여 문화발전에 기여할 것으로 본 것이다.

(2) 2차적 저작물과의 차이

구저작권법에서는 편집저작물을 2차적 저작물[22]의 하나로 열거하였는데, 개정 저작권법에서는 양자를 구별하고 있다. 편집저작물과 2차적 저작물의 공통점은 새로운 창작성을 부여해야 한다는 점이다. 그러나 ㉮ 편집저작물은 저작물 등을 그대로 선택·배열한다는 점에서 원저작물에 내적인 변형을 가하여 창작하는 2차적 저작물과 구별된다. 또한 ㉯ 편집저작물은 소재가 저작물인지 여부와 무관하지만 2차적 저작물은 반드시 저작물을 이용한다는 점에서 다르다.

2) 편집저작물의 요건

(1) 편집물

백과사전이나 판례집 등과 같이 편집자가 일정한 방침에 의해 정보가치 있는 자료나 저작물을 체계적으로 정리한 것으로 소재가 저작물인지의 여부를 불문한다.

(2) 소재의 수집·선택·배열에 창작성이 있을 것

편집저작물은 소재를 일정한 방침이나 목적에 따라 수집·선택·배열 등에 창의성을 발휘한 것이다. 따라서 창작성이 저작물 성립요건이다. 그러므로 아무리 많은 자본을 투자하여 데이터베이스를 구축하여도 소재의 선택·배열에 창작성이 없으면 보호받지 못한다.[23]

결국 창작성의 판단은 매우 어렵기 때문에 사안마다 구체적으로 판단하여야 하지만 단지 소재를 잡다하게 끌어 모은 것이거나 단순한 사실을 기계적으로 가나다 순으로 배열한데 그친 것은 편집저작물로 보호받을 수 없다.[24]

---

22 "2차적 저작물"은 원저작물을 번역·편곡·변형·각색·영상제작 그 밖의 방법으로 작성한 창작물로서 이 또한 독자적인 저작물로서 저작권법에 의해 보호대상이 된다. 예컨대 번역물도 그 원저작물로부터의 번역권 인정유무와 관계없이 2차적 저작물로서 인정되기 때문에 독립된 2차적 저작권이 그것 자체로 발생한다.

23 대법원 2000. 6. 23. 선고 99다57133 판결.

24 미국 Feist 사건(1991)에서와 같이 가나다순으로 정렬한 인명전화번호부를 두고서 그 배열 또는 구성에 창작성이 있다고 할

(3) 편집저작물의 태양

㉮ 기존의 저작물을 특정한 의도하에서 수집배열한 것으로 판례집, 논문집 등, ㉯ 다수의 저작자에게 기고를 의뢰하여 발행한 것으로 백과사전, 문학사전 등, ㉰ 다수의 자작자에게 기고를 모아 정기적으로 발행한 것으로 신문, 잡지, 연감 등, ㉱ 공지의 사실·자료 등을 일정한 순서에 따라 배열한 것으로 영어단어장, 전화번호부 등, ㉲ 데이터베이스 등이 있다.

3) 법적 취급

편집저작물도 독자적으로 보호된다. 이는 소재의 수집·선택에 편집자의 정신적 노력이 부가되기 때문이다. 편집저작물의 소재로서 보호받는 저작물이 이용될 경우에는 원저작자의 권리와 편집저작자의 권리가 병존한다. 이 같은 특수성을 감안하여 몇 가지 특별규정이 있다.

(1) 기본원칙

편집저작물은 독자적인 저작물로서 보호된다(저§6). 이는 그 편집저작물을 구성하는 저작물과 별개로 전체로서 독립된 하나의 저작물로 보호된다. 따라서 편집저작물의 작성과 동시에 저작권이 발생하며 저작권법상 저작재산권(권리의 행사나 보호기간, 침해의 구제 등)과 저작인격권 등이 부여된다.

소재에 관한 권리자의 허락이 편집저작물의 성립요건은 아니므로 허락 없이 작성된 편집물이라도 그 자체는 작품의 수집·선택·배열에 창작성이 있으면 편집저작물로서 보호된다.

(2) 소재 저작자와의 관계

편집저작물의 보호는 그 편집저작물의 구성부분이 되는 소재의 저작권 그 밖에 이 법에 따라 보호되는 권리에 영향을 미치지 아니한다(저§6②). 따라서 제3자가 편집저작물을 이용함에 있어서 소재저작물을 간접적으로 이용하게 되면 두 권리의

수 없음은 분명하다(김정완 외1인, 전게서, 346면 각주 참조).

동의를 얻어야 한다. 즉 편집저작물의 저작자와 그 구성부분이 되는 소재 저작물의 저작자의 동의를 함께 구해야 한다.[25]

소재저작자가 공표하지 않은 원저작물을 이용한 편집저작물의 작성을 허락하거나 동 권리를 양도한 경우에는 그 상대방에게 자신의 저작물의 공표를 동의한 것으로 추정한다. 또한 소재저작물의 저작자의 동의를 얻어 작성된 편집저작물이 공표된 경우 그 소재저작물도 공표된 것으로 추정한다. 아울러 저작권 양도의 특례로서 특약이 없을 때에는 편집저작물의 작성권은 포함되지 않은 것으로 추정된다.

(3) 편집저작물의 보호범위

편집저작물의 저작자가 그 권리를 주장할 수 있는 것은 편집저작물을 구성하는 소재를 이용하는 경우가 아니라 편집저작물 그 자체를 이용하는 경우에 한한다. 즉 편집저작물에 게재된 소재의 일부를 이용하는 경우에는 해당 저작물의 저작자의 허락만 얻으면 족하고 편집저작물의 저작자의 허락을 요하지 않는다.

그리고 제3자의 편집저작물의 이용에 대해 저작권침해를 주장할 수 있는 경우는 편집저작물 전체를 무단이용하는 경우뿐만 아니라 편집저작물 가운데 소재의 선택과 배열 등에 창작성이 있는 부분을 무단이용하는 경우에도 가능하다고 한다.[26]

4 영상저작물

하나의 영상저작물은 소재가 되는 저작물과 관계에서는 2차적 저작물이 되거나 공동저작물이 되는 경우가 많은데 이 경우 다수의 권리관계가 중복됨으로 권리행사가 어려울 수 있다. 따라서 저작권법이 특례규정을 두는 것은 이에 대한 정리를 통해 권리행사를 단순화시켜 영상저작물의 원활한 이용을 도모하고, 영상제작자의 투하자본회수를 보호하기 위함이다.

25　서울민사지법 1992. 6. 5. 선고 91가합39509 판결. 법원은 초등학교 교과서에 수록된 삽화에 대한 저작권 귀속문제에서 "교과서는 편집저작물이므로 교과서의 저작권은 교육부에 있지만, 이 수록된 삽화에 대한 저작권은 원저작자에게 있다"고 판시하고 있다.

26　대법원 1993. 6. 8. 선고 93다3072 판결 등.

1) 영상저작물에 대한 권리관계

영상저작물의 작성에는 원저작물의 저작자인 고전적 의미의 저작자와 영화감독·미술감독 등의 근대적 의미의 저작자, 그리고 배우·가수 등의 실연자 및 영상제작자 등 다수의 부류가 참여한다. 따라서 저작권법은 이들의 상호관계를 조정하기 위해 특례규정을 두고 있다.

(1) 영상저작물의 의의

영상저작물이란 음의 수반여부를 불문하고 연속적인 영상이 수록된 창작물로서 그 영상을 기계 또는 전자장치에 의하여 재생하여 볼 수 있거나 보고 들을 수 있는 것을 총칭하는 개념이다.

(2) 영상저작물의 특징

영상저작물은 주로 2차 저작물인 동시에 공동저작물이 될 가능성이 높다. 영상저작물은 유형물에의 고정을 특징으로 하며, 유성·무성을 불문한다. 영상은 독립적인 사진저작물이나 음만이 유형물에 고정된 음반과 다르다.

2) 영상화 허락에 따른 법률관계

(1) 영상화의 의의

영상저작물의 작성에는 기존의 저작물을 전제로 하지 않는 경우도 있으나, 대부분의 경우 소설·각본 등 기존의 저작물(이하 원저작물이라고 한다)을 이용한다. 이와 같이 원저작물을 영상저작물의 작성에 이용하는 것을 영상화라고 한다.

(2) 영상화에 따른 특례규정

영상화는 2차적 저작물이므로 원저작물의 저작재산권자로부터 2차저작물 작성권 양도 또는 허락을 받아야하지만 영상저작물의 특성상 특례규정을 두고 있다.

❶ 포괄적 허락의 추정

저작재산권자가 저작물의 영상화를 다른 사람에게 허락한 경우에 특약이 없더라도 다음 각 호의 권리를 포함하여 허락한 것으로 추정한다(저§99①).

- 영상저작물을 제작하기 위하여 저작물을 각색하는 것
- 공개상영을 목적으로 한 영상저작물을 공개상영하는 것
- 방송을 목적으로 한 영상저작물을 방송하는 것
- 전송을 목적으로 한 영상저작물을 전송하는 것
- 영상저작물을 그 본래의 목적으로 복제·배포하는 것
- 영상저작물의 번역물을 그 영상저작물과 같은 방법으로 이용하는 것

② 독점적 허락의 기간보장

저작재산권자는 그 저작물의 영상화를 허락한 경우에 특약이 없는 때에는 허락한 날부터 5년이 경과한 때에 그 저작물을 다른 영상저작물로 영상화하는 것을 허락할 수 있다(저§99). 이는 일단 한번 영상화의 허락받은 영상저작물 제작자의 권리를 일정기간 동안 보호하기 위한 규정이다.

(3) 영상저작물에 대한 권리관계

① 영상저작물의 저작자의 권리

영상제작자와 영상저작물의 제작에 협력할 것을 약정한 자가 그 영상저작물에 대하여 저작권을 취득한 경우 특약이 없는 한 그 영상저작물의 이용을 위하여 필요한 권리는 영상제작자가 이를 양도받은 것으로 추정한다(저§100①). 이는 영상저작물에 대해 저작권이 발생할 수 있음을 의미하고, 그 저작권이 영상제작자 등에게 저작권이 이전될 경우, 그 영상저작물의 「이용을 위한 권리」도 특약이 없는 한 영상제작자에게 양도된 것을 추정한다는 의미이다. 이는 권리이용관계의 간편화를 위해 규정된 특칙이다.

② 원저작물 저작자의 권리

영상저작물의 제작에 사용되는 소설·각본·미술저작물 또는 음악저작물 등의 저작재산권은 위의 추정규정에 아무런 영향을 받지 아니한다(저§100②). 즉 원저작물에 대한 영상화가 허용되어 영상저작물의 이용에 관한 권리가 영상제작자에게 양도된 것으로 추정되더라도 원저작권자가 자신의 저작재산권을 행사하는 데 아무런 제한을 받지 않는다는 것을 의미한다.

③ 영상저작물 저작인접권자의 권리

영상제작자와 영상저작물의 제작에 협력할 것을 약정한 실연자의 그 영상저작물의 이용에 관한 복제권, 배포권, 방송권 및 전송권은 특약이 없는 한 영상제작자가 이를 양도받은 것으로 추정한다(저§100③).

④ 영상제작자의 권리

영상제작자가 양도받은 영상물의 이용방법이나 영상물의 처분과 담보제공 등 영상제작에 투입된 자본의 회수를 위해 허용되는 지식재산권의 행사방법을 정할 필요가 있다.

- 영상저작물의 제작에 협력할 것을 약정한 자로부터 영상제작자가 양도받는 영상저작물의 이용을 위하여 필요한 권리는 영상저작물을 복제·배포·공개상영·방송·전송 그 밖의 방법으로 이용할 권리로 하며, 이를 양도하거나 질권의 목적으로 할 수 있다(저§101①).
- 실연자로부터 영상제작자가 양도 받는 권리는 그 영상저작물을 복제·배포·방송 또는 전송할 권리로 하며, 이를 양도하거나 질권의 목적으로 할 수 있다(저§101②).

5 단체저작물

1) 의의

(1) 개념

단체저작물은 법인이나 단체가 그 밖의 사용자의 기획하에 법인 등의 업무에 종사하는 자가 업무상 작성하는 저작물을 말한다(업무상 저작물이라고도 한다).

(2) 단체저작물의 저작자

법인 등의 명의로 공표되는 업무상저작물의 저작자는 계약 또는 근무규칙 등에 다른 정함이 없는 때에는 그 법인 등이 된다(저§9). 다만, 컴퓨터프로그램저작물의 경우 공표될 것을 요하지 아니한다. 이는 저작물의 창작을 법인 등 단체가 주도하는

경우가 많고 여러 관여자가 개입된 창작물의 경우 구체적 창작자로 자연인 1인을 선정하기가 힘들 경우가 많을 것이기에 법인 등 단체에 저작자의 지위를 부여하는 것이다.

2) 요건

단체저작물이 되려면 ① 법인 등 사용자의 기획에 의할 것, ② 법인의 업무종사자가 업무상 작성한 것일 것, ③ 종업원이 자신의 업무로서 작성할 것, ④ 법인 등 단체의 명의로 공표될 것, ⑤ 법인 등의 사용자가 종업원과 계약이나 근무규칙 등에 다른 정함이 없을 것을 요한다.

3) 귀속주체

법인 또는 단체가 저작자가 되므로 저작재산권과 저작인격권을 모두 향유하게 된다.

Ⓥ 보호받지 못하는 저작물

저작물을 성질을 가지지만 주로 공익적 견지에서 국민에게 널리 알려야 하거나 일반공중이 자유롭게 이용하게 해야 하는 성질의 저작물에 관하여 예외적으로 저작물로서 보호하지 않는다. 이에는 다음과 같은 것이 있다.

❶ 사회공공의 이익을 위한 저작물

① 헌법·법률·조약·명령·조례 및 규칙(저§7i), ② 국가 또는 지방자치단체의 고시·공고·훈령 그 밖에 이와 유사한 것(저§7ii), ③ 법원의 판결·결정·명령 및 심판이나 행정심판절차 그 밖에 이와 유사한 절차에 의한 의결·결정 등(저§7iii), ④ 국가 또는 지방자치단체가 작성한 것으로서 위 ①~③에 규정된 것의 편집물 또는 번역물(저

§7ⅳ),[27] ⑤ 사실의 전달에 불과한 시사보도(저§7ⅴ).[28]

2 프로그램 언어와 규약 및 해법

우리 저작권법은 프로그램을 작성하기 위하여 사용하는 프로그램 언어와 규약 및 해법에는 적용하지 아니한다고 규정하고 있다(저§101의2).

1) 프로그램 언어

프로그램 언어란 프로그램을 표현하는 수단으로서 문자·기호 및 그 체계를 말한다. 프로그램 언어란 FORTRAN, COBOL, BASIC 등을 가리키는데 이들은 범용성이 있는 프로그램 언어로서 이에 저작권적 보호를 줄 수 없는 것은 우리가 사용하고 있는 한글 자체에 대한 저작권 보호를 하는 것과 같은 효과를 줄 수 있기 때문이다.

2) 규 약

이는 특정 프로그램에 있어서 그 언어의 용법에 관한 특별한 약속을 말한다.[29] 이러한 규약 자체는 게임이나 스포츠의 규칙과 같은 것으로 아무리 독창적이더라도 저작물이 될 수 없는 것이다.

3) 해 법

해법이란 프로그램에 있어서의 지시나 명령의 조합방법을 말하므로 해법은 알고리즘(algorithm)[30]이며 문제처리의 논리적 절차를 가리킨다. 컴퓨터가 문제를 해결하도록 컴퓨터에 지시하는 과정이 명확해야 하고 반드시 특정 해답에 도달하는 알고리

---

27   그러나 위의 편집물이나 번역물도 개인이나 단체가 작성한 경우에는 보호대상이 된다.

28   단순 사실전달이 아닌 기자의 사상이나 감정이 표출된 보도기사나 신문의 논설·방송의 평가 등은 저작권법의 보호대상이 된다. 그리고 보도사진도 단순한 사실의 전달이 아니므로 저작권법의 보호를 받는다.

29   구체적으로 프로그램의 interface나 통신규약(protocol)이 그 예이다.

30   알고리즘이란 컴퓨터가 문제를 해결하기 위한 일련의 순서적인 계산절차로서 프로그램의 작성시 기초가 된다.

즘이 성립되어야 프로그램이 작성이 가능해진다. 우리 저작권법은 알고리즘은 단순히 아이디어에 부분에 속하는 것으로 창작행위의 수단으로 보아 저작물로 보호하지 않는 것으로 규정하고 있다.

저작권의 발생

Ⅰ 무방식주의 원칙

세계적으로 저작권은 저작자가 창작 시부터 발생하여 절차나 형식의 이행을 요하지 않는 「무방식주의」가 채택되어 있다.

다만 주의할 것은 저작자에 의해 창작되는 창작물에 대한 권리가 인정되는 시기(始期)가 창작물을 완성한 때나 이를 공개한 때를 기준으로 하는 것이 아니라 완성의 정도와 관계없이 창작물이 작성된 때라는 점이다. 따라서 저작물의 작성이 인정되어 저작권이 인정되는 시기가 불명확한 것이 문제이다. 즉 창작물의 작성시기가 문제 되어 분쟁이 발생할 경우 그 창작시기에 대한 입증이 현저히 곤란한 것이 사실이다.

이러한 문제점을 감안하여 저작권의 존재를 입증하거나 혹은 제3자에 대하여 저작권의 존재를 주장하기 용이하도록 하기 위해 현행법에서는 저작권의 「등록 및 인증제도」를 두고 있다(저§53~§56).[31]

31　그러나 이러한 절차가 마련되었다고 해서 그러한 등록절차나 인증절차를 밟아야 저작권이 성립되고 권리로서 인정되는 것은 결코 아니다. 즉 저작권 등록이나 인증절차는 제3자에 대한 대항요건에 불과할 뿐이고, 여전히 저작권의 성립시기는 창작물이 작성된 때이다.

Ⅱ 저작권의 등록

1 서설

저작권 등록이란 저작자가 저작물에 관한 일정한 사항과 권리변동 등에 대하여 저작권등록부라는 공적 장부에 등재하는 것을 말한다. 우리나라는 저작권이나 저작인접권의 발생에 관하여 무방식주의를 택하고 있지만, 저작권 등록이 저작권에 대한 일정정한 사항을 등록함으로써 일반 공중에 이를 공개·열람 가능하도록 하는 일종의 공시적 효과를 거둘 수 있고, 일정한 사항에 대해 입증의 편의를 도모해주는 추정적 효력을 부여할 수 있다. 그리고 일정한 사항에 대해 거래안전을 위하여 제3자에 대한 대항력을 부여하고 있다는 점에서 그 역할에 의의를 찾을 수 있다(저§53~§63).

2 저작자·저작물 등의 등록

1) 등록사항

저작권자로 보호되는 주체로서 저작자는 ① 저작자 자신의 성명·이명(異名)·국적·주소 또는 거소를 등록할 수 있고, 보호되는 객체로서 ② 저작물의 제호·종류·창작연월일, ③ 공표의 여부 및 처음 공표한 국가와 공표연월일 그리고 그 밖에 대통령령으로 정하는 사항[32] 등을 등록할 수 있다(저§53①).

2) 등록권자

원칙적으로 위 등록사항을 등록할 수 있는 자는 저작자이다(저§53①). 그러나 저작자가 사망한 경우 저작자의 특별한 의사표시가 없는 때에는 그의 유언으로 지정한 자 또는 상속인이 등록을 할 수 있다(저§53②).

---

[32] 이 대통령령에서 정하고 있는 사항을 보면 ④ 2차적 저작물의 경우 원저작물의 제호 및 저작자, ⑤ 저작물이 공표된 경우 그 공표된 매체에 관한 정보, ⑥ 등록권리자가 2명 이상인 경우 각자의 지분에 관한 사항 등을 등록할 수 있다(저시§24).

3) 등록의 효력

(1) 추정사항

ⓐ 저작자로 실명이 등록된 자는 법률상 그 등록저작물의 저작자로 추정된다(저§53③). ⓑ 창작연월일 또는 맨 처음의 공표연월일이 등록된 저작물은 등록된 연월일에 창작 또는 맨 처음 공표된 것으로 추정된다. 다만, 저작물을 창작한 때부터 1년이 경과한 후에 창작연월일을 등록한 경우에는 등록된 연월일에 창작된 것으로 추정하지 아니한다.

(2) 추정의 의미

분쟁시 저작자가 누구냐에 대한 입증책임이 상대방에게 전환되는 효과가 나타난다는 의미이다. 즉 소송법상 등록된 자가 저작자가 아니라는 사실을 상대방이 반증을 통해 입증하지 못하면 등록된 자가 저작자로 인정된다는 것을 의미한다.

현행 저작권법은 제8조에서 "저작물에 실명 또는 널리 알려진 이명으로 표시된 자"를 저작자로 추정하고 있고, 동법 제53조에서는 "실명 또는 이명으로 등록된 자"를 저작자로 추정하고 있다. 따라서 제53조의 추정력은 저작물에 저작자의 실명 또는 널리 알려진 이명으로 표시되지 않은 자가 저작자로 등록된 경우에 보호받을 수 있는 점에 존재의의가 있다.

또한 저작권, 저작인접권 또는 배타적 발행권, 출판권, 데이터베이스제작자의 권리가 등록되어 있는 경우에 이를 침해한 자는 그 침해행위에 과실이 있는 것으로 추정된다(저§125④).

4) 보호기간의 회복

무명 또는 널리 알려지지 아니한 이명이 표시된 저작물의 저작재산권은 공표된 때부터 70년간 존속하지만(저§40①), 실명 또는 널리 알려진 이명이 밝혀진 경우 일반 저작물처럼 저작자 사망 후 70년까지의 보호기간을 인정받게 된다(저§40②).

5) 법정손해배상의 청구자격 부여

저작권 등록제도를 활성화하기 위해 2011년 저작권법 개정에서 저작재산권자가

「법정」손해배상청구를 하기 위해서는 침해행위가 일어나기 전에 그 저작물 등을 등록하여야 하는 것으로 규정하고 있다(저§125의2③).

③ 권리변동 등의 등록

① 저작재산권의 양도(상속 그 밖의 일반승계의 경우를 제외한다) 또는 처분제한, ② 배타적발행권 또는 출판권의 설정·이전·변경·소멸 또는 처분제한, ③ 저작재산권, 배타적발행권 및 출판권을 목적으로 하는 질권의 설정·이전·변경·소멸 또는 처분제한 등의 사항은 이를 등록할 수 있으며, 등록하지 아니하면 제3자에게 대항할 수 없다(저§54).

④ 등록절차

저작권등록은 신청 또는 촉탁에 의하여 행해지며(신청주의), 등록신청은 원칙적으로 등록권리자와 등록의무자가 공동으로 신청해야 하나, 판결·상속이나 그 밖의 일반승계 또는 촉탁에 따른 등록은 등록권리자만으로 신청이 가능하다. 한국저작권위원회[33]가 등록신청을 받아 이를 저작권등록부(프로그램의 경우 프로그램등록부를 말한다), 출판권등록부, 저작인접권등록부 또는 데이터베이스제작자권리등록부 등에 등록하였을 때에는 등록증을 교부하고, 등록공보에 공시하거나 정보통신망에 게시하여야 한다(저§55).

⑤ 등록변경과 등록부열람

등록부에 등록된 사항에 착오 또는 누락이 있을 경우 한국저작권위원회는 지체 없이 이를 등록권리자와 등록의무자에게 통지하여야 하고 등록을 경정하여야 한다.

---

33 「한국저작권위원회」는 저작권과 그 밖에 이 법에 따라 보호되는 권리에 관한 사항을 심의하고, 저작권에 관한 분쟁을 알선·조정하며, 저작권 등록 관련 업무를 수행하고, 권리자의 권익증진 및 저작물 등의 공정한 이용에 필요한 사업을 수행하기 위하여 법인의 형태로 설립되었다(저§112①). 또한 위원회의 업무를 효율적으로 수행하기 위하여 위원회 내에 「저작권정보센터」를 두어 운영하고 있다(저§120).

등록이 완료된 등록부는 열람이나 사본교부가 가능하다(저§55조의2).

6 비밀유지의무

저작권의 등록이나 권리변동 등의 효력, 등록절차의 등록 업무를 수행하는 자 및 그 직에 있었던 자는 자신이 직무상 알게 된 비밀을 다른 사람에게 누설하여서는 아니 된다(저§55의5).

Ⅲ 권리자 등의 인증

문화체육관광부장관은 저작물 등의 거래의 안전과 신뢰보호를 위하여 인증기관을 지정할 수 있다(저§56). 저작권과 관련하여 ① 자신이 정당한 권리자라는 사실 혹은 ② 자신이 정당한 권리자로부터 저작물 등의 이용을 허락받았다는 사실을 명확히 해두고자 하는 자는 일정한 기관에서 인증받을 수 있다. 저작권법에서는 구체적으로 밝히고 있지 않으나, 저작물에 대하여 권리가 있다는 것을 확인하는 「권리인증」과 저작물의 권리자로부터 이용허락을 받았다는 것을 확인하는 「이용허락인증」으로 나뉠 수 있다. 문화체육관광부는 인증기관으로 한국저작권위원회를 지정하였다.

제16강

저작권의 행사와 한계

Ⅰ 서설

저작권의 특성을 알아보고 저작권의 내용과 이용관계를 포함하는 효력에 관하여 검토해보고 마지막으로 저작권의 이용관계의 특수한 것으로 배타적 발행권, 출판권, 저작물의 법정허락 및 강제허락에 대해 차례로 알아본다.

Ⅱ 저작권의 특성

1 배타적 지배권성

저작권을 저작물을 직접 지배하면서 타인이 자신의 저작물을 이용하는 것을 금지하거나 허락할 수 있는 권리라는 점에서 물건을 직접 지배하는 권리인 물권과 유사한 배타적 지배권이다. 이 배타성 때문에 제3자가 허락 없이 저작물을 이용하는 경우 저작자가 권리침해를 주장할 수 있고 그 구제를 청구할 수 있는 이유가 되며, 저작자가 저작물을 자신의 허락에 따라 이용할 수 있도록 할 수 있는 근거가 된다.[34]

---

34 반면 이러한 배타적 성격이 저작물의 원활한 이용을 곤란하게 하는 데 장애가 되어 저작권자의 이익에 반하는 부작용이 발생할 수 있기에 저작권법은 저작권을 보상청구권화한다거나, 권리집중관리제도의 확대를 통해 그 배타성을 결점을 보완하고 있다.

2 공공성

저작권의 보호는 저작자의 창작동기를 유발하는 동기가 된다는 점에서 사회 문화의 향상발전에 이바지하는 수단으로서의 성격을 가지는 한편 저작물의 공정한 이용을 도모함으로써 「문화 및 그 관련산업」의 향상발전에 이바지하는 공공적인 성격을 가진다. 따라서 저작권은 저작물의 공정한 이용을 위해서 일정한 경우 그 배타적인 지배성을 제한되기도 한다. 예컨대 저작재산권의 제한에 관한 규정(저§23 ~ §35의3)들이 이에 해당한다.

3 유한성

저작권은 존속기간이 법정되어 있는데 이것도 또한 저작권의 공공성에 기인한다. 즉 소유권은 목적물이 존속하는 한 주체가 바뀌더라도 지속되지만, 저작권은 일정한 기한이 경과된 이후에는 소멸하여 만인의 공동소유로 전환된다.

4 가분성

저작권은 복제·공연 등 여러 가지 내용의 권능으로 구성된 일종의 "권리의 다발" 형태를 취하고 있다. 즉 저작권자는 저작물을 여러 가지 방식으로 이용하는 것을 통제할 수 있는 법적 권한을 가지며 나아가 시간별, 장소별, 형태별로 그 이용을 허가하는 것도 가능하고 또한 이들 권리의 다발을 전부 또는 분리하여 일부를 양도하거나 기타 처분할 수 있다.

Ⅲ 저작권의 효력

1 저작권의 종류

1) 저작인격권

(1) 의 의

저작인격권은 저작자가 저작물에 대해 갖는 정신적·인격적 이익을 보호하기 위해 주어진 권리이다. 생명권·성명권·프라이버시권 등과 같은 일반적인 인격권이 모든 사람에게 인정되어 그 보호대상이 권리주체 자신이 인격이지만, 저작인격권은 저작자에게만 인정되고 보호대상 역시 저작물이라는 점에서 다르다. 이에는 공표권·성명표시권·동일성유지권 등이 있다.

저작인격권은 「일신전속성」을 가지므로 양도·상속·포괄적 위임·신탁관리·포기 등이 불가능하므로 이에 위반한 당사자의 어떠한 약정도 당연 무효이다(저§14①).

(2) 공표권

저작자가 자신의 저작물의 공표 여부를 결정할 수 있는 권리를 공표권이라고 한다(저§11). 여기서 "공표"란 「저작물을 공연, 공중송신 또는 전시 그 밖의 방법으로 공중에게 공개하는 경우와 저작물을 발행하는 경우」를 말한다. 그리고 "발행"이란 「저작물 또는 음반을 공중의 수요를 충족시키기 위하여 복제·배포하는 것」을 말한다. 공표권은 미공표저작물을 최초로 공표하는 경우에 해당하며, 그 최초의 공표를 언제, 어디에서, 어떤 방법으로 공표할 것인지를 결정할 권리를 의미한다.

한편 일정한 경우 저작자가 저작물의 공표에 동의한 것으로 추정되거나 간주되는 경우가 있다(저§11). 즉 ① 저작자가 미공표저작물의 저작재산권을 양도, 이용허락, 배타적발행권의 설정 또는 출판권의 설정을 한 경우(동의의 추정), ② 저작자가 미공표 미술저작물·건축저작물 또는 사진저작물의 원본을 양도한 경우(이 경우 전시방식에 의한 공표의 동의추정), ③ 원저작자의 동의를 얻어 작성된 2차적저작물 또는 편집저작물이 공표된 경우(원자작물 공표의 동의간주), ④ 미공표저작물을 도서관 등에 기증한 경우(동의 추정) 등이 그것이다.

(3) 성명표시권

성명표시권이라 함은 저작자가 저작물의 원작품이나 그 복제품에 또는 저작물의 공표에 있어 그의 실명이나 이명을 표시할 수 있는 권리이다(제§12①). 성명표시권에는 ① 저작물에 성명을 표시할 것인지 혹은 무명으로 공표할 것인지(표시여부), ② 표시할 경우 실명 또는 이명을 표시할 것인지(표시방법)를 결정할 수 있는 권리이다.[35] 이 성명표시권은 최초의 공표 시에만 적용되는 것이 아니고 이미 공표된 저작물의 계속적인 공표 시에도 적용된다.

한편 저작물을 이용하는 자는 부득이한 경우[36]를 제외하고 그 저작자의 특별한 의사표시가 없는 때에는 저작자가 그의 실명 또는 이명을 표시한 바에 따라 이를 표시하여야 한다(제§12②). 따라서 저작자가 저작물에 표시한 실명 또는 이명을 변경하여 표시하는 경우 성명표시권 위반이 된다.[37]

(4) 동일성유지권

동일성유지권이란 저작물에 대해 내용·형식 및 제호에 있어서 그 동일성을 유지할 권리를 말한다(제§13①). 동일성유지권과 관련하여 저작물의 제호(제목) 그 자체는 저작물성이 인정되지 않아 자유로운 이용이 가능하지만, 작품과 관련된 제호는 저작물의 내용을 집약하여 표현한 것이므로 이를 무단으로 변경하면 인격권 침해가 된다.[38]

한편 2차적저작물과 관련하여, 2차적저작물의 작성은 원저작물을 개량·변형한다는 점에서 동일성유지권의 침해가 문제 될 수 있다. 이 경우는 우선 ① 원저작물의 개변에 대한 원저작권자의 허락이 없었다면 동일성유지권의 침해가 되고, 다음으로 ② 원저적권자의 동의가 있었더라도 저작물의 본질적인 내용의 변경이 있는 경우 역시 동일성유지권의 침해가 된다.[39]

---

35 저작자의 성명표시권이 침해된 경우로는 예컨대 실명으로 공표된 저작물을 이명이나 무명으로 공표한 경우, 이명으로 공표된 것을 임의로 실명을 표기한 경우, 무명저작물에 저작자의 실명이나 이명으로 표시한 경우 등이 이에 해당한다.

36 예컨대 호텔이나 백화점 혹은 전철역에서 틀어주는 음악에 작곡가나 작사가의 성명을 생략하는 경우가 이에 해당한다.

37 대법원 1991. 8. 27. 선고 89도702 판결.

38 관련 판례로 서울지법 1991. 4. 26. 선고 90카98799 판결("가자 장미여관으로" 사건).

39 예컨대 원저작물인 소설이 비극인데, 원저작자의 허락을 받아 제작한 2차적저작물이 희극인 경우 본질적인 내용의 변경에 해당할 것이다.

그리고 저작권법은 저작물 이용과 관련하여 공공의 이익 및 저작물 이용의 특성에 따라 일정한 경우 저작물의 변경에 대하여는 저작물의 본질적인 내용의 변경이 없는 한 저작자의 이의제기를 불허하는 경우가 있다(저§13②).[40]

(5) 기타 인격적 이익보호를 위한 권리

저작권법상 위 세 가지 저작인격권 이외에도 저작자의 인격적 이익보호를 위한 권리로 다음과 같은 권리들이 인정되고 있는바, 이들도 성격상 인격권적 요소를 가진 권리이다. 저작재산권이 이용허락·양도된 경우에도 저작자에게 여전히 이 권리들이 인정된다는 점에서 저작인격권의 연장으로 이해된다.

❶ 저작물의 수정증감권

배타적발행권자가 가지는 저작물의 발행권 등이 행사방법으로 이용되는 경우(저§58의2①)와 출판권자가 가지는 출판권의 행사방법으로 저작물을 출판하는 경우(저§63의2)에도 정당한 범위에서 저작자가 그 저작물의 내용을 수정하거나 증감할 수 있도록 허용하고 있다. 이 권리도 저작물의 내용변경권에 해당하는 것으로 저작자의 인격적 이익을 보장하는 관점에서 인정된 것이다. 심지어 저작재산권이 제3자에게 이전되더라도 저작자는 자신의 창작물에 대한 수정증감권을 잃지 않는 것이다.

❷ 명예권

저작인격권을 직접적으로 침해하는 행위가 아니더라도 저작자의 명예를 훼손하는 방법으로 그 저작물을 이용하는 행위는 저작인격권의 침해로 본다(저§124④).

❸ 저작자 사망 후의 인격권

저작인격권은 상속되지 않으므로 저작자 사망 후 저작자의 인격적 이익을 어떻게 보호할 것인지가 문제된다. 이에 대하여 저작권법은 그 저작물을 이용하는 자는 그 저작자가 생존하였더라면 그 저작인격권의 침해가 될 행위를 하여서는 아니 된다(저§14②)고 규정하고 있다. 저작자 사망 후 그러한 침해가 있는 경우 그 유족이나 유언

---

40 서울고법 2001. 10. 11. 선고 2000나36738 판결. 즉 ① 학교교육 목적상 부득이한 표현의 변경, ② 건축물의 증축·개축 그 밖의 변형, ③ 컴퓨터 이용을 위한 프로그램의 필요한 범위에서의 변경, ④ 프로그램의 효과적 이용을 위한 필요한 범위에서의 변경, ⑤ 그 밖에 성질·형태·목적상 부득이한 범위 안에서의 변경 등이 그것이다.

집행자가 침해정지를 청구하거나 명예회복 등의 청구를 할 수 있다(저§128).

2) 저작재산권

(1) 의 의

저작재산권은 저작물의 이용으로 발생하는 경제적 이익을 보호하기 위한 권리이다. 저작재산권은 저작물의 이용행태에 따라 그 내용을 달리하는 여러 권리들로 구성된 "권리의 다발" 형태를 취하고 있다(경제적 이용권). 저작재산권은 물권에 준하는 배타적 지배권으로 권리 중 일부만을 분리·양도·이전·포기할 수 있다.

(2) 복제권

저작자가 자신의 저작물을 스스로 복제하거나 제3자에게 이를 허락하거나 금지할 수 있는 권리를 말한다(저§16). 복제권은 모든 저작물에 대하여 적용되는 권리로서 저작권에서 가장 기본적인 권리이다. "복제"는 인쇄·사진촬영·복사·녹음·녹화 그 밖의 방법으로 일시적 또는 영구적으로 유형물에 고정하거나 다시 제작하는 것을 말하며, 건축물의 경우에는 그 건축을 위한 모형 또는 설계도서에 따라 이를 시공하는 것을 포함한다(저§2 제22호).[41]

그리고 건축물의 경우 건축물뿐만 아니라 모형 또는 설계도서도 건축저작물로 인정되고 있기 때문에 건축물을 그대로 모방하는 건축물을 현출하는 것은 물론이고 이를 모형이나 설계도서로 제작하거나, 그 모형이나 설계도서와 동일한 건축물로 건축하는 것도 역시 복제에 해당한다.[42]

(3) 공연권

저작자는 그의 저작물을 스스로 공연하거나 제3자에게 이를 허락·금지할 수 있는 권리를 가진다(저§17). "공연"이란 저작물 또는 실연·음반·방송을 상연·연주·가

---

41   여기서의 "복제방법"은 예시적인 것으로 디지털형태로 컴퓨터에 저장하거나 블로그상 공유자료를 자신의 컴퓨터로 내려받는 것도 복제에 해당한다.

42   그러나 일시적 복제를 모두 광범위하게 금지적 성격의 복제권의 대상으로 삼을 경우 이용자의 정보접근권을 크게 제한할 가능성이 있어서, 저작권법 제2관에서 규정하고 있는 저작재산권의 제한(저§23~§38)의 규정에 의해 예외를 인정하고 있다.

창·구연·낭독·상영·재생 그 밖의 방법으로 공중에게 공개하는 것을 말하며, 동일인의 점유에 속하는 연결된 장소 안에서 이루어지는 송신(전송을 제외한다)을 포함한다. 여기서의 "공중에게 공개"라 함은 가족, 친지 등의 사적인 관계로 연결되는 범위를 넘어서서 불특정 다수인을 대상으로 직접 표현하거나 상영 또는 재생의 방식으로 저작물을 이용하는 것을 말한다.[43]

(4) 공중송신권

저작자는 그의 저작물을 스스로 공중송신하거나 제3자에게 이를 허락·금지할 수 있는 권리를 가진다(저§18). "공중송신"은 저작물, 실연·음반·방송 또는 데이터베이스를 공중이 수신하거나 접근하게 할 목적으로 무선 또는 유선통신의 방법에 의하여 송신하거나 이용에 제공하는 것을 말한다(저§2vii). 공중송신권은 기존의 방송권과 전송권으로는 규제가 어려운 새로운 이용형태인 온라인디지털기술을 이용하거나 향후 나타나는 새로운 송신행위까지 포함하는 포괄적인 개념이다.

"방송"은 공중송신 중 공중이 동시에 수신하게 할 목적으로 음·영상 또는 음과 영상 등을 송신하는 것을 말한다(저§2 제8호). "전송(傳送)"은 공중송신 중 공중의 구성원이 개별적으로 선택한 시간과 장소에서 접근할 수 있도록 저작물 등을 이용에 제공하는 것을 말하며, 그에 따라 이루어지는 송신을 포함한다(저§2 제10호). 예컨대 저작물을 인터넷에 올리거나 이를 상대방에게 송신하는 경우, 인쇄물형태가 아닌 저작물을 디지털형태로 저장해서 배포하는 행위가 이에 해당하다.

"디지털음성송신"은 공중송신 중 공중으로 하여금 동시에 수신하게 할 목적으로 공중의 구성원의 요청에 의하여 개시되는 디지털 방식의 음의 송신을 말하며, 전송을 제외한다(저작§2 제11호). 이는 온라인을 통해 실시간으로 음악 또는 음성을 서비스하거나 이를 실시간으로 듣는 것을 말한다.

결국 저작권자는 저작물을 공중을 상대로 송신하는 방송, 전송, 디지털음성송신

---

43 따라서 가족·친지가 참석한 결혼식이나 피로연에서의 연주, 오케스트라단원들의 연습을 위한 연주, 동호인들의 연주 등의 경우에는 저작권자의 공연권 침해가 아니다. 그러나 저작물의 복제만을 허락한 경우 그 저작물을 노래방에서 공연한 경우(일명 '노래방사건'; 대법원 1996. 3. 22. 선고 95도1288사건), 시판용 녹음 테이프를 에어로빅 교실에 재생한 경우(광주지방법원 약식명령 1995. 10. 16. 95고약11811), 시판용 녹음테이프를 무도장에서 틀어준 경우(전주지방법원 1988. 12. 7. 선고 88가소16995 판결)에는 공연권 침해가 될 수 있다.

등 모든 형태의 포괄적인 공중송신권으로 보호받게 된다.

(5) 전시권

저작자는 미술저작물 등의 원본이나 그 복제물을 스스로 전시하거나 제3자에게 이를 허락·금지할 권리를 가진다(저§19). 전시는 시각적 기능을 이용하는 것이므로 미술저작물, 건축저작물 그리고 사진저작물만을 의미한다. "전시"란 원작품 또는 그 복제물 등의 유형물을 공중에게 진열하거나 게시하는 것을 말하므로 유형물에 의하지 않는 것은 전시에 해당하지 않는다.[44] 또한 가정 및 이에 준하는 장소 내에서의 진열, 게시는 전시에 해당하지 않는다.

(6) 배포권

저작자는 저작물의 원본이나 그 복제물을 스스로 배포하거나 제3자에게 이를 허락·금지할 권리를 가진다(저§20본문). 다만, 저작물의 원본이나 그 복제물이 해당 저작재산권자의 허락을 받아 판매 등의 방법으로 거래에 제공된 경우에는 그러하지 아니하다(저§20단서). "배포"는 저작물의 원작품이나 그 복제물을 일반 공중에게 대가를 받거나 받지 아니하고 양도 또는 대여하는 것을 말한다(저§2 제23호).

배포한 저작물의 원본 또는 그 복제물과 같은 "유형의 형태"로 공중에게 보급되는 것이므로 「무형의 형태」로 보급되는 공중송신, 공연 등의 경우는 배포가 아니다.

(7) 대여권

저작자는 제20조 단서에도 불구하고 판매용 음반이나 판매용 프로그램을 영리를 목적으로 스스로 대여하거나 제3자에게 이를 허락·금지할 수 있는 권리를 가진다(저§21). 대여권이 미치는 대상과 범위는 ① 판매용 음반이나 판매용 프로그램에 한정되며, ② 이를 영리 목적으로 대여하는 경우에 한하고 있다. 따라서 만화·소설과 같은 도서류나, 비디오·DVD 등 영상저작물 등은 이에 포함되지 않으며, 음반이나 프로그램이더라도 영리 목적이 없는 개인적인 대여는 포함되지 않는다.

---

44   대법원 2010. 3. 11 선고 2009다4343 판결. 웹사이트에 사진작물을 복제하여 게시하여 다수 인터넷 이용자들이 이용하도록 제공한 행위는 전시에 해당하지 않는다.

(8) 2차적저작물 작성권

저작자는 그의 저작물을 원저작물로 하는 2차적저작물을 스스로 작성하여 이용하거나 제3자에게 이를 작성하여 이용하는 것을 금지·허락할 수 있는 권리를 가진다(저§22). 이 권리는 2차적저작물의 「작성권」 외에 이를 「이용할 권리」를 포함하는 복합구조를 취하고 있다.

3) 저작인접권

(1) 의 의

저작인접권이란 저작인접물 즉 실연, 음반, 방송에 관하여 각 실연자, 음반제작자, 방송사업자에게 인정되는 저작권법상 권리를 말한다. 즉 음악 저작물인 경우 작사자나 작곡자가 저작권을 가진다면 연주자나 가수, 음반제작자 등은 저작인접권을 가지게 된다.

저작인접권자는 저작물의 내용에 대한 새로운 창작자로 인정되지는 않지만 창작물을 시각적으로(실연), 청각적으로(음반) 또는 시청각적으로(방송) 일반에 전달하는 데 자신의 노력과 비용을 투자함으로써 나름의 창의성과 기술을 발휘하여 문화예술의 발전에 기여한 점을 인정한 것이다. 저작권법은 저작인접권자의 성과물에 대하여 제3자가 무임승차하려는 침해를 방지함으로써 저작인접권자가 투자한 노력과 비용을 효과적으로 회수할 수 있는 기회를 부여할 필요성을 인정하고 있다.

(2) 저작권과 저작인접권

저작권과 저작인접권은 각기 객체를 달리하는 독립된 권리라는 점에서 저작인접권에 관한 규정은 저작권에 영향을 미치지 않는다(저§65). 원래 저작인접권은 저작권과 상호 대등한 권리관계이면서 동시에 상호의무관계에 있을 수 있다. 현행법도 저작인접권에 의해 저작권이 침해받지 않도록 하고 있다. 따라서 저작인접물의 이용은 필연적으로 저작물의 이용을 수반하기 때문에 저작권자의 허락을 요한다.[45]

---

45 예컨대 유명 작곡가가 만든 노래를 가수가 노래를 부르고 음반제작자가 음반으로 제작한 것을 방송사업자가 방송한 것을 제3자가 녹음하여 mp3 파일로 만들어 이를 전송하려는 경우, 제3자는 가수인 실연자, 음반제작자, 방송사업자의 허락을 받아야 하

(3) 주체와 객체

❶ 저작인접권의 주체

저작인접권의 주체는 실연자, 음반제작자 및 방송사업자이다. "실연자"는 저작물을 연기·무용·연주·가창·구연·낭독 그 밖의 예능적 방법으로 표현하거나 저작물이 아닌 것을 이와 유사한 방법으로 표현하는 실연을 하는 자를 말하며, 실연을 지휘, 연출 또는 감독하는 자를 포함한다(저§2 제4호). "음반제작자"는 음반을 최초로 제작하는 데 있어 전체적으로 기획하고 책임을 지는 자를 말한다(저§2 제6호). "방송사업자"는 방송을 업으로 하는 자를 말한다(저§2 제9호).

❷ 저작인접권의 객체

저작인접권의 보호객체인 저작인접물은 아래에서 설명하는 실연, 음반 및 방송을 말한다. 다만 대한민국에서 보호되는 외국인의 실연·음반 및 방송이라도 그 외국에서 보호기간이 만료된 경우에는 저작권법에 따른 보호기간을 인정하지 아니한다.

㉮ 실 연

"실연"이란 저작물을 연기·무용·연주·가창·구연·낭독 그 밖의 예능적 방법으로 표현하거나 저작물이 아닌 것을 이와 유사한 방법으로 표현하는 것을 말한다(저§2 제4호). 무엇이 저작권법상 보호되는 실연에 해당하는가에 대하여는 따로 규정을 두고 있다(저§64①i).

㉯ 음 반

"음반"은 음(음성·음향을 말한다)이 유형물에 고정된 것(음을 디지털화한 것을 포함한다)을 말하나, 음이 영상과 함께 고정된 것을 제외한다(저§2 제5호). 음반이란 일반적으로 디스크나 CD, 레코드 등을 가리키지만, 저작권법상 음반이란 음이 유형물에 고정된 것이므로 위의 일반적인 것을 포함하여 음이 수록된 테이프나 컴퓨터메모리칩도 음반에 해당한다. 무엇이 저작권법상 보호되는 음반에 해당하는가에 대하여는 동법에 규정을 두고 있다(저§64①ii).

지만, 아울러 저작자인 작곡·작사자의 허락을 얻어야 한다.

ⓓ 방송

"방송"은 공중송신 중 공중이 동시에 수신하게 할 목적으로 음·영상 또는 음과 영상 등을 송신하는 것을 말한다. 저작권법상 저작인접권에 보호하는 방송이 어떤 요건을 갖추어야 하는지에 대하여는 동법에 규정을 두고 있다(저§64①ⅲ).

(4) 저작인접권의 내용

❶ 실연자의 권리

실연은 실연자의 인격의 반영이라는 측면이 강하므로 다른 저작인접권과 달리 「인격권」과 「재산권」을 동시에 인정하고 있다.[46]

㉮ 실연자의 인격권

실연자의 인격권은 저작권자의 저작인격권과 대부분 일치한다. 다만 저작인격권의 하나인 '공표권'에 관한 규정을 제외하고 「성명표시권(저§66)」, 「동일성유지권(저§67)」만이 규정되어 있는 점에서 차이가 있다. 그리고 실연자의 인격권이 일신전속성(저§68)을 가짐은 저작인격권에서와 동일하다.

㉯ 실연자의 재산권

실연자의 재산권으로는 복제권(저§69), 배포권(저§70), 대여권(저§71), 공연권(저§72), 방송권(저§73), 전송권(저§74), 상업용 음반을 사용하는 방송사업자에 대한보상청구권(저§75), 음반을 사용하는 디지털음성송신사업자에 대한 보상청구권(저§76), 상업용 음반을 사용하여 공연하는 자에 대한 보상청구권(저§76의2) 등을 가진다.

한편, 공동실연자의 권리, 즉 2인 이상이 공동으로 합창, 합주 또는 연극 등을 실연한 경우에 그 실연자의 권리는 공동으로 실연한 자가 선출하는 대표자가 이를 행사하며, 대표자의 선출이 없는 경우에는 지휘자 또는 연출자 등이 이를 행사한다(저§77).

❷ 음반제작자의 권리

음반제작자에게는 인격권이 인정되지 않고, 재산권만 인정되고 있다. 즉 음반제작자는 복제권(저§78), 배포권(저§79), 대여권(저§80), 전송권(저§81), 상업용 음반을 사용하

46　실연자의 인격권은 국제조약으로서는 처음으로 WPPT(WIPO Performances and Phonograms Treaty) 제5조(Moral Rights of Performers)가 실연자의 인격권을 인정하게 되었고, 이 조약에 가입을 전제로 우리나라는 2006년 저작권법 개정에서 실연자의 인격권을 도입하였다.

는 방송사업자에 대한 보상청구권(저§82), 음반을 사용하는 디지털음성송신사업자에 대한 보상청구권(저§83), 상업용 음반을 사용하여 공연하는 자에 대한 보상청구권(저§83의2)을 가진다.

③ 방송사업자의 권리

방송사업자에게도 재산권만 인정된다. 즉 방송사업자는 복제권(저§84), 동시중계방송권(저§85) 그리고 공연권(저§85의2)[47]을 가진다.

2 저작재산권의 제한

1) 저작권법상 규정

(1) 의 의

저작재산권의 제한이란 저작재산권의 권리성을 제한하여 저작권자의 허락이 없어도 공표된 저작물을 자유롭게 인용할 수 있으며 법정허락이나 강제허락의 경우와 달리 별도 보상금을 지급할 의무가 없는 것이 대부분이므로 엄밀한 의미에서 저작재산권의 보호의 예외라고 이해하여야 한다. 이를 인정하는 이유는 공익상의 이유, 다른 권리와의 조정을 위한 경우, 사회관행상 인정되는 경우 등이 있다. 그러나 이 경우에도 저작인격권은 제한되지 않는다(저§38).

(2) 재판절차 등에서의 복제

재판·수사 절차를 위하여 필요한 경우이거나 입법·행정의 목적을 위한 내부 자료로서 필요한 경우에는 그 한도 안에서 저작물을 복제할 수 있다. 다만, 그 저작물의 종류와 복제의 부수 및 형태 등에 비추어 당해 저작재산권자의 이익을 부당하게 침해하는 경우에는 그러하지 아니하다(저§23).

(3) 정치적 연설 등의 이용

공개적으로 행한 정치적 연설 및 법정·국회 또는 지방의회에서 공개적으로 행한

47　이 규정은 2011. 6. 저작권법 개정에서 도입한 것이다.

진술은 어떠한 방법으로도 이용할 수 있다. 다만, 동일한 저작자의 연설이나 진술을 편집하여 이용하는 경우에는 그러하지 아니하다(저§24).

(4) 공공저작물의 자유이용

국가 또는 지방자치단체가 업무상 작성하여 공표한 저작물이나 계약에 따라 저작재산권의 전부를 보유한 저작물은 허락 없이 이용할 수 있다(저§24의2). 다만 국가안전보장에 관한 정보, 개인 사생활 또는 사업상 비밀에 해당하는 경우 등의 경우에는 제한이 있다.[48]

(5) 학교교육 목적 등을 위한 이용

고등학교 및 이에 준하는 학교 이하의 학교교육 목적상 필요한 교과용 도서에는 공표된 저작물을 게재할 수 있다(저§25①). 한편 학교 교육의 목적상 저작물을 이용하려는 자는 (고등학교 및 이에 준하는 학교 이하의 학교에서 수업목적상 이용되는 경우를 제외하고) 문화체육관광부장관이 정하여 고시하는 기준에 따른 보상금을 해당 저작재산권자에게 지급하여야 한다(저§25⑥). 최근(2020. 2. 4.) 저작권법 개정으로 그 요건을 한층 강화하고 있다(저§25②~⑫).[49]

(6) 시사보도를 위한 이용

방송·신문 그 밖의 방법에 의하여 시사보도를 하는 경우에 그 과정에서 보이거나 들리는 저작물은 보도를 위한 정당한 범위 안에서 복제·배포·공연 또는 공중송신할 수 있다(저§26).

(7) 시사적인 기사 및 논설의 복제 등

정치·경제·사회·문화·종교에 관하여 신문 및 뉴스통신에 게재된 시사적인 기사나 논설은 다른 언론기관이 복제·배포 또는 방송할 수 있다. 다만, 이용을 금지하는

---

48 2020. 2. 4. 저작권법 개정.

49 교육기관이나 그 기관의 수업을 지원하는 기관 등은 수업 목적으로 이용하는 경우 저작물을 원칙적으로 일부분만을 복제·배포·공연·전시·공중송신할 수 있고, 부득이한 경우에만 전부 복제 등을 할 수 있으며, 공표된 저작물을 이용하려는 자는 문화체육관광부장관이 정하여 고시하는 기준에 따른 보상금을 해당 저작재산권자에게 지급하여야 하는 등 저작자 보호를 위한 기준이 강화되고 있다(저§25③~⑥ 등).

표시가 있는 경우에는 그러하지 아니하다(저§27).

(8) 공표된 저작물의 인용

인용이란 "저작자 자신의 학설을 논증하거나 보다 잘 이해시키기 위해서 또는 다른 저작자의 견해를 바르게 참조하기 위해 짧은 구절을 다른 저작물로부터 인증하는 것"을 의미한다.

저작권법은 저작재산권자의 허락 등이 없더라도 공표된 저작물을 보도, 비평, 교육, 연구 등을 위해 정당한 범위 안에서 공정한 관행에 합치되게 이를 인용하여 이용할 수 있다(저§28). 이러한 요건에 해당하면 저작재산권자의 허락, 보상금 지급의무도 없게 되므로 공표된 저작물인지의 판단 여부는 매우 중요한 문제이다.

(9) 비영리 목적의 공연·방송

영리를 목적으로 하지 아니하고 청중이나 관중 또는 제3자로부터 어떤 명목으로든지 반대급부를 받지 아니하는 경우에는 공표된 저작물을 공연 또는 방송할 수 있다. 그러나 실연자에게 통상의 보수를 지급하는 경우에는 그러하지 아니하다(저§29①).

또한 청중이나 관중으로부터 당해 공연에 대한 반대급부를 받지 아니하는 경우에는 상업용 음반 또는 상업적 목적으로 공표된 영상저작물을 재생하여 공중에게 공연할 수 있다. 다만, 대통령령으로 정하는 경우[50]에는 그러하지 아니하다(저§29②).

(10) 사적이용을 위한 복제

공표된 저작물을 영리를 목적으로 하지 아니하고 개인적으로 이용하거나 가정 및 이에 준하는 한정된 범위 안에서 이용하는 경우에는 그 이용자는 이를 복제할 수 있다. 다만, 공중의 사용에 제공하기 위하여 설치된 복사기기, 스캐너, 사진기 등에 의한 복제는 그러하지 아니하다(저§30).

---

50   저작권법 시행령 제11조(상업적 목적으로 공표된 음반 등에 의한 공연의 예외)에 따르면 커피전문점, 생맥주 전문점, 유흥주점, 경륜장·경정장, 전문체육시설, 골프장·무도학원·무도장·스키장·에어로빅장·체력단련장, 항공기·선박·열차, 호텔·콘도미니엄·카지노·유원시설, 대규모점포(전통시장은 제외) 등이 이에 해당한다.

(11) 도서관 등에서의 복제 등

도서관과 이에 준하는 시설은 그 도서관 등에 보관된 도서 등을 사용하여 저작물을 복제할 수 있다(저§31①). 즉 ① 조사·연구를 목적으로 하는 이용자의 요구에 따라 공표된 도서 등의 일부분의 복제물을 1인 1부에 한하여 제공하는 경우, ② 도서 등의 자체보존을 위하여 필요한 경우, ③ 다른 도서관 등의 요구에 따라 절판 그 밖에 이에 준하는 사유로 구하기 어려운 도서 등의 복제물을 보존용으로 제공하는 경우에 복제가 가능하다. 다만 위 ① 및 ③의 경우에는 디지털 형태로 복제할 수 없다(저§31①단서).

그리고 도서관 등은 컴퓨터를 이용하여 이용자가 그 도서관 등의 안에서 열람할 수 있도록 보관된 도서 등을 복제하거나 전송할 수 있다(저§31②전문). 이 경우 동시에 열람할 수 있는 이용자의 수는 그 도서관 등에서 보관하고 있거나 저작권 그 밖에 이 법에 따라 보호되는 권리를 가진 자로부터 이용허락을 받은 그 도서 등의 부수를 초과할 수 없다(저§31②후문).

또한 도서관 등은 컴퓨터를 이용하여 이용자가 다른 도서관 등의 안에서 열람할 수 있도록 보관된 도서 등을 복제하거나 전송할 수 있다. 다만, 그 전부 또는 일부가 판매용으로 발행된 도서 등은 그 발행일로부터 5년이 경과하지 아니한 경우에는 그러하지 아니하다(저§31③).[51]

(12) 시험문제를 위한 복제

학교의 입학시험 그 밖에 학식 및 기능에 관한 시험 또는 검정을 위하여 필요한 경우에는 그 목적을 위하여 정당한 범위에서 공표된 저작물을 복제·배포 또는 공중송신할 수 있다. 다만, 영리를 목적으로 하는 경우에는 그러하지 아니하다(저§32).

(13) 시·청각장애인 등을 위한 복제 등

공표된 저작물은 영리를 목적으로 하지 아니하고 시각장애인 등의 이용에 제공하기 위하여 공표된 저작물을 점자로 복제·배포하거나 공표된 어문저작물을 녹음하

---

51   다만 「도서관법」 제22조에 따라 국립중앙도서관이 온라인 자료의 보존을 위하여 수집하는 경우에는 해당 자료를 복제할 수 있다(저§31⑧).

거나 시각장애인 등을 위한 전용 기
록방식으로 복제·배포 또는 전송할
수 있다(저§33①·②)

또한 누구든지 청각장애인 등을
위하여 공표된 저작물을 한국수어
로 변환할 수 있고, 이러한 한국수어
를 복제·배포·공연 또는 공중송신
할 수 있고, 청각장애인 등의 복리증진을 목적으로 하는 시설과 그 시설의 장은 영
리를 목적으로 하지 아니하고 청각장애인 등의 이용에 제공하기 위하여 필요한 범
위에서 공표된 저작물 등에 포함된 음성 및 음향 등을 자막 등 청각장애인이 인지
할 수 있는 방식으로 변환할 수 있고, 이러한 자막 등을 청각장애인 등이 이용할 수
있도록 복제·배포·공연 또는 공중송신할 수 있다(§33의2①·②).

(14) 방송사업자의 일시적 녹음·녹화

저작물을 방송할 권한을 가지는 방송사업자는 자신의 방송을 위하여 자체의 수
단으로 저작물을 일시적으로 녹음하거나 녹화할 수 있다. 그러나 이 녹음물 또는
녹화물은 녹음일 또는 녹화일로부터 1년을 초과하여 보존할 수 없다. 다만, 그 녹음
물 또는 녹화물이 기록의 자료로서 대통령령이 정하는 장소에 보존되는 경우에는
그러하지 아니하다(저§34).

(15) 미술저작물 등의 전시 또는 복제

미술저작물 등의 원본 소유자나 그의 동의를 얻은 자는 그 저작물을 원본에 의하
여 전시할 수 있다(저§35). 그러나 가로·공원·건축물의 외벽 그 밖에 공중에게 개방
된 장소에 항시 전시되어 있는 미술저작물 등은 어떠한 방법으로든지 이를 복제하
여 이용할 수 있다.

(16) 저작물 이용과정에서의 일시적 복제

컴퓨터에서 저작물을 이용하는 경우에는 원활하고 효율적인 정보처리를 위하여
필요하다고 인정되는 범위 안에서 그 저작물을 그 컴퓨터에 일시적으로 복제할 수

있다. 다만, 그 저작물의 이용이 저작권을 침해하는 경우에는 그러하지 아니하다(저§ 35의2).

(17) 부수적 복제

사진촬영, 녹음 또는 녹화(이하 이 조에서 "촬영 등"이라 한다)를 하는 과정에서 보이거나 들리는 저작물이 촬영 등의 주된 대상에 부수적으로 포함되는 경우에는 이를 복제·배포·공연·전시 또는 공중송신할 수 있다. 다만, 그 이용된 저작물의 종류 및 용도, 이용의 목적 및 성격 등에 비추어 저작재산권자의 이익을 부당하게 해치는 경우에는 그러하지 아니하다(저§35의3).

(18) 문화시설에 의한 복제

국가나 지방자치단체가 운영하는 문화예술 활동에 지속적으로 이용되는 시설 중 일정한 기준에 해당하는 상당한 조사를 하였어도 공표된 (내국인) 저작물의 저작재산권자나 그의 거소를 알 수 없는 경우 그 문화시설에 보관된 자료를 수집·정리·분석·보존하여 공중에게 제공하기 위한 비영리 목적으로 그 자료를 사용하여 저작물을 복제·배포·공연·전시 또는 공중송신할 수 있다(저§35의4①). 단 이 경우 저작재산권자의 요구가 있거나 보상금 청구가 있는 경우 지체 없이 해당 저작물의 이용을 중단하거나 보상금을 지급하여야 한다(저§35의4②·③).

(19) 저작물의 공정한 이용

저작재산권의 보호의 예외로서 공익상의 이유, 다른 권리와의 조정을 위한 경우, 사회관행상 인정되는 경우 등이 인정되더라도 저작물의 통상적인 이용 방법과 충돌하지 아니하고 저작자의 정당한 이익을 부당하게 해치지 아니하는 경우에는 저작물을 이용할 수 있다(저§35의5).

2) 번역 등에 의한 이용

공공저작물, 학교교육, 영리를 목적으로 하지 아니하는 공연·방송, 공표된 저작물 등을 영리를 목적으로 하지 아니하고 사적으로 이용하거나 가정 및 이에 준하는 한정된 범위 안에서 이용하는 경우에는 그 저작물을 번역·편곡 또는 개작하여 이용할 수 있다(저§36①). 또한 재판절차 등, 정치적 연설 등, 시사보도, 시사적인 기사 및 논설 등, 공표된 저작물의 인용, 시험문제 또는 시각장애인 등을 위한 복제 등은 저작물을 번역하여 이용할 수 있다(저§36②).

3) 출처의 명시

저작물을 이용하는 자는 그 출처를 명시하여야 한다. 출처의 명시는 저작물의 이용 상황에 따라 합리적이라고 인정되는 방법으로 하여야 하며, 저작자의 실명 또는 이명이 표시된 저작물인 경우에는 그 실명 또는 이명을 명시하여야 한다(저§37).

Ⅳ 저작권의 존속기간

1 저작인격권의 존속기간

저작인격권의 존속기간 즉 보호기간에 대해서는 저작권법상 명문의 규정이 없다. 이에 대하여는 영구존속한다는 견해와 저작자의 사망과 동시에 소멸한다는 견해 등이 나뉘지만, 저작권법상 저작자의 사망 후에도 그 유족이나 유언집행자의 청구에 의해 보호되고 있으므로 학설대립의 실익이 없다(저§128 등).

2 저작재산권의 존속기간

1) 원칙

저작재산권은 이 관에 특별한 규정이 있는 경우를 제외하고는 저작자가 생존하는 동안과 사망한 후 70년간 존속한다(저§39①). 공동저작물의 저작재산권은 맨 마지막으로 사망한 저작자가 사망한 후 70년간 존속한다(저§39②).

2) 예외

저작자의 사망시점을 알 수 없거나 이를 기준으로 하기 곤란한 경우에는 예외적으로 보호기간을 공표 후 70년으로 규정하고 있다.

(1) 무명 또는 이명저작물

무명 또는 널리 알려지지 아니한 이명이 표시된 저작물의 저작재산권은 공표된 때부터 70년간 존속한다. 다만, 이 기간 내에 저작자가 사망한지 70년이 지났다고 인정할 만한 정당한 사유가 발생한 경우에는 그 저작재산권은 저작자가 사망한 후 70년이 지났다고 인정되는 때에 소멸한 것으로 본다(저§40①).

(2) 업무상저작물

업무상저작물의 저작재산권은 공표한 때부터 70년간 존속한다. 다만, 창작한 때부터 50년 이내에 공표되지 아니한 경우에는 창작한 때부터 70년간 존속한다(저§41).

(3) 영상저작물

영상저작물의 저작재산권은 공표한 때부터 70년간 존속한다. 다만, 창작한 때부터 50년 이내에 공표되지 아니한 경우에는 창작한 때부터 70년간 존속한다.[52]

(4) 계속적 간행물로서 무명·이명저작물 또는 업무상저작물인 경우

❶ 축차저작물

축차저작물이란 책·호 또는 회 등으로 공표하는 저작물을 의미한다. 이 경우 공표시기를 매책·매호 또는 매회 등의 공표 시로 하고, 공표된 때부터 70년간 존속한다(저§43①전단).

❷ 순차저작물

순차저작물이란 일부분씩 순차적으로 공표하여 전부를 완성하는 저작물을 말

---

[52] 영상저작물에 관여한 저작권자가 다수일 가능성이 높아, 최후의 사망자를 기준으로 사망 후 70년으로 할 경우 실제 파악이 어렵기 때문에 편의를 위한 취지에서 정해진 규정이다.

한다. 공표시기를 최종부분의 공표시로 하고, 공표한 때부터 70년간 존속한다(저§43 ①후단).

3) 보호기간의 기산

저작재산권의 보호기간을 계산하는 경우에는 저작자가 사망하거나 저작물을 창작 또는 공표한 다음 해 1월 1일부터 기산한다(저§44).

③ 저작인접권의 존속기간

1) 저작인접권의 발생일

저작인접권도 저작물에 대한 권리이므로 저작권성을 가지므로 어떠한 절차나 형식의 이행을 필요로 하지 아니하고 권리가 발생한다. 따라서 ① 실연의 경우에는 그 실연을 한 때, ② 음반의 경우에는 그 음을 맨 처음 음반에 고정한 때, ③ 방송의 경우에는 그 방송을 한 때에 발생한다(저§86①).

2) 저작인접권의 보호기간

저작인접권(실연자의 인격권은 제외)은 다음 어느 하나에 해당하는 때의 다음 해부터 기산하여 70년(방송의 경우에는 50년)간 존속한다. ① "실연"의 경우에는 그 「실연을 한 때」부터 70년간 보호된다. 다만, 실연을 한 때부터 50년 이내에 실연이 고정된 음반이 발행된 경우에는 음반을 「발행한 때」부터 70년간 보호된다. ② "음반"의 경우에는 그 음반을 발행한 때부터 70년간 보호된다. 다만, 음을 음반에 맨 처음 「고정」한 다음 해 1월 1일부터 50년이 경과한 때까지 음반을 「발행」하지 아니한 경우에는 음을 음반에 「맨 처음 고정」한 때부터 70년간 보호된다. ③ "방송"의 경우에는 그 「방송을 한 때」부터 50년간 보호된다.

4 외국인 저작물의 보호기간

1) 원칙

외국인의 저작물도 국내에서 보호될 경우 「내국민대우의 원칙」에 따라 국내저작물과 동일하게 보호된다.

2) 주의점

① 외국인의 본국에서 보호기간이 만료된 경우 비록 우리나라 저작권법에서 정한 보호기간이 만료되지 않았더라도 우리나라에서 보호받지 못한다. 즉 외국인이 본국에서 보호기간이 만료되면 우리나라에서도 보호가 종료된다.

② 국내에서 보호되는 외국인 저작물의 종류나 보호기간은 우리나라 저작권법에 따라 정해진다. 즉 저작권법상 일정한 저작물이 일반저작물인 경우에는 저작권자의 사망한 다음해 1월 1일부터 70년간 보호되지만, 업무상저작물인 경우에는 공표한 다음해 1월 1일부터 70년간 보호된다. 그런데 외국의 특정 저작물이 우리법상 일반저작물인지 업무상저작물인지는 우리나라 저작권법에 따라 판단하고, 그에 따른 보호기간도 우리나라 저작권법에 따라 판단한다는 의미이다.

5 데이터베이스 저작물의 보호기간

데이터베이스제작자의 권리는 데이터베이스의 제작을 완료한 때부터 발생하며, 그다음 해부터 기산하여 5년간 존속한다(저§95①). 데이터베이스의 갱신 등을 위하여 인적 또는 물적으로 상당한 투자가 이루어진 경우에 해당 부분에 대한 데이터베이스제작자의 권리는 그 갱신 등을 한 때부터  발생하며, 그다음 해부터 기산하여 5년간 존속한다(저§95②).

Ⓥ 이용허락과 법정허락

❶ 저작물의 이용허락

1) 의의

저작재산권자는 다른 사람에게 자신의 저작물의 이용을 허락할 수 있다. 저작물의 이용이란 저작물을 복제, 공연, 공중송신, 배포, 전시, 대여, 2차적저작물의 작성·이용 등으로 저작물을 이용하는 것이다.

저작물의 이용허락은 통상 ① 계약 등 자유로운 의사의 합치에 의하여 이루어지는 경우가 대부분이다(계약허락). 그러나 저작권자와의 계약에 의하지 않고 ② 법률규정이나 일정한 국가기관의 허락에 의하여 저작물을 이용할 수 있는 경우가 있는데 이를 저작물의 "법정허락"이라고 한다. 그리고 계약허락의 특수한 경우로서 배타적 발행권과 출판권이 있다.

계약허락의 경우 저작물의 자유이용에 해당하지 않으므로 저작권자의 허락을 요하는 것은 당연하고 이 경우 일정한 이용료 등 반대급부가 주어지는 것이 일반적일 것이다.

저작물의 이용허락은 저작재산권의 양도와 달리 저작자가 저작재산권을 보유한 채 단지 타인에게 자신의 저작물을 이용할 수 있는 권리만을 부여하는 의사표시일 뿐이므로 이용허락을 받은 자는 단지 저작권자에 대한 관계에서만 자신의 이용행위를 용인해 줄 것을 요구할 수 있는 채권자적인 지위를 가질 뿐이다.

2) 종류

저작물의 이용허락에는 배타성 여부에 따라 「독점적 이용허락」과 「단순이용허락」이 인정될 수 있다. 독점적 이용허락은 산업재산권상 전용실시권과 유사하여 1인의 이용권자에게만 허락하는 경우이고 단순이용허락은 다수의 이용권자를 지정할 수 있는 경우이다. 다만 독점적 이용허락을 받은 자라도 저작권자가 제3자와 이중으로 이용허락계약을 맺은 경우 저작권자에 대하여 채무불이행을 이유로 한 손해

배상청구를 할 수 있을 뿐, 직접 제3자에게 침해정지 등의 법적 조치를 취할 수 없다.[53]

3) 효력

저작물의 이용허락은 이용목적에 따라 범위가 제한되어 부여되는 것이 일반적이므로 허락받은 자는 허락받은 이용방법 및 조건의 범위 내에서만 그 저작물을 이용할 수 있다(저§46). 그리고 이용허락의 당사자인 저작권자와 이용권자 사이의 신뢰관계에 비추어 이용권은 저작권자의 승낙 없이는 양도할 수 없다(저§46③).

4) 이용허락계약의 해석

저작권관련계약에 있어서 그 계약이 저작물의 이용허락계약인지 저작재산권의 양도계약인지 불분명한 경우가 없지 않다. 이 경우 우리 법원은 여러 가지를 종합하여 판단하되 일단은 저작권의 양도나 이용허락 양자 중 하나로 외부에 명확하게 표현되지 않은 경우에는 저작자에게 유리하게 추정하여 이용허락계약인 것으로 보아야 한다는 입장을 취하고 있다.[54]

5) 특수한 이용관계

(1) 배타적 발행권

❶ 배타적발행권의 설정

저작권자는 그 저작물을 발행(복제후 배포의 의미)·복제·전송에 이용하고자 하는 자에 대하여 배타적 권리(배타적발행권)를 설정할 수 있다(저§57①). 이용행위의 유형은 발행(복제후 배포) 및 복제·전송이다. 배타적발행권자가 가지는 권리는 저작물의 이용허락과 달리 채권적 권리가 아니라 배타적 효력을 갖는 준물권에 해당한다.[55] 따라서

---

53 대법원 2007. 1. 25. 선고 2005다11626판결(일명 소리바다 사건).

54 대법원 1996. 7. 30. 선고 95다29130 판결.

55 舊 저작권법에서는 전자출판에 대해 채권 계약만이 가능했고 이에 기초해서는 민사상의 대위행사만이 가능했다. 그러나 배타적발행권 제도의 도입으로 이제 전자출판에 대해서도 물권적인 권리설정이 가능해졌다.

배타적발행권자는 해당 저작물을 스스로 발행·복제·전송에 이용할 수 있음은 물론 제3자의 발행·복제·전송 행위에 대하여 직접 침해정지 및 손해배상을 청구할 수 있다(독점·배타적인 지위). 또한 저작권자는 원칙적으로 해당 저작물을 스스로 발행·복제·전송의 목적으로 이용하거나 제3자에게 이를 허용할 수 없다.

❷ 배타적발행자의 의무

배타적발행권자는 그 설정행위에 특약이 없는 때에는 배타적발행권의 목적인 저작물을 복제하기 위하여 필요한 원고(原稿) 또는 이에 상당하는 물건을 받은 날부터 "9월 이내"에 이를 발행·복제·전송의 방법으로 이용하여야 한다(저§58①). 이 경우 특약이 없는 때에는 관행에 따라 그 저작물을 계속하여 발행 등의 방법으로 이용하여야 한다(저§58②). 배타적발행권자는 특약이 없는 때에는 각 복제물에 저작재산권자를 「표지(표시)」를 하여야 한다(저§58③본문).

❸ 저작물의 수정증감

배타적발행권자가 배타적발행권의 목적인 저작물을 발행 등의 방법으로 다시 이용하는 경우에도 저작자는 정당한 범위 안에서 그 저작물의 내용을 수정하거나 증감할 수 있다(저§58의2).

❹ 배타적발행권의 존속기간 등

배타적발행권은 그 설정행위에 특약이 없는 때에는 맨 처음 발행·배포·전송 등을 한 날로부터 3년간 존속한다. 다만, 저작물의 영상화를 위하여 배타적발행권을 설정하는 경우에는 5년으로 한다(저§59①).

❺ 저작자 사망 시의 특례

저작재산권자는 배타적발행권 존속기간 중 그 배타적발행권의 목적인 저작물의 저작자가 사망한 때에는 배타적발행권의 존속에도 불구하고 저작자를 위하여 저작물을 전집 그 밖의 편집물에 수록하거나 전집 그 밖의 편집물의 일부인 저작물을 분리하여 이를 따로 발행 등의 방법으로 이용할 수 있다(저§59②).

❻ 배타적발행권의 소멸통고

저작재산권자는 배타적발행권자가 '최초발행의무(저§58①)' 또는 '계속발행의무(저§58②)'를 위반한 경우에는 6개월 이상의 기간을 정하여 그 이행을 최고하고 그 기간 내에 이행하지 아니하는 때에는 배타적발행권의 소멸을 통고할 수 있다(저§60①). 저작재산권자는 배타적발행권자가 그 저작물을 발행 등의 방법으로 이용하는 것이 불가능하거나 이용할 의사가 없음이 명백한 경우에는 6개월 기간의 최고 없이 즉시 배타적발행권의 소멸을 통고할 수 있다(저§60②). 배타적발행권자가 이 소멸통고를 받은 때에 배타적발행권이 소멸한 것으로 본다(저§60③). 소멸통고 후 저작재산권자는 배타적발행권자에 대하여 언제든지 원상회복을 청구하거나 발행 등을 중지하므로 인한 손해의 배상을 청구할 수 있다(저§60④).

❼ 배타적발행권의 양도·제한 등

배타적발행권자는 저작재산권자의 동의 없이 배타적발행권을 양도하거나 또는 질권의 목적으로 할 수 없다(저§62①).

(2) 출판권

저작물을 복제·배포할 권리를 가진 자(복제권자)는 그 저작물을 인쇄 그 밖에 이와 유사한 방법으로 문서 또는 도화로 발행하고자 하는 자에 대하여 이를 출판할 권리(출판권)를 설정할 수 있다(저§63①).[56] 출판권과 배타적발행권의 차이는 ① 저작권자에 이해 부여되는 권능에서 차이가 있는바, 배타적 발행권의 「발행(복제 후 배포)·복제·전송」까지 허용하지만, 출판권은 「복제·배포」만을 허용(전송이 없다)하고 있다. 즉 ② 출판권의 경우는 기본적으로 종이문서 형태로 복제하여 오프라인에게 양도 등의 방법으로 공중에 배포하는 것을 전제로 하기 때문에 온라인상에서 이용하는 무형적인 형태인 전자출판을 위해서는 배타적발행권을 설정받아야 한다.

그 외에 출판권의 존속기간, 양도, 제한, 출판권자의 의무, 저작자 사망 시 효과 등에 관하여는 앞서 설명한 배타적발행권에 관한 규정이 준용된다(저§63의2).

56　2011년 12월 저작권법 개정시 제7절의2 "출판에 관한 특례"로서 §63에서 신설하였다.

2 저작물이용의 법정허락

1) 의의

저작물의 이용은 자유이용에 해당하지 않는 한 원칙적으로 저작권자의 허락이 있어야 가능하지만, 저작재산권자와의 협상이 불가능하거나, 높은 거래비용 등으로 적절치 못하거나, 그 협의가 원만하게 이루어지지 못하는 경우가 있다. 저작권법은 이러한 경우 저작재산권자의 직접 허락을 받지 않고도 저작물을 이용할 수 있도록 의제허락 또는 비자발적 허락을 인정하고 있다.

저작물의 이용의 법정허락은 저작자의 의사와 상관없이 또는 그에 반하여 강제적으로 허용한다는 점에서 저작물의 계약허락과 다르며, 일정한 절차를 선행적으로 이행해야 그 이행이 허락된다는 점에서 저작재산권의 제한과 다르다.

2) 저작재산권자 불명인 저작물의 이용

누구든지 대통령령이 정하는 기준에 해당하는 상당한 노력을 기울였어도 공표된 저작물(외국인의 저작물을 제외한다)의 저작재산권자나 그의 거소를 알 수 없어 그 저작물의 이용허락을 받을 수 없는 경우에는 대통령령이 정하는 바에 따라 문화체육관광부장관의 승인을 얻은 후 일정한 보상금을 한국저작권위원회에 지급하고 이를 이용할 수 있다(저§50①).[57] 따라서 문화체육관광부장관의 승인 자체를 받지 않았거나, 그 승인은 받았지만 보상금을 한국저작권위원회에 지급하지 않은 경우 모두 저작권침해에 해당된다.

3) 공표된 저작물 방송

공표된 저작물을 공익상 필요에 의하여 방송하고자 하는 방송사업자가 그 저작재산권자와 협의하였으나 협의가 성립되지 아니하는 경우에는 대통령령이 정하는 바에 따라 문화체육관광부장관의 승인을 얻은 후 일정한 보상금을 해당 저작재산권

---

57   이 경우에 해당하는 예로는 저작재산권자가 누구인지 모르거나, 저작재산권자는 누구인지 알지만 그 소재를 모르는 경우와 저작재산권자가 누구인지 알고 있지만 그가 사망하여 상속인이 누구인지 알 수 없는 경우 등을 모두 포함한다.

자에게 지급하거나 공탁하고 이를 방송할 수 있다(저§51).

4) 상업용 음반의 제작

상업용 음반이 우리나라에서 처음으로 판매되어 3년이 경과한 경우 그 음반에 녹음된 저작물을 녹음하여 다른 상업용 음반을 제작하고자 하는 자가 그 저작재산권자와 협의하였으나 협의가 성립되지 아니하는 때에는 대통령령이 정하는 바에 따라 문화체육관광부장관의 승인을 얻은 후 일정한 보상금을 당해 저작재산권자에게 지급하거나 공탁하고 다른 상업용 음반을 제작할 수 있다(저§52).[58]

5) 저작인접물 이용의 법정허락

제50조 내지 제52조의 규정은 실연·음반 및 방송의 이용에 관하여 준용한다(저§89). 즉 실연자·음반제작자·방송사업자의 소재가 불명인 경우, 그들의 공표된 저작물을 방송하고자 하였으나 협의에 실패한 경우, 그들의 음반을 상업용으로 제작하고자 하였으나 협의에 실패한 경우에도 이를 이용하고자 하는 자는 대통령령이 정하는 바에 따라 문화체육관광부장관의 승인을 얻은 후 일정한 보상금을 당해 저작재산권자에게 지급하거나 공탁하고 이용할 수 있다.

---

58   이는 음악작품이 최초로 녹음된 음반은 발매된 때로부터 3년간만 특정 음반제작자에게 음반제작을 독점하도록 하고 그 후 누구나 판매용 음반을 제작할 수 있도록 하고 있다. 이 규정은 음반제작사가 작곡자나 작사가 등과의 전속계약을 통하여 장기간에 걸쳐 복제권을 독점하는 것을 배제함으로써 음악저작물의 유통을 촉진하기 위한 취지로 마련된 것이다.

특허와 지식재산권

Part 4

디자인권

Patents &
Intellectual Property Rights

제17강

디자인권의 의미

 ## I 의의와 기본원칙

　디자인보호법은 디자인의 보호와 이용을 도모함으로써 디자인의 창작을 장려하여 산업발전에 이바지함을 목적으로 한다(디§1). 여기서 "디자인"[1]이란 물품(물품의 부분 및 글자체 및 화상畵像 포함)의 형상·모양·색채 또는 이들을 결합한 것으로서 시각을 통하여 미감(美感)을 일으키게 하는 것을 말한다.

　디자인보호법상 주요원칙들은 앞서 설명한 특허법의 주요원칙들과 대동소이하게 규정을 두고 있으므로 이 강에서는 특허법과 차이가 있는 부분을 중심으로 설명하고자 한다.

　디자인은 물품과 불가분의 관계이며, 물품의 미적외관을 대상으로 하는바, 모방이 용이하고 유행성이 강하며 권리범위가 협소하고 라이프사이클이 짧은 특성이 있기 때문에 여타 산업재산권과는 다른 특유제도들이 인정되고 있다.

1　2004. 12. 31. 법률 제7289호에 의해 의장법(意匠法)이 디자인보호법으로 법명이 바뀌었다.

Ⅱ 디자인보호법상 특유제도

1 관련디자인제도

1) 의의

디자인은 물품의 외형으로서 추상적인 것으로 관념적이면서도 불명확하다. 즉 자기의 등록디자인 또는 디자인등록출원한 디자인(기본디자인)에 유사한 디자인에 대하여 관련디자인을 인정하여 사전에 권리범위를 명확히 하여 침해와 모방을 사전에 방지하고 침해에 대한 조치를 취할 수 있도록 관련디자인 제도를 인정하고 있다(디§35).

2) 등록요건

① 기본디자인 있어야 한다. 관련디자인은 기본디자인의 존재를 전제로 한 개념이므로 이미 등록된 디자인이거나 디자인등록출원 중인 디자인이 있어야 한다. ② 관련디자인은 기본디자인에 유사하여야 한다. 그러므로 자기의 기본디자인에 유사하지 않고 다만 등록된 관련디자인·디자인등록출원 중인 관련디자인과만 유사한 디자인은 경우는 관련디자인등록을 받을 수 없다(디§35②). ③ 주체가 동일해야 한다. 즉 관련디자인의 등록출원인은 기본디자인의 디자인권자 또는 디자인등록출원인과 동일인이어야 한다. ④ 출원기한의 제한이 있다. 즉 기본디자인의 디자인등록출원일부터 1년 이내에 관련디자인을 등록출원된 경우에 한하여 관련디자인등록이 가능하다. ⑤ 기본디자인에 전용실시권이 설정되어 있지 않아야 한다. 기본디자인의 디자인권에 전용실시권이 설정되어 있는 경우 그 기본디자인에 관한 관련디자인은 디자인등록을 받을 수 없다(디§35③).

2 무심사 등록제도

디자인보호법은 심사제도를 원칙으로 하고 있지만, 일정한 경우 이에 대한 예외로서 일부등록요건만 심사하는 무심사등록제도(디자인일부심사등록제도)를 운영한다.[2] 유행성이 강한 일부품목의 신속한 권리화를 위함이다.[3]

즉 「무심사등록제도」란 벽지, 합성수지, 침구류, 의복류, 직물 등 「유행성이 강하고 수명이 짧은 평면 디자인」에 대해서 디자인등록출원에 ① 필요한 방식을 갖추고 있는지(형식적 요건의 충족)와 ② 디자인의 성립요건, ③ 공업상 이용가능성 및 ④ 부등록 사유 등(이상 실질심사의 요건)만을 심사하여 행하는 디자인등록제도를 말한다.

구분	심사등록출원	무심사등록출원
등록까지 소유기간 (심사대기기간)	출원일로부터 약 11~13개월(8~9개월)	출원일로부터 약 2~3개월(1~2개월)
심사대상	형식적요건+모든 실질적 등록요건	형식적요건+일부 디자인 등록요건
복수디자인 등록출원	불가(1디자인 마다 1출원)	가능(최대 100개까지 1출원)

이에 의해 특허청이 유행성이 강한 일부 물품 등에 관한 디자인에 대해 1998년 3월부터 무심사등록제도를 운영하게 되면서, 심사처리기간의 단축과 신속한 권리화를 가능케 하여 권리자를 실질적으로 보호할 수 있게 되었고 과도하게 행정력을 낭비하는 것을 방지하는 효과를 볼 수 있게 되었다.[45]

---

2 디§2vi. "디자인일부심사등록"이란 디자인등록출원이 디자인등록요건 중 일부만을 갖추고 있는지를 심사하여 등록하는 것을 말한다.

3 디자인일부심사제도 개정 연혁 및 물품의 종류

시행일자	일부심사출원대상 물품류
1998. 3.	B1(의복), C1(침구), F3(인쇄물), F4(포장용기), M1(직물지 등)
2008. 1.	A1(제조식품 및 기호품), 화상디자인 추가
2010. 1.	B2(잡화류), B5(신발류), F1(교재류), F2(사무용품류) 추가
2011. 4.	B3(신변품), B4(가방 등), B9(의복 및 신변용품의 부속품), C4(가정용 보건위생용품), C7(경조용품), D1(실내소형정리용구), F5(광고용구 등), H5(전자계산기 등) 추가
2014. 7.	제2류(의류 및 패션 잡화 용품), 제5류(섬유제품, 인조 및 천연시트 직물류), 제19류(문장구, 사무용품, 미술재료, 교재)

4 구체적으로 설명하자면 일부심사등록의 대상이 되는 디자인은 산업통상자원부령으로 정하는 디자인을 말하고, 심사하지 않는 사항은 신규성, 창작성, 선출원주의, 확대된 선원의 지위 등이다.

5 한편 디자인 일부심사등록으로 인한 졸속행정을 방지하고 불측의 손해를 입는 제3자의 출현을 방지하기 위해 이의신청제도를 마련하여 누구든지 설정등록일로부터 설정등록 공고직후 3월까지 일부심사등록에 대한 이의신청이 가능하도록 하였다.

❸ 복수디자인등록출원제도

디자인보호법상 디자인등록출원은 원칙적으로 하나의 디자인마다 하나의 등록출원을 하여야 하는 것이 원칙이다(1디자인1등록출원의 원칙). 그럼에도 불구하고 출원인의 편의를 위하여 100개 이내의 복수디자인을 하나의 등록출원으로 할 수 있도록 하였는바, 이를 복수디자인등록출원이라고 한다. 단 이 경우에도 1디자인마다 분리하여 표현하여야 하는 제한이 있다(디§41).

복수디자인등록출원을 할 수 있기 위한 요건으로 ① 무심사등록출원이 허용되는 디자인일 것, ② 기본디자인과 유사디자인이 동일물품분류에 속할 것, ③ 100개 이내의 디자인에 한할 것, ④ 기본디자인과 유사디자인을 함께 출원하지 않고 유사디자인만으로 출원하는 경우에는 유사디자인 모두 기본 디자인에 유사한 것일 것, ⑤ 각 디자인이 거절사유에 해당하지 않을 것을 요한다.

복수디자인등록출원이 인정되기 위해서는 각 디자인이 모두 일정한 방식 등의 등록요건을 충족하여야 등록이 가능하며, 일부 디자인에만 거절이유가 있는 경우 그 일부 디자인에 대해서만 디자인등록거절결정을 할 수 있다. 복수디자인등록출원이 등록된 후에는 각 디자인마다 권리가 발생하는 것으로 보며, 각 권리별로 사용·수익·처분이 가능하다.

❹ 한 벌 물품디자인제도

디자인보호법은 1디자인 1출원주의의 예외로서 한 벌로 사용되는 2 이상의 물품으로서 전체적으로 한 벌로 구성되어 통일성이 있는 경우에는 하나의 출원으로 심사·등록할 수 있도록 하는 한 벌 물품 디자인제도를 두고 있다.

제품개발의 다양화·고도화와 함께 일정한 목적에 사용되는 다수의 물품에 대해 한 벌로 통일감을 가진 물품의 디자인에 대한 필요성이 대두되자, 1961년 이후 6품목으로 한정되어 있던 것을 확대하여 이른바 시스템 디자인의 보호대상을 확대하였다.[6]

---

6 디§제42. 한 벌의 커피세트, 한 벌의 오디오 세트, 한 벌의 응접 세트 등 93개 물품이다(한 벌 물품디자인 대상품목 – 디자인보호법 시행규칙 별표 5 참조).

한 벌 물품의 디자인을 구성하는 물품은 2 이상이지만 모두 한 벌 디자인으로 구성되어 하나의 디자인으로 권리가 설정된다. 즉 물품을 각각 분리하여 권리의 이전·행사·소멸이 불가능하고 다만 한 벌로서만 가능하게 된다.

5 부분디자인제도

원칙적으로 물품 전체의 외관에 관한 디자인에 대해서만 디자인등록이 인정되지만, 2001년 개정법에서는 디자인의 정의규정에 「물품의 부분」의 형상·모양·색채 또는 이들을 결합도 디자인임을 규정하여 독립해서 거래될 수 없는 물품의 일부분에 관한 디자인도 따로 등록할 수 있도록 하고 있다(디§2ⅰ). 예컨대 물품(예 : 커피잔)을 구성하는 일부분(예: 커피잔의 손잡이)의 외관에 관한 디자인을 부분디자인으로 인정하는 것이다.[7]

물품의 일부분에 대하여도 디자인등록을 받을 수 있도록 함으로써 부분디자인에 대한 창작적 가치를 보호하고 부분디자인의 도용에 의한 분쟁을 방지할 수 있도록 한 것이다. 이는 부분디자인이 등록되면 부분디자인 또는 이와 유사한 부분디자인을 독점배타적으로 실시할 권리가 발생하기 때문이다.

부분디자인의 성립요건으로 ① 부분디자인에 관한 물품은 디자인보호법의 대상이 되는 물품(생산되어 유통되는 유체물)으로서 독립된 거래대상이 되는 것이어야 하고, ② 물품 전체 중 일부분의 형태이어야 하며, ③ 당해 물품에 관한 다른 디자인과 비교하였을 때 비교대상이 될 수 있는 부분일 것을 요한다. 그러나 그 부분디자인이 ④ 물품과 분리된 모양만으로는 디자인보호법상 보호대상이 아니어야 하며, ⑤ 한 벌 물품디자인에 대한 부분디자인이 아니어야 한다.

---

7   과거 부분디자인이 먼저 출원되어 등록된 후 이를 포함한 전체디자인이 후에 출원되어 등록되면 이들 간에는 이용관계가 성립된다. 즉 후에 등록된 전체디자인을 실시하고자 하는 경우에는 먼저 등록된 부분디자인의 권리자의 허락을 받아야 한다. 한편 전체디자인이 먼저 출원되고 부분디자인이 후에 출원된 경우 부분디자인은 신규성 상실 또는 확대된 선원주의를 원인으로 그 등록이 거절되는 사례가 빈번하였다. 그러나 현재는 2014년 법 개정으로 후자의 경우에도 선출원(전체디자인)과 후출원(부분디자인)이 모두 동일인의 디자인일 경우 확대된 선출원의 자기예외 규정에 의해 그 등록이 거절되지 않게 되었다.

6 동적디자인제도

동적디자인이란 디자인에 관한 물품의 형상이나 모양 등이 그 물품이 가진 기능에 의하여 「변화하는 디자인」을 말한다. 동적디자인은 창작의 요점이 물품 자체의 특별한 기능에 기초하여 그 형태가 변화하고 그 변화가 시각에 의해 감지될 수 있으며 그 변화의 상태를 용이하게 예측할 수 없는 디자인이어야 한다. 디자인의 경우 정적(靜的)인 상태인 것이 대부분이지만, 요술상자의 뚜껑을 열면 토끼가 튀어 나오는 경우처럼, 뚜껑을 닫은 상태에서는 토끼의 점프 동작을 예측할 수 없는 경우가 있는데, 이 점프 과정의 동작내용을 보호받기 위해 빠짐없이 도면에 표시하려면 출원이 무척 힘이 들기 때문에 동적인 디자인에 대한 보호가 필요하다. 즉 움직이는 물체의 동작내용을 손쉽게 도면화하여 출원인의 편의를 도모하고자 동적디자인이 인정되고 있다.

동적디자인의 성립요건에는 ① 물품형태의 변화가 물품의 기능에 기초하는 것일 것,[8] ② 변화의 예측성이 없을 것,[9] ③ 변화의 일정성이 있을 것, ④ 변화가 시각에 의해 감지될 것 등이 있다.

동적디자인은 복수의 형태를 포함하므로, 그 도면에는 변화의 전후를 표현하는 2조 이상의 도면이 제출된다.[10]

7 비밀디자인제도

비밀디자인제도란 디자인등록 후에 공보 등에 의한 공개를 일정기간 보류하여 일반인들에 의한 모방을 사전에 차단하는 것을 말한다.

디자인등록 출원인은 자신이 출원하는 디자인을 공개하지 말기를 바라는 경우에

---

8   예컨대 귀와 코가 움직이는 코끼리 완구(형상의 변화), 회전하는 팽이 모양(모양의 변화), 온도로 색이 변하는 물건(색체의 변화) 등이 그 좋은 사례이다.

9   예컨대 갑자기 튀어나오는 상자(움직이는 디자인), 냉장고·피아노(열리는 디자인), 우산·양산(펼치는 디자인) 등이 이에 해당한다.

10   그런데 이 경우 동적디자인으로 인정되지 않으면 각각의 디자인이 1디자인으로 취급되므로 「1디자인 1출원주의」의 위반이 된다. 다만 삭제보정(일부 디자인을 삭제하는 것) 또는 출원분할(여러 디자인을 각각 분할하는 것)을 통해 디자인의 거절사정을 면할 수도 있게 된다.

는 디자인권의 설정등록일로부터 3년 내의 기간을 정하여 그 디자인을 공개하지 말고 비밀로 할 것을 청구할 수 있다(디§43). 이러한 경우 특별히 거부할 이유가 없으면 특허청장은 그 기간에 디자인을 공개하지 않는다.

디자인은 시각적 반응에 민감하고 유행적 성격이 강하며 심미성을 기초로 한다. 따라서 보는 즉시 모방이 쉽고 유행에 영향을 미칠 수 있기 때문에 심사절차에서도 거절사유 없으면 바로 등록사정이 행하여진다. 그러나 일반적으로는 권리 설정등록이 있은 후에는 공보에 의하여 그 내용이 일반인에게 공개된다. 그렇게 되면 디자인의 특성에 의하여 직접침해가 아니더라도 의제침해 등에 의한 피해의 가능성이 높아 그 예방으로 비밀디자인제도를 마련하고 있다.

그렇지만 아무리 비밀디자인이라고 하더라도 구체적인 이해관계와 관련된 경우에는 그 대상자에게게만은 공개할 수 있도록 하고 있다(디§43③).[11]

Ⅲ 디자인보호법상 인정되지 않는 제도

1 출원공개제도

발명이나 고안의 출원이 있으며 방식심사를 거쳐 출원을 공개하는 제도를 두고 있지만, 디자인의 경우에는 타인의 모방이나 침해의 용이성 때문에 원칙적으로 공개하지 않고 있다. 그러나 1995년 개정으로 출원인의 청구가 있는 경우에는 「신청에 의한 출원공개제도」를 인정하고 있다(신청주의).[12] 이 출원공개는 디자인등록출원과정에 공개가 없음을 뜻하고 비밀디자인제도에서 설명한 공개는 권리등록 후의 공개를 3년간 비밀로 한다는 것이다.

---

11   즉 ① 디자인권자의 동의가 있는 경우, ② 비밀디자인에 관한 동일 또는 유사의 심판·심사·재심의 경우에 소송당사자나 참가인의 청구가 있는 경우, ③ 디자인침해가 있다고 경고를 받은 사실을 소명한 자의 청구가 있는 경우, ④ 법원으로부터 청구가 있는 경우 특허청장이 비밀로 유지된 디자인을 그들에게 공개할 수 있게 하였다.

12   청구에 의해 디자인이 공개된 경우, 출원인은 출원된 디자인이나 이와 유사한 디자인을 업으로서 실시하는 자에게 법위반에 대하여 경고할 수 있고, 실시료 상당액의 보상금의 지급을 청구할 수 있다. 다만 보상금청구권은 디자인권 설정등록 후에만 행사할 수 있다.

2 심사청구제도

특허법이나 실용신안법은 신심사주의를 택하고 있어 출원이 있은 후 출원이 공개되고 일정한 기간 내에 실체심사를 위해 출원인에 의한 심사청구가 있어야 심사를 개시하고, 이러한 청구가 없는 경우 출원 자체를 취하한 것으로 본다. 그러나 디자인의 경우에는 기본적으로 출원 공개제도가 채택되지 않고, 또 실체심사에 특허나 실용신안과 달리 시간과 노력이 많이 소요되지 않고 용이하면서도 심사적체가 적어 심사청구제도가 채택되어 있지 않다. 다만 2001년 개정에 의해 출원공개 여부와 관계없이 일정요건을 갖춘 경우 우선심사신청은 가능하도록 하고 있다(디§61·§55).

3 이의신청제도

디자인보호법에서는 디자인등록출원에 대해 원칙적으로 출원공개를 인정하지 않기 때문에 원칙적으로 이의신청제도가 없다. 다만 1998년 3월 일부물품에 한하여 무심사등록제도를 도입하면서 그에 대한 이의신청제도를 인정하고 되었다. 즉 누구든지 디자인일부심사등록출원에 따라 디자인권이 설정등록된 날부터 디자인일부심사등록 공고일 후 3개월이 되는 날까지 그 디자인일부심사등록이 부당하다는 이유로 특허청장에게 디자인일부심사등록 이의신청을 할 수 있다. 이 경우 복수디자인등록출원된 디자인등록에 대하여는 각 디자인마다 디자인일부심사등록 이의신청을 하여야 한다.

4 정정심판제도 및 정정무효심판제도

특허·실용신안의 경우 출원·등록 후 명세서나 도면을 정정하는 정정심판제도가 있고, 정정한 명세서나 도면을 무효로 하는 무효심판제도를 두고 있지만, 디자인보호법에서는 이러한 제도를 두고 있지 않다.

Ⅳ 특허법·실용신안법과의 차이

특허도 물품의 형상으로 구현된 아이디어를 보호하는 부분이 있다는 점에서 디자인과 유사한 부분이 있지만 특허에서 보호하는 형상은 그 형상이 "자연법칙을 이용한 기술적 사상의 창작으로 고도한 것(즉 '아이디어'를 실현하는 것)"으로 일정한 기능이나 효과를 창출하고 증대시키는 것이어야 하나, 디자인은 기능이나 효과가 아니라 미감을 만들어내고 증대시키는 것이어야 하는 점에서 차이가 있다.

실용신안과 디자인은 모두 물품에 대한 사상의 창작을 구현한다는 점에서 동일하다. 그러나 실용신안은 물품의 실용적인 고안인 기술을 보호하기 위한 것이지만, 디자인은 물품의 미적인 외관을 보호대상으로 하는 점에서 차이가 있다. 즉 실용신안의 고안은 기술적 사상의 창작물로서 실용적인 효과를 증대시키는 것으로 예컨대 연필에 지우개를 붙인 경우 등 실용상 편리성을 증대시키는 기능을 할 것이지만, 디자인은 단순한 사각형의 지우개를 동물이나 열매의 모양 등으로 만들어 물품의 모양이나 형상의 아름다움을 증대시키는 기능을 하는 점에서는 차이가 있다.[13]

13　이 외에도 특허법상 국내우선권, 정정심판, 정정무효심판, 재정실시권, 불실시에 대한 취소, 특허협력조약에 의한 국제출원 등은 실용신안법상 존재하지 않으며, 디자인보호법상 존재하는 복수디자인등록출원, 비밀디자인, 한 벌 물품디자인등록출원, 부분디자인 등은 실용신안법에는 존재하지 않는다.

제18강

디자인권자

Ⅰ 서 설

디자인의 권리주체에 관한 규정도 특허나 실용신안의 권리주체와 대동소이하다. 그러나 디자인의 권리주체에 관하여 특허나 실용신안의 권리주체에 관한 규정을 준용하지는 않고 대부분 그와 동일·유사한 규정을 디자인보호법 자체에 두고 있다. 다만 디자인의 주체에 관하여 특허법에서만큼 자세히 두고 있지 않은 것이 특징이다. 이하에서는 디자인의 권리주체에 관한 규정 중 특허와 유사한 내용과 상이한 부분을 차례로 분설한다.

Ⅱ 특허법과 유사한 내용

디자인을 창작한 사람 또는 그 승계인은 디자인등록을 받을 수 있는 권리를 가진다(디§3). 2명 이상이 공동으로 디자인을 창작한 경우에는 디자인등록을 받을 수 있는 권리를 공유(共有)한다. 그리고 직무디자인은 발명진흥법 제2조에서 인정되고 있는 점은 특허와 동일하다.

디자인을 창작한 사람의 승계인에 대한 디자인등록출원 전의 승계와 등록출원 후의 승계에 관하여는 특허에서 설명한 경우와 동일하다(디§57).

무권리자 출원에 대한 법적 취급으로 처음부터 출원하지 않은 것으로 간주되는 것도 특허와 동일하다(디§46). 그리고 정당한 권리자의 보호로서 출원일을 소급하는

효과(디§44·§45), 신규성의 의제로서 신규성이 상실되는 것에 대한 예외의 인정도 특허와 동일하다(디§36).[14]

또한 디자인등록을 받을 수 없는 자로서 외국인, 특허청직원 및 특허심판원 직원, 제한능력자 모두 특허에서와 동일하다. 디자인권의 권리주체의 출원수행을 위한 권리능력 및 행위능력, 제외자에 대한 내용 그리고 디자인권자의 의무 등도 특허와 동일하다.

디자인등록을 받을 수 있는 권리자가 다수인 경우 각 당사자가 원칙적으로 모두를 대표하며(각자대표) 그 선정의 신고는 서면으로 해야 하는 것(서면주의)도 특허와 동일하다. 디자인권의 대리에 관한 규정도 특허와 동일한 원칙을 인정하고 있다. 즉 개별대리의 원칙이 인정되는 것, 대리권 증명은 서면으로 해야 하는 것, 대리권의 소멸이 제한되는 경우가 있는 것 등이 그것이다.

Ⅲ 특허법과 상이한 내용

1 다수당사자의 각자대표의 제한사유

디자인등록을 받을 수 있는 권리자가 다수인 경우 각자대표에 대한 제한사유[15]가 특허의 경우와 차이가 있다(디§13).

---

14   2017. 3. 21. 디자인보호법의 개정. 신규성의 의제로서 신규성이 상실되는 것에 대한 예외를 인정하기 위한 기간은 '12개월'로 개정되었다(종전 6개월). 따라서 디자인등록을 받을 수 있는 권리를 가진 자 즉 정당권리자 자신의 의사에 반하여 디자인이 국내·외에 공지되었거나 공연히 실시되거나 국내·외에서 반포된 간행물에 게재되었거나 전기통신회선을 통하여 공중이 이용할 수 있게 된 경우 그날부터 12개월 이내에 진정권리자가 디자인등록출원을 하면 그 출원된 디자인에 대하여 신규성을 잃지 않은 것으로 본다(디§36①).

15   디§13에서 ① 디자인등록출원의 포기·취하, ② 신청의 취하, ③ 청구의 취하, ④ 출원공개의 신청, ⑤ 보정각하결정·등록거절 또는 등록취소결정에 대한 심판청구로 한정하고 있다.

② 대리권행사시 본인의 위임을 필수로 하는 사유

디자인에 관한 절차를 밟을 것을 위임받은 대리인이 특별히 권한을 위임받지 아니하면 대리권을 행사할 수 없는 사유[16]는 특허에서와 차이가 있다.

③ 국제출원절차와 그 대리 및 대표에 관한 특칙

디자인에 대한 국제출원을 할 수 있는 자는 ① 대한민국 국민, ② 대한민국에 주소(법인인 경우에는 영업소를 말한다)가 있는 자, ③ 그 밖에 산업통상자원부령으로 정하는 바에 따라 대한민국에 거소가 있는 자 중 어느 하나에 해당해야 하므로(디§174) 특허와 약간의 차이가 있다.

한편 특허법 제197조 제3항에서 규정하고 있는 국제출원절차의 대리인(변리사)에 관한 규정은 디자인보호법에서는 존재하지 않는다.

16　① 디자인등록출원의 포기·취하, 디자인권의 포기, ② 신청의 취하, ③ 청구의 취하, ④ 보정각하결정·등록거절 또는 등록취소결정에 대한 심판청구, ⑤ 복대리인의 선임 등이 그것이다(디§7).

제19강 디자인권의 보호대상

Ⅰ 의의

디자인보호법은 디자인의 보호 및 이용을 도모함으로써 다지인의 창작을 장려하여 산업발전에 이바지함을 목적으로 한다(디§1). 현대의 대량생산과 대량소비의 산업사회에서 상품의 경쟁은 "가격경쟁"과 "성능경쟁"과 "디자인경쟁"으로 집약되는데, 최근 "가격경쟁과 성능경쟁"이 한계에 다다랐고 세계는 이제 극한적인 "디자인경쟁"에 돌입되었다고 해도 과언이 아니다. 각국은 디자인의 중요성이 증대됨에 따라 모방이라는 부정적인 현상에 대한 대책으로 디자인의 보호에 열을 올리고 있는 실정이다.[17]

Ⅱ 디자인의 개념

1 디자인의 기능

디자인권의 대상은 디자인이다. 디자인보호법상 디자인이란 "물품(물품의 부분, 글자체

---

[17] 초기 디자인제도는 생활용품의 디자인보호를 목적으로 하였고, 저작권법은 순수예술을 보호대상으로 하였지만, 최근 순수예술이 상업에 적용되는 일이 일상화되면서 실용품에 응용된 미술품(응용미술)이라도 저작권법으로 보호하는 것이 일반화되었다. 각국에서는 이에 따라 디자인에 대해서 특히 중첩적 보호를 인정하는 경향을 띠고 있다.

및 화상 포함)의 형상·모양·색채 또는 이들을 결합한 것으로 시각적 미감을 일으키는 것"을 말한다(디§2).[18]

디자인은 공업상 생산품 또는 기계의 기능을 증가시키기 위한 것이 아니고 단순히 물품의 외관의 장식미를 높이는 것이라는 점에서 특허·실용신안이나 상표와 구별된다. 또한 물품에 대한 창작인 점에서는 실용신안과 공통되나 실용신안은 기술적 과제의 해결이 목적이나 디자인은 미적 문제의 해결이라는 점에서 구별된다.

그러나 하나의 물품에 실용신안권과 디자인권을 동시에 취득할 수도 있다. 예컨대 물컵을 이중벽으로 하여 열전달률을 낮춘 컵이 예쁘게 디자인되었다면, 이는 실용적인 면에서 실용신안권과 심미적인 면에서 디자인권을 취득할 수 있다.

② 디자인의 요건

디자인보호법의 보호대상이 될 수 있는 디자인은 ① 물품성, ② 형태성, ③ 시각성, ④ 심미성의 요건을 모두 갖추어야 한다.

1) 물품성

(1) 서 설

디자인보호법에서 보호받는 디자인은 원칙적으로 물품에 관한 디자인이어야 한다. 디자인은 물품을 떠나서는 인정될 수 없는데 이는 디자인보호법에 의해 보호되는 대상이 창작된 디자인이 아니라, 그 디자인이 적용된 물품이기 때문이다.

(2) 물품의 정의

디자인보호법 제2조 제1호의 물품은 "독립성이 있는 구체적인 유체동산"을 의미한다. 즉, 물품이란 ① 독립성, ② 유체성, ③ 동산성, ④ 구체성을 구비해야 한다. 그

---

18 일반적으로 디자인에는 광의의 개념으로 시각디자인(공고포스트, 그래픽디자인 등), 환경디자인, 물품(제품)디자인, 건축디자인, 디지털디자인 등을 포함하는 포괄적인 용어로 사용되기도 하지만, 디자인보호법상 디자인은 그중 물품디자인 분야를 주된 대상으로 하여 디자인보호법의 목적달성을 위한 디자인에 한정된다고 보아야 한다.

러므로 독립성이 있는 구체적인 유체동산에 해당하지 않는 것의 형상·모양·색채 또는 이들을 결합한 것은 디자인보호법상 등록대상의 디자인에 해당하지 않는다.[19]

(3) 물품성이 인정되지 않는 디자인

물품성이 인정되지 않는 디자인의 예로는 다음과 같은 것이 있다.

① 부동산, ② 형체가 없는 것(열, 기체, 액체, 전기, 홀로그램 등), ③ 시멘트, 설탕과 같은 분말의 집합, ④ 합성물의 각각의 구성부분(다만 조립완구의 구성 각편, 시계의 시계줄, 면도기의 손잡이 등과 같이 물품의 부분디자인으로 등록이 가능한 것이 있다), ⑤ 독립하여 거래대상이 될 수 없는 물품의 부분(병주둥이, 양말의 뒷굽모양, 신발의 바닥 아래 등), ⑥ 물품자체의 형태가 아닌 것(손수건을 접어 이루어진 꽃모양 등) 등이 그것이다.

2) 형태성

형태란 "형상·모양·색채 또는 이들의 결합"을 말한다. 물품에 표시된 「문자나 표지」는 단지 정보전달을 위해 사용되고 있는 경우를 제외하고 물품의 장식기능을 위해 사용되는 경우에는 모양으로 인정하여 디자인을 구성하는 요소로 취급된다.

"형상"이란 물품이 차지하는 공간의 윤곽을 말한다. 물품의 형상은 입체적인 형상과 평면적인 형상이 있다. 예컨대, 3차원 공간, 보자기, 손수건, 장갑 등이 이에 해당한다. "모양"이란 물품을 장식하기 위하여 형상의 도면에 나타내는 선도(선으로 그린 도형), 선염(실을 먼저 염색한 뒤, 원단으로 짜는 것), 색구분(공간이 선이 아닌 색채로 구분되는 것)을 말한다. 모양은 대부분 형상의 표면에 나타난다.

물품의 액정화면 등 표시부에 표시되는 도형 등(화상디자인)[20]에 대해서도 디자인을 구성하는 모양으로 취급한다. "색채"란 반사된 빛에 의해 인간의 망막을 자극하는 물체의 성질로서 시각을 통해서 식별할 수 있도록 물품에 채색된 빛깔이다. 디자인법상 색채는 무채색과 유채색으로 대별되지만, 도면에서 객관적으로 특정될 수 없는 질감이나 광택은 색채에 포함되지 않는다.

---

19   그러나 최근 디자인의 개념을 확장하여, 디자인의 물품성과 다소 괴리가 있는 '글자체'나 '화상'을 디자인의 개념에 포함시키는 입법과정이 있었다. 이는 입법정책적 목적에 의해 디자인 개념의 외연을 확장하려는 의도로 받아들여야 할 것이다.

20   화상디자인 등록의 사례로 화상디자인이 표시된 컴퓨터 모니터(등록 제517268호) 등이 있다.

3) 시각성

시각성이란 물품에 화체된 형태의 외관을 인간의 육안(시각)으로 식별할 수 있고 외부에서 파악할 수 있는 것만을 대상으로 한다. 따라서 디자인보호의 대상이 될 수 없는 것으로 ㉮ 시각 이외의 감각에 의해서 인식이 가능하거나, ㉯ 육안으로 식별할 수 없거나, ㉰ 외부에서 볼 수 없는 것 등은 시각성이 결여되었다고 본다.

4) 심미성

심미성이란 미감(아름다움의 느낌)을 일으키게 하는 것으로 미감의 의미는 주관적인 가치판단이 개입되므로 명확한 판단기준을 세우기는 어렵다.[21] 실무에서는 일단 심미성을 인정하고, 고도의 심미성에 대한 판단보다는 아름다움을 느낄 정도의 형태적 처리가 된 것이면 심미감이 있는 것으로 본다.

5) 글자체

디자인보호법상 글자체란 "기록이나 표시 또는 인쇄 등에 사용하기 위하여 공통적인 특징을 가진 형태로 만들어진 한 벌의 글자꼴(숫자, 문장부호 및 기호 등의 형태를 포함한다)"을 말한다(디§2ⅱ). 2004년 디자인보호법 개정으로 글자체를 디자인의 구성요소로 새로이 추가하여 글자체도 디자인등록 대상에 포함시켰다. 글자체는 디자인법상 형태구성요소 중에서는 주로 모양에 해당한다.[22] 그리고 일반적인 디자인의 성립요건과 마찬가지로 글자체에 있어서도 시각적 미감을 일으키는 것이어야 한다.[23]

---

21   디자인 심사지침서 §2②ⅳ에 의하면 심사관이 심미성을 구비하지 못했다고 디자인등록을 거절하는 이유로 미감을 거의 일으키지 않는 것, 디자인으로 짜임새가 없고 조잡감만 주는 것으로서 미감을 거의 일으키지 않는 것은 디자인을 구성하지 않기 때문에 심미감이 결여된다고 통지하여야 한다.

22   그러나 글자체는 기존의 디자인 개념에 과연 적합한 것인지에 대한 논의가 있을 수 있다. 글자체는 디자인의 물품성 개념에 적합하다고 볼 수 있는지에 대한 의문이 있을 수 있기 때문이다. 다만 글자체 개발에 투입된 창작자의 노력과 시간과 비용을 보상받게 해주려는 의도에서 그 규정의 타당성을 찾아야 할 것이라고 사료된다.

23   1996년 대법원 판결(1996. 8. 23. 선고, 94누5632 판결)에서 글자체의 저작물성을 부인한 이래 창작자의 피해에 대하여 법적인 보호가 불충분한 상태이었으나, 2004년 법 개정에서 글자체를 대자인의 객체에 포함시킴으로써 글자체의 불법복제를 막고 글자체 시장의 올바른 경쟁을 유도하고 창작자가 개발에 투입한 노력과 자본을 정당하게 보상받게 되었다(의장법 중 개정법률안 심사보고서, 국회 상업자원위원회, 2004. 12). 예컨대 한글 글자체 등록번호 제502416호 등이 있다.

6) 화상

2021. 4. 20. 디자인보호법 개정으로 화상(畵像)도 디자인의 개념에 포함되게 되었다.[24] "화상"이란 디지털 기술 또는 전자적 방식으로 표현되는 도형·기호 등(기기器機의 조작에 이용되거나 기능이 발휘되는 것에 한정하고, 화상의 부분을 포함한다)을 말한다(디§2ⅱ의ⅲ). 화상디자인은 휴대폰이나 컴퓨터 등의

화면 등에 표시되는 도형이나 그래픽 등의 디자인을 의미한다. 이러한 화상을 디자인으로 받아들일 수 있는지는 글자체의 경우와 같이 물품과 불가분의 관계가 없으나 공업상 이용할 수 있는 디자인으로 인정하여 보호하려는 취지를 인정한다면 화상디자인 역시 일반적인 디자인의 성립요건과 마찬가지로 시각적 미감을 일으키기에 충분하여야 할 것이다.

Ⅲ 디자인의 종류

디자인보호법상 디자인은 「물품」디자인 분야를 주된 대상으로 하여야 하고(디§2에서 물품을 전제로 하고 있기 때문이다) 디자인보호법의 목적(디§1)인 "창작을 장려하여 산업발전에 이바지할 수 있는 디자인"에 한정된다.

디자인보호법상 디자인에는 ① 일반물품디자인, ② 부분디자인, ③ 글자체디자인, ④ 아이콘 또는 GUI가 표현된 디자인(화상디자인), ⑤ 문자 또는 표지 도안이 표현된 디자인, ⑥ 동적 디자인, ⑦ 한 벌의 물품디자인 등이 포함된다.[25]

---

24   디§2i. 법률 제18886호, 2021. 10. 21. 시행.

25   일반물품디자인에 관하여는 디자인의 개념에서 전술한 물품관련 디자인을 말한다.

Ⅳ 디자인의 적극적 요건

1 서설

디자인보호법상 디자인등록출원이 디자인으로 등록되기 위해서는 앞서 설명한 디자인의 성립요건을 충족하여야 하고, 다음으로 디자인 등록요건으로 공업상 이용 가능성, 신규성 및 창작성(3요소)을 충족하여야 하며, 확대된 선출원주의에 위배되지 말아야 한다(디§33).

한편 「디자인 일부심사등록(일명 무심사등록)」이 출원된 디자인에 대해서는 위 요건 중 신규성, 창작성, 선출원주의, 확대된 선출원주의 등을 심사하지 않고 오직 방식심 사와 성립요건, 공업상 이용가능성, 부등록사유 해당여부만을 심사하여 등록하고 있다.

2 공업상 이용가능성

공업상 이용가능성이란 공업적 생산방법에 의해 동일한 디자인물품을 대량생산 할 수 있는 것을 말한다. 여기서 "공업"이란 원자재에 일정한 변화를 가하여 유용한 물품을 생산하는 산업의 한 영역으로서 농업이나 상업적 거래과정이 배제된 영역 을 의미한다. "공업적 생산방법"은 기계적·수공업적 생상방법을 모두 포함한다. "동 일물품의 대량생산이 가능하다"는 것은 완전히 동일할 필요는 없으나 일견 동일해 보이는 정도의 동일성이 있는 물품을 대량생산할 수 있어야 한다는 것이다.

"공업성"의 요건으로는 ① 출원된 디자인에 관한 물품의 반복생산이 가능해야 하 고, ② 공업적으로 대량생산할 수 있어야 하며, ③ 기술적으로 충분히 만족시킬 수 있을 정도의 물품이어야 한다.[26]

---

26 공업성이 없다고 판단되는 경우로는 ① 자연물을 디자인의 주체로 사용한 것으로 양산할 수 없는 경우, ② 상업적 과정으로 만들어진 서비스디자인, ③ 순수미술 분야에 속하는 미술저작물, ④ 디자인의 표현이 구체적이지 아니하여 공업상 이용할 수 없는 디자인은 공업성이 없기 때문에 디자인등록이 불가능하다.

❸ 신규성

1) 서 언

디자인은 신규성이 있어야 한다. 구체적으로 디자인보호법 제33조 제1항 각호에 해당하지 않는 것을 의미한다. 디자인은 쉽게 모방이 가능하고 권리범위가 좁기 때문에 디자인출원의 경우에는 공지 및 공용된 디자인과 동일한 디자인(디§33i·ii)뿐만 아니라 이와 유사한 디자인(디§33①iii)까지 신규성이 없는 것으로 본다.

2) 신규성의 판단기준

신규성이 인정되는 디자인은 다음 3가지 신규성 상실사유(디§33①i~iii)[27]에 해당하지 않아야 한다.

3) 유사한 디자인

심사실무상 출원디자인에 대해 디자인보호법 제33조 제1항 제1호나 제2호를 이유로 거절되는 것은 드물고, 일반적으로 확대된 개념인 동항 제3호(유사한 디자인)를 적용하여 거절하는 것이 대부분이다(디§33①iii).

"유사한 디자인"이란 보통 다음 3가지 태양으로 나타나는데 이들은 모두 유사디자인으로 신규성을 상실해 디자인 등록이 거절된다. 즉, ① 「동일」한 물품에 「유사」한 형태(형상·모양·색채 또는 이들을 결합한 것으로 시각적 미감을 일으키는 것)로 화채된 경우(디자인된 경우), ② 「유사」한 물품에 「동일」한 형태로 화채된 경우, ③ 「유사」한 물품에 「유사」한 형태로 화채된 경우가 유사디자인의 경우에 해당하여 신규성이 상실된다. 한편 「동일」한 물품에 「동일」한 형태로 화채된 경우는 직접 위반의 디자인(동조①i이나 ii 위반)에 해당하고, 「비유사」물품에 「비유사」한 형태로 화채되는 경우는 별개의 디자인으로 인정된다.

---

27   즉, ① 디자인등록출원 전에 국내 또는 국외에서 공지(公知)되었거나 공연(公然)히 실시된 디자인, ② 디자인등록출원 전에 국내 또는 국외에서 반포된 간행물에 게재되었거나 전기통신회선을 통하여 공중(公衆)이 이용할 수 있게 된 디자인, ③ 위 ①과 ②에 해당하는 디자인과 유사한 디자인은 신규성이 없는 것으로 판단된다.

디자인의 유사성 판단은 동일물품이냐 유사물품이냐에 따라 판단하고, 동일물품이란 용도나 기능이 동일할 것을 말하고, 유사물품이란 용도가 동일하지만 기능이 다른 것을 말한다.[28]

4) 신규성상실의 예외

디자인등록을 받을 수 있는 권리를 가진 자의 디자인이 디자인보호법 제33조 제1항 제1호 또는 제2호(디자인등록 불허사유)에 해당되는 경우[디자인등록출원 전에 국내 또는 국외에서 공지(公知)되었거나 공연(公然)히 실시된 디자인, 디자인등록출원 전에 국내 또는 국외에서 반포된 간행물에 게재되었거나 전기통신회선을 통하여 공중(公衆)이 이용할 수 있게 된 디자인에 해당되는 경우]에도 그 디자인은 그날(공지·실시·게재·이용된 날)부터 12개월 이내에 출원되면 신규성을 상실되지 아니한 것으로 본다(디§36①).

④ 창작성(비용이성)

디자인등록출원 전에 그 디자인이 속하는 분야에서 국내 또는 국외에 공지된 디자인이나 이들의 결합이나 국내 또는 국외에서 널리 알려진 형상·모양·색채 또는 이들의 결합에 의하여 통상의 전문가가 쉽게(용이하게) 창작할 수 있는 디자인은 디자인등록을 받을 수 없다(디§33②). 이를 인정하는 이유는 높은 수준의 디자인 창작을 유도하는 데 있다.[29]

---

28 유사성 판단 기준

형태 \ 물품	동일물품	유사물품	비유사물품
동일 형태	동일 디자인	유사 디자인	비유사 디자인
유사 형태	유사 디자인	유사 디자인	비유사 디자인
비유사 형태	비유사 디자인	비유사 디자인	비유사 디자인

29 여기서 창작의 비용이성(非容易性)은 디자인등록 요건으로서 공업상 이용가능성이 있고 선행디자인과의 관계에서 신규성이 있는 디자인이라도 그 디자인이 속하는 분야의 통상 전문가가 용이하게 창작할 수 있는 디자인은 등록을 인정하지 않는다는 의미이다.

Ⓥ 디자인의 소극적 요건

디자인등록의 실체적 요건 및 절차적 요건을 구비한 디자인이라 할지라도 디자인
보호법 제34조의 각호에 해당하는 경우에는 디자인등록을 받을 수 없다.

① 국기 등과 동일·유사한 디자인

국기, 국장(國章), 군기(軍旗), 훈장, 포장, 기장(記章), 그 밖의 공공기관 등의 표장과 외
국의 국기, 국장 또는 국제기관 등의 문자나 표지와 동일하거나 유사한 디자인은 등
록이 불가능하다. 즉 국내외의 국가의 존엄성, 공공기관이나 국제기구가 지향하는
이념과 목적을 존중하고 유지하는 공익적 견지에서 법으로 금지하고 있다.

② 공공의 질서나 선량한 풍속을 문란하게 할 염려가 있는 디자인

디자인이 주는 의미나 내용 등이 일반인의 통상적인 도덕관념이나 선량한 풍속에
어긋나거나 공공질서를 해칠 우려가 있는 디자인은 등록이 불가능하다. 예컨대 사
회정의 또는 국민감정에 반하는 디자인, 국가원수의 초상과 동일한 인형의 디자인,
지속하거나 혐오하여 국민감정에 반하는 디자인, 미풍양속에 반하는 성적 기구에
관한 물품의 디자인 등이 이에 해당한다.

③ 타인의 업무와 관련된 물품과 혼동을 가져올 우려가 있는 디자인

즉 타인의 저명한 상표·서비스표·단체표장 및 업무표장을 디자인으로 표현한 것
(입체상표 포함), 비영리법인의 표장을 디자인으로 표현한 것도 디자인으로 등록될 수
없다.[30]

---

30   예컨대 샤넬(CHANEL) 상표를 포함하는 모양의 핸드백 디자인, 구찌(GUCCI) 상표모양으로 된 팬던트를 포함하는 목걸이
디자인 등이 이에 해당한다.

④ 물품의 기능을 확보하는 데에 불가결한 형상만으로 된 디자인

원래 디자인은 물품의 외관형태에 관한 것으로서 특허발명이나 실용적인 고안과 같이 순전히 기술적 또는 기능적인 효과를 목적으로 한 것이어서는 아니 된다는 것이 세계 각국의 공통된 입장이다.[31] 그렇지 않고 디자인보호법으로 보호하게 되면 디자인보호법을 통해 기술을 독점하는 결과가 되기 때문이다. 우리 디자인보호법도 2001년 개정을 통해 명문화되었다.[32]

Ⅵ 특허와 절차상 등록요건 차이

디자인보호법상 디자인등록절차는 실용신안법과 같이 특허법을 「직접」 준용하는 규정을 두고 있지는 않지만, 특허법상 권리등록절차와 유사한 구조를 가지고 있다. 즉 1디자인 1출원주의나 선출원주의 또는 확대된 선출원 등의 법구조는 특허와 동일하다. 다만 선출원주의에 있어서 특허법은 동일한 출원인 사이에도 선출원주의를 적용하지만, 디자인보호법은 동일한 출원인 사이에는 선출원주의를 적용하지 않는다. 이는 디자인보호법이 특허법에는 없는 유사디자인제도를 두고 있기 때문에 만약 동일인의 선출원에 대하여 동일인의 후출원에 대한 선출원의 지위를 인정한다면 자기의 선출원과 충돌하게 되어 유사디자인 등록을 할 수 없게 되기 때문이다.

---

31 WTO/TRIPs 협정 제25조 제1항은 "본질적으로 기술적이거나 기능적인 것(technical or functional)만 나타내는 디자인"은 보호대상에서 제외할 수 있는 것으로 규정하고 있다.

32 예컨대 접시형상을 한 위성방송수신용 반사경 디자인, 형광램프 디자인 등이 이에 해당한다.

제20강 디자인권의 출원절차

 서설

디자인권도 산업재산권이므로 출원절차에 있어서 큰 틀에서 보아 특허권·실용신안권과 유사하지만, 디자인권의 특성 때문에 일부 차이가 있다. 그 절차를 알아보면 다음과 같다.

출원인이 특허청에 출원서와 관련 서류를 제출하면 그 절차가 개시된다(출원). 특허청은 접수된 출원서류에 대한 형식적인 오류나 결함이 있는지를 심사한다(방식심사). 출원서류에 아무런 하자가 없다고 판단되면 특허청은 「출원공개나 출원인의 심사청구」 없이 바로 실체심사에 들어가서 당해 출원을 디자인설정등록으로 인정하는 데 거절사유가 있는지의 여부를 판단한다(실체심사). 심사결과에 따라 인용된 권리에 대해서는 일정한 절차에 의해 권리설정등록을 하게 되고, 거절사유의 존재를 이유로 거절결정이 있는 경우 당사자가 그에 대한 이의가 있는 때에는 거절결정을 번복할 수 있는 절차(재심사나 불복심판 혹은 특허소송 등)가 진행되게 된다. 한편 방식심사나 실체심사 과정에서 일정한 경우를 위한 보정제도, 변경출원, 분할출원 등을 두고 있다(보정절차).[33]

이와 같이 디자인보호법상 원칙적으로 ① 출원공개, ② 실체심사 청구제도, ③ 이의신청제도가 존재하지 않는 점이 특허법이나 실용신안법과 다르다. 다만 예외적으로 1995년 개정으로 「신청에 의한 출원공개제도」를 인정하고 있고, 2001년 개정에 의해 출원인에 의한 「우선심사신청」이 가능하도록 하고 있으며, 1998년 일부물품에

---

33   디자인보호법에서는 특허법·실용신안법에서와 같은 분리출원에 관한 규정이 없다.

디자인 출원절차

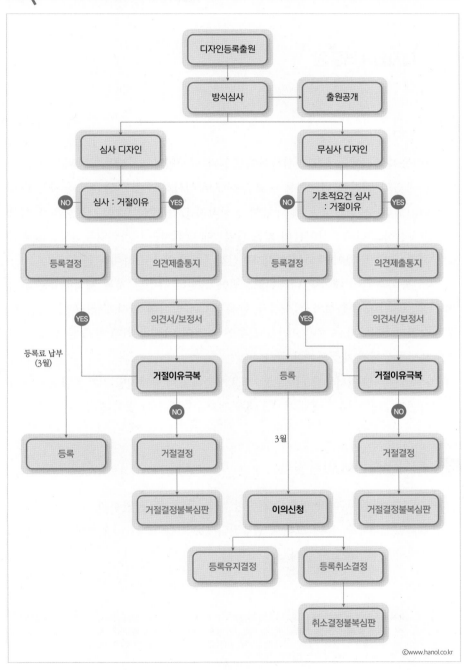

디자인등록출원

방식심사 → 출원공개

심사 디자인 / 무심사 디자인

심사 : 거절이유 (NO / YES) / 기초적요건 심사 : 거절이유 (NO / YES)

등록결정 / 의견제출통지 / 등록결정 / 의견제출통지

의견서/보정서 / 의견서/보정서

등록료 납부 (3월) YES / **거절이유극복** / 등록 / **거절이유극복**

등록 / 거절결정 (NO) / 3월 / 거절결정 (NO)

거절결정불복심판 / **이의신청** / 거절결정불복심판

등록유지결정 / 등록취소결정

취소결정불복심판

©www.hanol.co.kr

한하여 무심사등록제도를 도입하면서 그에 대한 「이의신청제도」를 도입하고 있다.

Ⅱ 디자인등록출원

1 서언

디자인등록출원에는 디자인심사등록출원과 디자인일부심사등록출원(디자인무심사등록출원)이 있다. 전자는 디자인등록 요건을 모두 심사하는 것을 말하고 후자는 디자인등록의 요건 중 신규성 등에 대하여 심사하지 않는 것을 말한다. 물품의 특성상 유행성이 강하고 라이프사이클이 짧은 물품[34]에 대해서는 디자인일부심사등록출원으로 하고, 기타 물품에 대해서는 디자인심사등록출원으로 하여야 한다.

디자인등록출원에 대하여 디자인보호법에 특별히 규정한 것을 제외하고는 특허법의 경우와 같이 출원절차, 심사절차, 등록절차를 밟아야 한다. 그리고 디자인등록을 받으려고 하는 자는 출원요건을 갖추어 소정의 양식에 기재한 출원서 및 도면 등을 특허청장에게 제출하여야 한다.

디자인출원은 출원서류를 서면으로 직접 제출해도 무방하지만 전자출원도 가능하다. 디자인보호법 제30조 내지 제32조에서 전자출원에 관한 절차를 규정하고 있다.

2 디자인출원의 기본원칙

디자인출원에 관한 여러 원칙은 전술한 바와 같다. 즉, 서면주의, 국어주의, 양식주의, 수수료납부주의 등이 그대로 인정된다(특허법의 경우와 유사). 여기서는 특기할 사항에 대해서만 설명하고자 한다.

---

34 일부심사등록출원을 할 수 있는 것은 디자인보호법 시행규칙 제38조 제3항(물품류 구분 등)에서 정하고 있는 물품이란 로카르노 협정에 따른 물품류 중 제1류(식품), 제2류(의류 및 패션잡화 용품), 제3류(다른 류에 명기되지 않은 여행용품, 케이스, 파라솔 및 신변용품), 제5류(섬유제품, 인조 및 천연 시트직물류), 제9류(상품 운송·처리용 포장 및 용기), 제11류(장식용품) 및 제19류(문방구, 사무용품, 미술재료, 교재)에 속하는 물품을 말한다.

1) 1디자인1출원주의

1디자인 1출원주의란 디자인등록출원은 1디자인마다 1디자인등록출원해야 한다는 것을 말한다(디§40①). 디자인등록출원을 하고자 하는 자는 디자인보호법 시행규칙에서 정하는 물품의 구분에 따라야 하고 물품의 명칭도 그에 따라 지정하여야 한다.[35]

출원인은 디자인등록출원 시 디자인을 구분하는 데 적합한 명칭을 기재하고, 그 물품의 용도가 명확히 이해되도록 사용하는 물품의 명칭을 기재하여야 하는바, 이것이 명확하지 않는 출원에 대하여는 출원이 거절된다.

2) 선출원주의

(1) 의 의

동일하거나 유사한 디자인에 대하여 다른 날에 2 이상의 출원이 있는 경우에는 먼저 출원한 자만 그 디자인에 관하여 등록을 받을 수 있다. 동일하거나 유사한 디자인에 대하여 같은 날에 2 이상의 출원이 있는 경우에는 출원인이 협의하여 정한 하나의 출원인만이 그 디자인에 대하여 등록을 받을 수 있다. 협의가 성립하지 않거나 협의를 할 수 없는 경우에는 어느 출원인도 그 디자인에 대하여 등록을 받을 수 없다(디§46①·②).

(2) 효 과

디자인등록출원이 무효·취하·포기되거나 디자인등록거절결정 또는 거절한다는 취지의 심결이 확정된 경우 선출원 규정을 적용함에는 처음부터 없었던 것으로 본다. 그리고 특허청장은 동일하거나 유사한 디자인에 대하여 같은 날에 2 이상의 출원이 있는 경우에 디자인등록출원인에게 기간을 정하여 협의의 결과를 신고할 것을 명하고 그 기간 내에 신고가 없으면 협의가 성립되지 아니한 것으로 본다(디§46③·⑤).

---

35 디시§38①·②에서 정하는 물품을 의미한다. 총 32 물품류가 있다.

(3) 동일한 출원인 사이의 선출원

특허법·실용신안법상 동일한 출원인 사이에도 선출원주의를 적용하지만, 디자인 보호법은 동일한 출원간 사이에는 선출원을 적용하지 않는다. 이는 디자인보호법에서 「관련디자인(기본디자인에 유사한 디자인)」제도를 두고 있는데[36] 동일인의 선출원에 대해 후출원에 대한 선출원의 지위를 인정한다면 자기의 선출원과 충돌하게 되어 관련디자인 등록을 할 수 없게 되기 때문이다.

(4) 확대된 선출원의 불인정

디자인보호법은 개정 전에는 특허법에서와 같은 확대된 선출원(특§29③)에 관한 규정(2014년 7월 개정전 디§5③)을 두고 있었지만 개정으로 삭제되었다.[37]

3) 특유한 디자인출원

디자인보호법상 특유한 제도로서 관련디자인제도, 디자인일부심사등록제도, 복수디자인등록출원제도, 한 벌 물품디자인제도, 부분디자인제도, 동적디자인제도, 화상디자인제도, 비밀디자인제도 등이 인정되고 있다.[38]

③ 출원서류

디자인 등록을 받으려는 자는 출원서, 도면 기타 디자인 등록에 필요한 서류를 특허청에 제출하면, 그 절차가 개시된다(디§37).

1) 출원서

디자인등록을 받으려는 자는 일정한 사항[39]을 적은 디자인등록출원서(디자인심사등

---

36 특허법·실용신안법에서는 「관련발명」제도가 없는 것과 차이가 있다.

37 이는 디자인등록출원에 출원공개가 원칙적으로 없는 점 등을 이유로 삭제된 것으로 판단된다.

38 이들 디자인의 출원 형식이나 종류는 여타의 산업재산권에 존재하지 않는 것으로 디자인보호법상 특유한 권리객체로 인정된다.

39 디§37①. 디자인등록 출원서에 기재되어야 하는 사항은 다음과 같다. 즉 ㉠ 출원인의 성명 및 주소(법인은 그 명칭 및 영업소의 소재지), ㉡ 대리인이 있는 경우에는 그 대리인의 성명 및 주소, ㉢ 디자인의 대상이 되는 물품 및 물품류, ㉣ 단독출원 또는 관련디자인출원 여부, ㉤ 관련디자인출원의 경우에는 기본디자인의 등록번호 또는 출원번호, ㉥ 디자인을 창작한 사람의 성명 및 주

록출원서와 디자인일부심사등록출원서)를 제출하여야 한다.

2) 도면

출원서에는 각 디자인에 관하여 일정한 사항[40]을 적은 도면을 첨부하여야 한다. 다만 디자인등록출원인은 도면을 갈음하여 디자인의 사진 또는 견본을 제출할 수 있다.

3) 기타 필요한 설류

예컨대 디자인보호법 제36조 제2항에 따라 신규성이 상실되지 아니한 것으로 적용받으려는 경우 증명서류 등이 이에 해당한다(디시§34).

Ⅲ 방식심사

❶ 서언

출원인이 디자인등록출원 서류를 제출한 경우 특허청장은 이들 서류에 대한 방식심사를 하여야 한다. 출원방식심사란 디자인보호법에서 규정하고 있는 출원인·대리인의 절차능력, 제출된 서류의 기재방식 및 첨부서류, 수수료 납부사항 등 절차의 흠결 유무를 점검하는 것을 말한다.[41]

디자인등록출원에 대한 방식심사에서 서류가 중대한 하자가 있는 경우에는 해당 서류를 반려해야 하지만, 중대한 하자가 아닌 방식상 경미한 하자인 경우에는 일단

소, Ⓐ 복수디자인등록출원 여부, ◎ 복수디자인등록출원인 경우에는 디자인의 수 및 각 디자인의 일련번호, Ⓧ 우선권을 주장하는 경우에는 그에 관한 사항 등이 그것이다.

40   디§37②. 디자인등록 출원서에 첨부되어야 하는 도면에 기재되어야 하는 사항은 ⓐ 디자인의 대상이 되는 물품 및 물품류, ⓑ 디자인의 설명 및 창작내용의 요점, ⓒ 복수디자인등록출원인 경우에는 디자인의 일련번호 등이다.

41   특허청의 담당부서나 출원방식심사에 따른 조치에 대해서는 특허권의 출원절차에서 설명한 것과 동일하다. 즉 디자인등록출원에 관한 방식심사는 특허 및 실용신안에서의 방식심사와 동일한 형태의 절차를 통해 이루어진다.

서류를 수리하고 그 하자에 대하여 보정을 명함으로써 출원인 등의 보정을 통해 절차상 하자를 치유하도록 하고 있다. 그리고 변경출원, 분할출원, 우선권주장 등의 경우에도 디자인보호법에서 인정하고 있다.

❷ 보정제도

절차보정이란 최초에 출원한 사항에 흠결이 있거나 불비한 경우 이를 명료하게 정정·보충하는 것을 말한다. 절차보정제도를 인정하는 취지, 보정의 절차, 직권보정과 당사자에 의한 보정, 보증요건 및 보증제한 그리고 보정명령·보정각하 등에 관하여는 모두 특허나 실용신안의 경우와 대체로 유사하므로 특허권의 출원절차에서의 설명이 그대로 적용된다. 다만 그 법적 근거에 관하여는 특허법의 규정을 준용하지 않고 따로 디자인보호법에 규정(디§47·§48·49 등)을 두고 있는 점이 다를 뿐이다. 즉 디자인등록출원인은 최초 출원요지의 동일성이 유지되는 한 출원서의 기재사항, 첨부된 도면, 도면의 기재사항이나 사진 또는 견본 등을 보정할 수 있다(디§48①).

❸ 보완명령

1) 절차보완의 의의

디자인등록출원과 상표등록출원에 있어 "출원일의 인정"과 관련된 중대한 하자가 있는 경우에는 바로 당해 출원을 반려하지 않고 보완명령을 통지하여 출원인 등으로 하여금 하자가 있는 서류만을 보완할 수 있도록 절차보완을 명한다(디§38, 상§37).[42]

2) 절차보완명령의 내용

절차의 보완요구시에는 보완요구의 근거규정 및 보완할 사항[43]을 구체적으로 명시

42 　절차의 보완명령은 디자인보호법(디§38)와 상표법(디§37)에 특유한 사항으로 특허법에서는 인정되지 않는다. 보완명령에 관하여는 여기서 설명하고 상표법에서는 생략한다.

43 　절차보완명령의 대상 또는 사유(디자인보호법과 상표법에만 존재)에는 ① 디자인, 상표등록을 받고자 하는 취지의 표시가

하고 상당한 기간을 정하여 보완할 것을 명하여야 한다(디§38②, 상§37②).

3) 절차보완의 효과

(1) 절차의 보완명령을 받은 자가 지정기간 이내에 적법한 절차보완서를 제출한 경우에는 출원인이 최초 하자가 있는 출원서를 특허청에 제출한 일자가 아닌 절차보완서가 특허청에 도달된 날을 출원일로 인정한다(디§38④, 상§37④).

(2) 지정기간 이내에 그 보완을 하지 아니한 경우에는 당해 출원은 부적합한 출원으로 반려할 수 있다(디§38⑤, 상§37⑤).

4 분할출원

디자인등록출원의 분할도 특허의 분할출원과 그 취지를 같이하고 그 효과 또한 동일하게 소급효를 인정하는 점에서 같다. 즉, ① 2 이상의 디자인을 1디자인등록출원으로 출원한 자와 ② 복수디자인등록출원을 한 자는 디자인등록출원의 일부를 1 이상의 새로운 디자인등록출원으로 분할하여 출원할 수 있다(디§50). 분할출원이 있는 경우 그 분할출원은 최초에 디자인등록출원을 한 날에 출원한 것으로 본다.

5 변경출원

디자인등록출원의 변경도 특허법의 출원절차에서 설명한 바와 동일하게 인정된다. 즉, 출원인은 관련디자인출원을 기본(단독)디자인출원으로, 기본(단독)디자인출원을 관련디자인출원으로 변경할 수 있고, 또한 일부심사등록출원을 심사등록출원으로, 심사등록출원을 일부심사등록출원으로 변경할 수도 있다(디§48②·③).

명확하지 아니한 경우, ② 출원인의 성명이나 명칭의 기재가 없거나 그 기재가 출원인을 특정할 수 없을 정도로 명확하지 아니한 경우, ③ 등록출원서에 등록을 받고자 하는 디자인·상표의 기재가 없거나 그 기재가 디자인·상표로서 인식할 수 없을 정도로 선명하지 아니한 경우, ④ 지정상품의 기재가 없는 경우, ⑤ 국어로 기재되지 아니한 경우, ⑥ 도면·사진 또는 견본이 제출되지 아니하거나 도면에 적힌 사항이 선명하지 아니하여 인식할 수 없는 경우 등이 있다.

6 우선권 주장

조약에 따른 우선권 주장은 내국인이든 외국인이든 파리협약 당사국(제1국)에의 출원을 이유로 최초의 출원일로부터 6개월 내에 우선권을 주장하여 대한민국의 특허청에 출원하고 출원일부터 3개월 내에 그 증명서류를 제출하면 출원일은 제1국의 출원일로 소급하여 인정하는 제도이다(디§51①·②).

그리고 우선권을 주장한 자가 정해진 기간 내에 그 증명서류를 제출하지 아니한 경우에는 그 우선권 주장은 효력을 상실한다(디§51⑤).

한편 특허출원이나 실용신안등록출원에서 인정되고 있는 국내우선권(특§5·§56)과 같은 취지의 규정은 디자인보호법에 존재하지 않음에 유의해야 한다.

Ⅳ 출원공개

1 신청에 의한 출원공개

특허법이나 실용신안법은 출원심사의 신속과 이중투자나 이중연구를 방지하기 위해 출원공개제도를 두고 있지만, 디자인법의 경우에는 원칙적으로 타인의 모방이나 침해의 용이성 때문에 출원공개를 하지 않는다.

그러나 1995년 개정으로 「출원인의 신청」에 의한 출원공개제도를 인정하고 있다(디§52). 이 경우 복수디자인등록출원에 대한 공개는 출원된 디자인의 전부 또는 일부에 대하여 신청할 수 있다. 특허청장은 출원인의 공개신청이 있는 경우 그 디자인등록출원에 관하여 디자인공보에 게재하여 출원공개를 하여야 한다(디§52).

한편 청구에 의해 디자인이 공개된 경우, 출원인은 출원된 디자인이나 유사한 디자인을 업으로서 실시하는 자에게 법위반에 대하여 경고할 수 있고, 실시료 상당액의 보상금의 지급을 청구할 수 있다. 다만 보상금청구권은 디자인권 설정등록 후에만 행사할 수 있다(디§53).

2 정보제공유도

누구든지 디자인등록출원된 디자인이 디자인등록 거절사유에 해당되어 디자인 등록될 수 없다는 취지의 정보를 증거와 함께 특허청장 또는 특허심판원장에게 제공할 수 있다(디§55).[44]

Ⓥ 심사청구

디자인보호법에서는 원칙적으로 「출원공개제도」나 「실체심사에 대한 청구제도」가 채택되고 있지 않다. 즉 디자인등록출원은 방식심사 후 심사청구 없이 곧 실체심사를 개시한다.

그러나 2001년 개정에 의해 출원공개 여부와 관계없이 일정요건을 갖춘 경우 우선심사신청이 가능하도록 하고 있다(디§61).[45] 또한 특허청장은 이 경우 복수디자인 등록출원에 대해서는 일부 디자인만 우선하여 심사하게 할 수도 있다.

Ⓥ️Ⅰ 실체심사

출원서가 접수되면 소정의 방식심사 후 실체심사관이 출원순서에 따라 심사한다. 심사관이 거절이유를 발견한 경우 그 이유를 출원인에게 통보하고 기간을 정하여 답변할 수 있는 기회를 제공하고, 거절이유가 해소되면 등록결정을 하지만, 거절이유가 해소되지 아니하면 거절결정을 하게 된다. 거절결정에 대하여는 불복절차로서

---

44 이는 그 불허사유를 알고 있는 자로 하여금 정보를 제공할 기회를 부여함으로써 심사에 정확성을 기하고 심사관이 선행기술의 검색에 소요되는 노력과 시간을 절약할 수 있게 하여 출원심사에 정확성·공정성·신속성을 꾀하는 데 기여하고 있음은 특허나 실용신안에서와도 동일한 취지에서 인정되고 있다.

45 즉, 특허청장은 ① 출원공개 후 디자인등록출원인이 아닌 자가 업으로 디자인등록출원 중인 디자인을 실시하고 있다고 인정되는 경우, ② 긴급하게 처리할 필요가 있다고 인정되는 경우에 해당하는 디자인등록출원에 대하여는 심사관에게 다른 디자인등록출원에 우선하여 심사하게 할 수 있다.

재심사청구, 불복심판 등이 있다.

그러나 일부심사디자인등록출원에 대해서는 일부의 사항만 심사하고 등록결정을 한 후 등록공보에 공고하고, 등록공구일로부터 3개월 이내에 이의신청을 받는다.

① 심사관에 의한 심사

1) 의의

특허청장은 심사관에게 디자인등록출원 및 디자인일부심사등록의 이의신청을 심사하게 한다(디§58).

2) 심사내용

심사관은 디자인심사등록출원의 디자인이 ① 디자인의 성립요건, ② 공업상 이용가능성·신규성·창작의 비용이성 등의 등록요건, ③ 선출원, ④ 부등록사유, ⑤ 관련디자인의 등록요건, ⑥ 1디자인 1출원의 원칙 등을 충족하고 있는지 심사한다. 그리고 디자인일부심사등록출원의 경우에는 공업상 이용가능성, 부등록사유 등의 일정 요건을 충족시키고 있는지 여부에 대해서만 심사한다. 심사관이 거절결정을 할 수 있는 거절이유는 디자인보호법 제62조에서 열거하고 있다.[46]

② 디자인등록결정

심사관은 디자인등록출원에 대하여 거절이유를 발견할 수 없으면 등록결정을 하여야 한다(디§65). 이 경우 복수디자인등록출원된 디자인 중 일부 디자인에 대하여 거절이유를 발견할 수 없을 때에는 그 일부 디자인에 대하여 디자인등록결정을 하여야 한다.

---

46 디자인심사등록출원의 거절사유는 디§62①에서, 디자인일부심사등록출원의 거절사유는 디§62②에서 규정하고 있고, 디자인일부심사등록출원과 연결된 관련디자인등록출원의 거절사유는 디§62②·③에 규정하고 있다.

3 거절결정

1) 거절이유통지

실체심사 단계에서 심사관이 심사를 행한 결과, 거절이유에 해당하는 경우에는 그대로 거절사정하는 것이 아니라, 우선 그 취지를 출원인에게 통지하여 출원인으로 하여금 의견서를 제출할 수 있는 기회(이의제기의 기회)를 주어야 한다(디§63①).[47] 거절이유통지서에 적용되는 법조문과 그 이유를 기재하여 출원인에게 송부함으로써 행한다. 거절이유는 크게 디자인에 관한 물품이나 도면이 불명확하여 디자인이 특정될 수 없다는 것과, 선행 디자인과 동일 또는 유사하다는 것으로 나눌 수 있다.

2) 의견서·보정서 제출

거절이유통지에 대해 출원인은 의견서 및 보정서를 제출할 수 있다. 의견서는 출원인의 의견을 진술하여 심사관의 거절이유에 대해 반론하기 위한 것이며, 보정서는 오기나 불명료한 기재 등의 기재불비가 있는 경우에 출원서류 등을 정정하거나 보충하는 서류이다. 제출한 보정서가 적법한 것으로 취급되기 위해서는 내용 및 제출시기가 법에 정한 기준을 만족해야 한다. 그러나 의견서나 보정서의 내용은 최초의 디자인등록출원서의 기재나 도면 등의 요지를 변경하지 않아야 하며, 요지를 변경하는 보정은 심사관에 의해 각하된다.

3) 디자인등록 거절확정

심사관의 거절결정이유의 통지에도 불구하고 출원인이 기간 내에 그 거절이유를 해소시키지 못한 경우에는 당해 디자인등록출원을 거절하여야 한다.

---

47 복수디자인등록출원된 디자인 중 일부 디자인에 대하여 거절이유가 있는 경우에는 그 디자인의 일련번호, 디자인의 대상이 되는 물품 및 거절이유를 구체적으로 적어야 한다(디§63②).

④ 재심사청구제도

1) 요건

디자인등록출원인은 그 출원에 관하여 등록거절결정(재심사에 따른 디자인등록거절결정은 제외한다) 등본을 송달받은 날부터 3개월 이내에 보정을 통하여 자신의 등록출원에 대하여 재심사를 청구할 수 있다. 다만 재심사의 청구는 취하할 수 없다(디§64①).

2) 효과

재심사에 따른 디자인등록거절결정에 대해서는 다시 재심사청구를 할 수 없다. 이에 대한 불복은 그 결정등본을 송달받은 날부터 3개월 이내에 심판을 청구하여야 한다(디§120).[48]

⑤ 일부심사등록에 대한 이의신청제도

1) 의의

누구든지 디자인일부심사등록출원에 따라 디자인권이 설정등록된 날부터 디자인일부심사등록 공고일 후 3개월이 되는 날까지 그 디자인일부심사등록이 이의신청사유(디§68①각호)가 존재하면 특허청장에게 디자인일부심사등록 이의신청을 할 수 있다.[49]

2) 이의신청서

이의신청인은 일정한 사항[50]을 적은 디자인일부심사등록 이의신청서에 필요한 증

---

48 재심사청구제도는 2009년 도입된 제도로서 심사절차를 간소화하고 심판비용을 절감하는 효과가 있다.

49 이 경우 복수디자인등록출원된 디자인등록에 대하여는 각 디자인마다 디자인일부심사등록 이의신청을 하여야 한다.

50 즉, ① 이의신청인의 성명 및 주소, ② 이의신청인의 대리인이 있는 경우에는 그 대리인의 성명 및 주소나 영업소의 소재지, ③ 디자인일부심사등록 이의신청의 대상이 되는 등록디자인의 표시, ④ 디자인일부심사등록 이의신청의 취지, ⑤ 디자인일부심사등록 이의신청의 이유 및 필요한 증거의 표시 등이 그것이다.

거를 첨부하여 특허청장에게 제출하여야 한다(디§68②). 이의신청인은 디자인일부심사등록 이의신청을 한 날부터 30일 이내에 디자인일부심사등록 이의신청서에 적은 이유 또는 증거를 보정할 수 있다(디§69).[51]

3) 이의신청의 결정

디자인일부심사등록 이의신청은 심사관 3명으로 구성되는 심사관합의체에서 심사·결정한다(디§70).[52]

심사관은 디자인일부심사등록출원에 관하여 정보제공(디§55)에 따른 정보 및 증거가 제공된 경우에는 그 정보 및 증거에 근거하여 디자인등록거절결정을 할 수 있다(디§62④). 복수디자인등록출원에 대하여 디자인등록거절결정을 할 경우 일부 디자인에만 거절이유가 있으면 그 일부 디자인에 대하여만 디자인등록거절결정을 할 수 있다(디§62⑤).

6 직권 재심사제도

심사관은 디자인등록결정을 한 출원에 대하여 명백한 거절이유를 발견한 때에는 일정한 경우[53]를 제외하고 직권으로 디자인등록결정을 취소하고 그 디자인등록출원을 다시 심사할 수 있다(디§66조의2①).[54] 이에 따라 심사관이 직권 재심사를 하려면 디자인등록결정을 취소한다는 사실을 디자인등록출원인에게 통지하여야 한다(디§66조의2②).

---

51 이 기간은 특허청장이 청구에 따라 또는 직권으로 그 기간을 30일 이내에서 한 차례만 연장할 수 있다(디§17).

52 심사장은 디자인일부심사등록 이의신청이 있을 때에는 디자인일부심사등록 이의신청서 부본(副本)을 디자인일부심사등록 이의신청의 대상이 된 등록디자인의 디자인권자에게 송달하고 기간을 정하여 답변서를 제출할 기회를 주어야 한다.

53 ① 거절이유가 제35조(관련디자인) 제1항, 제37조 제4항(디자인일부심사등록출원을 할 수 있는 디자인은 물품류 구분), 제40조부터 제42조까지(1디자인 1디자인등록출원, 복수디자인등록출원, 한 벌의 물품의 디자인)에 해당하는 경우, ② 그 디자인등록결정에 따라 디자인권이 설정등록된 경우, ③ 그 디자인등록출원이 취하되거나 포기된 경우가 그것이다.

54 본조신설 2021. 10. 19.

Ⅶ 권리설정등록

❶ 디자인등록료

1) 등록료 납부

디자인권의 설정등록을 받으려는 자는 설정등록을 받으려는 날부터 3년분의 디자인등록료를 내야 하며, 이미 등록된 디자인권자는 그다음 해부터의 등록료를 그 권리의 설정등록일에 해당하는 날을 기준으로 매년 1년분씩 내야 한다(디§79).

2) 등록료의 추가납부

디자인권의 설정등록을 받으려는 자 또는 디자인권자는 등록료 납부기간이 지난 후에도 6개월 이내에 등록료를 추가납부할 수 있다.

추가납부기간에 등록료를 내지 아니한 경우에는 디자인권의 설정등록을 받으려는 자의 디자인등록출원은 포기한 것으로 보며, 디자인권자의 디자인권은 납부한 등록료에 해당하는 기간이 끝나는 날의 다음 날로 소급하여 소멸된 것으로 본다(디§82).

❷ 디자인등록

1) 의 의

디자인권은 설정등록에 의하여 발생한다(디자인의 공시). 특허청장은 특허청에 디자인등록원부를 비치하고 디자인권의 설정·이전·소멸 등에 관한 변경 사항을 디자인등록원부에 기재하여야 한다.

2) 디자인등록원부

디자인권 또는 그에 대한 권리관계 등 법령이 정하는 소정의 등록사항을 기재한 공적장부로서, 특허청장이 특허청에 비치하여 관리하는 공적장부이다(디§88). 등록원부는 부동산에 대한 등기부등본과 유사한 기능을 한다.

③ 등록증의 발급

특허청장은 디자인권의 설정등록을 한 경우에는 디자인권자에게 디자인등록증을 발급하여야 한다(디§89). 특허청장은 디자인등록증이 디자인등록원부나 그 밖의 서류와 맞지 아니하면 신청에 따라 또는 직권으로 디자인등록증을 회수하여 정정 발급하거나 새로운 디자인등록증을 발급하여야 한다.

④ 등록공고

특허청장은 디자인권이 설정등록된 때에는 디자인권자의 성명·주소 및 디자인등록번호 등을 디자인공보에 게재하여 등록공고를 하여야 한다. 등록공고라 함은 등록된 디자인을 소정의 절차에 따라 공중에게 공표하는 디자인의 공시제도를 말한다.

제21강

디자인권의 행사와 한계

    디자인권과 상표권의 권리성과 그 행사, 권리의 공유관계 및 일정한 경우 권리행사의 제한은 모두 산업재산권성이 인정되기 때문에 특허법에서의 설명과 큰 차이가 없다. 다만 권리의 존속기간이나 권리행사의 제한사유 등에서 약간의 차이가 있을 뿐이다.

    여기서는 특허권·실용신안권에서 설명한 내용을 토대로 그 내용이 유사하거나 동일한 것은 과감하게 생략하고 차이가 있는 부분을 중심으로 서술하고자 한다.

Ⅰ 디자인권의 특성

    디자인권도 산업재산권이므로 특허권·실용신안권의 특성에서 설명한 대세권성·추상권성·유한성·제한성·객체의 무체재산성 등이 모두 디자인권에도 동일하게 인정된다.

Ⅱ 디자인권의 효력

1 의의

디자인권자가 업으로 등록디자인 또는 이와 유사한 디자인을 실시할 권리를 독점

(디§92)하는 바 이것이 디자인권의 적극적 효력을 의미하며, 권원 없는 제3자가 업으로 실시하는 것을 배제할 수 있는 효력을 소극적 효력이라고 한다.[55]

② 권리의 내용

디자인권자는 업으로서 등록디자인 또는 이와 유사한 디자인(관련디자인)을 실시할 권리를 독점한다. 디자인권의 효력이 등록디자인만이 아니고 이와 유사한 디자인에도 미치도록 한 것은 디자인법이 물품의 시각적 미감을 보호하기 때문에 동일성 개념만으로는 그 보호범위가 협소하여 실질적인 보호가 실현되지 않고 디자인제도의 목적을 달성할 수 없기 때문에 이를 보완하기 위한 것이다.

1) 실시의 의미

디자인권의 실시란 디자인을 사용하여 제작한 물품을 생산·사용·양도·대여 또는 수입하거나 그 물품의 양도 또는 대여의 청약(양도나 대여를 위한 전시 포함)을 하는 행위를 말한다. 생산·사용·용도·대여·수입·양도 등의 용어에 대한 설명은 특허권·실용신안권의 실시에서 설명한 용어와 동일하게 이해하면 된다.

2) 업으로서의 실시

디자인권자는 「업으로서 그 디자인을 실시할 권리를 독점」한다. 업으로서의 실시는 단순히 영업을 목적으로 하는 경우에 한하는 것이 아니라 넓은 의미에서 경제활동의 하나로 계속 반복해서 실시하는 것을 의미한다.[56]

---

55 즉 소극적 효력으로서 디자인권자 또는 전용실시권자는 자기의 권리를 침해한 자 또는 침해할 우려가 있는 자에 대하여 그 침해의 금지 또는 예방을 청구할 수 있다. 이하에서는 적극적 효력으로서 권리의 내용, 효력이 미치는 범위, 효력의 예외에 관하여 차례로 설명하고 소극적 효력에 관하여는 지식재산권의 침해와 구제에 대해서 설명한다.

56 단 개인이나 가정 내에서의 실시는 경제질서를 해하지 않는다는 이유에서 제외된다. 이 점에 관하여도 특허권·실용신안권에서 설명한 내용과 동일하다.

3 디자인권의 효력범위

1) 객체의 범위

디자인권의 보호대상은 등록디자인이고, 등록디자인의 보호범위는 다자인등록출원서의 기재사항 및 그 출원서에 첨부한 도면·사진 또는 견본과 도면에 기재된 디자인의 설명에 표현된 디자인에 의하여 정해진다(디§93). 디자인의 효력은 등록디자인 뿐만 아니라 이와 유사디자인에도 미친다.

2) 지역적 범위

디자인권의 효력이 미치는 지역적 범위는 파리협약의 「속지주의의 원칙」이 적용되므로 당해 권리는 그 권리를 부여한 국가 내에서만 효력을 미친다. 따라서 국내에서 등록된 디자인을 외국에서 실시하는 것은 디자인권의 침해에 해당하지 않는다. 디자인권에도 역시 1국1디자인의 원칙, 디자인권독립의 원칙 등이 적용된다. 이에 관하여는 특허권·실용신안권에서 설명한 내용이 동일하게 디자인권의 지역적 범위에도 그대로 적용된다.

3) 시간적 범위

디자인권은 한시적인 권리로서 권리존속기간 내에서만 유효하다. 다만 존속기간 이내더라도 일정한 사유가 발생하면 권리가 소멸할 수 있지만, 그 존속기간의 연장은 인정되지 않는다.

4 디자인권 효력의 예외

이상의 디자인권의 효력범위 내라도 여러 가지 이유에 의하여 디자인권의 독점적·배타적 효력이 제한되는 경우가 있다. ① 디자인권 효력이 미치지 아니하는 범위(디§94. 공공의 이용을 위한 제한), ② 타인의 지식재산권과 이용·저촉관계로 인한 제한(디§95), ③ 법정실시에 의한 제한, ④ 강제실시에 의한 제한 등이 그에 해당한다. 그런데

위 ① 디자인권 효력이 미치지 아니하는 범위는 디자인권의 권리 자체의 효력에 대한 예외를 의미하고, 나머지의 경우에는 권리의 통상실시권과 관련된 것이다.[57]

1) 디자인권의 효력이 미치지 아니하는 범위

(1) 연구 또는 시험을 위한 등록디자인 또는 유사디자인의 실시

연구 또는 시험을 하기 위한 등록디자인 또는 이와 유사한 디자인의 실시는 영리를 목적으로 하지 않아 특허권자의 경제적 이익을 해하지 않을 뿐만 아니라, 나아가 연구·시험을 통하여 기술과 학문의 발전을 꾀할 수 있으므로 이러한 행위를 업으로 하더라도 디자인권자가 이를 금지시킬 수 없다(디§94①ⅰ).

(2) 국내 단순통과에 불과한 교통수단

단순히 「국내를 통과하는 데 불과한 선박·항공기·차량 또는 이에 사용되는 기계·기구·장치 기타의 물건」에 대하여는 디자인권의 효력이 미치지 아니한다(디§94ⅱ). 이는 국제교통의 원활화를 위해 제정된 규정으로 단순히 국내통과라는 목적에 한정된 것으로 디자인권자의 국내 권리에 손해를 가하는 것이 없기 때문에 인정된다.

(3) 권리출원 시부터 이미 국내에 있는 물건

디자인권출원 시 이미 국내에 존재하는 물건, 즉 선사용권자가 생산한 제품이나 설비를 말한다(디§94ⅲ). 선출원주의에 따라 먼저 권리출원한 자가 디자인권을 받을 수 있지만, 출원 당시 이미 존재하고 있는 물건에까지 디자인권을 적용하는 것은 사회통념상 불합리하다.

(4) 글자체의 디자인권 설정등록

글자체가 디자인권으로 설정등록된 경우 그 디자인권의 효력은 「타자·조판 또는 인쇄 등의 통상적인 과정에서 글자체를 사용하는 경우」와 「그에 따른 글자체의 사용으로 생산된 결과물인 경우」에 미치지 아니한다(디§94②).

---

57   따라서 여기서는 위 ① 「디자인권 효력이 미치지 아니하는 범위」와 ② 타인의 지식재산권과 이용·저촉관계로 인한 제한에 관하여 먼저 검토하고 나머지 ③과 ④는 중복을 피하기 위해 권리의 통상실시권에 관한 설명의 항목에서 따로 설명하고자 한다.

2) 타인의 지식재산권과 이용·저촉관계로 인한 제한

디자인권자(전용실시권자 또는 통상실시권자 포함)가 자신의 디자인(유사디자인 포함)의 출원등록 전에 이미 출원되어 등록된 타인의 등록디자인·유사디자인·특허·실용신안·상표를 「이용」해야 하거나 자신의 디자인(유사디자인 포함)이 자신의 디자인의 출원등록 전에 이미 출원되어 등록된 타인의 특허권·실용신안권·상표권과 「저촉」되는 경우 그 타인의 허락을 받거나 권리사용 허여심판을 받지 않으면 자신의 등록디자인(유사디자인 포함)을 업으로 실시할 수 없다. 또한 타인의 저작물과의 관계에서도 그 이용이나 저촉의 경우 저작권자의 허락을 받아야만 한다(디§95).

Ⅲ 디자인권의 존속기간

디자인권은 설정등록한 날부터 발생하여 디자인등록출원일 후 20년이 되는 날까지 존속한다. 다만 관련디자인으로 등록된 디자인권의 존속기간 만료일은 그 기본디자인의 디자인권 존속기간 만료일로 한다(디§91). 또한 정당한 권리자의 디자인권 존속기간은 무권리자의 디자인등록출원일 다음 날부터 기산한다.

한편 출원인은 디자인출원 후 권리를 인정받을 때까지의 기간 동안은 완전한 권리행사를 하지 못하지만, 권리가 설정등록된 후에는 완전한 권리를 행사할 수 있다. 디자인권의 경우는 존속기간의 연장제도가 없다.

Ⅳ 실시권과 권리행사의 제한

1 의의

1) 실시권의 의미

디자인권자는 자신의 디자인을 업으로 실시할 권리를 가진다(디§92). 실시권이란 디자인권자 이외의 자가 일정한 범위 내에서 등록디자인 또는 이와 유사한 디자인을 업으로 실시할 수 있는 권리를 말한다.

2) 실시권의 종류

디자인을 실시할 수 있는 권리는 그 권리의 독점·배타성의 여부에 따라 「전용실시권(exclusive license)」과 「통상실시권(non-exclusive license)」으로 구분된다. 한편 디자인의 실시권의 발생원인을 기준으로 「계약실시권」과 「강제실시권」과 「법정실시권」으로 구분된다.

3) 권리행사 제한의 의미

당사자의 약정에 의한 계약실시권이 원칙이지만 국가의 필요에 의한 경우나 발명과 관련된 당사자들의 이용이나 저촉관계 등으로 인하여 권리자의 실시권에 관한 자유를 제한하는 경우가 「강제실시권」과 「법정실시권」이다. 이 경우는 디자인권자의 허락과 무관하게 실시권이 인정되므로 강학상 "산업재산권 행사의 제한"으로 인정된다.

2 전용실시권

권리자와 실시권자 사이에 전용실시권의 설정계약을 체결하고 특허청에 등록함으로써 효력이 발생되는 실시권으로서 전용실시권자는 설정계약의 범위 내에서 디

실시권의 구분

실시권			
	전용실시권 – 계약(허락에 의한 전용실시권; 디§97)		
	통상실시권	허락에 의한 통상실시권(디§99)	
		법정실시권	선사용에 의한 통상실시권(디§100)
			선출원에 따른 통상실시권(디§101)
			무효심판청구등록 전의 실시에 의한 통상실시권(디§102)
			직무디자인에 대한 사용자의 통상실시권(발§10①)
			디자인권 존속기간 만료 후의 통상실시권(디§103)
			재심에 의해 회복된 디자인권에 대한 선의 실시자의 통상실시권(디§162)
			재심에 의하여 통상실시권을 상실한 원권리자의 통상실시권(디§163)
			질권행사로 인한 디자인권의 이전에 따른 통상실시권(디§110)
			등록료 추가납부 또는 보전에 의한 통상실시권(디§84⑤)
		강제실시권	재정 — 부존재
			심판 — 자기의 디자인 실시를 위한 경우(디§123)
			국가 — 부존재

자인을 독점배타적으로 실시할 수 있다(디§97). 전용실시권은 특허청에 등록함으로써 효력이 발생한다. 디자인권의 전용실시권은 특허권·실용신안권의 전용실시권의 설명이 동일하게 인정된다.

③ 통상실시권

1) 의의

통상실시권이란 타인의 디자인을 일정조건하에서 업으로 실시할 수 있는 권리를 말한다(디§99). 통상실시권은 전용실시권과는 달리 그 통상실시권을 설정한 후에도 특허권자 자신도 실시할 뿐만 아니라 제3자에게도 동일한 통상실시권을 둘 이상 허락할 수 있어서 상대적 권리이다.

2) 종류와 범위

통상실시권은 ① 디자인권자(전용실시권자 포함)의 허락에 의하여 발생되는 「계약실시권」, ② 디자인보호법이 정하는 조건에 해당되는 자가 갖게 되는 「법정실시권」, 그리고 ③ 특수한 목적에 의하여 국가의 강제권의 발동에 의한 행정청의 처분에 의하여 인정되는 「강제실시권」이 있다. 일반적으로 계약실시권은 허락에 의하여 발생되며, 법정실시권은 법정사유에 의하여 성립되고, 강제실시권은 심판으로 인정된다.

(1) 계약실시권

계약실시권은 당사자의 실시계약에 의해 이루어진다. 즉 디자인권자와의 약정 혹은 그 전용실시권자와의 약정에 의해 설정된다. 다만 이 전용실시권자가 통상실시권을 허락하는 것을 재실시권이라 하고 이 경우에는 디자인권자의 동의가 있어야 하는 것을 원칙으로 한다.

(2) 강제실시권

디자인권에서의 강제실시는 특허권·실용신안권의 강제실시와는 달리 디자인보호법 제123조에서 규정하고 있는 것으로 자신의 권리실시가 타인의 허락이 필요함에도 불구하고 그 타인이 정당한 이유 없이 동의하지 않는 경우 특허청의 「허여심판」에 의해 실시하는 경우에만 인정된다. 즉 특허청장의 재정에 의한 재정에 의한 강제실시나, 정부의 국가비상사태 등을 이유로 한 강제실시가 인정되지 않는다.

(3) 법정실시권

법정실시권은 디자인권자의 의사와 무관하게 제3자의 지위에 관한 공평의 원칙과 국가의 산업정책적 측면에서 공익상 필요에 따라 디자인권자 혹은 전용실시권자의 의사와 관계없이, 심지어 이들의 권리에 반하여도 「법령의 규정」에 따라 당연히 실시할 수 있는 통상실시권을 말한다.

❶ 선사용에 의한 통상실시권

디자인에 대한 출원 당시 선의로 국내에서 그 출원내용의 사업을 이미 행하고 있거나 그 사업을 준비하고 있는 자는 그 실시 또는 준비하고 있는 사업의 목적의 범

위 내에서 통상실시권을 갖는다(디§100). 예컨대 디자인권자의 디자인과 같은 내용을 당해 디자인의 등록출원 전에 선의로 이미 실시하고 있는 자는 (후에 권리를 획득하게 되는) 디자인권자의 허락 없이도 통상실시권을 갖는 경우가 이에 해당한다.

❷ 직무디자인에 대한 고용주의 통상실시권

특허권의 권리주체에서 설명한 바와 같이 직무디자인에 대하여 종업원 등이 디자인등록을 받았거나 디자인등록을 받을 수 있는 권리를 승계한 자가 디자인을 등록하면 고용주(사용자등)는 그 디자인권에 대하여 통상실시권을 가진다(발§10①). 이 경우 종업원은 정당한 보상을 받을 권리를 가진다(발§15①).

❸ 무효심판 청구등록 전 실시에 의한 통상실시권

출원된 디자인에 무효원인이 있음에도 권리가 잘못 부여되었지만 후에 심판에 의해 무효로 결정된 경우, 그 무효원인을 모르고 무효심판청구의 등록 전에 그 디자인 혹은 유사디자인에 관한 사업을 실시하거나 그 사업을 준비하고 있는 자는 그 범위 내에서 통상실시권을 갖는다(디§102). 이 경우 진정 디자인권자나 전용실시권자에게 상당한 대가는 지급하여야 한다.

❹ 디자인권의 존속기간 만료 후의 통상실시권

원디자인과 등록·유사디자인이 저촉되는 경우 원디자인의 등록이 등록·유사디자인보다 적어도 먼저이거나 동일한 때 등록된 경우 원디자인권이 만료되더라도 존속기간 중에는 원디자인권의 범위 내에서 통상실시권을 가지거나 원디자인권 만료 당시 등록·유사디자인권의 전용실시권에 대하여 통상실시권을 가진다(디§103①). 이 경우 통상실시권을 갖는 자는 그 등록·유사디자인권자나 전용실시권자에게 상당한 대가를 지급하여야 한다.

❺ 질권행사로 인한 특허권의 이전에 따른 통상실시권

질권설정된 디자인권이 경매 등으로 이전되더라도 질권설정 이전에 디자인권자가 등록디자인 또는 유사디자인을 실시하고 있는 경우 그 디자인권자는 통상실시권을 갖는다. 단 이 경우 전 디자인권자는 현 디자인권자(경매 등으로 권리이전 받은 자)에게 상당한 대가를 지급하여야 한다(디§110).

❻ 재심에 의해 회복한 특허권에 대한 선사용자의 통상실시권

심결이 확정된 후 재심청구 등록 전에 국내에서 선의로 그 디자인의 실시사업을 하고 있는 자 또는 그 사업을 준비하고 있는 자는 그 사업목적의 범위에서 그 디자인권에 관하여 통상실시권을 가진다.[58]

❼ 재심에 의하여 통상실시권을 상실한 원권리자의 통상실시권

통상실시권 허여심결이 확정된 후 재심에 의하여 통상실시권이 소멸된 경우, 재심청구 등록 전에 선의로 국내에서 그 디자인의 사업을 실시하고 있는 자 또는 준비하고 있는 자는 원(原)통상실시권의 사업목적 및 발명의 범위에서 그 디자인권 또는 재심확정 전에 존재하는 전용실시권에 대하여 통상실시권을 가진다. 이 경우 통상실시권자는 상당한 대가를 지급하여야 한다.

❽ 등록료 추가납부에 의한 효력제한기간 중 선의의 실시자에 대한 통상실시권

디자인등록료 불납으로 소멸된 디자인권이 추가납부에 의하여 회복된 경우, 등록료 납부기간이 경과한 때로 소급하여 디자인권이 존속하게 되는데 디자인권이 소멸된 후 회복되는 사이에 당해 등록출원된 디자인, 등록디자인 또는 유사디자인을 업으로 실시한 선의의(디자인권이 소멸되어 누구나 실시할 수 있다고 믿고) 실시자에게 통상실시권을 부여한다. 이 경우 상당한 대가를 지급하여야 한다.

❾ 선출원에 따른 통상실시권

타인보다 먼저 디자인등록 출원하고 그 디자인과 관련된 사업을 실시하거나 실시하는 준비를 해온 자는 그 타인이 디자인등록출원하여 인용받아 디자인등록까지 마친 경우 자신의 디자인등록출원이 거절결정되거나 거절심결이 확정되더라도 자신의 디자인 및 사업목적의 범위 내에서 그 타인의 디자인에 대하여 통상실시권을 갖는다(디§101).

---

58   이 실시권이 상당한 대가의 지급에 관한 규정이 존재하지 않는다.

Part 5

상표권

Patents &
Intellectual Property Rights

제22강

상표권의 의미

Ⅰ 의의와 기본원칙

상표법은 상표를 보호함으로써 상표사용자의 업무상의 신용유지를 도모하여 산업발전에 이바지함과 아울러 수요자의 이익을 보호함을 목적으로 하고 있다. 다시 말해 상표법은 상표권자, 소비자, 국가적 차원에서의 존재의의가 있다.[1]

상표법상 인정되는 기본원리도 특허·실용신안·디자인 등에 인정되는 것과 대동소이하다. 즉 등록주의, 선출원주의, 권리주의, 심사주의, 출원공고주의, 직권주의 등이 그대로 인정된다. 그리고 상표등록출원은 산업자원부령이 정하는 상품류 구분 내에서 상표를 사용할 1개 또는 2개 이상의 상품을 지정하여 상표마다 출원하여야 하는데, 이를 「1상표 1출원 주의」라고 하며, 하나의 출원서로 동시에 2 이상의 상표를 출원하는 것이 허용되지 않는다는 의미이다. 다만 「1상표 다류(多流) 1출원 주의」를 도입하여 상표를 출원하고자 하는 자는 상품류 구분상 1분류 이상의 상품을 지정하여 출원할 수 있다.[2]

---

1 그리하여 상품의 식별표지인 상표를 권리로서 보호함으로써 ① 상표권자에게는 상표에 화체된 신용과 이익을 보호·유지하게 하고, ② 수요자에게는 원하는 상품을 손쉽고 정확하게 선택할 수 있게 하며, ③ 국가적 차원에서는 공정한 경쟁을 통한 건전한 상거래 질서를 유도하여 국가 산업발전에 기여하고자 한다.

2 1997 개정상표법에 따라 1998. 3. 1부터 "1상표 1류 1출원주의" 제도를 폐지하고 "1상표 다류 1출원주의"를 채택함에 따라 상표마다 출원하되 상표와 서비스업을 동시에 지정하여 출원할 수도 있게 되었다.

Ⅱ 여타의 지식재산권과의 차이

1 의 의

1) 경제질서와 연관성 정도의 차이

여타의 지식재산권이 개인의 사권으로서 재산권적인 측면에 보호의 중점을 두는 것이 현대의 지식재산권법의 경향이다. 그러나 상표권의 경우 개인의 재산권보호의 측면도 중요하지만 그에 못지않게 거래의 상대방이나 거시적인 경제질서와도 연관되어 있다. 즉 상표권의 침해가 단순히 권리자의 재산에 대한 침해에 그치는 것이 아니라 거래 상대방인 소비자들에게도 피해를 주게 되고, 종국에는 경제질서의 교란을 야기할 수 있게 된다.[3]

2) 사용주의의 가미

여타의 지식재산권은 당해 발명이나 고안에 대하여 제일 먼저 출원하여 등록을 받은 자가 권리자로 인정되지만, 상표권의 경우는 제일 먼저 「상품과 연계하여」 사용하는 자 또는 "사용하려는 자"에게 등록을 허여하는 것을 원칙으로 한다. 즉 상표권에도 선출원주의가 인정되지만 특정 상품과 연계하여 사용하는 자 또는 "사용하려는 자" 중에서 먼저 출원한 자에게 권리가 인정된다는 점에서 여타의 지식재산권과는 차이가 있는 것이다.[4]

---

3 이런 측면에서 선진 각국에서는 초기에는 상표권이 개인의 재산권으로서 보호되는 것이 아니라 사문서 위조 등의 형벌로 다스렸던 반사효과로서 개인의 상표권이 보호되었던 것은 전술하였다. 최근 이러한 상표권은 여타의 지식재산권에 비해 그 비중이 비견할 수 있을 정도의 중요한 무형의 재화로서의 가치가 제고되고 있다. 예컨대 유명상품들의 상표나 세계적인 기업의 상호가 이미 유형의 재화의 가치를 뛰어넘는 지위를 차지하고 있는 현실에서 상표권의 의미는 시간의 흐름과 함께 더욱더 중요성을 띠게 될 것이다.

4 상표법상 「등록주의」란 자타상품 식별력이 있는 상표에 대해 등록할 수 있고, 등록한 상표에만 상표권을 인정하는 입법주의이다. 한편 표지의 사용이라는 사실로부터 상표권의 성립을 인정하는 입법주의를 「사용주의」라고 한다. 우리 법은 상표법 제정 당시(1949년 11월 법률 제71호)는 미국의 상표법을 따라 먼저 사용한 자에게 등록하여 주는 선사용주의를 채택하였지만, 선사용 여부의 판단이 어렵고, 사무처리에 필요 이상의 혼란이 나타나자 1958. 3. 11. 법률 제480호로 개정하여 선출원자에게 등록해 주도록 하였으며, 1973. 2. 8. 법률 제2506호로 사용하는 자 또는 "사용하고자 하는 자"도 등록을 할 수 있도록 개정하였다.

② 상표의 유사개념

1) 상표와 상호의 차이

상표는 자타상품을 식별하기 위하여 상품에 부착하는 표장으로서 상품의 동일성을 표시하는 기능을 가지는 것이나, 상호는 상인(법인·개인)이 영업상 자기를 표시하는 명칭으로서 영업의 동일성을 표시하는 기능이 있다. 즉, 상호는 상인이 영업에 관하여 자기를 나타내는 명칭으로서 인적 표지의 일종이며, 문자로 표현되고 호칭되며 기업의 경우 상호의 사용은 강제적이지만, 상표는 자타상품을 식별하는 기호로서 문자뿐만이 아니라 기호, 문자, 도형 등과 이들의 결합 또는 이들과 색채의 결합으로 구성될 수 있으며, 상표의 사용에 있어서는 강제성이 없다는 점이 상이하다.[5]

2) 상표와 지리적 표시의 차이

상표와 지리적 표시는 양자 모두 출처표시 기능 및 품질표시 기능, 영업상의 이익과 관련되며 지식재산권의 범주 내에서 보호되는 표장이라는 점에서는 상표와 유사한 점이 있다.

그러나 「상표」는 상품 또는 서비스를 제공하는 "특정 사업주체"를 식별시켜 주는 표장인데 반하여 「지리적 표시」는 당해 표시가 사용되고 있는 제품을 생산하는 사업주체들이 위치하고 있는 "특정지역"을 확인시켜 주는 표장이므로, 상표와 같이 다른 경쟁업자들의 사용을 배제시킨다는 의미에서의 "독점적 소유자"라는 기능이 지리적 표시에는 없다는 점에서 차이가 있다.

우리나라는 상표법 개정[6]을 통해 2005년 7월 1일부터 "지리적 표시"를 단체표장으로 보호하고 있다.[7]

5　다만 기업이미지 통일화 전략(Corporate Identification Program)에 따라 상호와 상표를 일치시키고 있는 것이 국제적 추세인 점(상표의 상호화 또는 상호의 상표화 현상)과 상호가 상품표지로 사용되고 상표로서 등록요건을 갖추어 등록된 경우에는 법률상 상표로서 보호되는 상호상표가 점차 늘고 있어 양자간의 기능이 중첩되는 경우가 많다.

6　2004. 12. 31. 개정, 법률 제7290호.

7　"지리적 표시"는 단순한 지명이 아니라, "인제 용대리 황태"와 같이 다른 지역과 구별되는 품질이나 명성 등의 특성이 그 지역의 기후, 토양, 지형 등의 자연적 조건이나 전통적인 생산비법 등의 인적 조건을 포함하는 지리적 환경에 본질적으로 기인하는 경우에 그 지역에서 생산, 제조 또는 가공된 상품임을 나타내는 표시를 말한다.

3) 상표와 도메인 이름의 차이

상표는 자타상품을 식별하기 위하여 상품에 부착하는 표장이며, 도메인 이름의 경우 인터넷상 호스트컴퓨터의 주소에 해당하는 숫자로 된 주소(IP Address)에 해당하는 알파벳 및 숫자의 일련의 결합을 의미한다. 따라서 상표의 경우 상품출처 표시의 기능, 도메인 이름의 경우 인터넷상 호스트컴퓨터의 장소표시의 기능이라는 별개의 기능에서 출발되었지만, 전자상거래의 활성화로 도메인 이름 그 자체가 상품이나 서비스업의 출처표시로서의 기능도 하게 되었으며, 타인의 상표를 부정한 목적으로 등록하여 정당한 상표권자에게 비싼 값에 되팔려는 사이버스쿼팅(Cybersquatting) 행위가 증가함에 따라 상표와 도메인 이름 간의 분쟁이 증가하고 있는 추세에 있다.

원칙적으로 국내에 상표를 등록하였다고 하여 당해 상표에 상당하는 도메인 이름을 등록할 권리가 부여되지 않으며, 도메인 이름을 등록하였다고 하여 당해 상표를 등록할 권리가 부여되지도 않는다.

제23강

상표권자

Ⅰ 서설

상표법도 산업재산권법의 하나이며 특허·실용신안·디자인의 권리주체에 관한 규정과 유사한 형식으로 상표권의 주체에 관하여 규정하고 있다. 그 주체에 관한 규정 내용이 디자인보호법처럼 특허법의 규정과 유사한 형태를 취하고 있지만 특허법을 준용하는 규정을 두지 않고 자체적으로 규정하고 있다. 여기서도 디자인보호법의 주체규정을 검토하는 방법과 같이 특허법과 상표법의 이동에 대해서만 차례로 설명하고자 한다.

Ⅱ 특허법과 유사한 규정

국내에서 상표를 사용하는 자 또는 사용하려는 자는 자기의 상표를 등록받을 수 있다(상§3). 그리고 2인 이상이 공동으로 상표등록한 경우 공유관계가 발생하는 점에서는 특허에서와 동일하다. 또한 상표등록출원의 승계는 상속이나 그 밖의 일반 승계의 경우를 제외하고는 출원인 변경신고를 하지 아니하면 그 효력이 발생하지 아니한다(상§48①)고 규정하고 있어 특허법에서와 유사하다.

또한 무권리자의 출원에 대해 선원주의를 선택하고 있고, 상표등록출원이 ① 포기 또는 취하된 경우, ② 무효로 된 경우, ③ 상표등록거절결정 또는 거절한다는 취지의 심결이 확정된 경우, 그 상표등록출원의 선원주의를 판단할 때에는 처음부터 없었던 것으로 보는 것(상§35③)은 특허에서와 같다.

그리고 외국인과 특허청 직원 및 특허심판원 직원, 제한능력자는 상표권을 받을 수 없는 것은 특허와 동일하다. 제한능력자에 관한 행위능력문제, 비법인 사단 또는 재단, 재외자에 관한 규정 그리고 권리주체의 의무 등도 특허법에서의 입장과 동일하다. 그리고 복수당사자의 대표권 행사의 각자대표의 원칙과 대표자 선임의 서면주의 그리고 선정대표자의 단독 대표성도 그대로 인정되고 있다.

산업재산권의 대리에 관한 특허의 규정은 그대로 상표권에도 적용된다. 즉 개별 대리의 원칙, 대리권 증명시 서면주의, 대리권의 소멸제한사유 등은 상표권에서도 동일한 구조를 택하고 있다.

Ⅲ 특허법과 상이한 규정

1 등록요건으로서 "사용하려는 의사"

여타의 산업재산권과는 달리 상표법에서는 자기의 상표를 등록하고자 하는 자는 국내에서 당해 상표를 사용하는 자 또는 "사용하려는 자"일 것을 규정하고 있다. 즉 특허나 실용신안 또는 디자인의 경우 그 발명·고안·디자인의 사용의사(즉 실시의사)를 명시적으로 규정하고 있지 않지만, 상표의 경우 전술한 바와 같이 연역적 이유에서 사용의사를 가진 자만이 상표등록할 수 있도록 하고 있다.[8]

2 직무상 창작 규정의 부존재

발명진흥법에서 인정하고 있는 직무상 창작에는 특허·실용신안·디자인만을 규정하고 있고 같은 산업재산권인 상표권에 대하여는 직무상 창작으로 인정하고 있지

8　다만 이 사용의사의 존부에 대한 판단이 등록단계에서 확인하는 것이 곤란하기 때문에 실제 사용되지 않고 있는 상표가 대량으로 등록되고 있는 실정이다.

않다. 따라서 이 부분에 관하여는 특허법상 설명이 상표권에는 적용되지 않는다.

③ 무권리자의 출원이 부정되는 경우 간주규정의 부존재

특허등록을 받을 수 있는 권리의 승계인이 아닌 무권리자나 특허의 무효심결이 확정된 경우 정당한 권리자 보호를 위한 출원시기 소급에 관한 특허법 제34조·제35조와 같은 취지의 규정은 상표법에는 존재하지 않는다.

④ 상표 등록출원 시 신규성 의제사유와 그 출원기간

상표등록을 받을 수 있는 자가 ① 정부 또는 지방자치단체가 개최하는 박람회, ② 정부 또는 지방자치단체의 승인을 받은 자가 개최하는 박람회, ③ 정부의 승인을 받아 국외에서 개최하는 박람회, ④ 조약당사국의 영역(領域)에서 그 정부나 그 정부로부터 승인을 받은 자가 개최하는 국제박람회에 출품한 상품에 사용한 상표를 그 출품일부터 6개월 이내에 그 상품을 지정상품으로 하여 상표등록출원을 한 경우에는 그 상표등록출원은 그 박람회에 출품을 한 때에 출원한 것으로 본다(상§47①). 그러나 특허법에는 이와 유사한 규정이 없다.

⑤ 복수당사자의 각자대표의 제한사유

2인 이상이 공동으로 상표등록출원 또는 심판청구를 하고 그 출원 또는 심판에 관계된 절차를 밟을 경우 각자대표의 제한사유로 인정되는 것은 그 제한사유의 존재는 특허법에서와 동일하나 그 제한사유[9]의 항목은 차이가 있다.

---

9   ① 상표등록출원의 포기 또는 취하, ② 상표·단체표장·증명표장 등에 따른 출원의 변경, ③ 일정한 신청 또는 출원의 취하(ⓐ 상표권의 존속기간갱신등록신청, ⓑ 지정상품추가등록출원, ⓒ 상품분류전환등록신청 등의 신청 또는 취하), ④ 신청의 취하, ⑤ 청구의 취하, ⑥ 보정각하·거절결정에 따른 심판청구 등이 그것이다(상표법 제13조 제1항).

6 대리권행사 시 본인의 위임을 필수로 하는 사유

상표에 관한 절차를 밟을 것을 위임받은 대리인이 특별히 권한을 위임받지 아니하면 대리권을 행사할 수 없는 사유[10]는 특허에서와 차이가 있다.

7 상표의 국제출원인의 자격

특허법에서 인정되는 국제출원인의 자격과 유사한 규정이 상표법에도 존재하지만, 그 자격내용이 다르다. 즉 특허청장에 상표의 국제출원을 할 수 있는 자는 ① 대한민국 국민, ② 대한민국에 주소(법인인 경우에는 영업소의 소재지를 말한다)를 가진 자이어야 한다(상§168).

8 상표의 국제출원 대리인에 관한 규정의 부존재

특허법 제197조에서 규정하고 있는 국제출원절차의 대리인에 관한 규정은 상표법에서는 존재하지 않는다.[11]

---

10   ① 상표등록출원의 포기 또는 취하, ② 상표·단체표장·증명표장 등의 출원의 변경, ③ 일정한 경우 신청 또는 출원의 취하(ⓐ 상표권의 존속기간 갱신등록신청, ⓑ 지정상품추가등록출원, ⓒ 상품분류전환등록신청 등의 신청 또는 취하), ④ 상표권의 포기, ⑤ 신청의 취하, ⑥ 청구의 취하, ⑦ 보정각하·거절결정에 대한 심판청구, ⑧ 복대리인(複代理人)의 선임 등이 그것이다(상표법 제7조)

11   다만 상표법 제124조의2에서 상표 관련 심판에서 국선대리인에 관한 규정을 두고 있음은 디자인보호법에서와 동일한다(디 §125조의2).

제24강

상표권의 보호대상

I 의의

상표법은 상표를 보호함으로써 상표사용자의 업무상의 신용유지를 도모하여 산업발전에 이비지함과 아울러 수요자의 이익을 보호함을 목적으로 한다(상§1). 상표법은 특정상표의 독점·배타적 사용을 상표권자에게 인정함으로써 제3자가 등록상표와 동일·유사한 상표의 사용을 금지시키고 있다.

상표는 상품을 구별하고 상품의 동일성을 나타내며 상품 자체의 품질이나 성능, 영업상의 우수성·성실성 등의 신용적인 측면의 힘을 가진다. 그 기능을 구체적으로 알아보면 다음과 같은 기능을 가지고 있는바, ① 자타상품의 식별기능(상표의 본래적 기능), ② 출처표시 기능(예컨대 '아이폰'은 애플사가 만들었다), ③ 품질보증 기능(동일한 상표를 표시한 상품은 그 품질이 동일한 것으로 수요자에게 보증하는 기능), ④ 광고선전기능(상품거래사회에서 판매촉진 수단으로서의 상표의 기능), ⑤ 재산적 기능(상표권의 자유양도 및 사용권 설정 등이 가능) 등이 인정되고 있다.

II 상표의 개념

상표란 "자기의 상품(지리적 표시가 사용되는 상품의 경우를 제외하고는 서비스 또는 서비스의 제공에 관련된 물건을 포함)과 타인의 상품을 식별하기 위하여 사용하는 표장(標章)"을 말한다(상§2① i). 즉 상표란 상품을 생산·가공 또는 판매하는 것을 업으로 영위하는 자가 자기의 업무에 관련된 상품을 타인의 상품과 식별되도록 하기 위하여 사용하는 표장이다.

① "업으로"의 의미

반드시 영리를 목적으로 할 필요는 없으며 반복·계속성의 의사만 있으면 충분하다. 즉 협동조합이나 자선단체 등에서 상품표지로 사용하는 것도 상표가 될 수 있다.

② "상품"의 표지

상표법상 상품은 "운반가능한 유체물로서 반복하여 거래의 대상이 될 수 있는 것"을 말한다. 따라서 ① 부동산과 같이 운반할 수 없거나, ② 전기, 열, 향기 등 형태가 없거나 ③ 골동품, 거래가 금지된 마약 등과 같이 반복하여 거래대상이 될 수 없거나, ④ 유가증권 등은 상표법상 상품이 될 수 없다. 단 형태가 없더라도 용기에 담아 거래대상이 되는 술, 음료수, 가스 등은 대상이 되며, 부동산도 운반가능한 조립가옥은 상표법상 상품이 될 수 있다.

한편 인터넷상 다운로드 가능한 프로그램(예컨대, MS 오피스, 각종 윈도우 운영체계 등)과 같은 디지털상품은 유체성에 대한 논란이 있지만 실무 및 판례상 상표법상 상품으로 인정하고 있다.

③ 상품에 "사용"되는 것

상품 자체 또는 상품의 포장 등에 붙여서 사용되는 경우뿐만 아니라 상품을 표창(表彰)하고 상품의 동일성을 나타내기 위하여 사용되는 모든 태양을 포함한다.[12]

---

12 상표에 관한 권리가 "사용에 의하여" 취득되는 「사용주의」 입법주의에서는 중요한 의미가 있지만 우리나라와 같이 상표로 등록되어야 권리가 창설되는 「등록주의」 입법주의에서는 큰 의미가 없으나, 현행 상표법상 적어도 "사용할 의사가 있어야" 하고(상§3①), 일정기간 사용하지 않으면 등록취소사유(상§73①ⅲ)가 될 수 있으므로 그 부분만큼은 등록주의 입법하에서도 상표의 사용은 의의가 있다고 본다.

4 식별력

상표는 자타상품의 식별표지이므로 주관적으로 사용자가 이를 식별하기 위하여 사용하는 표장이어야 하고(식별의사), 객관적으로 상거래상 그러한 식별하는 힘(식별력, 특별현저성)이 있어야 한다.

(III) 상표의 종류

1 상품상표

넓은 의미의 상표개념에는 상표, 서비스표(서비스 마크), 영업표, 단체표장 및 업무표장, 증명표장 등이 포함되지만 좁은 의미의 상표란 "자타「상품」을 식별하기 위하여 사용되는 일체의 표현수단"을 의미한다.[13] 그 표현수단인 표장이 2007년 상표법이 개정되기 전에는 "① 기호, 문자, 숫자, 도형, 도안, 입체적 형상, 이들의 결합 또는 이들에 색채를 결합한 것"만으로 상표의 구성요소가 한정되었다. 그러나 개정 후에는 "② 단일의 색채, 색채의 조합, 홀로그램, 연속된 동작 등 시각적으로 인식할 수 있는 것" 등의 유형으로 보호대상이 확대되었다. 2012년 3월 15일 발효된 한미FTA를 이행하기 위해 상표법을 개정됨에 따라 "③ 소리·냄새 등 시각적으로 인식할 수 없는 것"이 추가되었다.[14] 또한 상표의 정의도 "다음의 어느 하나"에 해당하는 것으로 확대되었다.

---

13   따라서 자타 상품을 식별하기 위하여 사용되는 것이 아닌 표장은 상표가 아니다.

14   과거 색채상표는 인정되지 않았으나, TRIPs 협정, WIPO 상표법통일화조약 등에서 색채상표를 의무화하고 있어서 우리 상표법에서도 1995년 상표법 개정 시 색채상표제도를 채택하고 있다. 또한 2011년 개정법은 비시각적인 표장인 소리·냄새를 상표의 구성요소로 추가하였다(이는 한미 FTA의 합의사항을 반영한 것으로, 소리·냄새 등 비시각적 표장이라고 하더라도 기호·문자·도형 또는 그 밖의 방법으로 시각적으로 인식할 수 있도록 표현한 것은 상표의 범위에 추가하여 등록할 수 있게 되었다).

② 영업표

영업표는 영업을 나타내는 표지로서 영업자가 제조·판매하는 모든 상품에 사용되고 영업자의 출처 외에 신용까지 표시하는 기능을 한다. 예컨대 SANSUNG, LG, 롯데, Ford, SONY, 해태, HYUNDAI 등으로 문자·도형 등 그 자체가 원래 상호 내지 상호의 약칭으로 사용되어 실질적으로 영업표지 내지 인적 표지를 나타낸다. 상품상표는 영업자가 제조·판매하는 특정의 상품의 동일성을 표시하는 점에서 영업표와 차이가 있다. 예컨대, KIA라는 영업표를 가지는 영업자가 제조·판매하는 프라이드, 세피아, 포텐샤라는 상품상표를 사용하는 예를 볼 수 있다.

한편 운송업, 금융업, 건설업 등 서비스업자가 사용하는 「서비스표(서비스 마크)」도 영업표의 일종이라고 할 수 있는데, 서비스표란 서비스업을 영위하는 자가 자기의 서비스업을 타인의 서비스업과 식별되도록 하기 위하여 사용하는 표장을 말한다. 서비스업자가 동시에 상품을 제조·판매하는 경우 서비스표를 상표로 사용할 수도 있다(Double mark).

③ 단체표장

단체표장이란 "상품을 생산·제조·가공·판매하거나 서비스를 제공하는 자가 공동으로 설립한 법인이 직접 사용하거나 그 소속 단체원에게 사용하게 하기 위한 표장"을 말한다.[15] 즉 이는 조합이나 협회 등 단체의 회원에 의하여 사용되고 회원임을 나타내기 위하여 사용되는 표장을 말한다. 단체표장에 관하여 상표법에 특별히 규정한 것을 제외하고는 상표에 관한 규정이 그대로 적용된다. 예컨대 후술하는 지리적표시 단체표장을 포함하여, 로터리 클럽의 로고, 서울시 가구업협동조합의 단체표장 등이 그 좋은 사례이다.[16]

---

15   단체표장은 파리조약에 가입을 계기로 1980년 상표법 개정시 신설되었다.

16   단체표장은 단체원들이 사용하는 것으로 해당 단체가 스스로의 신용으로 자신들의 상품이나 용역의 질을 일정 수준 보증하는 품질보증적 성격을 가진 출처표로서의 의미가 강하기 때문에 생산자나 유통업자가 아닌 제3자(증명업자)가 당해 상품이나 서비스에 관하여 일정한 품질을 보증하기 위해 사용하는 「증명표」와는 법적 성격을 달리한다.

4 업무표장

업무표장이란 영리를 목적으로 하지 아니하는 업무를 하는 자가 그 업무를 나타내기 위하여 사용하는 표장을 말한다(상§2①ix). 업무표장에 관하여 상표법에서 특별히 규정한 것을 제외하고는 상표에 관한 규정이 그대로 적용된다. 예컨대, 대한적십자사, YMCA, YWCA, 청년회의소, 한국소비자원 등이 업무표장의 사례이다.

5 지리적 표시 관련

「지리적 표시」란 "상품의 특정 품질·명성 또는 그 밖의 특성이 본질적으로 특정 지역에서 비롯된 경우에 그 지역에서 생산·제조 또는 가공된 상품임을 나타내는 표시"를 말한다(상§2①iv).[17]

「지리적 표시 단체표장」이란 "지리적 표시를 사용할 수 있는 상품을 생산·제조 또는 가공하는 자가 공동으로 설립한 법인이 직접 사용하거나 그 소속 단체원에게 사용하게 하기 위한 표장"을 말한다(상§2①vi).[18]

「지리적 표시 증명표장」이란 "지리적 표시를 증명하는 것을 업으로 하는 자가 타인의 상품에 대하여 그 상품이 정해진 지리적 특성을 충족한다는 것을 증명하는 데 사용하는 표장"을 말한다(상§2①viii).[19]

한편 지리적 표시 단체표장 등록제도가 신설됨에 따라 지리적 표시 단체표장이 선출원되어 등록된 경우 그 등록된 단체표장과 동일하거나 유사한 상표를 등록할

17 　지리적 표시 등록을 위한 기준은 ① 품목의 우수성이 알려질 것, ② 품목이 대상지역에서 생산된 역사가 깊을 것, ③ 상품의 생산·가공과정이 동시에 해당 지역에서 이루어질 것, ④ 품목의 특성이 대상 지역의 자연 환경적 요인에 기인할 것이다. 우리나라 지리적 표시 제1호는 2002년에 등록된 '보성 녹차'이다. 이 외에 상주 곶감, 순창 전통고추장, 횡성 한우고기, 철원 오대쌀, 성주 참외, 단양 마늘 등이 등록되어 있다.

18 　지리적 표시 단체표장 등록을 위해서는 ① 상표법상 지리적 표시의 정의와 일치할 것, ② 법인격을 가진 단체(상§3② : 상품을 생산·제조 또는 가공하는 자로 구성된 법인으로 한정)의 성립 및 정관을 마련할 것, ③ 표장을 받기 위한 출원서 및 증빙서류를 제출할 것 등의 요건을 충족하여야 한다. 지리적 표시 단체표장의 제1호는 2006년 '장흥 표고버섯'이며 그 외에도 삼척 마늘, 안흥 찐빵, 이천 도자기, 울릉도 호박엿, 영덕 대게, 이천 한우, 춘천 막국수 등이 등록되어 있다.

19 　지리적 표시 증명표장이 인정되기 전에는 지리적 표시가 단체표장으로만 가능했다. 지리적 표시 단체표장은 해당 상품 생산자가 법인을 설립하고 사용조건에 만족하는 단체만 지역 특산물 명칭을 사용하는 제도로 단체 구성에 어려움이 많고 품질 관리가 쉽지 않았다. 특허청은 이러한 문제점을 극복하고자 2012년 '지리적 표시 증명표장' 제도를 도입했다. 증명표장은 지방자치단체가 권리자가 될 수 있어 생산자가 법인을 만들 필요가 없고 지방자치단체가 품질기준을 정하고 직접 또는 위탁 기관을 통해 지역 특산품을 관리해 품질관리에 철저를 기할 수 있게 되었다. '부안쌀'이 최초로 지리적 표시 증명표장에 등록되었다.

수 없게 되었다. 이 경우 발음은 같지만 서로 다른 지역에 해당하는 「동음이의어 지리적 표시」 지역의 경우에는 불이익을 받게 되고, 단체표장을 받을 수 없게 된다. 이에 상표법에서는 이러한 경우 모두 지리적 표시 단체표장을 등록받을 수 있게 하고[20] 소비자의 혼동을 방지하기 위한 표시를 함께 사용하도록 한다.[21]

6 증명표장

증명표장이란 "상품의 품질, 원산지, 생산방법 또는 그 밖의 특성을 증명하고 관리하는 것을 업(業)으로 하는 자가 타인의 상품에 대하여 그 상품이 품질, 원산지, 생산방법 또는 그 밖의 특성을 충족한다는 것을 증명하는 데 사용하는 표장"을 말한다(상§2①vii). 증명표장은 상품이나 서비스업의 품질을 증명하기 위한 표장이지만 단체표장의 성질도 함께 가진다.

현행법상 상표의 기능 중 품질보증기능[22]은 상표사용자가 제공하는 품질인증인 점에서 한계가 있으므로, 제3자에 의해 제공되는 품질보증기능을 강화해서 소비자가 최적의 선택·소비가 가능하도록 하는 점에서 증명표장의 의의가 있다고 판단된다.

Ⅳ 상표의 유형

상표는 상품의 표장인데 표장이란 특정의 물건 또는 사항을 나타내기 위하여 이용되는 일체의 표현 수단을 의미하므로 이론적으로는 기호·문자·도형과 같이 평면적·시각적인 것뿐만 아니라 맛, 향기, 색채, 입체적 형상 등과 같은 것도 그것이 자타상품을 식별하기 위한 표지로 사용된 것이면 모두 상표라고 할 수 있다.

---

20   상§34④(상표등록을 받을 수 없는 상표에서 제외하여 등록허용), 상§35⑤ii(상표의 선출원 등록의 예외인정)

21   상§223. 지리적 출처에 대하여 수요자가 '혼동하지 아니하도록 하는 표시'를 등록단체표장과 함께 사용하여야 한다.

22   상표의 기능은 ① 자타상품의 식별기능, ② 출처표시 기능, ③ 품질보증 기능, ④ 광고선전기능, ⑤ 재산적 기능 등이 인정되고 있음을 전술하였다.

우리 상표법은 표장에 관하여 "기호, 문자, 도형, 소리, 냄새, 입체적 형상, 홀로그램·동작 또는 색채 등으로서 그 구성이나 표현방식에 상관없이 상품의 출처(出處)를 나타내기 위하여 사용하는 모든 표시를 말한다"고 규정하고 있어서(상§2①ii) 구성요소에 대하여 개방적인 입장을 취하고 있다. 이하에서는 대표적인 것들을 살펴본다.

① 기호상표

「문자나 도형 등을 간략히 도안화하거나 기호를 이용하여 만든 상표」를 말한다. 예컨대 오메가 시계의 상표로 사용된 "Ω+OMEGA"가 좋은 사례이다. 이 기호상표는 상품에 사용되는 경우에도 사표(社表, house mark)로서 문자 등과 결합되어 사용되는 것이 보통이다.

② 문자상표

「한글·한자·외국어·숫자등 문자로 구성된 상표」를 말한다. 산·강·바다·동식물 등의 명칭이 상표로 사용되는 경우도 있고 지리적 명칭, 인명, 상호 등이 상표로 사용되는 경우도 있다. 예컨대 PRADA, VERSACE, GUCCI, Google, SONATA, 모나미 등이 있다.

문자상표에서는 ① KODAK, M-care와 같은 「조어(造語)상표」, ② Apple과 같은 문자나 단어를 임의로 선택한 「임의상표」, ③ Microsoft와 같은 「암시적 상표」 등이 있다.

③ 도형상표

「동물·식물·풍경 등의 자연물이나 인공물·추상물 또는 기하학적인 도형을 근거하여 만든 로고」를 말한다. 대표적인 예로는, 벤츠자동차 로고, 현대자동차 로고, 애플의 사과 로고 등이 있다.

4 입체상표

「상품 또는 용기의 외형을 입체적 형상으로 도안화하여 구성한 상표」를 말한다. 예컨대 KFC의 할아버지 형상, 맥도날드 햄버거의 광대, 바나나우유 병모양, 롯데 어드벤처의 롯티 등이 이에 해당한다.

5 색채상표

「기호·문자·도형 또는 입체적 형상 등에 색을 입혀(채색을 하여) 구성된 상표」를 말한다. 색채 자체는 상표의 구성요소가 될 수 없지만, 기호·문자·도형 또는 입체적 형상 등에 색을 입히면 상표의 구성요소가 될 수 있다. 예컨대 LG전자의 자주색 상표, 삼성전자의 청색바탕의 상표, 맥도날드 햄버거의 붉은 바탕색 안에 노란색 아치 형상의 상표, 코닥 필름 박스에 채색된 노란색 상표 등이 이에 속한다.

6 홀로그램상표

「두 개의 레이저광이 서로 만나 일으키는 빛의 간섭효과를 이용하여 3차원 이미지를 기록한 표장」을 말한다. 홀로그램상표나 동작상표를 등록하기 위해서는 1~5개 이내의 특징적인 정지화면을 나타내는 도면(사진)과 상표에 대한 설명서를 제출하여야 한다.

7 동작상표

「일정한 시간의 흐름에 따라서 변화하는 일련의 그림이나 동적 이미지 등을 나타내는 표장」을 말한다. 실제로 영화나 TV 또는 컴퓨터 스크린 등의 매체를 통하여 새로운 상표의 유형이 양산되고 있다. 예컨대 20세기 팍스사의 영화 시작 로고, 쇼박스 로고 등이 그것이다.

8 결합상표

「기호·문자·도형·입체적 형상 등이 결합한 형태의 상표」를 말한다. 구체적으로 문자와 문자, 도형과 도형이 결합된 것은 물론 문자, 도형, 기호의 서로 다른 요소를 결합하여 만들어진 상표도 있고, 입체적 형상의 표면에 문자, 도형, 기호 등을 평면적으로  표시한 상표도 있다. 예컨대 BMW 자동차의 로고, Audi 자동차 로고, StarBucks 상표, IBM 로고, 아시아나 항공 로고, 대한항공 로고 등의 상표가 결합상표이다.

9 소리상표

2012년 개정상표법에서 「소리상표(음향상표)」를 추가하였다. 예컨대 펩시콜라의 병따는 소리, MGM 영화의 첫 장면 수사자 레오의 울음소리, SK 텔레콤의 통화연결음 "띵띵띠딩띵", KT의 "Do Do Do Alle 소리" 등이 이에 해당한다.

10 냄새상표

이 또한 2012년 개정상표법에서 「냄새상표」를 추가하였다. 1990대 이후 미국 특허청은 자수용 실과 바느질용 실이 지닌 특징적인 냄새를 상표로 인정한 이후, 레이저프린트의 토너에 대한 레몬향, 차량용 윤활유에 대한 아몬드향 등을 인정하였다. EU 상표디자인청은 장미향 나는 타이어, 맥주냄새가 나는 다트의 화살날개 등에 냄새상표의 등록을 허용하였다. 그러나 실무상 우리 상표법상 냄새상표는 소리상표와 함께 아직 활성화되지 못한 영역이라고 할 수 있다.[23]

---

23 실무상 소리상표·냄새상표의 등록률이 상당히 낮다고 한다. 등록된 소리상표로는 삼성전자가 '물에 닿을 때, 물을 휘저을 때, 물에서 뗄 때의 소리'를 연속해 조합한 효과음과 LG전자의 효과음 정도라고 한다. 한편 냄새를 마케팅으로 활용하는 방안을 강구하고 있는 기업이 있다고 한다. 예컨대 메르세데스 벤츠 등 자동차 업체에서는 아예 새 차 냄새를 연구하는 부서가 따로 있으며 롤스로이스나 캐딜락 같은 자동차 브랜드도 신차에 자사 고유의 향기가 나게끔 제작한다고 한다. http://www.fnnews.com/

Ⅴ 상표의 적극적 요건

1 자타상품 식별력

상표의 가장 중요한 기능은 자타상품식별기능이기 때문에 상표로 등록되기 위해서는 우선 식별력을 가져야 한다. 상표법상 식별력이란 "거래자나 일반 수요자로 하여금 상표를 표시한 상품이 누구의 상품인가를 알 수 있도록 인식시켜 주는 기능"을 일컫는다. 식별력은 상표로서 최소한의 등록요건인 것이다.

일반적으로 식별력 유무의 판단은 지정상품과 관련하여 판단하고 있으며 상표법 제33조 제1항 각호에서는 자타상품의 식별력이 없는 상표들로서 상표등록이 불허되는 사유를 다음과 같이 제한적으로 열거하고 있다.

2 식별력 부존재의 상표

1) 상품의 보통명칭

보통명칭이란 "실거래사회에서 특정상품을 나타내는 것으로 인식되고 사용되는 명칭"을 말한다.[24] 상표법에서는 "그 상품의 보통명칭을 보통으로 사용하는 방법으로 표시한 표장만으로 된 상표"는 자타상품식별력이 없어서 상표로 등록될 수 없는 것으로 하고 있다.[25]

2) 관용상표

관용상표란 "처음 특정인의 표지상표 또는 등록상표로서 식별력이 있었으나 후에 거래계에서 그 상품의 명칭 등으로 일반화되어 자타식별력이 상실된 표장"을 말

---

news/20150325160025747I에서 인용.

24 예 : 스낵제품-Corn Chip, 과자-호두과자, 자동차-Car 등. 그리고 처음부터 일반명칭이었던 것이 있고(비누, 치약, 칫솔, 수건 등) 처음 상표였던 것이 보통명칭으로 변한 것도 있다(셀로판, 아스피린, 초코파이, 에스컬레이터, 나일론 등).

25 보통명칭은 상품 자체를 일반적으로 표시하는데 불과하고 자타상품식별도 불가능할 뿐만 아니라 사회생활상 누구에게나 필요한 용어를 특정인에게 배타성을 인정하는 것은 공익상 바람직하지 않기 때문이다.

한다. 즉 동종업자들 사이에서 특정 종류의 상품에 관용적으로 사용되는 표장을 말한다.[26] 이 또한 자타식별력의 부재와 공익적 견지에서 등록을 배제하고 있다.

3) 성질표시상표

이는 상품의 특성을 설명하거나 품질·내용 등을 설명할 목적으로 표시된 표장(기술적 상표)을 말한다. 상표법에서는 "특정상품의 산지(産地)·품질·원재료·효능·용도·수량·형상·가격·생산방법·가공방법·사용방법 또는 시기를 보통으로 사용하는 방법으로 표시한 표장만으로 된 상표"는 자타상품식별력이 없어 등록할 수 없다고 정하고 있다.[27] 이 기술적 상표는 거래상 일반적으로 누구에게나 필요한 표시로서 공익적 견지에서 등록을 불허하고 있다.

4) 현저한 지리적 명칭, 그 약어 또는 지도

상표법은 일반인에게 널리 알려진 지리적 명칭·지도만으로 된 상표를 부등록사유로 정하고 있다.[28] 그러나 여기에는 예외가 인정되어 상표법 제33조 제1항 제3호(산지에 한함) 또는 제4호의 규정에 해당하는 표장이라도 그 표장이 특정상품에 대한 지리적 표시인 경우에는 "지리적 표시 단체표장등록"을 받을 수 있다(상§33③).

5) 흔한 성 또는 명칭

상표법은 "흔히 있는 성(姓) 또는 명칭을 보통으로 사용하는 방법으로 표시한 표장만으로 된 상표"를 식별력 부존재사유로 상표등록을 불허하고 있다. 이는 흔히 있는 자연인의 성 또는 법인, 단체, 상호임을 표시하는 명칭이기 때문이다.[29]

---

26   예 : 과자류-깡, 청주-정종, 직물-Tex, 유산균음료-요구르트 등.

27   "산지표시"란 당해 상품의 생산지를 표시하는 것을(예 : 사과-대구, 모시-한산, 굴비-영광), "품질표시"란 당해 상품의 품질의 상태, 우수성 등을 표시하는 것을(예 : 上, 中, 下, 특선, Super), "원재료표시"란 당해 상품의 원재료로 쓰이는 상품의 명칭을 표시하는 것을(예 : 양복-Wool, 넥타이-Silk), "효능표시"란 당해 상품의 효과나 성능 등을 표시하는 상표를(예 : TV-HITEK, 복사기-Quick Copy), "용도표시"란 당해 상품의 쓰임새를 나타내는 상표를(예 : 가방-학생, 의류-Lady), "수량표시"란 일반적인 수량의 단위를 표시하는 상표를(예 : 신발-2컬레, 전기선-100미터), "형상표시"란 당해 상품의 평상·모양·크기 등을 표시하는 것을(예 : 소형, 대형, 캡슐, SLIM), "생산방법·가공방법·사업방법표시"란 당해 상품의 생산·가공·사용방법을 표시하는 상표를(예 : 농산물-자연농법, 구두-수제, 책상-조립), "시기표시"란 당해 상품의 사용시기 등을 표시하는 것을(예 : 타이어-전천후, 의류-봄·여름·가을·겨울) 말한다.

28   예 : 금강산, 백두산, 뉴욕 등.

29   예 : 이씨, 김씨, 사장, 상사, 조합, 총장 등.

6) 간단하고 흔히 있는 표장

이것만으로는 자타상품식별력이 없고 특정인에게 독점시키는 것이 부적당하다는 공익적 이유에서 그 등록을 허용하지 않는다. 일반적으로 상표의 구성이 간단하고 또한 흔히 있는 표장을 말한다.[30]

7) 기타 식별력이 없는 표장

이에는 일반적으로 쓰이는 구호, 표어, 인사말 등이 해당한다.[31]

8) 결 어

여기서 식별력이 있는지의 판단은 등록여부결정시를 기준으로 판단하고, 결합상표의 경우 그 상표의 구성부분 전체를 기준으로 판단한다. 지정상품에 관한 일반적 거래자 또는 수요자를 기준으로 판단해야 할 것이나 지정상품과의 관계를 고려할 필요가 없는 경우에는 통상적인 일반인의 평균적 인식을 기준으로 판단한다.

다만, 3)~6)의 사유에 해당하더라도 상표등록출원 전부터 그 상표를 사용한 결과 그 상표가 수요자 간에 이미 자타상품식별력이 현저히 인식되어 있는 상표는 등록을 받을 수 있다(상§33②).

Ⅵ 상표의 소극적 요건

상표가 자타상품의 식별력을 가지고 있더라도 독점배타적 성질의 상표권을 부여하는 경우 공익상 또는 타인의 이익을 침해하는 경우에는 당해 상표의 등록을 배제할 필요가 있다. 이에 상표법 제34조 제1항에서 이를 제한적으로 열거하여 규정하고 있다. 정리해 보면 다음과 같다.

---

30 예 : 123, ONE, TWO, ß 등.

31 예 : Believe it or not, I can do, www 등.

① 대한민국의 국기·국장, 파리협약동맹국·세계무역기구 회원국 또는 상표법조약 체약국의 훈장·포장, 적십자·올림픽 등의 공공마크와 동일 또는 유사한 상표는 상표등록을 받을 수 없다(예 : 무궁화 도형, IMF, WTO 등).

② 국가·민족·공공단체·종교 등과의 관계를 거짓으로 표시하거나 이들을 비방 또는 모욕하거나 이들에 대한 평판을 나쁘게 할 우려가 있는 상표는 상표등록을 받을 수 없다(예 : 양키, Negro 등).

③ 국가·공공단체 또는 비영리 공익법인의 표장으로서 저명한 것과 동일 또는 유사한 상표는 상표등록을 받을 수 없다(예 : YMCA, KBS, 적십자 등).

④ 선량한 풍속에 어긋나는 등 공공의 질서를 해칠 우려가 있는 상표는 상표등록을 받을 수 없다(예 : 외설적인 도형이나 문자, 사기꾼, 소매치기 등의 문자).

⑤ 정부 또는 외국정부가 개최하거나 정부 또는 외국정부의 승인을 받아 개최하는 박람회의 상패·상장 또는 포장과 동일·유사한 표장이 있는 상표는 상표등록을 받을 수 없다.

⑥ 저명한 타인의 성명·명칭 또는 상호·초상 등을 포함하는 상표는 상표등록을 받을 수 없다(예 : DJ, JP, 한전, 주공 등).

⑦ 타인의 선등록상표와 동일·유사한 상표는 상표등록을 받을 수 없다.

⑧ 타인의 등록된 지리적 표시 단체표장과 동일·유사한 상표는 상표등록을 받을 수 없다.

⑨ 타인의 상품을 표시하는 것이라고 수요자들에게 널리 인식되어 있는 상표와 동일 또는 유사한 상표는 상표등록을 받을 수 없다.

⑩ 수요자들에게 널리 인식되어 있는 타인의 지리적 표시와 동일·유사한 상표는 상표등록을 받을 수 없다.

⑪ 수요자들에게 현저하게 인식되어 있는 타인의 상품이나 영업과 혼동을 일으키게 할 염려가 있는 상표는 상표등록을 받을 수 없다.

⑫ 상품의 품질을 오인하게 하거나 수요자를 기만할 염려가 있는 상표는 상표등록을 받을 수 없다.

⑬ 국내외에 특정인의 상표라고 인식되어 있는 상표와 동일·유사한 상표로서 부당한 이익을 얻으려 하는 등 부정한 목적으로 사용하는 상표는 상표등록을 받

을 수 없다.

⑭ 국내외에 특정지역의 지리적표시로 인식되어 있는 것과 동일 또는 유사한 상표로서 부당한 이익을 얻으려 하는 등 부정한 목적을 가지고 사용하는 상표는 상표등록을 받을 수 없다.

⑮ 상품 또는 그 상품의 포장의 기능을 확보하는 데 꼭 필요한 입체적 형상,색채, 색채의 조합, 소리 또는 냄새만으로 된 상표는 상표등록을 받을 수 없다.

⑯ 세계무역기구(WTO) 회원국 내의 포도주 또는 증류주의 산지에 관한 지리적표시로서 구성되거나 그 지리적 표시를 포함하는 상표로서 포도주 또는 증류주에 사용하려는 상표는 상표등록을 받을 수 없다. 다만 지리적 표시의 정당한 사용자가 지리적표시 단체표장 등록출원을 한 경우는 예외이다.

⑰ 식물신품종 보호법 제109조(품종명칭의 등록절차 등)에 따라 등록된 품종 명칭과 동일·유사한 상표는 상표등록을 받을 수 없다.

⑱ 농수산물 품질관리법 제32조(지리적표시의 등록)에 따라 등록된 타인의 지리적 표시와 동일·유사한 상표는 상표등록을 받을 수 없다.

⑲ 대한민국이 외국과 양자간(兩者間) 또는 다자간(多者間)으로 체결하여 발효된 자유무역협정에 따라 보호하는 타인의 지리적 표시와 동일·유사한 상표는 상표등록을 받을 수 없다.

⑳ 동업·고용 등 계약관계나 업무상 거래관계 또는 그 밖의 관계를 통하여 타인이 사용하거나 사용을 준비 중인 상표임을 알면서 그 상표와 동일·유사한 상표를 등록출원한 상표는 상표등록을 받을 수 없다.

㉑ 조약당사국에 등록된 상표와 동일·유사한 상표로서 그 등록된 상표에 관한 권리를 가진 자와의 동업·고용 등 계약관계나 업무상 거래관계 또는 그 밖의 관계에 있거나 있던 자가 동의를 받지 아니하고 등록출원한 상표는 상표등록을 받을 수 없다.

제25강

상표권의 출원절차

I 서설

상표권의 출원절차는 전체적으로 디자인보호법상 출원절차와 유사하다. 즉 출원인의 상표권등록출원 후 방식심사를 거치면 바로 실체심사가 개시된다. 출원심사 이후의 절차도 디자인권의 권리인정과 대동소이한 과정을 거치게 된다. 즉 선출원주의, 도면주의, 보정 및 보정각하, 우선권주장, 심판청구, 출원분할, 출원변경, 재심 및 상고제도 등 산업재산권 전반에 걸쳐 인정되는 절차도 상표법에서도 그대로 인정되고 있다. 그리고 상표권의 출원공개나 심사청구가 원칙적으로 없는 것은 디자인보호법에서와 동일하다.

따라서 상표법의 출원절차는 출원신청, 방식심사, 실체심사, 등록결정 혹은 거절결정, 불복절차로 이어진다고 할 수 있다.

II 상표출원

1 전자출원

상표등록을 받고자 하는 자는 상표법에 규정된 일정한 형식을 갖추어 일정한 절차를 이행함으로써 상표등록을 받을 수 있다. 종래에는 종이서류에 의한 출원이 대부분이었지만, 현재는 전자출원에 의한 신청이 활발하게 진행되고 있다. 상표법에서

상표권 출원절차

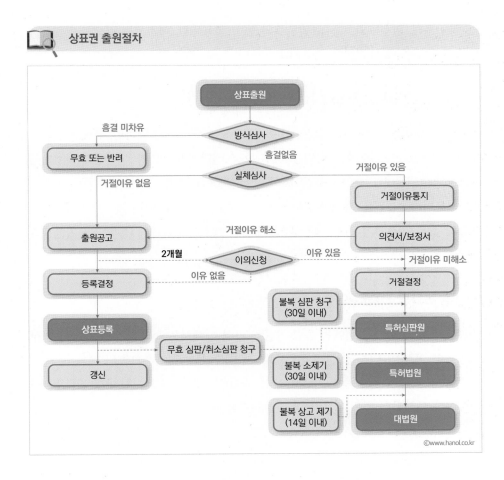

©www.hanol.co.kr

는 상표에 관한 절차를 밟는 자는 이 법에 따라 특허청장 또는 특허심판원장에게 제출하는 상표등록출원서와 그 밖의 서류를 전자문서화하고, 이를 "정보통신망"을 이용하여 제출하거나 이동식 저장매체 등 전자적 기록매체에 수록하여 제출할 수 있다(상§30①). 출원서류가 특허청에 접수되면 당해 출원에 대해 출원일자와 출원번호가 부여된다(상§30~§32).

② 상표출원의 기본원칙

상표출원에 관한 제원칙은 특허권의 의의에서 설명한 바와 유사하다. 즉 서면주

의, 국어주의, 양식주의, 수수료납부주의 등이 적용된다. 여기서는 전술하지 않은 1상표 1출원주의에 대해서만 설명하고자 한다.

1) 1상표 1출원주의 원칙

일정한 자격을 갖춘 자가 서면(출원서)으로 상표에 대하여 출원하면, 특허청은 심사를 거쳐 식별력이 있다고 판단되는 경우 독점·배타적인 권리를 부여한다(상§38). 즉 상표등록출원을 하려는 자는 상품류의 구분[32]에 따라 1종류 이상의 상품을 지정하여 1상표마다 1출원을 하여야 한다(1상표 1출원 제도). 1상표 1출원주의 원칙은 신규 상표등록출원, 상품추가등록출원, 상표존속기간 갱신등록출원에 적용되는 기본원칙이다.

2) 1상표 다류 1출원주의

1998년 상표법 개정 전에는 동일 상품류 구분 내에서는 동일한 상표는 하나의 상표등록만 인정(1상표 1류 1출원 제도)하였으나, 개정 후 「1상표 다류 1출원 제도」를 시행하면서 추가등록대상을 동일 상품류구분 내에 한정하던 것을 폐지하였으며 아울러 상품마다 분할하여 출원 및 등록이 가능하도록 개정하였다.

③ 상품의 지정

1) 신규 상표등록출원

상표등록을 출원하려는 자는 보호받고자 하는 상표와 아울러 상표법 시행규칙의 규정[33]에 따라 그 상표를 사용할 상품을 1개류 또는 다류(多類)의 상품을 지정할 수

---

32 상표법 시행규칙(특허청예규 제95호)에 규정된 "유사상품 심사기준"에 따라 정한다. 단 여기서의 상품류의 구분은 상품의 유사범위를 정하는 것은 아니다(상§38③).

33 상시§28①에서 규정한 바에 따라 별표1에서 정하고 있는바, 총 그 분류가 45류 있다. 1998년 3월부터 사용된 이 분류방식은 니스협정(Nice Agreement)에 의한 국제상품분류를 채택·사용하고 있었고, 2012년 1월부터는 니스분류 제10판을 사용하고 있다.

있다(상§38②). 상표법 시행규칙 별표에 따르면 제1류부터 제34류까지의 상품류구분과 제35류부터 제45류까지 서비스업류 구분이 명시되어 있다.

2) 지정상품 추가등록출원

출원인은 상표등록출원 시에 하나 이상의 상품을 일시에 지정할 수 있지만, 상표등록출원 후 또는 상표등록 후에 지정상품을 추가할 필요가 있을 경우 별도로 지정상품의 추가등록출원서를 제출하여 지정상품을 추가할 수 있다.[34]

추가등록이 있으면 그 추가등록된 지정상품은 원상표권에 합체되어 일체가 되므로 상표권의 존속기간이 함께 진행되고 원상표권의 존속기간 만료일은 그 등록상표의 존속기간 만료일로 한다(상§86①). 그러나 무효사유의 존재여부나 상표권 침해여부의 판단에 있어서는 당초에 등록된 것과 독립적으로 판단한다.

3) 존속기간 갱신등록신청

상표권의 존속기간은 설정등록일로부터 10년이지만 10년마다 갱신할 수 있으므로 상표권은 반영구적인 권리라 할 수 있다. 상표권의 존속기간을 갱신하고자 할 경우 상표권의 존속기간 만료 전 1년 이내에 그 존속기간갱신등록신청을 하여야 한다(상§84②본문). 다만, 이 기간에 존속기간갱신등록신청을 하지 아니한 자는 상표권의 존속기간이 끝난 후 6개월 이내에 할 수 있다(상§84②단서). 상표권이 공유인 경우에는 공유자 모두가 공동으로 존속기간갱신등록신청을 하여야 한다(상§84③).

존속기간갱신등록은 원등록(原登錄)의 효력이 끝나는 날의 다음 날부터 효력이 발생한다(상§85②). 따라서 존속기간 갱신등록된 상표권의 효력은 중단되지 아니하고 연장된다. 그러나 상표권의 존속기간 갱신등록을 무효로 한다는 심결이 확정된 경우에는 상표권의 존속기간 갱신등록은 처음부터 없었던 것으로 본다.[35]

---

34   지정상품의 추가등록의 요건은 ① 원상표권 또는 원상표등록출원이 존재하여야 하고, ② 추가등록출원의 출원인은 등록상표의 상표권자 또는 상표등록출원의 출원인과 동일인이어야 하며, ③ 지정상품의 추가등록의 상표는 당해 등록상표 또는 상표등록출원의 상표와 동일하여야 한다. 또한 ④ 통상의 상표등록출원에 관한 거절이유에 해당하지 않아야 한다.

35   현행 상표법은 상표권의 존속기간 갱신등록신청 제도를 간소화하여 기간 내에 상표등록료를 납부하고 존속기간 갱신등록신청서를 제출하면 별도의 심사절차 없이 존속기간이 연장될 수 있도록 하고 있다.

4 출원서류

상표등록을 받으려는 자는 일정한 사항[36]을 적은 상표등록출원서를 특허청장에게 제출하여야 한다(상§36①). 이 외에도 첨부해야 하는 서류가 필요한 경우 이들 서류도 또한 첨부하여야 한다(상§36②~⑥).[37]

(III) 방식심사

1 방식심사의 의의

방식심사란 상표법에서 정한 ① 출원인·대리인의 절차능력, ② 제출된 서류의 기재방식 및 첨부서류, ③ 수수료 납부사항 등 절차의 흠결 유무를 점검하는 것으로[38] 여타의 산업재산권에서와 그 의의가 동일하다.

이 방식심사 결과로 출원인에게 ① 보정을 명하거나, ② 보완을 명할 수 있고, 때에 따라서는 ② 제출서류를 반려(상시§24)하거나 ④ 증명서류의 제출명령(상시§13)을 할 수 있으며, 보정명령을 받은 자가 지정된 기간 내에 이를 보정하지 않거나 절차의 하자가 치유되지 못한 경우 절차를 무효처리할 수 있다.

2 보정제도

상표등록출원의 보정에 관한 규정은 방식심사나 실체심사 모두에 적용되는 규정이다. 즉 보정에 관한 설명은 앞서 특허·실용신안·디자인의 보정과 기본적으로 같

---

36   상표등록출원서에 포함되어야 하는 사항은 ① 출원인의 성명 및 주소, ② 출원인의 대리인이 있는 경우 그 대리인의 성명 및 주소나 영업소의 소재지, ③ 상표, ④ 지정상품 및 산업통상자원부령으로 정하는 상품류, ⑤ 우선권 주장의 경우 그에 따른 사항, ⑥ 그 밖에 산업통상자원부령으로 정하는 사항 등이 있다(상§36①).

37   이에는 ① 「단체표장등록」, ② 「증명표장등록」, ③ 「지리적 표시 단체표장등록」, 「지리적 표시 증명표장등록」, ④ 「업무표장등록」 등이 있다.

38   이에 관하여는 상표 심사사무취급규정(훈령 775호) §14에서 규정하고 있다.

은 설명이다.

보정은 그 내용에 따라 ⓐ 절차보정과 ⓑ 상표등록출원의 보정으로 구분된다. 방식심사과정에서 행하는 보정을 「절차보정」이라고 하고, 상표등록출원서의 서류 등의 기재내용에 흠결이 있는 경우 출원의 동일성이 유지되는 범위 내에서 이를 치유하는 절차를 「상표등록출원의 보정」이라고 한다. 상표등록출원의 보정에 관하여 편의상 여기서 설명하지만, 이는 실체심사 후의 공고를 의미한다.

1) 출원의 보정

상표등록출원의 보정이란 출원의 절차상 흠결[39] 또는 내용상의 흠결을 특허청장 또는 심판원장의 명령에 의하여(상§39), 또는 출원인이 자진하여(상§40) 보정할 수 있도록 하는 제도를 말한다.

2) 출원공고 결정 전의 보정

출원인은 일정한 시기까지는[40] 최초의 상표등록출원의 요지를 변경하지 아니하는 범위에서 상표등록출원서의 기재사항, 상표등록출원에 관한 지정상품 및 상표를 보정할 수 있다(상§40①).[41] 그 출원의 보정이 인정된 경우에는 그 상표등록출원은 그 보정서를 제출한 때에 상표등록출원을 한 것으로 본다(상§40③).

3) 출원공고 결정 후의 보정

상표등록출원에 대하여 거절이유를 발견할 수 없는 경우에는 출원공고결정을 하여야 한다(상§57①). 이 경우도 일정한 시기까지는[42] 최초의 상표등록출원의 요지를

---

39   특허청장 또는 특허심판원장은 상표에 관한 절차가 ① 미성년자 피한정후견인 또는 피성년후견인 또는 상표관리인을 포함한 대리인에 위반된 경우, ② 상표에 관한 절차를 밟는 자가 내야 할 수수료를 내지 아니한 경우, ③ 상표법령에 따라 내려진 명령으로 정한 방식에 위반된 경우에는 산업통상자원부령으로 정하는 바에 따라 기간을 정하여 상표에 관한 절차를 밟는 자에게 보정을 명하여야 한다(상§39).

40   상§40①i~iv의 시기까지를 의미한다.

41   이 경우 보정이 다음 각 호의 어느 하나에 해당하는 경우에는 상표등록출원의 요지를 변경하지 아니하는 것으로 본다. 즉 ① 지정상품의 범위의 감축, ② 오기(誤記)의 정정, ③ 불명료한 기재를 명확하게 하는 것, ④ 상표의 부기적(附記的)인 부분의 삭제 등이 그것이다(상§40②).

42   상§41①i~iii의 시기까지를 의미한다.

변경하지 아니하는 범위에서 지정상품 및 상표를 보정할 수 있고 또한 그 상표등록출원은 그 보정을 하지 아니하였던 상표등록출원에 관하여 상표권이 설정등록된 것으로 본다(상§41).

4) 보정의 각하

심사관은 출원인이 최초의 상표등록출원의 요지를 변경하는 보정을 한 경우에는 결정으로 그 보정을 각하하여야 한다(상§42①). 심사관이 각하결정을 한 경우에는 제115조[43]에 따른 보정각하결정에 대한 심판청구기간(각하결정등본을 송달받은 날부터 3개월 이내)이 지나기 전까지는 그 상표등록출원에 대한 상표등록여부결정을 해서는 아니 되며, 출원공고할 것을 결정하기 전에 각하결정을 한 경우에는 출원공고결정도 해서는 아니 된다(상§42②). 심사관은 출원인이 출원보정의 각하결정에 대하여 심판을 청구한 경우에는 그 심판의 심결이 확정될 때까지 그 상표등록출원의 심사를 중지하여야 한다(상§42③). "최초의 상표등록출원의 요지를 변경하는 출원보정"에 대한 각하결정에 대해서는 불복할 수 없다(상§42⑤).[44]

③ 출원의 분할

하나 이상의 상품류구분 내의 상품을 지정상품으로 하여 상표출원한 경우 이를 상품마다 또는 상품류 구분별로 출원을 분할할 수 있도록 한 것을 말한다. 즉, 출원의 분할은 지정상품의 분할을 뜻하며, 상표의 분할을 의미하지는 않는다(상§94). 그리고 분할출원이 있는 경우 그 분할출원은 최초에 상표등록출원을 한 때에 출원한 것

---

43   상표법 제115조(보정각하결정에 대한 심판) 제42조제1항에 따른 보정각하결정을 받은 자가 그 결정에 불복할 경우에는 그 결정등본을 송달받은 날부터 3개월 이내에 심판을 청구할 수 있다.

44   다만, 거절결정에 대한 심판을 청구하는 경우에는 불복절차를 밟을 수 있는바, 상표법 제116조에서는 "상표등록거절결정, 지정상품추가등록 거절결정 또는 상품분류전환등록 거절결정을 받은 자가 불복하는 경우에는 그 거절결정의 등본을 송달받은 날부터 3개월 이내에 심판을 청구할 수 있다"고 규정하고 있다.

으로 본다(상§45).[45]

4 출원의 변경

출원의 변경이란 출원의 주체 및 출원내용을 변경함이 없이 출원의 형식만을 변경하는 것으로 상표등록출원과 단체표장등록출원 및 증명표장등록출원간에 다른 출원으로 변경할 수 있다(상§44①). 그러나 지리적 표시 단체표장등록출원 및 업무표장등록출원 등에 대해서는 출원변경이 인정되지 않는다.

지정상품추가등록출원을 한 출원인도 상표등록출원으로 변경할 수 있다.[46] 그러나 상표와 특허·실용신안·디자인 상호간의 출원변경은 인정되지 않으며, 신규의 상표등록출원이나 지정상품의 추가등록출원 또는 상표권의 존속기간 갱신등록출원 상호간에도 출원변경이 인정되지 않는다.

5 조약우선권

파리조약에 따라 대한민국 국민에게 상표등록출원에 대한 우선권을 인정하는 당사국의 국민이 「그 당사국 또는 다른 당사국(제1국)」에 상표등록출원(선출원)을 한 후 같은 상표를 대한민국에 상표등록출원하여 우선권을 주장하는 경우 제1국에 출원한 날(우선일)을 대한민국에 상표등록출원한 날로 본다. 대한민국 국민이 제1국에 상표등록출원(선출원)한 후 같은 상표를 대한민국에 상표등록출원한 경우에도 또한 같다.

우선권을 주장하려는 자는 우선권 주장의 기초가 되는 최초의 출원일(우선일)부터 6개월 이내에 대한민국에서 출원하여야 한다. 이 경우 대한민국에 상표등록출원 시 상표등록출원서에 우선권 주장의 취지, 최초로 출원한 국가명 및 출원 연월일을 적어야 한다. 또한 우선권을 주장한 자는 최초로 출원한 국가(제1국)의 정부가 인정

---

45 분할의 기초가 된 상표등록출원이 제46조에 따라 우선권을 주장한 상표등록출원인 경우에는 제1항에 따라 분할출원을 한 때에 그 분할출원에 대해서도 우선권 주장을 한 것으로 보며, 분할의 기초가 된 상표등록출원에 대하여 제46조에 따라 제출된 서류 또는 서면이 있는 경우에는 그 분할출원에 대해서도 해당 서류 또는 서면이 제출된 것으로 본다(상§45③). 〈신설 2021. 10. 19.〉

46 다만, 지정상품추가등록출원의 기초가 된 등록상표에 대하여 무효심판 또는 취소심판이 청구되거나 그 등록상표가 무효심판 또는 취소심판 등으로 소멸된 경우에는 상표제도의 악용이 있을 수 있으므로 이에 대하여는 출원변경을 제한한다(상§44②단서).

하는 상표등록출원의 연월일을 적은 서면, 상표 및 지정상품의 등본을 상표등록출원일부터 3개월 이내에 특허청장에게 제출하여야 한다. 이 서류를 제출하지 아니한 경우에는 그 우선권 주장은 효력을 상실한다(상§46).

Ⅳ 출원공개와 심사청구

❶ 출원공개제도

1) 출원공개제도의 부존재

상표법에는 상표등록출원에 대한 공개제도가 존재하지 않는다(디자인보호법에서와 동일). 디자인보호법에서는 출원인의 신청에 의한 출원공개제도를 두고 있지만, 상표법에서는 그러한 형태의 공개제도도 두고 있지 않다.

2) 정보제공

다만 상표법에는 상표등록출원에 대한 이의제기로서 「정보제공」에 관한 규정을 두고 있다. 즉 누구든지 상표등록출원된 상표가 제54조 각호(상표등록거절사유)의 어느 하나에 해당되어 상표등록될 수 없다는 취지의 정보를 증거와 함께 특허청장 또는 특허심판원장에게 제공할 수 있다(상§49). 그 취지는 특허법·실용신안법·디자인보호법에서의 정보제공과 동일한 취지에서 인정하고 있다.

❷ 심사청구

1) 심사청구제도의 부존재

상표법상 실체심사를 위한 심사청구제도는 인정되지 않는다. 다만 일정한 요건을 갖춘 경우 상표등록출원에 대해 다른 출원보다 우선적으로 심사하는 제도를 두고 있다.

2) 우선심사제도

(1) 제도의 필요성

상표에 관한 심사는 출원 순서에 따라 행해지는 것이 원칙이다. 그러나 모든 출원에 대해서 예외 없이 이러한 원칙을 적용할 경우 공익이나 출원인의 권리를 적절하게 보호할 수 없는 면이 있다. 이에 따라 상표법 등에서는 일정한 요건을 만족하는 출원에 대해서는 출원 순서와 관계없이 다른 출원보다 먼저 심사할 수 있도록 한 우선심사제도를 규정하고 있다(상§53①). 우선심사제도는 우리나라뿐만 아니라 미국, 일본 등에도 존재한다.

(2) 우선심사 신청인

상표를 출원한 출원인이나 이해관계인은 우선심사를 신청할 수 있다. 다만, ⓐ 국제상표등록출원을 한 경우(상§180), ⓑ 지정상품추가등록출원을 한 자로서 원출원에 대하여 우선심사신청을 하지 않은 경우, ⓒ 불사용취소 심판청구인이 2명 이상이나 그 전원이 공동으로 상표등록출원을 하지 않은 경우에는 상표등록출원에 대하여 우선심사신청을 할 수 없다.

(3) 우선심사 신청시기

상표등록출원과 동시 또는 출원 후에라도 아직 심사가 이루어지지 않은 출원이라면 가능하다. 다만, 심사 착수가 2개월 이내로 임박해 있는 경우라면 우선심사를 신청할 실익이 없으므로 심사관이 우선심사신청을 각하할 수도 있다.

(4) 우선심사의 신청대상

다른 상표등록출원보다 우선하여 심사하게 할 수 있는 사유로 ① 상표등록출원 후 출원인이 아닌 자가 상표등록출원된 상표와 동일·유사한 상표를 동일·유사한 지정상품에 정당한 사유 없이 업으로서 사용하고 있다고 인정되는 경우와 ② 출원인이 상표등록출원한 상표를 지정상품의 전부에 사용하고 있는 등 상표등록출원으로서 긴급한 처리가 필요하다고 인정되는 경우를 정하고 있다(상§53②).

Ⓥ 실체심사

1 심사관에 의한 심사

1) 의의

특허청장은 심사관에게 상표등록출원 및 이의신청을 심사하게 한다(상§50).

2) 상표전문기관 등록

특허청장은 상표등록출원의 심사에 필요하다고 인정하면 사전에 특허청장에게 등록된 전문기관(상§51②·§52)에게 ① 상표검색, ② 상품분류, ③ 그 밖에 상표의 사용실태 조사 등 대통령령으로 정하는 업무를 의뢰할 수 있다(상§51①).

2 상표등록결정

1) 등록여부결정

출원절차에 관한 방식심사에 불비가 발견되지 않을 때에는 심사관이 실질적 요건에 관하여 심사하여야 한다. 심사관은 상표등록출원에 대하여 거절이유를 발견할 수 없는 경우에는 상표등록결정을 하여야 한다(상§68). 상표등록여부결정은 서면으로 하여야 하며, 그 이유를 첨부해야 하고, 특허청장은 상표등록여부결정이 있는 경우 그 결정의 등본을 출원인에게 송달하여야 한다(상§69).

2) 출원공고결정

(1) 출원공고절차

심사관은 상표등록출원에 대하여 거절이유를 발견할 수 없는 경우에는 출원공고결정을 하여야 한다(상§57①).[47] 특허청장은 출원공고결정이 있을 경우 그 결정의 등

---

47   상§57① 단서에서는 일정한 경우 출원공고결정을 생략할 수 있게 하고 있다.

본을 출원인에게 송달하고 그 상표등록출원에 관하여 상표공보에 게재하여 출원공고를 하여야 한다.[48]

(2) 출원공개와 출원공고의 차이

ⓐ 특허출원공개는 출원후 1년 6개월이 경과되면 강제적으로 공개하도록 규정되어 있으나 상표출원공개제도는 없다. 특허출원공개는 보상금청구권을 행사할 수 있는 근거가 되나 상표에 있어서는 출원공개제도가 없고 출원공고 후에 보상금청구권이 발생한다. ⓑ 특허법상 등록공고는 등록 후의 공고인 반면에 상표법상 출원공고는 등록 전의 공고이어서 시기상의 차이가 있다. 도입취지는 특허법 및 상표법 모두 심사의 공정성 및 분쟁의 미연방지로 큰 차이가 없다.

(3) 출원공고와 손실보상청구

❶ 서면경고

출원인은 출원공고가 있은 후 해당 상표등록출원에 관한 상표와 동일·유사한 상표를 사용하는 자에게 서면으로 경고할 수 있다. 다만, 출원인이 해당 상표등록출원의 사본을 제시하는 경우에는 출원공고 전이라도 서면으로 경고할 수 있다(상§58①).

❷ 보상금 청구

서면경고를 한 출원인은 경고 후 상표권을 설정등록할 때까지의 기간에 발생한 해당 상표의 사용에 관한 업무상 손실에 상당하는 보상금의 지급을 청구할 수 있다(상§58②).

❸ 청구권 행사시기

보상금 청구권은 해당 상표등록출원에 대한 상표권의 설정등록 전까지는 행사할 수 없다(상§58③).

❹ 청구권의 불발생

상표등록출원이 ㉮ 상표등록출원이 포기·취하 또는 무효가 된 경우, ㉯ 상표등록

48　또한 상표등록출원공고를 한 날부터 2개월간 상표등록출원 서류 및 그 부속서류를 특허청에서 일반인이 열람할 수 있게 하여야 한다.

출원에 대한 제54조에 따른 상표등록거절결정이 확정된 경우, ㉯ 상표등록을 무효로 한다는 심결이 확정된 경우에는 보상금 청구권은 처음부터 발생하지 아니한 것으로 본다(상§58⑥).

3 거절결정

심사관은 상표등록출원이 등록거절사유에 해당하는 경우[49]에는 거절결정을 하여야 한다(상§54).

1) 거절이유통지

(1) 상표등록 거절결정

심사관은 상표등록거절결정을 하려는 경우 출원인에게 미리 거절이유를 통지하여야 한다. 이 경우 출원인은 산업통상자원부령으로 정하는 기간 내에 거절이유에 대한 의견서를 제출할 수 있다(상§55①). 이 경우 출원인은 2개월 이내에서 심사관이 정하는 기간 내에 거절이유에 대한 의견서를 제출할 수 있다. 거절이유를 통지하는 경우 심사관은 지정상품별로 거절이유와 근거를 구체적으로 적어야 한다(상§55②).

위 기간 내에 의견서를 제출하지 못한 출원인은 그 기간의 만료일부터 2개월 내에 상표에 관한 절차를 계속 진행할 것을 신청하고, 거절이유에 대한 의견서(이의제기의 성격)를 제출할 수 있다(상§55③).

(2) 지정상품추가등록 거절결정

심사관은 지정상품추가등록출원이 일정한 사유에 해당하는 경우[50]에는 그 지정상품의 추가등록거절결정을 하여야 한다(상§87①). 지정상품의 추가등록거절결정을 하려는 경우에도 출원인에게 거절이유를 통지하여야 한다. 이 경우 출원인은 2개월 이내에서 심사관이 정하는 기간 내에 거절이유에 대한 의견서를 제출할 수 있다.

---

49   상표법 제54조(상표등록거절결정사유).

50   상표법 제87조(지정상품의 추가등록거절결정 및 거절이유통지).

(3) 상표등록출원 절차계속제도 도입

위 상표등록 거절결정, 지정상품추가등록 거절결정 등의 경우 일정한 기간 내에 의견서를 제출하지 아니한 출원인이 그 기간 만료일부터 2개월을 사소한 실수로 놓친 경우 다시 한번 기회를 주어 이를 구제하기 위한 규정을 두고 있는바 이는 싱가포르조약(STLT; Singapore Treaty on th Law of Trademark) 가입을 위해 상표법을 개정하여 도입한 규정이다.

2) 의견서·보정서 제출

거절이유통지에 대해 상표등록출원인은 의견서 및 보정서를 제출할 수 있다. 제출한 보정서가 적법한 것으로 취급되기 위해서는 내용 및 제출 시기가 법에 정한 기준을 만족해야 한다. 그러나 의견서나 보정서의 내용은 최초의 상표등록출원서의 요지를 변경하지 않아야 하며, 요지를 변경하는 보정은 심사관에 의해 각하된다.

3) 상표등록 거절확정

심사관의 거절결정이유의 통지에도 불구하고 상표등록출원인이 기간 내에 그 거절이유를 해소시키지 못한 경우에는 당해 상표등록출원을 거절하여야 한다.

4 재심사의 청구

상표등록의 거절결정에 대하여는 재심사 청구제도가 없었으나, 2022. 2. 3. 상표법 개정으로 이를 신설하였다. 즉 상표등록거절결정을 받은 자는 그 결정 등본을 송달받은 날부터 3개월 이내에 지정상품 또는 상표를 보정하여 해당 상표등록출원에 관한 재심사를 청구할 수 있다(상§55조의2①). 단 재심사의 청구는 취하할 수 없다(상§55④).

5 이의신청제도

출원공고가 있는 경우 누구나 출원공고일로부터 2개월 이내(연장 불가)에 이의신청을 할 수 있고 이의신청서는 소정의 양식에 따라 작성하되 반드시 출원공고가 있는

경우에는 누구든지 출원공고일부터 2개월 내에 ① 상표등록거절결정의 거절이유나 ② 추가등록거절결정의 거절이유에 해당함을 들어 특허청장에게 이의신청을 할 수 있다(상§60①).

심사장은 이의신청이 있는 경우 이의신청서 부본(副本)을 출원인에게 송달하고 기간을 정하여 답변서 제출의 기회를 주어야 한다(상§66①). 상표등록거절결정에 대한 불복절차로서 심판원에 심판청구, 특허법원에 제소 등이 있다.

6 상표등록결정 후 직권 재심사

이는 2021. 10. 19. 상표법 개정을 통하여 신설된 조항으로 심사관이 상표등록결정을 한 출원에 대하여 「명백한 거절이유」를 발견한 경우 직권으로 상표등록결정을 취소하고 그 상표등록출원을 다시 심사(직권 재심사)할 수 있도록 하고 있다(상§68조의2①).

Ⅵ 권리설정등록

1 상표등록료

1) 등록료 납부

① 상표권의 설정등록, ② 존속기간갱신 등록, ③ 지정상품의 추가등록에 해당하는 상표권의 설정등록 등을 받으려는 자는 상표 등록료를 내야 한다(상§72).

2) 일부 지정상품의 포기

① 둘 이상의 지정상품이 있는 상표등록출원에 대한 상표등록결정을 받은 자, ② 지정상품추가등록출원에 대한 지정상

품의 추가등록결정을 받은 자, ③ 존속기간갱신등록신청을 한 자가 상표등록료를 낼 때 지정상품별로 상표등록을 포기할 수 있다(상§73①).

3) 등록료 미납 시 출원·신청 포기간주

상표등록출원, 지정상품추가등록출원 또는 존속기간갱신등록신청 시 상표등록료를 미납한 경우 그 출원·청구를 포기한 것으로 본다(상§75).

2 상표등록

1) 의의

상표권은 상표의 창작, 특허청에 상표등록출원, 심사관의 상표심사, 등록결정, 등록료의 납부, 설정등록의 절차를 거쳐 발생한다.

2) 상표등록원부

특허청장은 특허청에 상표원부를 갖추어 두고 일정한 사항[51]을 등록하여야 한다(상§80①).

3 등록증 발급

특허청장은 상표권의 설정등록을 하였을 경우에는 산업통상자원부령으로 정하는 바에 따라 상표권자에게 상표등록증을 발급하여야 한다(상§81①).

4 상표의 국제출원

해외에 상표등록출원을 하는 방법으로는 ① 통상의 상표등록출원의 절차와 ②

---

51   즉 ① 상권권의 설정·이전·변경·소멸·회복, 존속기간의 갱신, 상품분류전환, 지정상품의 추가 또는 처분의 제한 등의 사항을 등록하여야 한다. 또한 ② 전용사용권 또는 통상사용권의 설정·보존·이전·변경·소멸 또는 처분의 제한과 ③ 상표권·전용사용권 또는 통상사용권을 목적으로 하는 질권(質權)의 설정·이전·변경·소멸 또는 처분의 제한 등의 사항이 그것이다.

마드리드 시스템에 의한 국제출원절차로 나뉜다. 상표법 제9장은 「표장의 국제등록에 관한 마드리드협정에 대한 의정서(마드리드 의정서: Madrid Protocol)」에 의한 국제출원에 관한 사항을 규정하고 있다.

즉 상표의 해외출원은 ① 파리협약에 의한 국제출원 및 유럽공동체상표제도(CTM)를 이용한 국제출원 방법과 ② 마드리드 의정서에 의한 국제상표등록시스템에 따라 상표를 국제출원 방법이 있다. ① 파리협약에 의한 절차를 택하는 경우에는 우리나라에 상표등록출원을 하고 6개월 이내에 우리나라의 출원을 기초로 하여 외국에 출원하여 우선권을 주장하는 방법을 말한다. 그러나 최근 미국이나 유럽의 기업들은 마드리드 의정서에 의한 국제출원방식을 선호하는데, 이는 상표권의 획득과 유지 관리가 기별국가들에 대한 직접 출원보다 더 유리하기 때문이다. 즉 ② 마드리드 국제출원에서는 세계지식재산권기구(WIPO)에 영어, 불어 또는 스페인어로 출원서를 작성하여 한 번만 출원하면 되고 명의변경이나 상표권 갱신 등도 WIPO를 통해 일원적으로 할 수 있어서 편리하고 비용이 저렴하다.

제26강

상표권의 행사와 한계

Ⅰ 상표권의 특성

상표권도 특허권·실용신안권·디자인권과 동일하게 산업재산권의 일종이라는 점에서는 동일하지만, 상표권이 상품의 식별표장을 통하여 상표의 사회경제적인 기능을 가진 권리라는 점에서 여타의 산업재산권에서 찾아볼 수 없는 특성을 갖는다.

1 신규성이나 창작성을 요하지 않는 권리

상표의 인정은 창작의 문제가 아니라 표장의 선택에 관한 문제이므로 당해 상표가 자기의 상품을 다른 상품과 구별할 수 있는 식별력만 있으면 공익상 또는 사익상의 결격사유가 없는 한 그 자체로서 창작성이나 신규성이 결여되었더라도 권리로서 보호받는다.

2 반영구적인 권리

여타 산업재산권의 보호대상인 발명·고안·디자인·저작물 등의 경우 일정한 존속기간이 종료되면 일반 공중이 자유로이 사용할 수 있게 되지만, 상표는 사용하면 할수록 식별력과 고객의 인식력이 증대되어 존속기간이 만료되더라도 갱신이라는 제도를 통하여 반영구적인 권리로서 향유할 수 있는 특징이 있다.

❸ 상품에 관한 권리

상표권은 상품에 관한 상표권자의 영업상 신용이나 고객흡인력을 보호법익으로
하고 있기 때문에 상표의 등록요건 및 상표권의 효력은 상품과 절대적으로 연관되
어 결정되도록 규정되어 있다. 이 점에서 성명·상호·영업표지에 관한 권리자의 권리
인 상호권·성명권 등과 구별되는 권리이다.

❹ 공익적 권리

상표법은 상품의 존재나 품질 등을 오인시키는 상표는 상표권자의 사익뿐만 아니
라 사회경제 전체의 공익에도 반하게 되므로 그 등록을 배제하거나 취소되도록 규
정하고 있다. 특허법·실용신안법·디자인보호법 등에서는 권리자 이익만을 침해하는
것이므로 권리자의 고소가 있어야만 다룰 수 있다(특§225②, 실§45, 디§220②). 반면에 상
표권의 침해는 권리자의 개인적인 재산권뿐만 아니라 공익으로서의 소비자의 이익
도 포함된다고 할 수 있어 상표권을 침해받은 자가 고소하는 것은 물론이고 누구라
도 고발하여 그 침해에 대해 징벌할 수 있는 "비친고죄"로 규정하고 있다(상§230).

ⓘ 상표권의 효력

❶ 의 의

상표를 등록할 경우 상표권자는 적극적으로 지정상품에 관하여 그 등록상표를
사용할 권리를 독점하여 사용하는 독점권을 행사할 수 있는데 이를 상표권의 적극
적인 효력이라고 한다. 한편 타인이 등록상표와 동일하거나 유사한 상표를 사용하
는 경우 그 사용을 금지할 수 있는 금지권을 행사할 수 있고, 상표권을 침해하는 경
우 침해자를 상대로 민사적·형사적·행정적 조치를 취할 수 있는데 이를 상표권의
소극적 효력이라고 한다.

❷ 적극적 효력

상표권자는 지정상품에 관하여 그 등록상표를 사용할 권리를 독점한다(상§89). 즉 상표권은 지정상품에 대해 독점배타적을 등록상표를 사용하는 사법상의 재산권이기 때문에 상표법상 규정에 의해 제한을 받는 경우를 제외하고는 상표권의 본질에 반하지 않는 한 상표권자가 자기의 상표권을 자유로이 사용·수익·처분할 수 있다.

❸ 효력이 미치는 범위

1) 객체의 범위

상표권의 보호범위는 상표등록출원서에 기재한 상표 및 기재사항에 따라 정해지고, 지정상품의 보호범위는 상표등록출원서 또는 상품분류전환등록신청서에 기재된 상품에 따라 정해진다(상§91). 여기서 지정상품이란 지정상품구분 내의 상품세목 중 자기가 등록받고자 하는 상표를 사용하겠다고 지정한 상품을 말한다. 따라서 권리의 보호범위는 등록출원서에 의하여 정해지므로 출원서에 적혀 있지 아니한 상표나 상품은 원칙적으로 효력이 미치는 범위에서 제외된다.

2) 지역적 범위

상표권의 효력이 미치는 지역적 범위는 「속지주의의 원칙」이 적용되므로 당해 권리는 그 권리를 부여한 국가 내에서만 효력을 미친다. 여타 산업재산권에서와 동일하게 1국1상표주의·상표권독립의 원칙·내국민대우의 원칙 등이 적용된다.

3) 시간적 범위

특허권·실용신안권은 한시적인 권리로서 권리존속기간 내에서만 유효하다. 다만 존속기간 이내더라도 일정한 사유가 발생하면 권리가 소멸할 수 있고, 갱신신청(상§84)으로 그 존속기간이 반영구적으로 연장될 수 있다.

4 상표권 효력의 예외

이상의 상표권의 효력범위 내라도 여러 가지 이유에 의하여 상표권의 독점적·배타적 효력이 제한되는 경우가 있다. ① 상표권과 지리적 표시 단체표장권의 효력이 미치지 아니하는 범위(상§90), ② 타인의 지식재산권과 이용·저촉관계로 인한 제한(즉 상표권의 행사가 권리남용 또는 부정경쟁에 해당하는 경우: 상§92①), ③ 진정상품을 병행수입하는 경우, ④ 법정사용에 의한 제한 등이 그에 해당한다.[52]

1) 상표권과 지리적 표시 단체표장권의 효력이 미치지 아니하는 범위

상표출원 전부터 이미 사용되고 있는 상호, 품질이나 효능을 보통으로 사용하는 방법으로 표시하는 상표 등의 경우 등록상표권의 금지적 효력을 제한하여 자유로운 사용을 허용할 필요가 있다. 더 나아가 상표권에 대하여 전용사용권이 설정되어 있는 경우, 저촉관계에 있는 타인의 선출원 특허권·디자인권 등이 있는 경우에는 상표권의 금지적 효력을 더 강하게 제한받게 된다.

(1) 상표권의 효력이 미치지 아니하는 경우

상표권은 일정한 경우[53] 상표권의 효력이 미치지 않는다. 본 규정은 상표보호의 목적 및 공익적인 견지에 비추어 특정인에게 독점적 사용을 허용하기에 적합하지 아니한 상표에 대하여 상표권의 금지적 효력을 제한하기 위하여 마련된 규정이다.

(2) 지리적 표시 단체표장권의 효력이 미치지 아니하는 경우

지리적 표시 단체표장권은 일정한 경우[54]에는 상표권의 금지적 효력이 부정된다.

52　여기서는 위 ① 「상표권과 지리적 표시 단체표장권의 효력이 미치지 아니하는 범위」와 ② 타인의 지식재산권과 이용·저촉관계로 인한 제한 그리고 ③ 진정상품을 병행수입하는 경우에 관하여 먼저 검토하고 나머지 ④는 중복을 피하기 위해 상표권의 통상사용권에 관한 설명의 항목에서 따로 설명하고자 한다.

53　상§90①.

54　상§90②.

2) 타인의 지식재산권과 이용·저촉관계로 인한 제한

(1) 상표권의 행사가 권리남용이 되는 경우

상표권자·전용사용권자 또는 통상사용권자는 그 등록상표를 사용할 경우에 그 사용상태에 따라 그 상표등록출원일 전에 출원된 타인의 특허권·실용신안권·디자인권 또는 그 상표등록출원일 전에 발생한 타인의 저작권과 저촉되는 경우 지정상품 중 저촉되는 지정상품에 대한 상표의 사용은 특허권자·실용신안권자·디자인권자 또는 저작권자의 동의를 받지 아니하고는 그 등록상표를 사용할 수 없다(상§92①).

(2) 상표권의 행사가 부정경쟁에 해당하는 경우

상표권자·전용사용권자 또는 통상사용권자는 그 등록상표의 사용이 「부정경쟁방지 및 영업비밀보호에 관한 법률」 제2조 제1호 파목[55]에 따른 부정경쟁행위에 해당하는 경우 그 타인의 동의를 얻지 아니하면 그 등록상표를 사용할 수 없다(상§92②).

3) 진정상품의 병행수입

상표권은 파리조약의 속지주의 원칙에 따라 우리나라 영토 내에서만 그 효력이 인정되고, 외국에는 그 효력이 미치지 않는다. 그러나 지식재산권의 권리자의 국가 이외의 국가에서 적법하게 제조되거나 복제된 특허상품이나 정당한 상표가 부착된 상품이 상표권자의 의사에 반하여 수입된 경우, 상표권자가 자신의 상표권을 근거로 그 수입을 저지할 수 있는지가 문제 된다. 이 경우 판례는 "병행수입으로 당해 상표품질에 관하여 오인·혼동을 불러일으킬 가능성이 없다면, 실질적으로 상표권을 침해한 위법성이 있다고 볼 수 없다"고 판시하고 있다.[56]

---

55   부§2i파. 타인의 상당한 투자나 노력으로 만들어진 성과 등을 공정한 상거래 관행이나 경쟁질서에 반하는 방법으로 자신의 영업을 위하여 무단으로 사용함으로써 타인의 경제적 이익을 침해하는 행위.

56   대법원 2002. 9. 24. 선고 99다42322 판결(Burberrys 사건).

Ⅲ 상표권의 존속기간

상표권의 존속기간은 설정등록이 있는 날부터 10년으로 하며 상표권의 존속기간은 존속기간갱신등록신청에 의하여 10년씩 갱신할 수 있다(상§83). 즉 갱신을 통하여 반영구적인 효력을 갖는다. 상표권이 존속기간을 갱신하고자 하는 경우에는 존속기간 만료 전 1년 이내에 상표권 갱신등록신청을 하여야 한다. 다만 존속기간이 만료된 후라도 6개월이 경과하기 이전에 상표권의 존속기간갱신 등록출원을 할 수 있다(상§84).

Ⅳ 사용권과 권리의 제한

1 의의

1) 사용권의 의미

사용권은 상표권자가 자신의 상표를 사용할 수 있는 권능을 부여하는 것으로, 권리자와 사용하고자 하는 자 사이의 약정에 의해 발생하는 것이 원칙이다. 사용권의 설정을 통해 권리자는 사용료를 받아 경제적 이익을 얻게 되고, 사용권을 설정받은 자는 그 상표를 실시함으로써 합법적으로 이윤을 창출하게 된다.

2) 실시권의 종류

상표를 사용할 수 있는 권리는 그 권리의 독점·배타성의 여부에 따라 상표를 독점배타적으로 사용할 수 있는 「전용사용권」과 그러한 독점배타성이 배제된 단순히 상표를 사용할 수 있는 「통상사용권」으로 구분된다. 즉 전용사용권은 권리 자신도 그 상표를 사용할 수 없는 것이고 통상사용권은 권리자 자신도 그 상표를 사용할 수 있는 것으로 하고 있다.

한편 상표권자의 사용권의 발생원인을 기준으로 권리자와 사용권자 사이의 계약에 의하여 발생하는 「계약사용권」과 상표법에 규정된 법정요건에 해당하는 경우 법규정에 의해 발생되는 「법정사용권」으로 구분된다. 한편 여타의 산업재산권상 국가기관이 강제로 그 사용을 허용하는 「강제사용권」은 상표법상 인정되지 않는다.

3) 권리행사 제한의 의미

사용권의 발생원인은 당사자의 약정에 의한 계약사용권을 원칙으로 한다. 그러나 상표와 관련된 당사자들의 이용이나 저촉관계 등으로 인하여 권리자의 사용권에 관한 자유를 제한하는 경우가 「법정사용권」이다. 이 경우는 상표권자의 허락과 무관하게 실시권이 인정되므로 강학상 "산업재산권 행사의 제한"이라고 할 수 있다.

실시권	전용사용권 - 계약(허락에 의한 전용사용권; 상§95)		
	통상 사용권	허락에 의한 통상사용권(상§97)	
		법정 사용권	선사용에 따른 상표를 계속 사용할 권리(상§99)
			특허권 등의 존속기간 만료 후 상표를 사용하는 권리(상§98)
			재심에 의하여 회복한 상표권의 효력 제한(상§160)

② 전용사용권

상표권자는 타인에게 상표권에 관하여 전용사용권을 설정할 수 있다(상§95). 전용사용권의 설정을 받은 전용사용권자는 그 설정행위로 정한 범위에서 지정상품에 관하여 등록상표를 사용할 권리를 독점한다. 전용사용권자는 상표권을 사용하는 상품에 자기의 성명 또는 명칭을 표시하여야 한다. 또한 전용사용권자는 상속이나 그 밖의 일반승계의 경우를 제외하고는 상표권자의 동의를 받지 아니하면 그 전용사용권을 이전할 수 없다. 단 상표권자라고 하더라도 업무표장권, 단체표장권 또는 증명표장권에 관하여는 전용사용권을 설정할 수 없다(상§95②).

전용사용권의 설정·이전(상속 등 일반승계는 제외)·변경·포기에 의한 소멸 또는 처분의 제한은 이를 등록해야 제3자에게 대항할 수 있다(상§96). 2012년 상표법 개정 전에는 전용사용권설정의 등록이 효력발생요건에서 「대항요건」으로 변경되었다. 여타의

산업재산권의 전용실시권 등록이 여전히 효력요건인 점과 대비되는 사항이다.

3 통상사용권

1) 의의

상표권자는 그 상표권에 관하여 타인에게 통상사용권을 설정할 수 있다(상§97). 통상사용권은 전용사용권과는 달리 그 통상사용권을 설정한 후에도 상표권자 자신도 실시할 뿐만 아니라 제3자에게도 동일한 통상사용권을 둘 이상 허락할 수 있어서 상대적 권리이다.

5) 종류와 범위

통상실시권은 ⓐ 상표권자 또는 전용실시권자의 허락에 의하여 발생되는 「계약사용권」, ⓑ 특허법이 정하는 조건에 해당되는 자가 갖게 되는 「법정사용권」이 있다. 일반적으로 통상사용권은 허락에 의하여 발생되며, 법정사용권은 법정사유에 의하여 허용된다.

(1) 계약사용권

계약사용권은 당사자의 상표의 사용에 관한 계약에 의해 이루어진다. 즉 상표권자와의 약정 혹은 전용사용권자와의 약정에 의해 설정된다. 다만 이 전용사용권자가 통상사용권을 허락하는 것을 재실시권이라 하고 이 경우에는 상표권자의 동의가 있어야 하는 것을 원칙으로 한다.

(2) 법정사용권

법정사용권은 상표권자의 의사와 무관하게 제3자의 지위에 관한 공평의 원칙과 국가의 산업정책적 측면에서 공익상 필요에 따라 상표권자 혹은 전용실시권자의 의사와 관계없이, 심지어 이들의 권리에 반하여도 「법령의 규정」에 따라 당연히 실시할 수 있는 통상사용권을 말한다.

❶ 선사용에 따른 상표를 계속 사용할 권리

　타인이 자신의 상표를 출원등록하기 전에 이미 그와 동일·유사한 상표를 국내에서 상품에 붙여 사용하고 있었고 그 상표가 상거래상 이미 널리 인식되고 있다면, 그 타인의 상표등록보다 먼저 사용하고 있었던 자는 당해 상표를 계속 사용할 수 있는 권리를 가지게 된다. 이를 선사용에 따른 상표 계속 사용권이라고 한다(상§99). 다만 이때 상표권자나 전용사용권자는 자신의 상표를 사용할 권리를 가지는 자에게 그 자의 상품과 자기의 상품 간에 출처의 "오인이나 혼동을 방지하는 데 필요한 표시"를 요구할 수 있다. 한편 이 경우 다른 법정사용권의 경우와 달리 권리자나 전용사용권자에게 대가를 지급해야 한다는 규정이 존재하지 않는다.

❷ 특허권 등의 존속기간 만료 후 상표를 사용하는 권리

　상표권과 특허권이 저촉되는 경우 특허등록이 상표등록보다 먼저이거나 적어도 동일한 때에는 그 특허권이 기간만료로 소멸되더라도 원특허권자는 원특허권의 범위에서 "부정경쟁의 목적이 아닌 한" 상표권자의 지정상품 또는 유사상품에 그 등록상표나 유사상표를 사용할 권리를 가진다(상§98①). 또한 위와 동일한 경우 특허권의 전용실시권자 또는 통상실시권자도 부정경쟁의 목적이 아닌 한 상표권자(또는 전용사용권자)에게 "상당한 비용을 지급하고" 원특허권자와 동일한 권리를 가진다(상§98②). 이 경우 상표권자(또는 전용사용권자)는 자신의 상표를 사용하는 자에게 그 자의 상품과 자기의 상품 간에 "혼동을 방지하는 데 필요한 표시"를 하도록 청구할 수 있다.

❸ 재심에 의하여 회복한 상표권의 효력 제한

　원심결 후 재심에 의해 앞의 원심결이 번복되는 후심결이 확정되기 전에 선의로 당해 등록상표를 사용하는 행위는 상표권이나 전용사용권을 침해하는 행위에 해당하더라도 상표권의 금지적 효력이 인정되지 않아 계속 사용할 수 있게 된다(상§108).

Part 6

지식
재산권의
이전과
담보권 설정

Patents &
Intellectual Property Rights

제27강

지식재산권의 이전

I 서설

일반적으로 강학상 권리의 변동이라고 하면, 권리의 발생·변경·소멸을 의미하는 것으로 이해된다. 권리의 변경에는 권리의 동일성을 유지하면서, 그 주체·내용(객체)·작용이 변경되는 것을 말한다. 그 가운데 지식재산권에 있어서 주체의 변경은 권리의 승계에 해당하며 지식재산권의 권리가 원권리자에게서 후권리자에게 이전되는 것을 의미한다. 내용의 변경은 지식재산권의 주체나 작용에는 변함이 없이 그 내용만이 변경되는 것으로서 지식재산권에 질권이 설정되거나 설정된 질권이 소멸하는 등 객체가 변경되는 것을 의미한다.

지식재산권에도 사적자치의 원칙이 적용되므로 그 권리 주체 간의 자유로운 의사에 의해 거래될 수 있음은 당연하다. 즉 저작권이 무방식주의에 입각하고 있기에 예외적이지만 여타의 지식재산권은 권리의 형성과정에서 국가기관의 적극적인 개입절차를 통하여 권리로서 공인된 이후에는 사권(私權) 중에서도 재산권으로서의 성격이 강하게 인정되기 때문에 지식재산권의 이전성[1]이 당연히 인정된다.

---

1   일반적으로 법에서 "이전"이란 객관적인 시각에서 권리주체의 변경 즉 권리나 권리의 목적이 반대급부의 유무와 상관없이 전 권리자에서 후 권리자에게로 승계되는 것을 의미한다. "양도"란 주관적 시각에서 전 권리자가 가지고 있던 재산, 권리, 기타 법률상 지위를 후 권리자에게 유상으로 이전시켜주는 것을 의미한다.

Ⅱ 지식재산권의 이전

1 산업재산권의 이전

1) 의 의

산업재산권은 이전이 가능한 재산권임을 각 개별법에서 명문화하고 있다.[2] 산업 재산권의 이전이란 산업재산권의 내용의 동일을 유지하면서 귀속주체가 변경되는 것을 말한다. 산업재산권의 이전은 여러 가지 기준으로 분류해 볼 수 있다. 즉, 산업 재산권의 전부양도와 당사자의 약정에 의한, 즉 「법률행위에 의한 권리이전」과 법률 행위 이외의 사유에 의한 「일반승계(상속, 유언, 공탁, 강제집행 등)에 의한 권리이전」 등으 로 나누어 볼 수 있다. 후자에 대해서는 항을 바꾸어 검토하고 여기서는 전자에 관 하여 설명하고자 한다.

2) 법률행위에 의한 권리이전

(1) 계약 등의 의미

산업재산권은 당사자 간 권리이전에 관한 의사표시에 의하여 이전될 수 있다. 이 전은 매매·증여·교환·회사에 대한 현물출자 등 당사자 쌍방의 법률행위, 즉 계약에 의한 이전행위와 재단법인의 설립행위 등과 같은 단독행위에 의한 이전행위에 의하 여 이루어질 수 있다.

일반적으로 산업재산권의 권리이전은 대부분 당사자의 의사표시의 합치로 성립 하는 계약에 의해 이루어지는 것이 현실이다. 따라서 산업재산권의 이전계약의 성 립요건이나 효과 등에 관한 사항에 지식재산권법에 규정이 존재하지 않는 경우에는 모두 민법상 계약에 관한 규정과 민사소송법상의 절차에 관한 규정이 보충적으로 적용됨은 일반법과 특별법의 관계상 당연히 인정된다.

---

2   특§99①, 실§28 준용규정, 디§96, 상§93 등.

(2) 전부양도·일부양도

❶ 의 의

당사자의 의사표시인 계약에 의한 산업재산권의 이전은 우선 전부양도와 일부양도로 구분해 볼 수 있다. 산업재산권의 「전부양도」는 양도인이 가지고 있던 모든 권한을 포함하는 권리자 지위를 전면적으로 양수인에게 이전시키는 것을 의미하기 때문에 「권리주체의 변경」이라고 할 수 있다. 반면 산업재산권의 「일부양도」는 양도인이 가지던 산업재산권에 대한 권리의 일부, 즉 '지분'을 양수인에게 이전해 줌으로써 양도인과 양수인이 공유자의 지위를 함께 가지게 되는 행위를 의미한다.

❷ 공유지분의 양도

한편 권리의 일부양도는 공유자 「지위의 양도」와 서로 다른 개념이다. 공유자 지위의 양도는 「공유지분의 양도」를 의미한다. 즉 이미 산업재산권의 공유자 지위에 있던 양도인이 자신의 지분권 전부를 양수인에게 이전해주는 행위를 의미한다. 따라서 권리의 일부양도는 제3자의 동의나 허락 없이 가능하지만 공유지분의 양도는 다른 공유자의 동의를 받아야만 그 지분을 양도할 수 있다는 차이가 있다.[3] 물론 다른 공유자는 신의에 반하여 그 동의를 거부할 수 없는 신의칙상의 원칙이 적용되지만 다른 공유자의 동의를 얻지 않은 지분양도는 당연히 무효라 할 수 있다.

❸ 공유지분처분에 대한 동의거부

한편 다른 공유자가 지분양도에 관해 동의를 거부하는 경우, 그 공유지분을 양도하려는 자는 이에 응하지 않은 다른 공유자에게 동의를 구하는 청구권을 행사하여 법원에 의사표시를 명하는 판결을 구할 수 있을 것이다. 이때 소송을 통해 당사자의 동의 내지 합의에 갈음하는 의사표시를 명하는 판결을 받지 않은 상태에서 그 지분을 양수한 자가 저작물을 이용하는 행위는 산업재산권을 침해하는 것이 됨은 물론이다.

---

3   특§99②, 실§28 준용규정, 디§96②, 상§93② 등.

3) 효력발생요건

(1) 등록의 의미

당사자의 의사에 기한 산업재산권·전용실시권의 양도는 산업재산권 원부에 등록하지 않으면 양도의 효력을 발생시킬 수 없다.[4] 통상실시권의 경우는 등록하지 않더라도 양도의 효과가 발생하나, 등록하여야 제3자에게 양도 또는 대항할 수 있다. 그러나 뒤에서 설명하는 지식재산권의 일반승계의 경우에는 등록하지 않더라도 권리이전의 효과가 발생한다(단 이 경우에도 등록하여야 제3자에게 양도할 수 있음은 물론이다).

(2) 공동소유의 이전절차

산업재산권 이전등록을 할 경우에는 등록권리자와 등록의무자가 「공동」으로 신청함을 원칙으로 한다. 이때 공동으로 특허청에 신청하기 위하여 양수인인 권리자가 양도인인 의무자에게 협력하여 달라는 요청을 할 수 있는 권리를 「등록청구권」이라고 한다. 이는 등록권리자와 등록의무자가 공동으로 특허청에 등록을 요구하는 「등록신청권」과 다르다.

4) 공신력의 부정

산업재산권은 배타적 독점권의 성질을 가지므로 권리의 변동사항을 외부에 알리기 위해 공적장부인 등록원부에 기재하여 제3자가 불측의 손해를 입지 않도록 함으로써 거래안정을 도모하는 절차를 「공시(公示)」라고 한다.

한편 "공적장부에 기재된 내용을 믿고 거래한 경우 그 기재내용이 비록 진실한 실체관계와 일치하지 않더라도 신뢰자의 믿음을 보호하기 위해 그 지재된 내용대로 법률관계를 인정하는 것"을 「공신력(公信力)의 긍정」이라고 한다. 그러나 주의할 점은 현행 지식재산권에 관한 실무상 그 등록원부에 대하여는 공신력이 아직 인정되지 않고 있다는 점이다.

---

4   다만 상표권의 전용사용권의 설정·이전(상속 등 일반승계는 제외)·변경·포기에 의한 소멸 또는 처분의 제한은 이를 등록해야 제3자에게 대항할 수 있도록 하여(상§96) 대항요건으로 하고 있다는 점에서 여타의 산업재산권의 전용실시권 등록이 여전히 효력요건인 점과 대비된다.

따라서 산업재산권의 거래 시 양수인 등은 특허청이 관리하고 있는 등록원부의 기재된 법률관계 등의 내용을 무조건 신뢰할 경우 불측의 손해를 입을 가능성이 있다는 것을 항상 염두에 두어야 한다.

5) 상표권 이전의 개별적인 제한

상표법상 업무와 분리하여 업무표장권을 양도할 수 없으며, 법인과 분리하여 단체표장권만을 양도할 수 없고, 업무와 분리하여 증명표장권만을 이전할 수 없다(상§93 iv~vi).

② 저작권의 이전

1) 의의

저작권법은 저작권 성립에 무방식주의를 택하고 있기 때문에 저작자가 자신의 창작물에 대한 특별한 절차를 밟지 않더라도 저작권이 발생함은 앞서 설명하였다. 저작물이 창작됨과 동시에 저작권이 인정되고 그 권리는 사법상 재산권에 해당한다.

저작인격권은 그 성질상 저작자의 일신에 전속하므로 타인에게 양도하거나 상속의 대상이 될 수 없는 데 반해 저작재산권은 산업재산권과 같이 저작권자의 의사에 따라 자유롭게 양도할 수 있다. 저작권의 양도에서 전부양도와 일부양도가 인정될 수 있고, 또한 당사자의 약정인 「법률행위에 의한 권리이전」과 법률행위 이외의 사유인 「일반승계에 의한 권리이전」 등으로 나누어 볼 수 있다. 여기서도 후자는 항을 바꾸어 검토하고 전자를 먼저 설명하고자 한다.

2) 법률행위에 의한 권리이전

(1) 계약의 의미

저작재산권의 이전은 다른 재산권의 양도·이전과 마찬가지로 당사자 간의 합의, 즉 계약에 의해 이루어지는 것이 대부분이다. 계약이 성립하면 효력이 자동으로 발생하여 등기나 등록과 같은 특별한 방식을 요하지 않는다.

(2) 전부양도·일부양도

❶ 의 의

저작재산권은 전부나 일부를 제3자에게 양도할 수 있다(저§45①). 저작재산권은 저작물의 각종이용형태에 대응하는 권리들로 구성된 "권리다발"의 형태를 취하고 있으므로 그 전부를 양도할 수 있지만, 이를 복제권, 공연권, 공중송신권, 배포권, 대여권, 전시권, 2차적저작물작성권 등 각각의 지분권으로 분리하여 개별적으로 양도할 수 있다는 점이 소유권 또는 다른 지식재산권과 다른 특징을 갖는다.

❷ 일부양도

저작재산권의 일부양도란 저작재산권의 지분권 중 하나 이상을 따로 분리하여 양도하는 것을 의미한다. 또한 저작재산권을 행사할 지역이나 기한, 이용형태 등에 관하여 일정한 제한을 덧붙여 양도하는 것도 가능하다. 그러나 특정 지분권을 다시 세분하여 양도하는 것은 분할된 각 부분의 범위가 명확히 구분된다면 허용되지만,[5] 그렇지 않은 경우에는 필요 이상으로 지분권을 세분화하는 것은 허용되지 않는다.[6]

❸ 2차적저작물작성권의 유보

저작재산권의 전부를 양도하는 경우에 특약이 없는 때에는 2차적저작물을 작성하여 이용할 권리는 포함되지 아니한 것으로 추정한다. 다만, 프로그램의 경우 특약이 없는 한 2차적저작물작성권도 함께 양도된 것으로 추정한다(저§45②). 이는 저작자의 입장에서 원작을 개작하여 새로운 작품을 창작하는 자유뿐만 아니라 이를 통해 얻을 수 있는 경제적 권리를 심각하게 제한당하는 결과를 초래하기 때문에 그 양도는 제한적으로 해석해야 한다는 취지에서 마련한 특별규정이다.

---

5   예컨대 복제권을 인쇄권, 녹음권, 녹화권 등으로 분리하는 경우를 들 수 있다.

6   예컨대 복제권을 문고본용, 호화본용으로 구분하는 경우를 들 수 있다.

3) 대항요건

산업재산권의 발생이나 양도에는 등록원부에 기재되어야 양도의 효력이 발생하지만, 저작권 성립은 저작물이 작성됨과 동시에 권리로서 인정되고 권리성립요건으로서 특별한 등록절차가 필요 없다. 저작권 이전의 경우도 마찬가지로 그 이전 사실에 대한 등록절차를 밟지 않더라도 권리의 이전효과가 발생한다. 즉 저작권의 양도는 불요식행위로 당사자 간의 의사표시만으로 효력이 발생하고 등록과 같은 절차의 이행을 요하지 않는다. 그리고 저작재산권이 양도되면 권리의 주체가 완전히 변경되는 것으로 양수인은 그 권리를 자유로이 제3자에게 다시 양도할 수 있다.

그러나 저작권법에서 저작재산권의 양도는 이를 등록하지 않으면 제3자에게 대항할 수 없다고 규정하고 있다(저§54ⅰ). 즉 저작재산권의 양도등록은 효력발생요건이 아니라 대항요건에 불과한 만큼 그 양도 사실을 등록하지 않더라도 양도의 효력은 발생한다. 다만 양도 사실을 제3자에게 대항할 수 없을 뿐이다. 그리고 이러한 등록 내용도 산업재산권에서와 마찬가지로 공신력이 부정되고 있음에 주의하여야 한다.

4) 보충규정

(1) 공동저작물의 특칙

공동저작물의 소유형태는 준공유관계이므로 자기의 지분을 양도하고자 하는 경우 다른 공유자의 동의가 없으면 그 지분을 양도할 수 없다. 이 경우 각 저작재산권자는 신의에 반하여 합의의 성립을 방해하거나 동의를 거부할 수 없다(저§48).

(2) 공표의 동의 추정

저작자가 미공표 저작물의 저작재산권을 양도한 경우 그 상대방에게 저작물의 공표를 동의한 것으로 추정한다.

(3) 영상제작물에 대한 권리의 양도 추정

영상제작자와 영상저작물의 제작에 협력할 것을 약정한 자가 그 영상저작물에 대하여 저작권을 취득한 경우 특약이 없는 한 그 영상저작물의 이용을 위하여 필요한 권리(저§100)는 영상제작자가 이를 양도받은 것으로 추정한다. 영상저작물의 경우 권리관계가 복잡하기 때문에 양도추정 규정을 두고 있다.

Ⓘ 지식재산권의 일반승계

지식재산권은 법률행위인 계약으로 인한 권리이전 이외에도 법률행위 이외의 사유에 의한 권리이전이 인정되는데 이를 지식재산권의 「일반승계」라고 한다. 이에 해당하는 것으로 「상속(유증 포함)·경매·판결(강제집행 등에 의한 승계, 질권에 의한 경락 등을 포함)·공용수용」 등이 있다. 앞서 설명한 바와 같이 법률행위에 의한 지식재산권은 권리등록원부에 등록되어야 권리이전의 효력이 발생하지만(저작권만은 예외적으로 대항요건이다), 「일반승계」의 경우에는 권리등록원부에 등록하지 않더라도 권리이전이 일어난다. 다만 이 경우 등록해야만 권리이전을 제3자에게 대항할 수 있다.

① 상속

상속(相續)이란 사람이 사망한 경우 그가 살아있을 때의 재산상의 지위가 법률의 규정에 따라 특정한 사람(상속인 또는 유증인)에게 포괄적으로 승계되는 것을 말한다(민§ 1005). 상속에 의해 지식재산이 이전되는 시기는 피상속인의 사망 시로서 이와 유사한 법적효과가 나타나는 것으로 인정사망, 실종선고 등이 있다.

② 판결

지식재산권의 권리귀속에 관하여 분쟁이 발생한 경우 법원의 이행판결의 확정에 의하여 특허권이 이전될 수 있다. 이 경우 지식재산권의 권리이전시기에 관하여 등록원부에 등재되는 때라고 하는 일부 견해가 있지만, 이 경우도 역시 판결확정 시에 권리이전이 일어나고, 권리등록원부에 등록하여야 제3자에게 대항할 수 있다.

③ 경매

지식재산권에 대한 질권의 실행 또는 강제집행에 의하여 지식재산권이 경락되면

그 경락대금의 납부에 의하여 지식재산권이 이전되고, 역시 이 경우에도 등록원부에의 등재는 제3자에 대한 대항요건에 불과하다.

4 공용수용

정부는 전시·사변 또는 이에 준하는 비상 시에 있어서 국방상 필요한 경우 등 공공의 이익을 위해 필요한 경우에는 지식재산권을 수용할 수 있다. 이 경우에도 공용수용이 확정되는 때에 지식재산권의 권리가 정부의 소유로 이전된다. 공용수용은 특허권에서 일어나는 경우가 종종 있을 수 있어, 특허법에서 특별규정을 두고 있다.[7]

---

7 특§106(특허권의 수용)·§106의2(정부 등에 의한 특허발명의 실시) 등.

지식재산권의 담보권 설정

Ⅰ 담보권 기본개념

담보권이란 채권을 담보하기 위해 채무자가 변제하지 않는 경우 담보물권이 설정된 물건의 매각대금에서 다른 채권자보다 우선하여 변제를 받는 권리를 행사할 수 있는 권리를 말한다. 사법상 유치권, 질권 및 저당권이 이른바 전형적 담보물권이다.

1 유치권

유치권이란 타인의 물건이나 유가증권을 점유하고 있는 자가 그 물건이나 유가증권에 대한 채권을 변제받을 때까지 그 물건이나 유가증권을 유치(점유의 계속)함으로써 채권변제를 간접적으로 강제하는 권리다. 예컨대 자동차수리를 맡긴 경우 수리비를 낼 때까지 카센타 주인이 자동차를 내주지 않고 유치할 수 있는 권리이다.

2 질 권

질권이란 채권자가 채권의 담보로 채무자 또는 제3자로부터 받은 동산을 유치하고 채무를 변제받지 못할 때에는 그 물건을 경매하여 그 물건의 대금으로부터 다른 채권자에 우선하여 변제받을 수 있는 권리이다. 예컨대 전당포 주인이 반지를 맡아두고 채무자에게 돈을 빌려준 경우 전당포 주인이 변제받을 때까지 그 반지를 유치해두고 채무자가 끝까지 변제하지 않을 경우 그 반지를 경매하여 우선변제를 받을 수 있는 권리를 말한다. 이때 질권이 설정되었다는 사실을 외부에 알리기 위해 목적

물을 담보권자(채권자)에게 맡겨야(점유이전) 하며, 대상물은 동산이며 부동산에 질권을 설정할 수는 없다. 그러나 유치적 기능인 점유가 있을 수 없는 권리의 경우에도 예외적으로 질권을 설정할 수 있는 권리질권도 가능한데 이로 인해서 지식재산권에도 질권이 인정되게 된다.

3 저당권

저당권이란 채무자 또는 제3자가 점유를 이전하지 않고(유치적 기능의 부존재) 채무담보로 제공한 부동산에 대하여 다른 채무권보다 자기채권의 우선변제를 받을 권리를 말한다. 예컨대 부동산을 담보로 잡아 돈을 빌려준 은행이 가옥의 사용은 채무자에게 두고, 변제기에 채무자가 채무를 이행하지 않으면 그 가옥을 경매하여 다른 채무자보다 은행이 우선적으로 변제를 받을 수 있다. 그 대상은 부동산만 인정된다.

Ⅱ 산업재산권에 대한 질권 설정

산업재산권도 재산권이므로 경제적 가치를 평가하여 담보로 제공할 수 있다. 즉 이전성 있는 재산권으로서 그 권리의 행사에 점유를 요하지 않기 때문에 산업재산권으로 사용·수익하면서 교환가치를 평가하여 담보로 제공할 수 있다. 지식재산권법에서는 질권의 설정을 규정하고 있다. 즉 민법상의 질권은 동산질권을 원칙으로 담보물의 점유를 통하여 채무의 변제를 강제하는 것인데, 지식재산권은 형태가 없어 점유가 성립되지 않아 유치적 작용은 없으나 교환가치를 평가하여 담보로 제공하는 권리질권의 대상으로 하고 있다. 그리고 지식재산권의 질권설정에는 점유의 이전이 불가능하므로 민법상 권리질권의 설정에서와 같이 질권을 설정했다는 사실을 등록원부에 등재하여야 효력이 발생하는 것으로 하고 있다.[8]

---

8   특§85, 실§20 준용규정, 디§98, 상§96.

① 산업재산권의 질권 설정

산업재산권 자체에 질권을 설정하려면[9] 질권설정자(채무자)와 질권자(채권자) 간에 질권설정계약을 체결하여야 하고 그 내용을 산업재산권의 등록원부에 등록함으로써 효력이 발생한다. 산업재산권의 전용실시권이나 통상실시권에도 질권을 설정할 수 있다. 그러나 이 경우에는 요건이 산업재산권 자체에 질권을 설정하는 경우와 다르다.

② 실시권자의 질권 설정

전용실시권자가 자신의 권리에 질권을 설정하려면 「산업재산권자의 동의」를 얻어 이를 등록원부에 등록(효력발생요건)하여야 질권이 성립한다.[10] 그리고 통상실시권자가 자신의 권리에 질권을 설정하려면 지식재산권자와 전용실시권자의 동의를 얻어야 가능하나 통상실시권의 질권설정등록은 제3자에 대한 대항요건이다.

③ 질권설정자의 실시 제한

지식재산권·전용실시권 또는 통상실시권을 목적으로 하는 질권을 설정한 경우 질권자는 계약으로 특별히 정한 경우를 제외하고는 해당 지식재산을 실시할 수 없다.[11] 즉, 질권자에게는 질권의 목적인 지식재산을 사용할 수 있는 권리가 부정되고 지식재산권의 경제적 가치를 확보하는 권리밖에 없기 때문이다.

④ 질권행사로 인한 디자인권 이전에 따른 통상실시권

지식재산권자는 자신의 권리를 목적으로 하는 질권설정 또는 공유인 지식재산권의 분할청구 전에 그 지식재산을 실시(사용)하고 있는 경우 그 지식재산권이 경매 등

---

9   특§121, 실§28 준용규정, 디§98, 상§80.

10   특§101, 실§28 준용규정, 디§97, 상§95.

11   특§121, 실§28 준용규정, 디§108, 상§104.

에 의하여 이전되더라도 그 지식재산에 대하여 통상실시권을 가진다.[12] 다만 이 경우 이미 지식재산을 실시한 자는 경매 등에 의하여 지식재산권을 이전받은 자에게 상당한 대가를 지급하여야 한다.

Ⅲ 저작권에 대한 질권설정

저작물 가운데 음악, 영화, 데이터베이스 등과 같은 경제적 부가가치가 높은 것을 담보로 자금을 조달할 필요가 있는 경우가 있다. 그러나 현행 저작권법에서는 저작재산권에 대한 질권설정에 관한 규정이 없다.

다만 저작권법 제47조에서 저작재산권을 목적으로 하는 질권의 행사방법을 규정하고 있는데 이는 저작재산권의 질권설정이 가능함을 전제로 하고 있다고 해석된다. 따라서 저작재산권에 대한 질권설정은 민법상 권리의 양도방법에 의하여 행할 수 있으므로 당사자 간의 질권설정계약에 관한 합의, 즉 계약에 의해서 질권을 설정할 수 있다(민§346). 즉, 별도의 저작권등록증의 교부나 등록절차 등이 필요하지 않다.

저작재산권에 질권이 설정되더라도 저작재산권의 행사는 특약이 없는 한 질권자가 아니라 질권설정자인 저작재산권자가 이를 행사한다(저§47②). 또한 저작재산권을 목적으로 하는 질권의 실효성을 확보하기 위하여 질권자는 그 저작재산권의 양도 또는 저작물의 이용에 따라 저작재산권자가 받을 금전 그 밖의 물건(배타적발행권 및 출판권 설정의 대가를 포함한다)에 대하여도 행사할 수 있다. 다만 이들의 지급 또는 인도 전에 이를 압류하여야 한다(저§47①).

---

12   특§122, 실§28 준용규정, 디§110, 상§104조의2(2021. 10. 19. 신설).

특허와 지식재산권

Part 7

지식
재산권의
소멸과
침해

Patents &
Intellectual Property Rights

제29강

지식재산권 소멸

Ⅰ 일반적 소멸원인

지식재산권의 소멸이란 발생된 지식재산권에 대한 효력이 소멸되거나 처음부터 상실되는 것을 말한다. 지식재산권은 그 존속기간이 만료 등의 사유로 소멸하게 된다. 그런데 권리의 소멸에는 권리주체가 변경되는 상대적 소멸이 있고, 권리자체가 없어지는 절대적 소멸이 있다. 상대적 소멸에는 권리의 양도, 담보권의 실행 등이 있으며, 절대적 소멸에는 권리의 포기, 상속인의 부존재, 특허료의 미납, 존속기간의 만료 등이 있다.

여기서는 지식재산권에 공통되는 일반적 소멸원인과 개별 지식재산권에 특유한 소멸원인을 나누어 설명하고자 한다.

1 존속기간 만료

지식재산권은 영구적인 권리가 아니라 일정한 법정기한이 정하여져 있다. 지식재산권의 존속기간의 만료로 권리가 소멸하는 것은 절대적인 소멸에 해당한다. 그 기간에 관하여는 전술하였다. 다만 저작권 중 저작인격권의 경우에는 영구적인 것이라는 견해와 저작자 사망 후 소멸한다는 견해가 있지만, 그 논의의 실익이 없다는 점은 전술하였다.

② 권리포기

지식재산권은 지식재산권자의 권리포기에 의하여 소멸된다.[13] 그렇지만 지식재산권에 대한 각종 실시권이나 질권이 설정되어 있는 경우, 지식재산권이 재단으로 구성되거나 파산재단에 가입된 경우처럼 권리의 포기로 인하여 불이익 받는 자가 있는 경우에 이들의 승낙이 없다면 지식재산권을 포기하지 못한다.[14] 또한 공유의 대상이 된 지식재산권의 지분은 다른 공유자들에게 그 지분의 비율로 귀속된다. 다만 저작권자의 권리포기에 관한 규정은 존재하지 않지만, 저작권도 여타의 지식재산권과 같이 포기가 가능하고, 포기로 타인의 권리를 침해할 경우 그 타인의 승낙이 없으면 포기하지 못하는 것으로 해석된다.

③ 상속인의 부존재

일반적인 재산의 소유자가 상속인 없이 사망한 경우 동산의 경우는 무주물선점의 대상이 되고, 부동산의 경우 국가가 소유권을 취득하게 된다. 그러나 지식재산권의 소유자가 상속인 없이 사망한 경우에는 지식재산권 자체가 소멸된다.[15] 권리자인 법인이 소멸하여 권리의 승계자가 없을 때에도 소멸한다. 그러나 상속인이 없더라도 지식재산권에 대한 실시권자, 질권자, 일반채권자, 유증자 등이 있을 때에 지식재산권은 이들을 보호하여야 할 범위 내에서 존속한다.

지식재산권이 공유되어 있는 경우, 공유자 가운데 1인이 상속인 없이 사망하면 그 지분은 소멸하지 않고 다른 공유자에게 각 지분의 비율로 귀속한다.

---

13   특§120, 실§28 준용규정, 디§105, 상§101.

14   특§119, 실§28 준용규정, 디§106, 상§102.

15   특§124, 실§28 준용규정, 디§111, 상§106.

④ 정부수용

정부는 지식재산권(예컨대 특허발명)이 전시, 사변 또는 이에 준하는 비상시에 국방상 필요한 경우에는 당해 권리를 수용할 수 있다. 이 경우 지식재산권자의 권리는 소멸한다. 다만 이 경우 정부는 지식재산권을 수용하는 경우에는 권리자, 전용실시권자 또는 통상실시권자에 대하여 정당한 보상금을 지급하여야 한다(특§106).

Ⅱ 개별적인 소멸원인

앞에서 살펴본 지식재산권의 공통적·일반적 소멸원인 이외에도 다음과 같은 사유에 의해 지식재산권은 소멸할 수 있다.

① 산업재산권의 취소신청제도

지식재산권 특허 특허와 실용신안의 취소신청제도란 2016년 이전의 이의신청제도와 유사한 제도로서, 누구든지 특허권이나 실용신안권의 설정등록일부터 등록공고일 후 6개월이 되는 날까지 그 특허등록이나 실용신안등록이 일정한 경우[16] 특허심판원장에게 그 등록의 취소를 신청할 수 있도록 하고 있다.[17] 이에 의하면 누구나 설정등록공고 후 6개월까지 특허나 실용신안 위소이유를 특허심판원에 제공하면 심판관이 등록특허나 등록실용신안을 재검토하여 하자가 있는 경우 조기에 그 특허나 실용신안을 취소하는 제도이다. 이 경우 청구범위의 청구항이 둘 이상인 경우 청구항마다 특허취소신청이 가능하다(특§132조의2②).

한편 저작권의 경우는 권리의 특성 때문에 권리가 취소되는 경우 자체가 존재할

---

16   ① 특허등록요건(특§29)/실용신안등록요건(실§4)에 위반된 경우, ② 특허 선출원(특§36①~③)/실용신안 선출원(실§7①~③)의 규정에 위반된 경우가 이에 해당한다.

17   2016. 2. 29. 신설된 특허법 제6장의2 특허취소신청(특§132조의2~§132조의15), 실용신안법 제6장의2 실용신안등록취소신청(실§32조의2~§32조의3)이 그것이다.

수 없다.

② 산업재산권의 무효

산업재산권에 법정무효사유가 있는 경우에는 이해관계인이나 심사관의 무효심판 청구에 의하여 무효심판의 확정(특허심판원 관할), 무효판결의 확정(특허법원 관할)에 의하여 소급적으로 효력이 상실된다. 여타의 지식재산권인 실용신안권, 디자인권, 상표권 등에서도 일정한 사유가 발생한 경우 당해 권리를 무효로 할 수 있도록 규정하고 있다.[18]

③ 산업재산권의 등록료의 미납

산업재산권은 권리자가 자신의 특허·실용신안·디자인·상표를 독점할 수 있는 권리이므로 그 독점실시의 대가로 등록료를 국가에 납부하여야 한다. 예컨대 특허권의 경우 설정등록 시에는 최초부터 제3년분까지를 납부하고, 제4년분부터는 1년분씩 그 전년도에 납부하여야 한다. 위의 기간에 특허료를 납부하지 아니하면 특허권은 소멸한다. 이는 여타의 산업재산권에도 그대로 적용된다.[19]

④ 상품분류전환 미등록 상표권의 소멸

상품분류전환등록의 대상이 되는 지정상품으로서 상표법에서 지정한 날까지 상품분류전환등록이 없는 경우 상표권이 소멸한다(상§213).

18　예컨대 특§133, 실§31 등.

19　특§81③, 실§20, 디§79, 상§34 등.

5 상속이전의 불이행

상속인이 상속권의 등록이전을 3년 이내에 행하지 아니하면, 상표권자가 사망한 날로부터 3년이 되는 날의 다음 날에 상표권이 소멸한다(상§106①). 청산절차가 진행 중인 법인의 상표권은 법인의 청산종결등기일(청산종결등기가 되었더라도 청산사무가 사실상 끝나지 아니한 경우에는 청산사무가 사실상 끝난 날과 청산종결등기일부터 6개월이 지난 날 중 빠른 날로 한다)까지 그 상표권의 이전등록을 하지 아니한 경우에는 청산종결등기일의 다음 날에 소멸된다(상§106②).

Ⅲ 소멸효과

지식재산권이 소멸하게 되면, 그와 함께 지식재산권에 부수되는 권리인 실시권·사용권·이용권·질권을 설정할 수 있는 권능도 소멸한다. 지식재산권이 소멸하면 권리자에 속하는 모든 권능이 소멸하게 되므로 누구나 자유롭게 발명·실용신안·디자인·저작물 등을 이용할 수 있게 된다. 특히 존속기간 만료로 지식재산이 소멸할 경우 지식재산권법이 추구했던 목적을 모두 달성하고 인류전체의 이익을 위한 무형의 재화로 전환되는 것이다. 다만 저작인격권의 경우는 일정한 예외가 인정된다.

제30강

지식재산권의 침해와 제재

Ⓘ 지식재산의 침해

지식재산권은 객체가 무형이어서 사실상의 점유가 불가능하고, 권리범위의 불명확성으로 인하여 권리보호에 어려움이 클 수밖에 없다. 또한 권리가 침해되었더라도 현실적으로 침해사실을 발견하기가 심하게 곤란한 것이 사실이다.[20] 이에 지식재산권법에서는 지식재산에 대한 침해의 형태를 미리 예정하여 일정한 사실이 존재하면 지식재산권이 침해받은 것으로 판단하는 의제침해규정을 두고 있다.

1 지식재산권에 대한 침해의 형태

지식재산권에 대한 침해의 형태는 적극적 침해와 의제침해로 나누어 볼 수 있다. 적극적 침해를 직접침해라고 이해하는 것에 대응해서, 의제침해를 간접침해라고도 한다.

1) 지식재산권의 적극적 침해(직접침해)

지식재산권자의 허락 없이 지식재산을 사용하는 행위를 말한다. 다른 사람의 지식재산권을 이용하려면 그 권리자의 승낙을 얻거나 법정요건을 충족하여야 하는데 그

---

20 이러한 이유로 특허법 2019. 1. 8. 개정에서 "특허권 또는 전용실시권 침해소송에서 특허권자 또는 전용실시권자가 주장하는 침해행위의 구체적 행위태양을 부인하는 당사자는 자기의 구체적 행위태양을 제시하여야 한다(특§126조의2①)"는 규정을 신설하였다.

렇지 아니하고 남의 지식재산권을 이용하는 것은 침해가 된다. 즉 지식재산권의 적극적 효력의 범위에 속하는 타인의 행위는 정당한 이유가 없는 한 침해행위가 된다.

또한 자기의 권리를 실시하거나 사용하는 지식재산권자의 행위를 방해하는 행위도 지식재산권의 침해가 된다.

2) 지식재산권의 침해의제(간접침해)

지식재산권은 사실상의 점유가 불가능하고 또한 침해행위의 발견이 곤란하기 때문에 직접적인 적극적 침해라고 할 수 없는 행위도 그 행위가 원인이 되어 권리자의 이익을 해하거나 권리의 침해를 야기시키는 필연성을 갖는 행위를 침해행위로 간주하는 것을 지식재산권의 의제침해라고 한다. 산업재산권법은 각 권리마다 의제침해 행위에 관하여 규정하고 있다.

(1) 특허권에 대한 의제침해

특허법 제127조는 "① 물건의 발명인 경우 그 물건의 생산에만 사용하는 물건을 생산·양도·대여 또는 수입하거나 그 물건의 양도 또는 대여의 청약을 하는 행위,[21] ② 방법의 발명인 경우 그 방법의 실시에만 사용하는 물건을 생산·양도·대여 또는 수입하거나 그 물건의 양도 또는 대여의 청약을 하는 행위"를 「업으로서」 하는 경우에는 특허권 또는 전용실시권을 침해한 것으로 본다(의제침해).

여기에서 ① 물건의 발명인 경우 "물건의 생산에「만」"이란 의미는 「사회통념상 경제적·상업적 내지 실용적인 사물로서 통용하는 「다른」 방법이 없는 경우를 말한다. 또한 ② 방법의 발명인 경우에도 그 "방법의 실시에「만」"이란 의미는 위에서와 마찬가지이다.

위 ② 물건을 생산하는 방법의 발명의 경우 의제침해로서 위 ②의 규정 외에도 생산물이 출원 시에 국내에서 공지되지 아니한 방법에 의하여 생산된 것이 아닌 경우에도 의제침해로 추정하는 규정이 있다(특§129). 즉 물건 생산방법의 발명에 관한 특허가 경료된 경우에 그 물건이 특허출원 전에 국내에서 공지(생산 등)된 물건이 아

---

21 예컨대 약(물건)을 제조(생산)하는 기계(사용되는 물건)를 생산·양도 등의 행위를 하는 경우가 이에 해당한다.

닐 때에는 그 물건과 동일한 물건은 특허된 방법에 의하여 생산된 것으로 추정한다고 규정하고 있다. 예컨대 어떤 물건이 생산되었는데 그 물건의 생산방법에 관한 특허가 인정되기 전에는 국내에서 그 물건이 생산되지 않던 물건일 때에는 특허받은 생산방법에 의해 생산된 것으로 추정한다는 의미이다.

의제침해에 대한 입증책임은 의제침해가 아니라고 주장하는 자에게 있다. 즉 의제침해의 행위를 한 자 자신이 침해하지 않았다는 사실을 입증해야 한다(입증책임의 전환).

(2) 실용신안권에 대한 의제침해

실용신안법 제29조는 「등록된 실용신안에 관한 물품의 생산에만 사용하는 물건을 업으로서 생산·양도·대여 또는 수입하거나 업으로서 그 물건의 양도 또는 대여의 청약을 하는 행위」는 실용신안권 또는 전용실시권을 침해한 것으로 본다.[22]

여기에서 '물품의 생산에만'이라고 한 "만"의 의미는 특허권의 의제침해에서와 마찬가지로 사회통념상 경제적·상업적 내지 실용적인 사물로써 통용하는 「다른」 방법이 없는 경우를 말하는 것이다. 실용신안권에 대한 의제침해에는 방법의 발명(고안)에 관한 규정이 없다는 것이 특허와 차이가 있다. 입증책임은 침해하는 행위를 한 자에게 있다(입증책임의 전환).

(3) 디자인권의 의제침해

디자인보호법 제114조는 「등록디자인이나 이와 유사한 디자인에 관한 물품의 생산에만 사용하는 물품을 업으로서 생산·양도·대여 또는 수입하거나 업으로서 그 물품의 양도 또는 대여의 청약을 하는 행위」는 당해 디자인권 또는 전용실용권을 침해한 것으로 본다.

디자인권에 대한 의제침해에 관하여 등록디자인이나 이와 유사한 디자인에 관한 물품의 생산에만 사용하는 물품을 업으로서 실시하는 행위는 당해 디자인권 또는 전용실시권을 침해하는 것으로 본다고 규정하고 있다. 여기에서의 "만"에 관한 의미는 특허권·실용신안권에서의 의미와 같고, 입증책임에도 동일한 법리가 적용된다.

---

22 예컨대 실용신안등록된 특수한 책받침대(물품)를 생산하는 데에만 사용되는 기계(물건)를 생산·양도·대여 등을 하는 행위가 이에 해당한다.

(4) 상표권과 지리적표시 단체표장권에 대한 의제침해

상표권이나 지리적표시 단체표장권에 대한 의제침해의 경우에도 그 입증책임은 침해하는 행위를 한 자에게 있음(입증책임의 전환)은 다른 의제침해와 동일하다.

❶ 상표권에 대한 의제침해

상표법 제108조 제1항은 ① 타인의 등록상표와 동일·유사한 상표를 그 지정상품과 동일·유사한 상품에 사용하는 행위,[23] ② 위 ①과 같이 사용하거나 사용하게 할 목적으로 타인의 등록상표와 동일·유사한 상표를 교부·판매·위조·모조 또는 소지하는 행위, ③ 타인의 등록상표를 위조·모조하거나 위조·모조하게 할 목적으로 그 (상표를 만드는) 용구를 제작·교부·판매 또는 소지하는 행위, ④ 타인의 등록상표나 그 유사상표가 표시된 지정상품과 동일·유사한 상품을 양도 또는 인도하기 위하여 소지하는 행위에 대해 상표권 또는 전용사용권을 침해한 것으로 본다.

상표권의 의제침해 행위 중 타인의 등록상표와 「동일한」 상표를 그 지정상품과 동일·유사한 상품에 사용하는 행위는 상표권의 침해행위 중에서 "본래적인 침해행위"로 여겨오던 것이다. 그런데 상표권의 의제침해행위가 다른 지식재산권의 의제침해와 다른 것은 ① 등록된 상표를 「유사상품에 사용」하는 행위는 물론이고 ② 유사상표를 「지정상품이나 유사상품」에 사용하는 것도 상표권의 의제침해로 본다는 점이다. 즉 등록상표를 만들어 지정상품이나 유사상품에 사용하는 것과 유사상표를 만들어 지정상품이나 유사상품에 사용하는 행위가 모두 침해행위가 된다. 또 그와 같은 목적으로 (동일·유사상표를) 교부 또는 판매하거나 위조·변조하거나 소지하는 행위도 의제침해에 해당한다.

이와 같이 상표권의 의제침해에 관하여 광범위하게 규정하는 이유는 상품식별기능을 하는 상표권을 강화함으로써 상표권자는 물론 일반소비자 나아가 모든 거래자를 보호하고, 실 거래계의 유통질서까지 보호할 수 있기 때문이다. 상표법은 유통과정에 직접 영향을 미치는 행위뿐만 아니라 그러한 목적을 가진 준비행위나 소지행위마저도 의제침해로 보는 것이다.

---

23   예컨대 시중의 유명한 A 화장품의 상표와 동일·유사한 상표를 A 화장품과 동일·유사한 B 화장품에 사용하는 경우가 이에 해당한다.

② 지리적 표시 등록단체표장에 대한 의제침해

상표법 제108조 제2항은 ① 타인의 지리적표시 등록단체표장과 유사한 상표[24]를 그 지정상품과 동일한 상품에 사용하는 행위,[25] ② 타인의 지리적 표시 등록단체표장과 동일 또는 유사한 상표를 그 지정상품과 동일한 상품에 사용하거나 사용하게 할 목적으로 교부·판매·위조·모조 또는 소지하는 행위,[26] ③ 타인의 지리적 표시 등록단체표장을 위조·모조하거나 위조·모조하게 할 목적으로 그 (단체표장을 만드는) 용구를 제작·교부·판매 또는 소지하는 행위, ⑤ 타인의 지리적 표시 등록단체표장과 동일·유사한 상표가 표시된 지정상품과 동일하거나 동일하다고 인식되어 있는 상품을 양도 또는 인도하기 위하여 소지하는 행위[27]는 지리적 표시 단체표장권을 침해한 것으로 본다.

(5) 저작권에 대한 의제침해

저작권법 제124조에서 저작권의 의제침해로 인정하는 행위는 아래와 같다.

① 수입·소지·이용 행위

㉮ 수입 당시에 국내에서 만들어졌더라면 저작권법 위반인 물건을 국내에서 배포할 목적으로 수입하는 행위

㉯ 저작권법에서 보호되는 권리를 침해하는 행위로 만들어진 물건(국내수입물건 포함)임을 알면서도 배포할 목적으로 소지하는 행위

㉰ 프로그램 저작권 침해로 만들어진 프로그램의 복제물(국내수입물건 포함)임을 알면서 취득한 자가 이를 업무상 이용하는 행위

② 저작인격권의 침해

저작자의 명예를 훼손하는 방법으로 그 저작물을 이용하는 행위는 저작인격권의

24　여기서 말하는 「지리적 표시 등록단체표장」은 일반적인 용어로서 지리적 표시와는 다른 의미이다. 상§66② 참조.

25　예컨대 단체표장으로 등록된 「횡성한우생산자조합」이라는 단체표장을 요건에 충족되지 않는 소고기 상품에 사용하는 경우가 이에 해당한다.

26　예컨대 단체표장으로 등록된 「횡성한우생산자조합」이라는 단체표장과 동일·유사한 단체표장을 요건에 충족되지 않는 소고기 상품에 사용하거나 사용하게 할 목적으로 교부·판매·위조 등의 행위를 하는 경우가 이에 해당한다.

27　예컨대 단체표장으로 등록된 「횡성한우생산자조합」이라는 단체표장과 동일·유사한 단체표장이 붙은 소고기라고 인식되는 상품인 소고기를 양도·인도하기 위해 소지하는 행위가 이에 해당한다.

침해로 본다.

(6) 산업활동에서의 식별표식에 관한 기타 침해

우리나라는 부정경쟁방지 및 영업비밀보호에 관한 법률 제2조 제1호를 두어 상표·상호 등의 식별표지를 부정하게 사용하는 것을 막아 일반적인 거래질서 확립을 도모하고 있다.

Ⅱ 지식재산의 침해와 민사구제

1 서설

지식재산권의 보호대상인 무형의 정신적 창작물의 불명확성으로 인하여 침해되기 쉽고, 또한 권리의 침해가 있는 경우에도 그것을 정확히 발견하기가 곤란하다.

그러나 일단 지식재산권의 침해가 확인된 경우에는 권리자 자신의 보호뿐만 아니라 일반 거래자들의 보호를 위하여도 침해행위를 속히 정지시키고, 침해에 대한 손해 등 구제조치를 취하여야 한다.

권리침해구제의 태양으로는 민사상의 청구권 행사가 있고 그리고 권리침해가 범죄행위를 구성하는 경우에는 형사상의 제재를 행할 수 있다. 또한 주무관청의 행정권 실행에 의한 행정질서벌을 부과할 수 있다. 위의 어느 것이 해당될 것인지는 침해행위의 성질과 내용 그리고 피해자의 선택에 의할 것이다. 여기서는 민사상의 구제방법을 알아보고 형사 및 행정상의 제재에 대하여는 항을 달리하여 설명하고자 한다.

지식재산권의 침해에 대하여는 침해금지청구권·손해배상청구권·부당이득반환청구권·신용회복청구권 등이 인정된다.

2 침해금지청구

지식재산권자 또는 전용실시권자 등은 자기의 권리를 침해한 자 또는 침해할 우려가 있는 자를 상대로 그 침해행위의 금지 또는 예방을 청구할 수 있다.[28] 지식재산권의 침해행위를 청구할 수 있는 자는 당해 지식재산권자와 그 전용실시권자이다.

권리자 등이 위의 금지청구나 예방청구를 할 때에는 침해행위를 조성한 물건의 폐기 또는 침해행위에 제공된 설비의 제거 기타 침해의 예방에 필요한 행위까지 청구할 수 있다. 이는 침해금지청구권과 함께 병행하여 행사할 수 있는 권리로서 부대(附帶)청구권이라고 한다. 이것은 침해행위의 일시적 금지 후 다시 침해행위를 할 우려가 있기 때문이다.

❸ 손해배상청구

지식재산권자 및 전용실시권자는 그 권리의 침해에 대하여 손해배상을 청구할 수 있다. 물론 손해배상청구를 하기 위하여는 불법행위의 성립요건인 침해자의 고의, 과실에 의한 침해행위와 손해의 실제적 발생 그리고 침해행위와 손해와의 사이에 상당한 인과관계가 있어야 한다. 이렇게 불법행위가 성립하게 되면 그로 인한 손해는 재산적인 것은 물론이고 정신적인 것도 포함한다.[29]

손해배상을 청구하는 경우 일반적으로는 청구인이 상대방의 고의나 과실을 입증하여야 한다. 그러나 산업재산권과 같이 등록원부 등에 의해 공시되어 있는 경우에는 침해자의 침해행위가 있을 당시 과실이 있는 것으로 추정되는 특별규정으로 인하여 과실의 입증책임이 침해자에게 전환된다. 따라서 침해자가 자신에게 과실 없음을 입증하지 못하면 그 책임을 모면할 수 없게 된다. 이는 앞서 설명한 지식재산권에 대한 간접침해에 관한 의제침해에서와 같은 법리가 구성되기 때문이다. 다만 비밀디자인의 침해에 있어서는 디자인권을 공고하지 아니하였으므로 침해자의 과실이 추정되지 않는다.

지식재산권의 침해에 대한 실제적 손해액의 산정은 쉽지 아니하다. 그리하여 침해자가 받은 이익을 피해자의 손해액으로 추정하도록 하는 추정규정(손해액의 추정)을 두

---

28 특§126①, 실§46①, 디§62①, 저§91① 등.

29 이들 손해배상청구에 관한 규정들은 민법 제750조(불법행위)에 근거한 것으로 금전에 의한 보상을 원칙으로 한다.

고 있다. 즉 판매수량의 확인이나, 침해자가 얻은 이익금액, 권리자의 실시료 상당액 등을 손해액으로 추정하여 청구할 수 있다.[30]

④ 신용회복청구

고의 또는 과실에 의한 침해로 인하여 지식재산권자 또는 전용실시권자 등의 업무상 신용을 실추케한 자에 대하여는 권리자의 청구에 의하여 손해배상에 갈음하거나 아니면 손해배상과 함께 업무상 신용회복을 위하여 필요한 조치를 법원은 명할 수 있다. 구체적인 신용회복 조치로는 보통 신문에 「법위반 사실의 공표」를 명하는 것이 대표적인 방법이다.[31]

한편 저작권법에서는 저작자의 사망 후 인격적 이익을 보호하기 위해 저작자 사후 그 유족(사망한 저작자의 배우자·자·부모·손·조부모 또는 형제자매)이나 유언집행자는 해당 저작물에 대하여 저작권법 제14조 제2항에서 규정한 저작인격권의 일신전속성을 위반하거나 위반할 우려가 있는 자에 대해서는 제123조에 따른 침해의 정지 등을 청구를 할 수 있으며, 고의 또는 과실로 저작인격권을 침해하거나 동법 제14조 제2항에서 규정한 저작인격권의 일신전속성을 위반한 자에 대해서는 제127조에 따른 명예회복 등의 청구를 할 수 있도록 하고 있다(저§128).

⑤ 부당이득반환청구

지식재산권이 침해된 경우 침해자에게 고의 또는 과실이 없었던 것이 증명되면 손해배상청구를 할 수 없게 된다. 그러나 이 경우 그러한 침해자의 고의 또는 과실을 입증하지 않더라도 부당이득 반환청구는 가능하다. 즉 지식재산권자 또는 전용

30　특§128. 특히 동조 제8항에서는 침해행위가 고의적인 경우 손해로 인정되는 금액의 3배까지 배상액을 정할 수 있게 하였고, 제9항에서는 배상액 판단시 고려사항을 2019. 1. 8. 개정에 추가하였다. 이외에도 3배 배상액의 도입과 이를 판단할 때 고려하여야 할 사항을 신설하고 있는 법으로는 실용신안법 제28조(특허법의 준용), 디자인보호법 제115조 제7항·제8항, 상표법 제110조 제7항·제8항 등이 있다. 이 외에도 디§115①②에서도 손해액의 추정 규정이 있다(2020. 12. 22. 개정).

31　과거 사죄광고를 신문지상에 게제토록 하는 방법이 있었으나, 침해자의 뜻에 반하는 사죄광고의 강제는 양심의 자유를 억압하는 것이 될 수 있다는 1991년 헌법재판소의 위헌 결정으로 위와 같은 방법을 택하고 있다(헌법재판소 1991. 4. 1 선고 89헌마160).

실시권자는 법률상 정당한 원인 없이 이익을 얻은 침해자에 대하여 그 이익을 손실자인 진정 권리자에게 반환하도록 청구할 수 있다. 이는 지식재산권법상 명문의 규정은 없지만, 일반법인 민법의 규정에 따라 인정되는 권리이다. 다만 손해배상청구권과 부당이득반환청구권이 함께 발생하는 경우에는 목적을 달성할 때까지 두 청구권을 선택적으로 행사할 수 있다.

Ⅲ 지식재산 침해와 형사·행정 제재

1 서설

지식재산권의 침해가 범죄를 형성하는 경우나 행정상의 규제 대상이 되는 경우에는 형사 및 행정상의 제재가 주어진다. 아래에서는 양자를 분리하여 설명한다.

2 형사상 제재

1) 산업재산권의 침해

(1) 범죄의 종류

❶ 침해죄

특허권, 실용신안권, 디자인권, 상표권을 침해한 죄는 7년 이하의 징역 또는 1억원 이하의 벌금에 처하도록 되어 있다.[32] 이들 권리에 대한 전용실시권(사용권)을 침해한 죄에 대하여도 같다. 이 침해죄는 고소가 있어야 공소를 제기할 수 있는 친고죄이다. 다만 상표권에 대한 침해죄는 친고죄에서 제외시키고 있다.

---

32 특§225, 실§45, 디§82, 상§230 등.

❷ 비밀누설죄

특허청 직원이나 특허심판원의 직원이거나 그 직원이었던 자(전문조사기관이나 특허문서 전자화기관의 임원이나 직원 또는 그 직위에 있던 자도 포함)가 직무상 지득한 출원 가운데 발명·고안·디자인 또는 비밀로 할 것을 청구한 디자인에 관한 비밀을 누설하거나 남용한 때에는 5년 이하의 징역 또는 5천만 원 이하의 벌금형에 처한다.[33]

이 외에도 특허법에서는 전문심리위원 또는 전문심리위원이었던 자가 그 직무수행 중에 알게 된 다른 사람의 비밀을 누설하는 경우에는 2년 이하의 징역이나 금고 또는 1천만 원 이하의 벌금에 처한다(특§226②).

❸ 위증죄

지식재산권 침해와 관련하여 위증죄를 범한 자, 즉 선서한 증인, 감정인, 통역인이 허위진술을 하거나 감정 및 통역을 한 때에는 5년 이하의 징역 또는 5천만 원 이하의 벌금형에 처할 수 있다.[34] 다만 심결확정 전에 자수한 경우에는 그 형을 감경 또는 면제할 수 있다.

❹ 허위표시죄(거짓 표시의 죄)

특허되지 아니한 물건, 물건의 용기, 물건의 포장에 특허가 된 것처럼 허위표시를 하는 때는 3년 이하의 징역 또는 3천만 원 이하의 벌금형에 처할 수 있다.[35]

❺ 거짓행위의 죄

거짓이나 그 밖의 부정한 행위로써 지식재산권, 그 존속기간의 연장등록 또는 심결 등을 받은 자는 3년 이하의 징역 또는 3천만 원 이하의 벌금에 처한다.[36] 사위행위라 함은 심판 과정에서 허위의 자료나 위조된 자료를 제출하여 심사관 또는 심판관을 착오에 빠뜨려 요건을 결한 경우임에도 불구하고 자신에게 유리한 심결을 받는 행위를 말한다.

---

33   특§226, 특§226의2, 실§46, 디§86 등.

34   특§227, 실§47, 디§83, 상§232 등.

35   특§228, 실§48, 디§84. 상§233 등.

36   특§229, 실§49, 디§85, 상§234 등

❻ 비밀유지명령 위반죄

국내외에서 정당한 사유 없이 지식재산권에 관한 소송에 있어서 그 당사자가 보유한 (부정경쟁방지 및 영업비밀보호에 관한 법률에서 인정되는) 영업비밀에 대한 비밀유지명령을 위반한 자는 5년 이하의 징역 또는 5천만 원 이하의 벌금에 처한다.[37] 이 비밀유지명령을 신청한 자의 고소가 없으면 공소를 제기하지 못한다.

(2) 양벌규정

법인의 대표자나 법인 또는 개인의 대리인, 사용인, 그 밖의 종업원이 그 법인 또는 개인의 업무에 관하여 침해죄, 거짓 표시의 죄 또는 거짓 행위의 죄의 어느 하나에 해당하는 위반행위를 하면 그 행위자를 벌하는 외에 그 법인에게는 다음 각 호의 어느 하나에 해당하는 벌금형, 즉 침해죄에 대해서는 3억 원 이하의 벌금, 거짓 표시의 죄와 거짓 행위의 죄에는 6천만 원 이하의 벌금을 과한다.[38] 그 개인에게는 해당 조문의 벌금형을 과(科)한다.

다만, 법인 또는 개인이 그 위반행위를 방지하기 위하여 해당 업무에 관하여 상당한 주의와 감독을 게을리하지 아니한 경우에는 그러하지 아니하다.

(3) 반의사불벌죄·친고죄

특허권과 그 전용실시권의 침해죄는 피해자의 명시적인 의사에 반하여 공소를 제기할 수 없는 「반의사불벌죄」이나,[39] 실용신안권과 그 전용실시권, 디자인권과 그 전용실시권의 침해죄는 피해자의 고소가 있어야 논할 수 있는 「친고죄」에 해당한다.[40] 그러나 법규정에서 이러한 취지의 규정이 없는 경우에는 친고죄가 아니므로 피해자의 고소가 없더라도 처벌이 가능하다. 그 대표적인 것이 상표권의 침해죄로서 이는 친고죄가 아니다.[41] 그 이유는 상표권의 침해는 상품출처의 혼동과 품질오인 등을 일으켜 거래사회의 경업질서를 문란하게 하고 공중의 이익을 침해하기 때문에 비친

---

37 특§229의2, 실§49의2, 디§224, 상§231 등.

38 특§230, 실§50, 디§228, 상§235 등

39 특§225 참조.

40 실§45,디§220 참조.

41 상§230 참조.

고죄로 한 것이다.

(4) 고의와 과실

지식재산권에 대한 범죄가 성립되기 위해서는 고의가 필요하다. 고의라 함은 정당한 권원 없이 타인의 지식재산을 인식하면서 이를 사용하는 의사가 있는 것이다. 속일 의사 이른바 기만 등의 의사까지 요하지는 않는 것으로 본다. 따라서 과실범에 대한 처벌규정이 없는 경우에는 처벌하기는 어려울 것으로 본다.

(5) 몰수

침해행위로 조성한 물건이나 침해행위로 발생한 물건은 이를 몰수하거나 피해자에게 교부할 수 있다.[42] 다만 상표권의 침해로 인한 상표나 표장 또는 상품과 상표 또는 포장의 제작용구는 몰수가 가능하지만, 피해자에 대한 교부는 인정되지 아니한다.

2) 저작권의 침해

(1) 침해에 관한 벌칙

❶ 5년 이하의 징역 또는 5천만 원 이하의 벌금

만약 저작재산권, 그 밖에 저작권법에 따라 보호되는 재산적 권리를 복제·공연·공중송신·전시·배포·대여·2차적저작물 작성의 방법으로 침해한 자, 저작권법 제129조의3 제1항(비밀유지명령)에 따른 법원의 명령을 정당한 이유 없이 위반한 자는 5년 이하의 징역 또는 5천만 원 이하의 벌금에 처하거나 징역과 벌금이 병과될 수 있다(저§136①).

❷ 3년 이하의 징역 또는 3천만 원 이하의 벌금

저작인격권 또는 실연자의 인격권을 침해하여 저작자 또는 실연자의 명예를 훼손한 자, 저작권의 등록이나 권리변동 등(저§53·§54)의 등록·효력 규정에 위반하여 등

42　특§231①, 실§51①, 디§228①, 상§236① 등 참조.

록을 거짓으로 한 자, 데이터베이스제작자의 권리(저§93)를 침해한 자, 복제·전송자에 관한 정보(저§103조의3④)를 제공받은 자의 청구목적 외의 용도로 사용한 자, 업으로 또는 영리를 목적으로 기술적 보호조치의 무력화 금지규정(저§104조의2①·②)을 위반한 자, 업으로 또는 영리를 목적으로 권리관리정보의 제거·변경 등의 금지규정(저§104조의3①)을 위반한 자(과실자 제외), 암호화된 방송 신호의 무력화 등의 금지규정(저§104조의4 i 또는 ii)에 해당하는 행위를 한 자, 라벨 위조 등의 금지규정(저§104조의5)을 위반한 자, 방송전 신호의 송신 금지규정(저§104조의7)을 위반한 자, 저작권법 제124조 제1항에서 침해로 보는 행위를 한 자는 3년 이하의 징역 또는 3천만 원 이하의 벌금에 처하거나 이를 병과될 수 있다(저§136②).

③ 1년 이하의 징역 또는 1천만 원 이하의 벌금

저작자 아닌 자를 저작자로 하여 실명·이명을 표시하여 저작물을 공표한 자, 실연자 아닌 자를 실연자로 하여 실명·이명을 표시하여 실연을 공연 또는 공중송신하거나 복제물을 배포한 자, 제14조 제2항(저작인격권의 일신전속성)을 위반한 자, 제104조의4(암호화된 방송 신호의 무력화 등의 금지) 제3호에 해당하는 행위를 한 자, 제104조의6(영상저작물 녹화 등의 금지)을 위반한 자, 제105조(저작권위탁관리업의 허가 등) 제1항에 따른 허가를 받지 아니하고 저작권신탁관리업을 한 자, 제124조(침해로 보는 행위) 제2항에 따라 침해행위로 보는 행위를 한 자, 자신에게 정당한 권리가 없음을 알면서 고의로 제103조(복제·전송의 중단) 제1항 또는 제3항에 따른 복제·전송의 중단 또는 재개요구를 하여 온라인서비스제공자의 업무를 방해한 자, 제55조의5(비밀유지의무)를 위반한 자는 1년 이하의 징역 또는 1천만 원 이하의 벌금에 처한다(저§137①). 제104조의6(영상저작물 녹화 등의 금지)을 위반한 자는 미수를 처벌한다(저§137②).

④ 500만 원 이하의 벌금

제35조(미술저작물등의 전시 또는 복제) 제4항을 위반한 자, 제37조(출처의 명시)를 위반하여 출처를 명시하지 아니한 자, 제58조(배타적발행권자의 의무) 제3항을 위반하여 저작재산권자의 표지를 하지 아니한 자, 제58조의2(저작물의 수정증감) 제2항을 위반하여 저작자에게 알리지 아니한 자, 제105조(저작권위탁관리업의 허가 등) 제1항에 따른 신고를 하지 아니하고 저작권대리중개업을 하거나, 제109조(허가의 취소 등) 제2항에 따른 영업의 폐쇄명령을 받고 계속 그 영업을 한 자는 500만 원 이하의 벌금에 처한다(저§138).

(2) 양벌규정

법인의 대표자나 법인 또는 개인의 대리인·사용인 그 밖의 종업원이 그 법인 또는 개인의 업무에 관하여 저작권에 관한 죄를 범한 때에는 행위자를 벌하는 외에 그 법인 또는 개인에 대하여도 각 해당 조의 벌금형을 과한다. 다만, 법인 또는 개인이 그 위반행위를 방지하기 위하여 해당 업무에 관하여 상당한 주의와 감독을 게을리 하지 아니한 경우에는 그러하지 아니하다(저§141).

(3) 친고죄

저작권 벌칙에 대한 공소는 고소가 있어야 하지만(영리 또는 상습 등의 경우를 제외) 저작재산권, 그 밖에 저작권법에 따라 보호되는 재산적 권리를 복제, 공연, 공중송신, 전시, 배포, 대여, 2차적 저작물 작성의 방법으로 침해한 자는 고소가 없어도 공소를 제기할 수 있으며, 저작권법 제129조의3 제1항(비밀유지명령)에 따른 법원의 명령을 정당한 이유 없이 위반한 자도 고소가 없어도 공소를 제기할 수 있다(저§140 i · ii).

(4) 몰 수

저작권법에 따라 보호되는 권리를 침해하여 만들어진 복제물과 그 복제물의 제작에 주로 사용된 도구나 재료 중 그 침해자·인쇄자·배포자 또는 공연자의 소유에 속하는 것은 몰수된다(저§139).

③ 행정상 제재

1) 산업재산권의 경우

(1) 특허법 과태료

다음 각 호의 어느 하나에 해당하는 자에게는 50만 원 이하의 과태료를 부과한다(특§232).

1. 「민사소송법」제299조제2항(소명의 방법) 및 동법 제367조(당사자신문)의 규정에 의하여 선서를 한 자로서 특허심판원에 대하여 허위의 진술을 한 자

2. 특허심판원으로부터 증거조사 또는 증거보전에 관하여 서류 기타 물건의 제출

또는 제시의 명령을 받은 자로서 정당한 이유 없이 그 명령에 응하지 아니한 자

❸ 특허심판원으로부터 증인·감정인 또는 통역인으로 소환된 자로서 정당한 이유 없이 소환에 응하지 아니하거나 선서·진술·증언·감정 또는 통역을 거부한 자

(2) 기타의 산업재산권의 과태료

실용신안법 제52조, 디자인보호법 제229조, 상표법 제98조에서 위 특허법 제232 조의 규정 내용과 완전히 동일한 내용의 과태료 규정을 두고 있다.

2) 저작권의 경우

저작권 위반행위에 대해서는 아래와 같은 과태료가 부과되며, 이러한 과태료는 대통령령으로 정하는 바에 따라 문화체육관광부장관이 부과·징수한다(저§142).

(1) 3천만 원 이하의 과태료

저작권법 제104조 제1항(특수한 유형의 온라인 서비스제공자의 의무)에 따른 필요한 조치를 하지 아니한 자에게는 3천만 원 이하의 과태료를 부과한다.

(2) 1천만 원 이하의 과태료

다음 각 호의 어느 하나에 해당하는 자에게는 1천만 원 이하의 과태료를 부과한다.

❶ 제103조의3 제2항(복제·전송자에 관한 정보 제공의 청구)에 따른 문화체육관광부장관의 명령을 이행하지 아니한 자

❷ 제106조(저작권신탁관리업자의 의무)에 따른 의무를 이행하지 아니한 자

❸ 제106조의2(이용허락의 거부금지)를 위반하여 정당한 이유 없이 이용허락을 거부한 자

❹ 제112조 제4항(위원회가 아닌 자의 한국저작권위원회 명칭 사용금지)을 위반하여 한국저작권위원회의 명칭을 사용한 자

❺ 제122조의2(한국저작권보호원의 설립) 제5항을 위반하여 한국저작권보호원의 명칭을 사용한 자

❻ 제133조의2(정보통신망을 통한 불법복제물 등의 삭제명령 등) 제1항·제2항 및 제4항에 따

른 문화체육관광부장관의 명령을 이행하지 아니한 자

❼ 제133조의2(정보통신망을 통한 불법복제물 등의 삭제명령 등) 제3항에 따른 통지, 같은 조 제5항에 따른 게시, 같은 조 제6항에 따른 통보를 하지 아니한 자

(3) 불법 복제물의 수거·폐기 및 삭제

문화체육관광부장관, 특별시장·광역시장·특별자치시장·도지사·특별자치도지사 또는 시장·군수·구청장은 저작권이나 그 밖에 이 법에 따라 보호되는 권리를 침해하는 복제물 또는 저작물 등의 기술적 보호조치를 무력하게 하기 위하여 제작된 기기·장치·정보 및 프로그램을 발견한 때에는 대통령령으로 정한 절차 및 방법에 따라 관계공무원 또는 위탁기관으로 하여금 이를 수거·폐기 또는 삭제하게 할 수 있다(저§133①·②).

저자소개

송호신
· 한국교통대학교 교양학부 교수
· (사) 한국법정책학회 회장 역임
· (사) 한국경제법학회 부회장
· (사) 한국상사법학회 이사
· (사) 한국해법학회 이사

박창욱
· 전주대학교 사회과학대학 법학과 객원교수 역임
· (사) 한국법정책학회 부회장
· (사) 한양법학회 부회장

특허와 지식재산권

초판 1쇄 발행 2022년 6월 2일

저 자 송호신·박창욱
편 집 인 임순재
펴 낸 곳 (주)한올출판사
등 록 제11-403호
주 소 서울시 마포구 모래내로 83(성산동, 한올빌딩 3층)
전 화 (02)376-4298(대표)
팩 스 (02)302-8073
홈페이지 www.hanol.co.kr
e - 메 일 hanol@hanol.co.kr
I S B N 979-11-6647-243-5

특허와 지식재산권